大视域中的新道家

刘在平
● 著

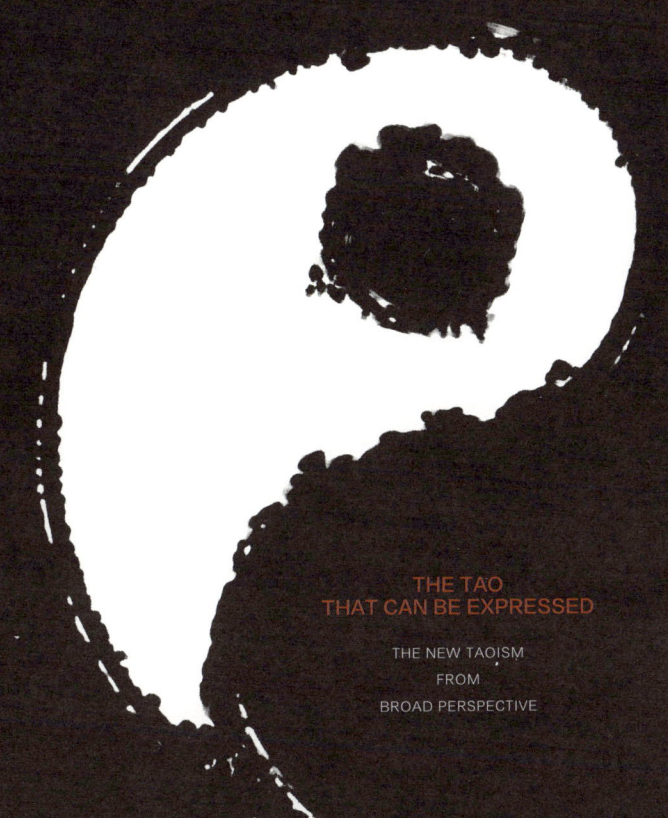

**THE TAO
THAT CAN BE EXPRESSED**

THE NEW TAOISM
FROM
BROAD PERSPECTIVE

道可道

前　言

2005年6月初，我告别北京，来到吉林大学珠海学院，重新回到阔别10年的高校任教。这里，是我母校的延伸，是做学问的好地方。之前，曾经留意道家哲学，感觉到老子的思维与众不同，似乎是先秦诸子中一位逆向思维者，且立意高远、玄深莫测。初读老庄，我感觉到虽有启发，但更多的是平添了思想中的冲突和混乱。虽然兴趣盎然，但总是难以静下心来认真地品道、悟道。而这里地处山海之间，充满南国风情的校园优美、开阔，"翻荡眼下皆如画，铺入胸中即成涛"，从环境上给了我恬淡的心境；由初具规模到迅速扩容的图书馆、方便快捷的网络购书，都为学校师生提供了治学的良好条件。我开始很自然地大量借书、购书、读书、思考，积累了大量笔记和获得了更多的体会。我发现，自己竟已进入传说中"十年磨一剑"的艰苦而愉悦的历程。

在缤纷繁杂的社会现实中潜心研究道家，排除心中的种种杂念与外界的干扰而专注于思考和写作，并不容易。但最大的困难在于，需要面对和解决内心的冲突。我的体会是，思想上不能贯通，自己说服不了自己，在一些最基本的问题上自相悖论，是一种难以承受的痛苦，因为难以找到自我宽宥的理由。然而，这种状态，也成就了我一种无可逃避的精神苦旅，甚至滋生了源源不断的探求的动力。读道、探道、悟道、论道，终于体悟到道家思想那独特深邃的内涵绽出的无穷魅力，逐渐品味到一种神往通畅、身心中和的感受，时而为在某个问题上头脑获得了清明透彻而欣慰、狂喜。刘勰在《文心雕龙·神思》中说："寂然凝虑，思接千载，悄焉动容，视通万里；吟咏之间，吐纳珠玉之声；眉睫之前，卷舒风云之色。"应当说自己照这样的境界还距离很远，只不过"慨然而惊讶，豁然而临达"的内心感受渐渐多一些。

本书的书名，为什么叫《道可道》呢？多次有人问我这个问题。《老子》开篇第一句话就是"道可道，非常道"，读者看到书名，立刻想到"非常道"，这正是我所追求的"书名效果"。对于老子这句话，大概有两种解读。第一种：道是可以言说的，而一旦表述出来，就不是常道。第二种：道是可以言说的，但并非通常的、一般的言说。按照第二种解读，第三个"道"与第一个"道"不同，而与第二个"道"同。两种解读都有道理，但深入地统观老子思想，第一种解读应该更符合他的本意。但本书的书名，却是一种"双关"，即两种解读的意思皆用。而且，"道可道"以及紧接着的"非常道"，这六个字，寓意相当深远。关于道，各种解说异彩纷呈，而最令人信服的解释总是离不开"自组织理论"。但是，自组织的具体机制依然神秘——到底是如何自组织、自调控、自发展、自创造的？微观量子物理、宏观宇宙科学、生物科学、神经科学……一切科学尚难令人信服地深入揭示其具体机制。"自组织理论"在科学与哲学的结合部应运而生，日益扩展。于是有人抱怨哀叹"让自组织理论见鬼去吧"！究竟是"自组织理论"在逃避，还是消解哲学、拒斥形而上的理论在逃避？道家哲学的要旨，即在于坚持超越，坚持形而上，坚持对"非常道"之不可言说、不可尽知前提下的不知之知、真知至知。本人愿与读者朋友共同探讨和思考。就让《道可道》，奏响韵味悠长的弦外之音吧。

由竹简帛书、典籍史册记载的中国道家思想体系，长期以来并非显学，而是隐学。但道家思想在中华传统文化中一直含蕴深沉，影响深远。近现代以来，学界的视野逐渐打开，人们发现，无论东方还是西方，大思想家之间有一种"感应式通融"，越是接近终极、接近哲学基本话题，这种相通越是明显。哪怕思维方式不同、视角框架不同、文化背景不同，甚至许多具体结论多有抵牾、大相径庭，但那种"感应式通融"中所包含的互补、互证，无不给予我们深刻广泛的启迪。爱默生说得好：真正优秀的思想家，"他们使自己和所有的英雄黯然失色，由此他给我们的思想引入了理智的成分，而理智并不对人作区分。但是，这是一种强大的力量，它是如此之强，以至于统治者在它面前也变成微不足道的东西了"。雅斯贝尔斯在《大哲学家》中认为："如果我们首先纵观大人物的客观事实的话，就会认为大人物自己已经从狭隘的派系中走了出来。如果有谁首先与人类的命运紧密相连，并感到对城市和人民有责任，那么他就会猛然间从狭隘中解放出来。如果此人是这样的话，那么，无论在什么地方他都会被看成是大人物，被所有的人，乃至也被他的敌人看成是伟大者。"

有人断言中国历史上"没有哲学"，这话说得太绝对了。不过，如果没有道家，中国哲学，至少中国古典哲学的确要失色许多。金岳霖先生说："各家所欲言而不能尽的道，国人对之油然而生敬仰之心的道，万事万物之所不得不由，不得不依，不得不归的道才是中国思想中最崇高的概念，最基本的原动力。"正因为有了老子，有了庄子，有了源远流长而不断发展的道家哲学，情况大不一样了——中国不仅有哲学，而且博大精深，立意高远，甚至在今天，随着东西方文化视域的扩展与贯通，道家哲学越来越引起世界的关注和敬重。就像中华文明是人类毋庸置疑的伟大文明体系一样，中国哲学在世界哲学史上也耸起了一座风光无限的高峰。

"夫子之言性与天道，不可得而闻也"，这里的"夫子"指的是孔子，他基本上不讲天道。"圣人之于天道也"，这是孟子的话，但他实际上主要是主张将天道局限于人道之中。"祖述尧舜，宪章文武"的孔子，对夏商周三代的文化成就进行了总结，老子则从思想上将上古至春秋战国的文化内涵进行了集成。而且，老子是一位头脑清醒、批判意识极强的思想家，他"执古之道，以御今之有"的系统审视，高屋建瓴地提升了古代智慧。

老子不仅从本体论上论证了"有生于无""先天地生"的自然天道，而且深刻地思考了先于人道、高于人道的"道法自然"、自然而然的自衡自化功能机制，体现出在人与自然、人为与天道、社会系统与终极系统关系上的高瞻远瞩。老子善于从终极系统出发，体现出中古时期罕见的系统思维；老子以反向思维而著称，"反者道之动""明道若昧，进道若退""不知常，妄作凶"，颇为敏感超前地反异化；而"祸兮福之所倚，福兮祸之所伏""有无相生，难易相成，长短相形，高下相倾"等等，深化丰富了辩证思维；老子的"玄览""玄观"等认知渠道和思维方式，对中国政治、军事、中医、人生等各方面的影响是深远而广泛的。老子、庄子对于人的精神现象的思考，建立在自然天道哲学智慧的基点上，因而对于人的价值追求、精神自由、道德修养、生命健康等探讨更为深刻精湛，其思想成果经久不衰、历久弥新。

张岱年先生指出："儒家虽反对苛政，而肯定区分贵贱上下的等级制度。墨家虽然宣称'官无常贵，民无终贱'，而仍承认贵贱之分，以'贵不傲贱'为理想。唯道家对于等级制度有所批评。老子宣称'贵以贱为本，高以下为基'。庄子认为'至德之世'没有'君子小人'之分。"道家对于社会平等与和谐发展的思考，穿越了传统社会，至今有着相当给力的指导意义。进一步说，天道平等思想对于今天人们处理与自然的关系，追求生态文明，有着强烈的针对性和警示性。道家绝非局限于"小国寡民"的追求，其"以道莅天下"以及"执大象，天下往"等思想主张，对当今纷纭繁杂的大国治理与外交和国际关系，可以带来丰富的启迪。

阅读和思考道家，使我深深体会到，只有对道家思想精髓有了一定把握，才真正有利于在当今之世实现文化跨越和视域融合。道家哲学，从其文化背景和思维方式、表述方式上来说，具有鲜明的中国特色；但就其境界的高远、视野的开阔、思想的深刻来说，则具有无可否认的世界性。近现代及当代新道家的兴起，充分证明了这一点；西方诸多思想家、科学家对道家的"发现"、赞赏和研究，也充分证明了这一点。董光璧先生说："我确信重新发现道家具有地球船改变航向的历史意义。黄土文明与海洋文明的融合，有如黄颜色和蓝颜色调出绿色，将产生人与自然和谐的新的绿色文明。"这样的说法，是丝毫不夸张的。当今之世，中国和世界都面临许多严峻的问题，需要极为深刻的文明审视与反思。道家思想体系内在的生命力和时代的需要，共同打造了新道家兴起的广阔前景。

正因为如此，本书着意就道家与中外哲学进行了一些比较，这是一种挑战，我深知自己学术功力的不及，因而大量借书、购书、读书。我发现，关于新道家，学界有着相当大的热情，这一复兴与创建的工程，比我想象的要壮阔得多。多位学者的著作和论文，给了我丰富的启示，大量国外哲学著作和哲学史的译著令我时而大快朵颐、时而苦不堪言。对于本书注释中所涉及的参考资料中的作者、译者，笔者在这里表示衷心的感谢！

本书的框架结构，并非一开始就设计好的，而是在写作了大量笔记的基础上整理而成的，后来又进行多次调整。全书分为总论篇、分论篇、专论篇、新论篇四大部分。曾经有辩论篇一部分，后经反复斟酌与专论篇合并。总论篇包括两部分：一是论及道家哲学在中国传统文化体系中的地位、思想渊源、现代启迪；二是通过汉唐盛世的辉煌文明，探讨道家哲学在实践中的主要成就。分论篇应当是全书的重点，包括本体论、有无观、价值论、宇宙观、认识论、政治思想、平等思想、审美思想、人生之道等，其中尽量追求在与儒家、法家及西方哲学的横向比较中，领略道家哲学的高远与独到。专论篇的设立出于两种考虑：一是针对现实挑战最突出的问题；二是针对对道家哲学中最容易误读，或最有争议的问题。新论篇首先回顾新道家在近现代以来崛起的历程，集中探讨国际性新道家热潮所关注的热点，尝试提出当代新道家所必然承担的历史重任，并对其发展前景做出展望。

目 录

总 论 篇

第一章　道家思想体系是中华传统文化之根　　/003
　　道家为根，根深蒂固　　/003
　　高峰之上便纵横　　/005
　　为有源头活水来　　/009
　　蕴含丰富，启迪当代　　/028

第二章　汉唐盛世，以道治国　　/037

分 论 篇

第三章　"道法自然"——高人一筹的本体论　　/049
　　"轴心时代"的中国光熠　　/049
　　"万物将自化"——什么是道　　/051
　　"玄之又玄"——本体论大比较　　/055

第四章　"有生于无"——终极追求的精彩巅峰　　/089
　　无：超越感知的"玄览"　　/089
　　无：超越物状的关系　　/096

无：超越局部的"全一" /100
　　无：超越有限的无限 /102
　　无：超越名教的自然 /106

第五章 "惟道是从"——"明白四达"的价值论 /111
　　"尊道而贵德"：价值本质 /111
　　"大道氾兮"：终极系统与价值 /118
　　"抱一为天下式"：超越人类中心主义 /122
　　"渊兮似万物之宗"：价值之源 /126
　　"大制不割"：价值理性 /131

第六章 "天下有始"——玄览而知的宇宙论 /140
　　"先天地生"：宇宙生成论 /140
　　"常德不忒"：宇宙统一论 /144
　　"谷神不死"：宇宙有机论 /147
　　"万物将自化"：宇宙自化论 /150
　　"周行而不殆"：宇宙循环论 /154

第七章 "涤除玄览"——独树一帜的认识论 /158
　　"名可名，非常名"：概念 /158
　　"其精甚真"：形而上与形而下 /161
　　"能知古始"：不知之知 /168
　　"为腹不为目"：潜意识之道 /176

第八章 "无为无不为"——特色鲜明的政治思想 /187
　　"容乃公，公乃王"：政治理想 /188
　　"莫之命而常自然"：道统滥觞 /194

  "无自而不可"：自由与必然 /202
  "百姓皆谓我自然"：民本与民主 /212
  "大道至简"：权力制约 /217
  "执大象，天下往"：大国治理与外交 /221

第九章 "有余以奉天下"——平等思想追求 /229
  "生而不有"：天道平等 /229
  "天道无亲"：万物平等 /233
  "高者抑之，下者举之"：系统和谐的平等 /238
  "天下将自定"：动态自衡的平等 /241

第十章 "至美而游乎至乐"——审美之道 /247
  美，在于自然心道 /248
  美之本质与道之本体 /252
  "玄览"：从思维到审美 /255
  "朴素而天下莫能与之争美" /258

第十一章 "人法道"——人生之道 /263
  "上善若水"：人性本善 /263
  "行于大道"：为人之道 /272
  "修道而养寿"：养生之道 /284

专 论 篇

第十二章 道家哲学与生态文明 /299
  从生态视角反思人类文明 /299
  将生态文明纳入文明结构 /303

　　　　　　生态哲学的智慧整合　　　　　　　　　　　　　　/ 305
　　　　　　道家哲学中珍贵的反异化思想　　　　　　　　　/ 312

第十三章　道——中华民族珍贵的信仰资源　　　　　　　　　/ 320
　　　　　　什么是信仰　　　　　　　　　　　　　　　　　/ 321
　　　　　　对信仰现象的多视角考察　　　　　　　　　　　/ 325
　　　　　　道家哲学与中国的信仰前景　　　　　　　　　　/ 338
　　　　　　道家哲学与"偶像破坏论"　　　　　　　　　　/ 346

第十四章　"赤子之心"：阴柔与阳刚　　　　　　　　　　　/ 352

第十五章　是"反智主义"还是"大智若愚"　　　　　　　　/ 359

第十六章　"小国寡民"的核心是社会自治　　　　　　　　　/ 363

第十七章　"道"与"术"：深刻的价值分殊　　　　　　　　/ 370

新 论 篇

第十八章　当代新道家的崛起　　　　　　　　　　　　　　　/ 377
　　　　　　孕育与开拓　　　　　　　　　　　　　　　　　/ 377
　　　　　　兴起与创新　　　　　　　　　　　　　　　　　/ 380

第十九章　大视域中的新道家热点　　　　　　　　　　　　　/ 384
　　　　　　科学发展　　　　　　　　　　　　　　　　　　/ 384
　　　　　　哲学思维　　　　　　　　　　　　　　　　　　/ 386
　　　　　　自由主义　　　　　　　　　　　　　　　　　　/ 388

　　　　生态伦理 /390
　　　　对西方文明和人类命运的反思 /391

第二十章　新道家：历史重任与发展前景 /393
　　　　尊重敬畏，充分发掘道家思想资源 /393
　　　　思维变革，以道家基本精神悟道、弘道 /394
　　　　正本清源，深化对核心义理的理解 /395
　　　　经世致用，面对挑战解读道家思想的现代性启迪 /396
　　　　纵横比较，在"视域融合"中追求独特发展 /398
　　　　反本开新，以创造性转化发展新道家 /399

后　记 /401

总 论 篇

第一章
道家思想体系是中华传统文化之根

复兴，是中国梦的基调，也是中国为世界做出更多贡献的基础性工程。复兴的前提，是承认中华民族历史上曾经有过辉煌的文化创造和文明发展；承认中国传统文化中蕴藏着宝贵的财富和巨大的资源；承认传统文化中的价值内涵是一个古老民族"固有的根本"，是我们不能否定、忘记、割断的"精神命脉"。

雅斯贝尔斯在其《历史的起源与目标》中，将公元前800年至前200年间称为人类文明的"轴心时代"。古希腊的苏格拉底、柏拉图、亚里士多德，以色列的犹太教先知，古印度的释迦牟尼等，不约而同地实现了"终极关怀的觉醒"；这一时期，中国经历了春秋战国时代，诸子鹊起，百家争鸣，以深刻而丰富的思想成果使人类文明的"轴心时代"放射出中国的光熠。国内外研究中国传统文化的学者，越来越多地形成共识：道家思想，是中华民族智慧的最高境界，是中华文化最为根本和内在的精髓。

道家为根，根深蒂固

历史无论怎样曲折发展，人类文明总体上是一点一点进步的。所以任何文明体系，都要有根。综观中国思想文化的历史，道家为根柢，儒家为主干，佛家为枝叶。

百家争鸣时期，先秦各种思想流派都不同程度地接受了道家思想的启迪和侵染。尽管儒家与道家思想有许多对立之处，但也存在互相渗透。孔子曾经向老子请教,说"吾今日见老子,其犹龙邪";①《礼记》中"大道之行也,天下为公",《中庸》中"诚者,天之道也;诚之者,人之道也。诚者不勉而中,不思而得,从容中道,圣人也",都是儒家接受道家思想的精彩印证。梁启超指出:"道家哲学有与儒家根本不同之处。儒家以人为中心,道家以自然界为中心。儒家道家皆言'道',然儒家以人类心力为万能,以道为人类不断努力所创造,故曰'人能弘道,非道弘人'。道家以自然界理法为万能,以道为先天的存在且一成不变,故曰'人法地,地法天,天法道,道法自然'。"②遗憾的是,历史上虽然长期"儒道互补",但"以道升儒"少,"以儒降道"多。法家在早期曾大量接受道家思想,太史公在《史记》中竟立《老子韩非列传》,并评价:"老子所贵道,虚无,因应变化于无为,故著书辞称微妙难识。庄子散道德,放论,要亦归之于自然。申子卑卑,施之于名实。韩子引绳墨,切事情,明是非,其极惨礉少恩。皆原于道德之意,而老子深远矣。"③但以后的法家对道家思想多有歪曲,在价值取向上分道扬镳,故而总体上与道家泾渭分明,各行其道。道家与墨家在非战非攻等思想上互有影响。至于兵家,不战而屈人之兵、非危不战、讨伐不义、攻其国而爱其民、顺势而为、大智不智、大谋不谋、战势不过奇正、以异为奇等思想,与老子思想的精神关联是显而易见的。

在秦以后的思想史中,董仲舒的"天执其道而为万物主""君为阳,臣为阴""三纲五常"已经严重降低了道家的思想档次,但其"天不变道亦不变"的思想及君道无为的主张毕竟融入道家思想。魏晋玄学不仅以道释儒,而且对于老庄崇尚自然自由的思想有了进一步发挥张扬。《老子》、《庄子》和《周易》被称"三玄",老庄则为"玄宗",以"越名教而任自然"而重扬道家贵无、尚无精神,而"得意忘言""辨名析理"等认识论上的探讨也深受道家影响。通常认为宋明理学以理释儒,是儒道释合流的产物,但道是其内在根本,李约瑟就认为理学得之于佛远远少于得之于道。至于汉代扬雄太玄之学、王充古文经学、讲求自然本心的明代王阳明心学等,均受道家哲学的启悟和影响。

---

① 司马迁:《史记·老子韩非列传》,北方文艺出版社,2007。
② 梁启超:《先秦政治思想史》第八章《道家思想(其一)》,东方出版社,1996,第122~123页。
③ 司马迁:《史记·老子韩非列传》。

尽管道教与道家有重大区别，但毕竟以道家为渊源，两者之间有着剪不断的精神脐带。作为唯一起源于中国的成型宗教的道教，传承了古代的宗教、巫术和方术，杂糅了东汉张陵倡导的"五斗米道"、张角创立的"太平道"，以"道"为神化的信仰对象，老子被尊为"太上老君"，树立了宗教所需要的人格化偶像。然而，其基本教义的哲学基础源自道家，东晋葛洪作为其理论奠基者，深得老子论道之宏旨，将"道"与玄一、真一、太极相结合。道教具有丰富的组织手段和宗教形式，因而在一定程度上成为道家的神学版本和世俗版本，得以长期、广泛的传播。其宗教活动具有神秘主义和迷信色彩，但也有重要的积极贡献。道教经典《道藏》使道家哲学经典及其注本以及《韩非子》《尹文子》《公孙龙子》《墨子》《鬼谷子》《淮南鸿烈解》等法、名、墨、纵横、杂等诸家宝贵的文献得以保存。中国对世界做出重要贡献的中医、火药、数学天元术，以及对西方化学产生重大影响的炼丹术等，都不能抹杀道教之功。独具特色的道教音乐、广受尊崇的得道成仙及以柔克刚的处世之方、经久不息的养生之道、遍布各地的道观礼仪、风靡世界的武术气功……道教文化在整个中国文化体系中，尤其是在民间文化、风俗文化中具有重要地位。面对时代的挑战，道教迫切需要深刻的宗教改革，而以老子等创建和阐发的道家哲学为蓝本，正本清源，是改革的要旨之一。

高峰之上便纵横

王重阳布道诗词有一篇《江神子》："虚中空外认盈盈，喜前程，看分明。占得真坚，慧照助新声。五座门开通出入，任来回，好游行。高峰上，便纵横，结云棚，势峥嵘。衮出灵光，一点似朱樱。彩色般般笼罩定，处清凉，永长生。"诗句中，"虚中空外认盈盈""高峰上，便纵横"，拿来形容道家，形象地表述其影响和地位，是恰当妥帖的。

"慎终追远，民德归厚矣"，不仅仅是对历史和祖先的尊重，更是要尊崇传统的根，敬畏文化的魂。中国道家哲学之所以经久不衰、历久弥新，是因为她在远古时代就已有了终极的追求、高远的境界、深邃的思考、丰富的启迪，达到了不亚于任何思想体系的高度。

老子的有无观，不愧为哲学本体论思想的峰巅，充分展示了哲学思辨的巨大魅力。"有生于无"的思想，《道德经》当中大量关于"无"的论述，以及其中蕴含的尊无、崇无、尚无的哲学精神，精彩地达到了不亚于世界任何哲学体系的思维高度。

哲学的本体论被称作"哲学第一基本问题"，久远地吸引着哲学家殚精竭虑、上下求索的目光，探索着人类关于自己从何而来、向何而去的内在困惑，回应着自古至今人类群体寻求根本依据和价值坐标的永恒需求。纷纭的事物、繁杂的万象，一切冲突、显隐、变化、分裂、组合……什么是最根本的实在？是否可以，并且在哪里最终统一起来？从宇宙、自然到生命世界、人类社会、精神万象，始终有一种自然而然发挥作用的机制，可以概括地称之为"自化"机制。一切事物在这种"自化"的作用下，可以自创生、自组织、自选择、自调控、自演化，实现从无到有，从无序到有序，从低级有序到高级有序的发展变化过程。这种自化作用机制，就是道。① 与一切神学的、宗教的、理念的、意志的、怀疑论的……哲学流派所揭示的"实在"比较起来，道，更加实在。所谓自宾、自化，就是不受外来意志的支配；所谓"道生一，一生二，二生三，三生万物"，② 没有上帝，没有神灵，一切取决于道。"天行有常，不为尧存，不为桀亡；应之以治则吉，应之以乱则凶。强本而节用，则天不能贫；养备而动时，则天不能病；修（循）道而不贰，则天不能祸。故水旱不能使之饥，寒暑不能使之疾，袄怪不能使之凶。"③ 道家本体论，超越了神创论，向自然本身寻求本原。

关于世界本原，泰勒斯认为是水，阿纳克西曼德认为是类似于空气的"无限者"，阿纳克西美尼认为是气，赫拉克利特认为是火。而中国古代的五行说，实际上是将水、火、木、金、土五种物质形态作为世界的本原来认识的。这其

---

① 尼克里斯、普里戈金的《探索复杂性》，普里戈金、斯唐热的《从混沌到有序》，哈肯的《信息与自组织》，克拉默的《混沌与秩序》，哈克的《神经科学的哲学基础》，汤普森的《生命中的心智：生物学、现象学和心智科学》等著作，以及海德格尔的《存在与时间》、克拉克的《东方启蒙：东西方思想的遭遇》等，均从不同角度、在不同程度上涉及自组织问题，为我们理解"道"提供了丰富的思想参照。
② 《老子》第四二章。
③ 荀子：《天论》。

中已经蕴含了一种思维整合的可贵尝试，体现了中国古代思维的整体性。但依然是"原形、幻化、图式展衍形成深广交织、序化整合"①。我们再来看老子的道，已经属于形而上思维十分精到的运用。"道的范畴的形上层面、形上性质特别是本体含义的揭示和论证则以进入概念表象思维的高级形态，在更大程度上克服了表象图画思维方式的种种局限，进一步预期思维形式的直接性、具体性、神秘性和表面性相分离，从而构成中国古代哲学史上概念表象思维发展的最高成就。很显然，这是华夏民族理论思维发展的一个重大突破和转折，可以肯定，它的意义是巨大而深远的。"②

从苏格拉底、柏拉图，到康德、黑格尔，形成了一种"传统"——理本论。理型、先验理念、绝对精神等，都可以总体上归于理本论。凭着著名的"洞穴比喻"，柏拉图宣称理念并非人的大脑抽象概括出来的，那只是各种存在者的展现，而理念是事物的原型，万事万物都是根据这些原型产生或创造出来的。所以，不是从事物中抽象出理念，而是理念决定了事物，世间万事万物不过是像洞穴中的影子一样，是对原型的模仿。道无名，说明在道家眼里，本体更加根本。恒常的道，"致虚极，守静笃"③。当然，也不可以各种度量衡来衡量，不可以柏拉图所看重的数学公式来解释。理念是精神的有形，道是系统的无形；理念与现象的关系，是投影和模仿的关系，道与现象的关系，是结构作用下万物自宾、自化的关系。道绝不是高高在上的、供万物模仿的理念，绝不是具有框架形态或"模本""原型""楷模"形态的理念。道，默默无闻地、自然而然地存在于天地万物之中，蕴含于一切运动变化之内。"无有入无间，吾是以知无为之有益。不言之教，无为之益，天下希及之。"④ 所谓"无为"，表现在没有宰执的地位、没有规定的格式、没有人格的意志、没有教化的权威。"生而不有，为而不恃，长而不宰。"⑤ "万物恃之而生而不辞；成功不名有；衣养万物而不为主。"⑥ 理念的世界与现象的世界是脱离的，而道的世界与现

---

① 王钟陵：《中国前期文化—心理研究》，上海古籍出版社，2006，第149页。
② 公木、邵汉明：《道家哲学》，长春出版社，2007，第54页。
③ 《老子》第一六章。
④ 《老子》第四三章。
⑤ 《老子》第五一章。
⑥ 《老子》第三四章。

象世界是统一的,是系统自身的功能,在形态上与系统浑然一体,而在过程上与系统运行并行不悖,"挫其锐,解其纷,和其光,同其尘。湛兮似或存"[1]。本体一旦成型,一旦高居于系统之上,一旦脱离万物自宾、自化的变化发展或系统运作,一旦被宣称为高于并规定、指导现象的理念,就不会充满生机、长久永恒地发挥作用,就不再是常道。

关于人——人的生命系统、社会系统和心智系统,在老子看来,与宇宙——自然系统不在一个层面上,那是子系统、次级系统、局部系统,只能被整体系统所包容、所涵盖。"人法地,地法天,天法道,道法自然。"[2] 人间之道,应当遵循自然大道,取法于根本之道。在道家哲学中,人不是居于中心地位。西方哲学史上,有一条这样的基本线索:从普罗泰戈拉"人是万物的尺度",到贝克莱"存在就是被感知";从叔本华"世界是我的表象""世界是我的意志"到萨特"存在先于本质",更到尼采"上帝死了""这是权力意志的世界——此外一切皆无!"……人的解放虽然具有重大的进步意义,但这只是一种历史主义的关照,并非基于哲学本体论认知的最高境界。

马克斯·韦伯对于人的理性做出了工具理性与价值理性的划分。工具理性是一把尖锐的双刃剑,天使之刃和恶魔之刃同样锋利。今天,工具理性大行其道,在创造辉煌的同时也带来严重的异化。老子明确指出:"上德不德,是以有德;下德不失德,是以无德。上德无为而无以为,下德为之而有以为。"[3] 这段话的意思是:最高的德并不刻意追求德,所以是真正的德;低层次的德总是刻意在追求德,所以失去了真正的德。最高的德不求具体目的,所以能够实现价值;低层次的德也能实现目的,那是刻意追求目的的结果。关于意志自由与返璞归真,关于需要动机与时间绵延,关于功利效率与根本价值,道家哲学以丰富的启迪高扬价值理性精神,同时对于工具理性和价值理性关系做出辩证的处理。"孔德之容,惟道是从"——一定的科学,其掌握和利用一定会在服务于人的意义上、功利的意义上获得可以验证、量化的确切的效果,人类有能力掌握自己创造的自然科学、经济科学、制度科学,并依据自己掌握的"规

---

[1] 《老子》第四章。
[2] 《老子》第二五章。
[3] 《老子》第三八章。

律"来制定设计种种走向未来的宏伟蓝图。但正因为如此,人类一旦醉心于、沉迷于自己的成就,就会以狂傲为自信,以愚蠢为智慧,就会难以避免地走向异化,走向毁灭。老子价值理性至上的思想,正是引导人类一定要迷途知返,一定要归根、复命,才能够"没身不殆"。

胡孚琛先生指出:"可以断言,道的学说体现了人类文明的最高智慧,是中华民族最伟大的文化资源,也必将成为世界文明相互交融的凝聚点。道学既为中国文化之根基,又为嫁接外来文化之砧木,还是世界各种异质文化的交汇点。道的学说使道学文化具有最高的超越性和最大的包容性。这种最大包容性,使道学不仅包容进中国诸子百家思想的精华,而且还可以融进东西方异质文化中的优秀思想。这种最高超越性,使道学在任何时代都是一种超前意识,道学的智慧不仅能反观人类乃至宇宙创生之初的过去,而且能预见和创造人类乃至整个宇宙的未来。道学文化将科学精神与人文精神重新融为一体,打通科学、哲学、宗教、文学艺术、社会伦理之间的壁垒,填平各门自然科学和人文学科之间的鸿沟,将人类认识世界的所有知识变成一门'大成智慧学',向最高的'道'复归。"[①] 文化复兴,当然不是复古主义,传统文化需要选择、清理、批判、转化。面对这样繁复的大业,我们所依据的不仅仅是"现代的眼光",也要有传统本身的思想和价值体系的蓝本。传统文化自身是一个自然发展的、自我创造的生态体系,而支撑这一体系的最优秀的核心部位,必然会有经得起历史筛选与沉淀的、与现代以至未来先进文化相容相通的精华与瑰宝,其中的思想和价值理念、认知和思维方式将会帮助我们、启发我们,去完成复兴与创造。

为有源头活水来

朱熹《观书有感》诗曰:"问渠哪得清如许,为有源头活水来。"道家思想有着丰富而厚重的渊源。

虽然老子的思想充满了深邃的哲理、高超的智慧和丰富的人生经验,但我

---

① 胡孚琛:《21世纪的新道学文化战略》,《鹅湖》2001年第11、12期。

们不能简单地将其思想内容都看作老子一人的发明创造。古今中外任何一种学说理论的提出，都离不开前人提供的思想素材，老子的思想同样离不开对古代思想文化的继承。道家哲学有着极为丰富的思想渊源。"玄"是葫芦，出自葫芦崇拜；"水几与道""上善若水"可追溯到夸父追日中饮尽江河而走大泽的神话传说；《周易》中"一阴一阳之谓道"，以及"天地感而万物化生""天道下济""尊谦而光""厚德载物"等思想；《尚书》中不矜、不伐、不争及"有容乃大""天聪明，自我民聪明"的思想等，均为道家所吸收；原始宗教、华胥文化、自然崇拜、女性崇拜等，也都在老子思想中有所体现。也有人考证，远古神农与黄帝以道治国，神农《连山易》、黄帝《归藏易》等均为道家提供了思想渊薮。许由、夏禹、皋陶、彭祖、商汤、姜尚、管仲、孙叔敖等人以及春秋史官的思想更是大量被老子接纳。可以说，老子是春秋时期以前，包括尧舜、商周时代思想文化的集大成者，是以"古之道术"为主的思想文化的创造性地转化、提升和发展者。

（一）对远古时代和自然天道的虚化性对接

考古学家卜工先生认为："中国古代文化的传承有很多的方式，其中有五种最为重要：文字技术的历史过程；物像承载的历史记忆；习俗凝固的历史基因；舞乐蕴涵的历史知识；口耳相传的历史经验。"[1] 我们了解老子所推崇的前期、早期中国，主要是通过三条渠道：一是考古发现；二是神话传说；三是中古时代史册文献。老子时代，所谓考古学远未诞生，后来具有"考古"意味的金石学也是北宋才发端的。而第三种渠道所描述的上古时代，是不是准确或大体准确呢？争论很大。比如《礼记》所说的"大道之行也，天下为公，选贤与能，讲信修睦。故人不独亲其亲，不独子其子，使老有所终，壮有所用，幼有所长，矜、寡、孤、独、废疾者皆有所养，男有分，女有归。货恶其弃于地也，不必藏于己；力恶其不出于身也，不必为己。是故谋闭而不兴，盗窃乱贼而不作，故外户而不闭，是谓大同。"这是一种相当美好的理想社会的景观。而许多古籍的记载，也都与此呼应，比如《国语》中用观射父的话说："古者

---

[1] 卜工：《中国模式解读早期中国》，科学出版社，2011，第46页。

民神不杂，民之精爽不携贰者，而又能齐肃衷正，其智能上下比义，其圣能光远宣朗，其明能光照之，其聪能听彻之，如是则神明降之……民是以能有忠信，神是以能有明德，民神异业，敬而不渎。故神降之嘉生，民以物享，祸灾不至，求用不匮。"① 类似的描述，在最早的典籍中屡屡见到。如果从神话传说来看，精卫填海、嫦娥奔月、女娲造人、后羿射日、夸父追日、女娲补天、伏羲创画八卦、神农尝百草、仓颉造字、嫘祖养蚕、三帝禅让、大禹治水……都是感人至深的故事，至今依然在中华民族传统美德中占有重要地位。

我们完全有理由推断，在并不信神的孔子删书之前，关于远古时代美好和谐、人神相睦的记载一定是大量而丰富的。老子很可能掌管过图书，可以肯定的是，他曾大量涉猎关于记载远古社会的图书。"远古是美好的"，这是老子一种基本的世界观，是他"向后看""执古之道""能知古始"等方法论的基本前提。正如研究古代文化的学者所看到的，道家、儒家、墨家，都是主张向后看的，而道家主张尤烈，甚至认为越古越好。现在看来，老子的"向后看"是很有道理的，正如卜工先生指出："历史文献朦胧记忆的早期中国真是迷雾缭绕、神奇怪诞，语焉不详、支离破碎；但绝不是空穴来风、无中生有、胡说八道，毫无根据。"②

"美好的远古"足以相信吗？在整理、研究大量考古成果的基础上，卜工先生认为："在原始社会概念的指引下，总是令人联想到当时的生产力极其低下，并做出人类的生活是衣不遮体，食不果腹，茹毛饮血，惨不忍睹的估计。其实，这完全是由于资料的限制而产生的不符合历史实际的误解，中国考古资料的不断积累已经开始全面更新旧有的相关认识。""早期中国活力无限，充满生机；其社会活动的组织能力，管理水平及其影响力远远超出当今学者的想象。"③ 原始社会普遍产生了诸神崇拜，包括哲学家在内的许多学者，都将原始崇拜的产生归结为人类的恐惧，例如英国著名哲学家罗素就说过："未开化的野蛮人同我们一样，在自然界的威力面前感到一种无能为力的压抑。……战

---

① 《楚语下》，《国语》卷一八。
② 卜工：《中国模式解读早期中国》，第9页。
③ 卜工：《中国模式解读早期中国》，第84页。

栗的祈祷者心想：当他把最珍贵的东西无条件地献出来时，众神嗜血的欲望就会得到满足，它们也就不会再向人提出更多的要求了。"① 尽管这种精彩的论述很有道理，但绝不全面。早期人类生存的一切基本需要，必须从自然得到满足，而所需要的一切，几乎都来自大自然的降赠与恩惠。所以，面对大自然的神秘，人类既表现为恐惧，也充满感恩、崇拜和依赖，总之应当概括为敬畏。因此，典籍中关于"所谓道，忠于民而信于神也"（《左传》），"神飨而民听，民神无怨，故明神降之。观其政德，而均布福焉"（《国语》）等类似的说法，是有一定可信度的。

然而，老子是一位善于反思的深刻的思想家，他决不满足于描述和总结，他所要做的，是在对远古与现实的比较中进行终极探讨，是为了"以御今之有"，是为了"知天下""见天道"。因此，他基于远古社会，却透过远古社会，将审视的目光，瞄向了自然天道。

值得注意的是，如果远古社会是美好的，那么来自哪里？是上帝创制的吗？是神仙造就的吗？都不是，而是自然而然形成的。我们通常在主要的哲学流派中，都会看到对于无可否认的"在场"事物的肯定，以此为基点展开其哲学思路的延伸。老子也是这样，而他所立足于、坚守于的无可否认的事物，就是天地万物的从无到有，从混沌到有序，包括人类的诞生、生存与发展，这是无可置疑的，任何人也否认不了的。而在此基点上，进一步追问：这种无可置疑的事物从无到有，进而变化发展的动因是什么？

大量史料记载了中国早期历史中人们对"天"的敬畏。祭天拜地，也是早期人类生活极为重要的活动内容。《礼记·祭义》中的"祭日于坛，祭月于坎"；《尔雅·释天》中的"祭天曰燔柴，祭地曰瘗埋"，考古学家认为"这些《周礼》的箴言，人们原本以为都只是属于西周或更晚的时期，没有想到比文献记忆更遥远的年代就成为社会生活的主要内容。……这种活动的物质遗留却被科学地发掘出来，如同硬是在文献局限性的伤疤里塞上盐粒一样，使人感到单纯依赖文献的苦痛。"②

---

① 《罗素自选集》，商务印书馆，2006，第11页。
② 卜工：《中国模式解读早期中国》，第138页。

老子哲学地对待"天",将敬天、畏天、祭天演化为对天道的赞颂与推崇,实际上是以他特有的思维方式,将早期历史与"天"进行了虚化的对接。"天长地久"(《老子》第七章),"天地相合以降甘露,民莫之令而自均"(《老子》第三二章),"天道无亲,常与善人"(《老子》第七九章),"天之道,其犹张弓与!高者抑之,下者举之;有余者损之,不足者补之"(《老子》第七七章),"天之道,利而不害"(《老子》第八一章),等等,这些"天"的品质成为早期社会安泰祥和的基础。

老子并不完全相信上帝:"道冲而用之或不盈,渊兮似万物之宗。挫其锐,解其纷,和其光,同其尘。湛兮似或存,吾不知谁之子,象帝之先。"① 也并不完全相信神灵:"以道莅天下,其鬼不神。非其鬼不神,其神不伤人;非其神不伤人,圣人亦不伤人。夫两不相伤,故德交归焉。"② 那么,对接到哪里呢?虽然老子所相信的是天道,即自然而然、自而然之的万事万物化育发展的机制与功能。即使是人类社会,早期历史上对自然的借助、依赖,对资源的开发、利用,以及组织形式的发展演化等,都是一种非刻意、非人为的自然而然的过程。但是,毕竟老子并不同意祭天、拜天中的"天"(关于老子的"天"与古代对"天"的一般理解之间的重要区别,见本书第五章的道家价值哲学的现代启迪),并且意识到人们对于"天道"这一难以表述的哲学概念的难以接受与理解,于是,老子进行了虚化的安排与处理,提供了人们尊崇敬畏的对象,也可以说,老子哲学地提供了信仰资源或信仰对象。这一崇高之所在,比上帝更近切,比天道更具体,比君主更神圣,比神灵更可信,那就是——圣人。

圣人,是老子"塑造"的形象,然而绝非文学式、艺术式地联想的产物,而是哲学思维的结晶。他所说的"太上""故之善为道者",甚至以"我"而进行的所指("俗人昭昭,我独昏昏;俗人察察,我独闷闷"),以及隐去主语而进行的所指,都是指向圣人。圣人是谁?不是《国语》中讲的"以土与金木水火杂以成百物"的"先王",不是孔孟心目中的尧、舜、禹、汤、文、武、

---

① 《老子》第四章。
② 《老子》第六〇章。

周公等"古之圣王",也不是后来被推崇的现世人物的化身,而是一种抽象的"虚构"。"'圣人'的形象融合吸收了上古文化的精华,同时又是对现实人格的理想化和提升,从多方面体现了天道的基本精神。"[1] 老子将道与德的品质赋予圣人,建构了理想人格、理想政治、理想社会的象征。进而,以其为样板和奠基,展开了道法自然、无为而治、行不言之教、生而不有、为而不恃、长而不宰、爱以身为天下、以百姓心为心等哲学思想和政治主张的论述。

(二)对"天人合一"思想的抽象性表述

天人合一,是中国传统思想中的重要篇章。明确提出这一概念的,应当是汉代董仲舒,他在《春秋繁露·深察名号》说:"天人之际,合而为一。"但在此之前,天人合一思想就已存在。

关于"天",冯友兰先生总结为:"在中国文字中,所谓天有五义:曰物质之天,即与地相对之天;曰主宰之天,即所谓皇天上帝,有人格的天、帝,乃指人生中吾人所无奈何者,如孟子所谓'若夫成功则天也'之天是也;曰自然之天,乃指自然之运行,如《荀子·天论篇》所说之天是也;曰义理之天,乃谓宇宙之最高原理,如《中庸》所说'天命之为性'之天是也。《诗》、《书》、《左传》、《国语》中所谓之天,除指物质之天外,似皆指主宰之天。《论语》中孔子所说之天,亦皆主宰之天也。"[2] 在冯友兰先生总结的五义中,至少有三义不同程度地蕴含了天人合一的意思。

根据李泽厚先生的研究,秦汉之际,各种思潮、流派、学说出现了一次融合。关于天人合一的概括,董仲舒之前的《吕氏春秋》也做出了重要尝试:"盖闻古之清世,是法天地。凡十二纪者,所以纪治乱存亡也,所以知寿夭吉凶也。上揆之天,下验之地,中审之人,若此则是非可不可,无所遁矣。"[3] 李泽厚先生评价道:"《易传》里已经有由天而人(如《说卦》和'乾坤定矣……贵贱位矣'等等),即通过宇宙、自然来相互对应地论证人事的观念,这里(指《吕氏春秋》——本书作者注)则把这种对应观念具体化和系统化。它在

---

[1] 陈鼓应、白奚:《老子评传》,南京大学出版社,2001,第33页。
[2] 冯友兰:《中国哲学史》,重庆出版社,2009,第35页。
[3] 《吕氏春秋·序意》。

安排一种成龙配套的从自然到社会的完整系统，把人事、政治具体地纳入这个总的宇宙图式里，即所谓'上揆之天，下验之地，中审之人'。"① 李泽厚先生的评价是中肯的。

今天，从新时代和人类世界的大视域出发，天人合一理念的思想昭示在得到普遍推崇的同时，也获得了更为广泛的理解。然而，统观中国古代思想史，我们还是可以明显地看出，老子对"天人合一"思想做出了更为抽象性的提升和更为丰富的阐述。可以说，是道家哲学为这一理念经久不衰的影响注入了深刻内涵，奠定了雄厚基础。

第一，老子深化了天与人同源同构的思想，内在地实现了天人合一。"上揆之天，下验之地，中审之人"毕竟是一种外在的系统整合，也是天行健，地势坤，人中仁义等思想的重要依据，但是天人合一毕竟需要更为内在的、根本的审视，需要一种透彻的、本体论式的追问。"道生一，一生二，二生三，三生万物"②，无论是天地，还是人寰，必谓同一起源。"惚兮恍兮，其中有象；恍兮惚兮，其中有物。窈兮冥兮，其中有精；其精甚真，其中有信。"③ 所谓"万物之宗"、"先天地生"，"天下万物生于有，有生于无"，必然包括天、地、人在内。"它虽然颜色'夷'到看不见，声音'希'到听不到，形象'微'到摸不到，是常人感官所无法感知的，却是无形无色无声之中的实际存在。这夷希微三者，不可能追问它们的究竟，也就是佛学说的'不可思议'、'言语道断'，它们也不可分析，因而'混而为一'，是浑然一体而不可分离的。"④ 无论我们将这种无法感知、不可捉摸、难以言说的"事物"理解为关系、功能、机制、信息，或者更带有现代科学意蕴的"场""膜世界""超弦"，还是更带有西方哲学味道的"缘构成""构成域"，等等，都不能否认老子已经极具思维穿透性地提出了"天人同构"思想。正因为同源同构，因而终极同归："致虚极，守静笃，万物并作，吾以观复。夫物芸芸，各复归其根。归根曰静，是

---

① 李泽厚：《中国古代思想史论》，生活·读书·新知三联书店，2008，第141页。
② 《老子》第四二章。
③ 《老子》第二一章。
④ 黄友敬：《老子传真》，海峡文艺出版社，1998，第98页。

谓复命。复命曰常，知常曰明。"① 如果说古老的"天人合一"是一棵参天大树，那么只有上述那样的见地，才使它深深地植根于哲学本体论的良田沃土而根深叶茂。

第二，老子建构了天道高于人道的总体框架。自古"究天人之际"的言论不绝如缕，说明这种探究有许多艰涩的思想纠缠。毕竟，无论怎样从根本上探究人与人相合，都无法回避现象上的天与人相分。在"天人合一"总体框架中，如何处理天与人的关系，是人类思想史上一个极为重要的问题。究竟是人道高于天道，还是天道高于人道？——对这一问题的不同回答，使人类思想史的江河在潜流深处泾渭分明。自古至今，实际上认为人道高于天道的思想学说比比皆是。但是，老子极为明确地断言：天道高于人道！

"执大象，天下往；往而不害，安平太。"② 天道总是像水一样处下、谦卑，任人道支流奔腾呼啸，但是"大道汜兮，其可左右"，"以其终不自为大，故能成其大"③ 的天道终归是决定总体方向的，如果支流不能适时复归于基本河道，终会泛滥成灾。老子之所以反复强调"归根""复归于无物""乃复至于大顺""配天""复归于无极""复归于朴"等，正是因为天道高于、根本于人道。这是道家哲学一个基本思想，是其对于人类具有恒久启迪、在当代社会尤其具有振聋发聩作用的一个内在原因。在老子看来："故道大，天大，地大，王亦大。域中有四大，而王居其一焉。人法地，地法天，天法道，道法自然。"④ 人道并非总体的、终极的系统，无论是人类社会还是人类智慧、人类文明，包括人类一切创造活动，都很"大"，但永远不能成为"老大"。在"天人合一"的总体框架中，不是天为了人、天服从人、顺应人，或被人类所征服，而是人配天、顺应天、遵循天道，对天保持敬畏，从而对天的馈赠恩赐进行接受、开发和利用。总之，不是以天合人，而是以人合天；人可以用天、辅天，但不是人定胜天，而是倚天、顺天、尊天、敬天。"是谓不争之德，是谓

---

① 《老子》第一六章。
② 《老子》第三五章。
③ 《老子》第三四章。
④ 《老子》第二五章。

用人之力,是谓配天古之极。"① "学不学,复众人之所过。以辅万物之自然,而不敢为。"② "知其雄,守其雌,为天下溪。为天下溪,常德不离,复归于婴儿。知其白,守其黑,为天下式。为天下式,常德不忒,复归于无极。知其荣,守其辱,为天下谷。为天下谷,常德乃足,复归于朴。"③ 这才是真正的天人相交、天人和谐、天人合一。

第三,老子提出了人道遵循天道昭示的价值准则。在前人敬天、畏天、探究天人之际的基础上,老子进行了总体上的抽象提升。天道对于人道,不仅仅是涵盖、包容的关系,更是价值昭示的关系。哲学上价值论的思考经常会围绕这样的问题:人类价值体系源于哪里?价值之源与哲学之本体有没有关联、是不是统一?诚然,实践的验证、历史的沉淀、文明的筛选等,一定会不断地诞生、发展、完善人类价值体系。但是,人类的实践和思考,总是与自然密切相关的。比如,人类对自然环境与资源的改造、开发和利用,长远来看一定会引起自然的反应,或馈赠奖赏,或惩罚报复。因此,人类价值体系的建构无论如何都摆脱不了自然的"参与"。这是因为,人类的行为是宇宙行为的产物和子系统,在人类行为之前、之外、之上,万事万物也都有行为。只不过,这种行为的主体不包括人,但无论是否具有人的因素,都会在某些层面和一定程度上表现为一定的规则。这些外在于人的行为虽然也有冲突性、毁灭性、退行性变异,但基本趋向则是平衡性、和谐性、联系性、互动性等。科学所揭示的宇宙秩序、能量守恒、平衡和谐、自然演化、自组织机制、生物圈系统性、细胞变异、基因遗传、耗散结构……无不对人类价值理念给予重要而恒久的启发。"天网恢恢,疏而不失"(《老子》第七三章);"天道无亲,常与善人"(《老子》第七九章);"上善若水"(《老子》第八章);"昔之得一者,天得一以清,地得一以宁,神得一以灵,谷得一以盈……侯王得一以为天下正"(《老子》第三九章);"载营魄抱一,能无离乎"(《老子》第一〇章);"是以圣人抱一,为天下式"(《老子》第二二章)……完全可以说,老子的这些喻世明言,实为"天启恒言"。因而,老子谆谆告诫"孔德之容,惟道是从……自古及今,其名不去,

---

① 《老子》第六八章。
② 《老子》第六四章。
③ 《老子》第二八章。

以阅众甫"（《老子》第二一章）；"道者万物之奥，善人之宝，不善人之所保。"（《老子》第六二章）

很明显，在老子那里，天道与人道有区别、有对照。比如，"天之道，其犹张弓欤！高者抑之，下者举之；有余者损之，不足者补之。天之道，损有余而补不足。人之道则不然，损不足以奉有余"①。这样的比较，令人信服地看到天道对于人道的启发意义。西方哲学中，也有上帝立法、自然法、理型、先验理念、绝对精神等以外在启示为人类指引价值、确立准则的思想学说，所不同的是，老子一贯主张天道"行不言之教"，并不是高高在上的权威立法，而是与人的行为浑然一体、悄然无声地进行启迪，是一种"润物细无声"的自然化育。这本身，就是一种价值昭示——生而不有，为而不恃，长而不宰。或者说，这是一种交融的、真正化而为一的"天人合一"。

（三）对历史经验和社会现实的批判性反思

陈鼓应、白奚所著《老子评传》引用《庄子·天下》篇中概述老子学术思想时的说法："以本为精，以物为粗，以有积为不足，澹然独与神明居。古之道术有在于是者，关尹、老聃闻其风而悦之。"② 陈、白两位作者认为："按照这样的说法，老子的学说有其直接的思想来源，那就是'古之道术'。这些'古之道术'，有据可查者可以分为两个部分：一是老子所明白引述的古书或古人之言，一是老子所吸取的、其他古籍中先于老子的有关思想。"③ 从老子的许多言论来看，的确如此。所谓"古之道术"，集中体现了前人的智慧与经验，是老子重要的思想来源。

《汉书·艺文志》："道家者流，盖出于史官。历记成败存亡祸福古今之道，然后知秉要执本，清虚以自守，卑弱以自持，此君人南面之术也。"其实，古代王官之学，仅仅是老子关注的一部分内容，尤其是将老子学说概括为"君人南面之术"，是相当偏颇的。按照陈鼓应先生的说法，这样的概括只适用于黄老之术。老子着眼于"古之道术"中的哲理，不仅仅是从"术"的层面进行整

---

① 《老子》第七七章。
② 《庄子·天下》。
③ 陈鼓应、白奚：《老子评传》，第19页。

合与吸取，还进一步从"道"的层面进行发掘和提炼，"执古之道，以御今之有，能知古始，是谓道纪"①，这正是老子清醒的意识和初衷。

如《尚书·大禹谟》："汝惟不矜，天下莫与汝争能；汝惟不伐，天下莫与汝争功。"《金人铭》："君子知天下之不可盖也，故后之下之，使人慕之。执雌持下，莫能与之争者。"老子强烈主张谦下不争："夫唯不争，故天下莫能与之争"（《老子》第二二章）；"天之道，不争而善胜"（《老子》第七三章）。《老子》中许多言论，都是老子之前历史上有出处或有相应记载的，比如功遂身退、柔弱胜刚强、明道若昧、欲取姑予、欲歙固张、知白守黑……这些政治的、军事的、人生的智慧经验，给了老子巨大启发。但是，老子用来进行了发挥，从而丰富和深化了无为无不为、自然演化、反者道之动、福祸相互依存和转化等哲学思维。正如陈鼓应、白奚所指出："老子的其他思想观念，如慎终如始、天道无亲、与人为善、以德报怨、尚慈崇俭等观念以及隐逸思想、无为思想、辩证思维、关于大道的思想理论等，我们都可以找到它们的直接思想来源。"②

老子以鲜明的逆向思维、反思意识而著称，在春秋战国时期的隐士群体中，也是具有强烈批判精神的突出代表，张岱年先生就评价说老子是中国历史上"第一个文化批判者"。③ 易中天也指出："如果了解道家，尤其是熟悉《老子》一书，就会发现这是典型的'老子式思维'。老子的思维方式是什么样的？是'正言若反'，也就是反过来思考问题，反过来表述观点。这样一种'反向思维'，在《老子》一书比比皆是。"④ 老子的名言："知不知，上；不知知，病。夫唯病病，是以不病。圣人不病，以其病病。"⑤ 这句话，真可谓为士人批判精神提供了充满辩证意味的理论依据。

"能知古始"，是为了"以御今之有"，批判锋芒也就直接指向了身处其中的社会现实，而其所独有的高远立意和眼光，使其批判的声音力度倍增。这一

---

① 《老子》第一四章。
② 陈鼓应、白奚：《老子评传》，第26页。
③ 张岱年：《儒道两家思想对中国文化的影响》，《高校社会科学》1989年第2期。
④ 易中天：《先秦诸子百家争鸣》，上海文艺出版社，2009，第107页。
⑤ 《老子》第七一章。

点主要表现为：荀子、孔子、墨子、孟子等都有批判，但他们或向往尧舜，或推崇大禹、周公；法家则反对"法先王"，主张"法后王"，法家的批判，归结到推崇并维护君主统治。而老子和庄子，则对这一切都反对，他们所看好的，是远古。

  故失道而后德，失德而后仁，失仁而后义，失义而后礼。夫礼者，忠信之薄而乱之首。前识者，道之华而愚之始。①

这段话，可以看作批判纲领。自道以下，皆批。如果不急于给老子扣上一顶"复古主义"的帽子，可以看到其批判所向，指的是历史发展中的另一条线索：异化。文明和异化是互相交织的，而且有一种比较和竞赛的关系，如果不能对异化这条线索保持清醒、警惕和批判、纠正，就会走上弯路和掉入陷阱，甚至出现巨大灾难以至覆灭也绝非不可能。当然，老子是立足于现实的，也就是当时的士人普遍看到的世风日下、礼崩乐坏、战端频起等现象。只不过，老子比其他士人的仰天长叹和批判疾呼更为冷峻、透彻，因而其尖锐性往往在隐晦、深奥、迂回中伸展出来。但老子的思想是在对天道和历史系统思考的基础上，在反思批判的思维突破之中奔涌而出的。

第一，老子批判了社会制度的弊端和统治者的腐朽，从而深化了"无为而治"的主张。他将批判的锋芒直指统治者愈演愈烈的任意而为。"将欲取天下而为之，吾见其不得已。天下神器，不可为也。为者败之，执者失之。故物或行或随，或嘘或吹，或强或羸，或挫或隳。是以圣人去甚，去奢，去泰。"②统治者夺取天下的欲望和按自己的意志治理，终究是要失败的，因为治理天下的"神器"，不在于主观意志和任意而为。天下事物，是主动还是被动，是消极还是积极，是强胜还是挫败，是巩固还是毁损，并不是单凭主观意志可以主宰的。急功近利者终会失败，任意而为将失去天下。因此圣人应当消除奢侈享乐的欲望，避免自高自大而走极端。对照当时的历史状况，老子的言论绝非空

---

① 《老子》第二八章。
② 《老子》第二九章。

穴来风，而他提出的主张，也是有着鲜明针对性的："我无为而民自化，我好静，而民自正，我无事而民自富，我无欲而民自朴。"① 正是出于对现实的批判，老子的论述成为道法自然、无为无不为哲学在政治思想领域的具体运用。再如第七五章，"民之饥，以其上食税之多，是以饥"，是针对统治者横征暴敛；第七四章，"民不畏死，奈何以死惧之！……常有司杀者杀，夫代司杀者杀，是谓代大匠斫。夫代大匠斫者，希有不伤其手矣"，讨伐了统治者用严刑峻法镇压民众的杀伐宰执；第七七章直接抨击"损不足以奉有余"的统治制度，以"高者抑之，下者举之；有余者损之，不足者补之"而伸张社会公平正义。

第二，老子批判了崇神、崇人的思想观念，从而弘扬自然无为的理念。在这里，老子承担了双重的任务：一是针对神灵的信奉；二是针对先王或君主的崇拜。我们在前面说老子提升了"天人合一"的思想时已经提到，无论是"象帝之先"，还是"其鬼不神"，都说明老子对古代神灵是有一定批判意识的，因为他要扫除通往自然天道进程中思想观念上的障碍。这样的障碍，不仅是民间的，也是统治者的，同时也来自思想界。比如墨子就一再主张"尊天，明鬼"，而老子的"谷神不死，是谓玄牝"，断然不是鬼神，而是天道之神力、自然之奇功。同时，老子的"圣人"，也断然不是"先古圣王"，而是天道自然的化身。老子力排古代对天神和帝王的思维指向，这样的批判意义是相当深远的。尽管其后中国历史上不乏天子论、神权论，不乏上苍与君主相结合的扭曲的"天人合一"，但道家自然无为这种立意高远的思维指向，始终发挥潜在的影响力，至今成为中国传统政治哲学精华与人类先进理念接轨的宝贵资源。

第三，老子批判了物欲横流的社会恶俗，从而倡导返璞归真的精神文明。《老子》第六七章提出著名的"三宝"："我有三宝，持而保之。一曰慈，二曰俭，三曰不敢为天下先。慈，故能勇；俭，故能广；不敢为天下先，故能成器长。"这是为中华民族优秀传统铸魂的人生哲学。社会上权力最容易异化，对于人来说欲望最容易异化。老子对这些均有清醒透彻的观察。人的欲望既有出于生理需要的部分；也有满足基本需要之外的部分，而且没有止境。对于不同

---

① 《老子》第五七章。

欲望的区分极为重要，弗洛伊德本能学说以其深刻而产生巨大影响，又以其局限而遭受严重诟病，这与弗氏没有对欲望做出严格区分有关。《老子》第四四章说"知足不辱，知止不殆"；第四六章说"祸莫大于不知足，咎莫大于欲得"，两千五百年前的告诫实在振聋发聩。从史书上了解老子时代背景，天下士人皆对天下无道忿忿然，慕华求贵、利欲熏心、争权夺势、礼崩乐坏，老子的告诫出于独到的洞察与思考，也出于深刻的反思与尖锐的批判。第五三章："大道甚夷，而民好径。朝甚除，田甚芜，仓甚虚。服文采，带利剑，厌饮食，财货有余，是为盗夸。非道也哉！"已经是一种愤怒的声讨，而老子、庄子关于人生哲学的言论，可以说比比皆是。综观中外历史权力腐败、世风败坏的现象，包括当今种种人类病态和社会弊端，不能不让我们对于老子超前而深邃的思想由衷赞叹。

第四，老子批判了攻伐争霸的无义战争，从而丰富了天下大道的政治理想。春秋战国时期的社会动荡，在很大程度上是诸侯争霸造成的，兵戈四起，战祸连绵。《老子》第三〇章明确提出："以道佐人主者，不以兵强天下，其事好还。师之所处，荆棘生焉。大军之后，必有凶年。"墨家提出兼爱、非攻，是从交相利出发的。儒家基本反战，但孔子与孟子有所不同。孔子虽主张天下归仁，但他反对战争是出于维护礼制的目的，尤其反对犯上作乱，因而没有脱离君本位的窠臼。孟子则出于"仁政"主张而反战，将战争观建立在伦理道德基点上。但早在孟子之前，老子是这种战争观的最早提倡者。"善有果而已，不敢以取强。果而勿矜，果而勿伐，果而勿骄，果而不得已，果而勿强。物壮则老，是谓不道，不道早已。"[①] 老子反对"仁"，但反复提到"善"，在他看来，"善"与"仁"完全不在一个档次上："仁"为人道，人为而追求；"善"为天道，自然而存在。于是，老子并非一般地反对一切战争，但正义之战必为出于善而战。"居善地，心善渊，与善仁，言善信，正善治，事善能，动善时。夫唯不争，故无尤。"[②] 无论是"事善能"还是"动善时"都包括了举兵从战，必循善道。而其核心思想，是"不争"，战争即使胜了也会付出惨重的代价，

[①] 《老子》第三〇章。
[②] 《老子》第八章。

而胜者如若不道,则会"不道早已",走向衰败。所以,老子明确提出:"夫佳兵者,不祥之器。物或恶之,故有道者不处。……兵者,不祥之器,非君子之器。不得已而用之,恬淡为上,胜而不美。而美之者,是乐杀人。夫乐杀人者,则不可以得志于天下矣。……杀人之众,以悲哀泣之。战胜,以丧礼处之。"① 这种"就是打了胜仗,也不要庆功,而是以丧礼来对待和处理"的主张,真可谓以天下大道而反战,其所抵达的高度,不要说在当时,就是上下几千年也鲜有企及。横向比较一下,古希腊的柏拉图视战争为维护国家利益的工具,亚里士多德强调"务必以求取闲暇与和平为战争的终极目的"②。对战争史颇有研究的古希腊历史学家色诺芬则认为"取胜为生存之道,胜者存败者亡"③,总体上,不如老子的境界高。"故贵以身为天下,若可寄天下;爱以身为天下,若可托天下。"④ 这里,绝不是以君为本,而恰恰是君主必须以道为本。

(四)对女性崇拜和贵柔文化的创造性提升

关于母系氏族社会是否存在过,学界是有争论的。对此,考古学界的研究成果应该更有说服力。张忠培先生在《元君庙仰韶墓地》一书中认为:"参照民族志记载,推定元君庙墓地是两个氏族墓区组成的部落墓地,其居民的社会组织,当是两个互婚氏族组成的部落,墓排内存在的合葬墓为家族合葬;由母女合葬、女性厚葬等现象推定,元君庙的社会性质是发达的母系氏族制。"仰韶文化是大约距今6000年的古史文化,而张光直先生曾做出评价,认为张忠培先生对仰韶文化考古研究最具功力。此外,《山海经》记载了大量神话传说,其中关于女娲、西王母、嫦娥、织女、白蛇等,也可以佐证上古时代女性崇拜的存在。学界比较普遍公认,老子继承了母系氏族、女性崇拜文化传统,在"一阴一阳之谓道"的辩证思维之中,更倾向于以阴为本,有人将其概括为"贵柔"的思想文化,是有道理的。然而,老子的贵柔,为其更为深刻的哲学思想服务,是从哲学上对于自远古以来女性崇拜、阴柔崇拜、月神崇拜等宗

---

① 《老子》第三一章。
② 亚里士多德:《政治学》,商务印书馆,1981,第92页。
③ 许保林、刘子强选编《中外军事名言录》,军事科学出版社,1986,第38页。
④ 《老子》第一三章。

教、风俗、思想资源的创造性提升，主要体现在以下几个方面。

其一是虚空。冯友兰先生精辟地指出："《老子》在这里所说的'牝'，就是女性的生殖器。它所根据的原始宗教，大概以女性生殖器为崇拜的对象。因为它不是一般的女性生殖器，所以称为'玄牝'。天地万物都是从这个'玄牝'中生出来的。'谷神'就是形容这个'玄牝'的。女性生殖器是中空的，所以称为'谷'。玄牝又是不死的，所以又称为'神'。照这个说法，《老子》是认为有一个中空的东西，万物都是从那里边生出来。……'绵绵若存，用之不勤'，也是这个意思。都是认为有一个中间空虚的东西，可以生出无穷无尽的东西。"[1] 老子主张有生于无，其崇无、尚无的思想多次从"中空"的形象喻指中透露出来。比如第四章，"渊兮，似万物之宗"；第一一章，"三十辐，共一毂，当其无，有车之用。埏埴以为器，当其无，有器之用。凿户牖以为室，当其无，有室之用"。因此，老子的"玄牝""谷神"，隐含了与本体论密切相关的本原、起源、永恒、无限等丰富的思想内涵。其有无观，是中国传统哲学中的精髓。同时，"无为无不为"的思想也从这里延伸出来，庄子就对此心领神会："芒乎芴乎，而无从出乎！芴乎芒乎，而无有相乎！万物职职，皆从无为殖。故曰天地无为也而无不为也。"[2]

其二是阴柔。在阴与阳的范畴中，尚阴；在刚与柔的范畴中，尚柔；在动与静的范畴中，尚静；在显与隐的范畴中，尚隐。而这些又和大、远、渊、湛、返、复、归、根……联系而呼应，构成了老子辩证思维中相当鲜明的倾向性特色。在老子看来，一切变化发展、生生不息的事物都有更为根本的依据，所谓"贵以贱为本，高以下为基"[3]，所以阳以阴为本，刚以柔为基，等等。这里，我们可以环顾一下人类历史，从思想史来说，不仅儒家与此相反，世界上崇尚阳刚、进取、有为的哲学更是占据"主流"。而且人类的实践，也是如此。但老子的"反思"哲学，之所以在21世纪"异军突起""返老还童"，正因为人类需要总体反思。引人注目的后现代主义，强调整体、关联、长远与全局，女权主义是其中一道"亮丽的风景线"。这里的"女权主义"也无疑带

---

[1] 冯友兰：《中国哲学史新编》第二册，人民出版社，1983，第44页。
[2] 《庄子·至乐》。
[3] 《老子》第三九章。

有哲学超越性。题目涵盖面很大的《解剖自由：女权主义、物理学和全球政治》一书作者罗宾·摩根宣称："目前，就我们这个星球而言，女权主义也是DNA/RNA得以保存和获得进一步进化的必要条件——不仅如此，从其形而上学的和超女权主义（metafeminist，或曰形而上女权主义——本书作者注）的动态来看，女权主义还是我们人类达到与广袤无垠、灵秀神秘的宇宙间万事万物交往的希望之路。"①

其三是母性。老子提到"母"的地方很多："万物之母""贵食母""为天地母""为天下母""复守其母""有国之母"。虽然意思不同，但都包括了对"母"的崇敬。自古女性崇拜、生殖崇拜，自然包涵了母性崇拜。伏羲之母华胥氏、黄帝之母附宝氏、少昊之母娥皇、颛顼之母女枢、尧之母庆都、舜之母握登、禹之母修己……"这些感生神话都是原始母系氏族社会女始祖崇拜的遗迹，都相信一个部族的兴盛和一个伟大时代的开创，是由一个女始祖感生神物开始的"。② 如果说母系社会是孕育父系社会的"母体"，母性崇拜的文化则是孕育人类文化的始祖文化。同样，如果说母性崇拜的远古文化是道家哲学重要的思想渊源，那么，老子将之提升为哲学本体论的"母体"部位"万物之母"或许是喻指，十分鲜明地用于论述"始基"与"本原"。"知其父，不知其母"或许与愚昧有关，但仅仅看到这一面是肤浅的。"知其父"之后依然形而上地"知其母"，则是一种超越。走向父权制或是世界上的一种普遍，但长期迷恋于、局限于文化上的"父权制"则是一种思维上的沦落。

其四是谦下。众所周知的是，传统文化中女性为水性。"上善若水。水利万物而不争，处众人之所恶，故几于道。"③ "不自见故明，不自是故彰，不自伐故有功，不自矜故长。"④；对照一下其所说的"天门开阖，能无雌乎？"（《老子》第一〇章）、"知其雄，守其雌"，更可以看出老子尚女性、尚雌、尚阴柔，其中重要原因之一就在于对于处下、谦和的强调，这又与崇尚守静笃、

---

① 罗宾·摩根：《解剖自由：女权主义、物理学和全球政治》，1982，第15页。转引自〔美〕大卫·雷·格里芬编《后现代精神》，王成兵译，中央编译出版社，2011，第120页。
② 陈鼓应、白奚：《老子评传》，第42页。
③ 《老子》第八章。
④ 《老子》第二二章。

不欲盈、不有、不恃、不宰、去甚、去奢、去泰以及崇尚自然，是完全一致的。进一步，谦下的主张，引申出敬畏。无论从人生哲学、处世哲学，还是从政治哲学的视角来看，有所敬畏，是一项自古至今具有指导意义的重要哲理。"豫兮若冬涉川；犹兮若畏四邻"[1]；"人之所畏，不可不畏"[2]。李克强总理于2015年3月十二届全国人大三次会议做政府工作报告时提出"大道至简，有权不可任性"，联系到李克强总理于2014年曾经提出"敬畏宪法""敬畏法律"，可看出中国的顶层设计在一定程度上吸取、传承了道家哲学有所敬畏的思想，而这一点对于中国深化改革、实现全面建成小康社会总体目标、依法治国来说，意义十分重大。

其五是慈善。除了前述的"上善若水"，老子曰："我有三宝，持而保之。一曰慈，二曰俭，三曰不敢为天下先。"[3] 天道的善，直接对应和体现于"玄德"的"慈"。因而守慈即是顺天循道："夫慈，以战则胜，以守则固，天将救之，以慈卫之。"[4] 真可谓，慈者天助！对于女性的美德，中国传统文化的基本态度是：予以承认，但不予重视，并有所贬低。很有代表性的是《易·坤》中的说法："阴虽有美，含之以从王事，弗敢成也。地道也，妻道也，臣道也。地道无成，而代有终也。"意思是阴柔虽暗含着美好，却不敢运用其内涵的理念治国，地之道，也就是妻之道、臣之道，并非成就王业的成功之道。《周易》中乾卦象征天，坤卦象征地，"天行健，君子以自强不息；地势坤，君子以厚德载物"。尽管"坤承载物，德合无疆；含弘光大，品物咸享"，但毕竟"大哉乾元！万物资始，乃统天"，"坤元"则需要"乃顺承天"。到了孔子那里，阴阳辩证的关系大大改变，成了阳盛阴衰、男尊女卑。无论是"三从四德"，还是"夫为妻纲"，都是儒家在规定着女性的纲常伦理，压抑着女性的天性和美德。仅此也就表明：儒家的"仁"，与老子的"善"与"慈"，的确不在一个档次上。老子充分肯定了阴阳、乾坤的辩证，而且也接受了《周易》的说法，"亢之为言也，知进而不知退，知存而不知亡，知得而不知丧。其唯圣人

---

[1] 《老子》第一五章。
[2] 《老子》第二〇章。
[3] 《老子》第六七章。
[4] 《老子》第六七章。

乎！知进退存亡，而不失其正者，其唯圣人乎？"但其基本思想，则是高以下为基、阳以阴为基，因而阴柔所蕴含的慈善等美好的道的品行，是所有的人需要具备的，而且只有这样才能得到天助。

其六是长久。老子的循环观，实质是永恒观。"周行而不殆，可以为天下母"①，"长生久视"之道是因为"深根固柢"；"有国之母，可以长久"。② 女性崇拜、母性崇拜、月神崇拜等自古的文化观念，在老子这里与道联系在一起，便衍生为一项重要哲理：越是根本的、整体的、自然的、柔性的，越是有生命力的、有韧性的、经久不衰的、长远的。《老子》第九章说"揣而锐之，不可长保"，意思是铁器锻造打磨得锐利，不可长保优势。第二二章说"不自矜故长"，意思是不自高自大、自以为是而谦虚谨慎者才能长久。"天长地久。天地所以能长且久者，以其不自生，故能长生。"③ 道，是"先天地生"的，所以《老子》第二三章又说"天地尚不能久"，因为另有"可以为天下母"的道。其中，又是接受母性崇拜的观念而论道。道家哲学中，这样的哲理占有很大比重，在中外哲学史上成为一个重要特色。按照道家的价值理念，比起效率、增长、政绩、成功、成就、胜利等所有人为追求的具体目标，应当更加看重的是系统的和谐、生机的恒绵、目标的长远、发展的持续。宋绍年先生在《中国道家思想的当代解读》一文中指出："企业倒闭大多坏在软实力的薄弱上。相反的例子也很多，一个弱小的硬实力不强的企业，初期的发展可能很缓慢，但是它重视软实力的建设和积累，当积累了市场经验、技术、人脉和领导经验以后，就可能呈现爆炸式的增长，甚至在竞争中胜过品牌大企业，这就是所谓的'柔弱胜刚强'。"④ 当今软实力竞争愈益深刻的世界，人们的思维与决策，尤其需要理解老子的哲学："物壮则老，谓之不道，不道早已。"⑤ "知常容，容乃公，公乃王，王乃天，天乃道，道乃久。没身不殆。"⑥

---

① 《老子》第二五章。
② 《老子》第五九章。
③ 《老子》第七章。
④ 宋绍年：《中国道家思想的当代解读》，载《珠江论丛》2015年第1辑，社会科学文献出版社，第13~14页。
⑤ 《老子》第五五章。
⑥ 《老子》第一六章。

蕴含丰富，启迪当代

传统文化在历史发展中难免暴露陈旧、没落的部分。但一种经得起时间检验而能够亘古绵延的思想体系，也会出现这样的情况：在人们经历了曲折之后，愈是反思检索古典镜鉴，愈是可能发现令人深省、醍醐灌顶的启迪。道家哲学，就是这样充分蕴含了珍贵精神遗产和思想财富的思想体系。

（一）认知鸿沟

认知鸿沟也称"意识鸿沟"，对于人的意识，物理主义、脑科学、神经认知科学、常识心理学、计算主义……无法真正远离还原论的种种科学实证与实验研究，至今无法解释人的意识现象。人的主观性意识，并不受物理规律的支配。而自然主义哲学、自然化现象学、神经伦理学、试验哲学等试图将哲学与科学相结合的种种尝试，又无法真正避免二元论。以"生成进路"为切入点的新的研究取向，倾向于意识是人作为有机体的自组织系统的作用的产物，人体、大脑、环境以及所有相关因素之间的互动交织作用，在自组织、自调控、自创生过程中涌现意识。"意识是生命自治系统的自组织过程的涌现机制"[1]，持续的意识是生命与外部系统、生命与宇宙和社会意识系统等之间构成自治系统的自组涌现机制。这恰恰是"道法自然""自宾""自化"等老子思想学说的历史呼应，尤其是对于潜意识、集体无意识等精神现象的研究，道家本体论和认识论的解释都是深刻而富有启发意义的，甚至为人的意识发展和内省、一些宗教修炼、行为主义、超个人心理学等提供了哲学思维的重要参照。哲学上，海德格尔赞赏并吸取了老子思想，在突破胡塞尔现象学基点上就人的存在提出"自身的缘构发生"[2]的思想，在西方现代哲学中产生了重大影响。

---

[1] 刘晓力：《当代哲学如何面对认知科学的意识难题》，《中国社会科学》2014年第6期。
[2] 海德格尔：《同一与区别》(*Die Grund Probleme der Phaenomenologie*)，1957，转引自张祥龙《海德格尔思想与中国天道》，中国人民大学出版社，2011，第331页。

（二）自由必然

爱因斯坦和玻尔之间的争论，可以基本上被这样概括：一方强调物理现象中规律的确定性、完备性、因果性、连续性；一方强调测不准原理、互补性观念、概率性概念，并对前者提出挑战。双方的争论继续到今天依然没有确定的结果。老子似乎早已预料到这场旷世之争。"惚兮恍兮""窈兮冥兮""玄之又玄"，就是测不准、概率性，以及科学研究条件手段的制约、实验观察受到主观视角的影响等；"其中有精；其精甚真，其中有信"，就是确定性、连续性、因果性等。对于宇宙内在的、基本的规律，我们需承认其组织、整合、创造的伟大功能，接受其启发与昭示。对于宇宙、自然中的具体规律，人们可以不断地追求和认知，从而掌握利用科学知识来从事创造。老子的"执古之道，以御今之有，能知古始，是谓道纪"[1]，是一种可知；而"道可道，非常道"，是一种不可知。冯友兰说"不知之知"，我们也可以将对"常道"的"知"，概括为"知其必然而不知其所以必然"的"知"。金岳霖先生划分出"合起来说"的道与"分开来说"的道[2] 非常有道理。新道家所谓的自由，从终极系统来说，道法自然，即道法自由。不有、不恃、不宰的道，以极大的宽容为人类预留并打开发挥自由意志和创造精神的空间，但必须"知返"，必须警惕"化而欲作"，因此不能违背在很大程度上价值化的必然。道家代表人物之一庄子借老子之口说："苟得于道，无自而不可；失焉者，无自而可。"[3] 其中真谛：能够理解并顺应具有自行化育之功的自然之道，便使自身也融入了、获得了无所不可的自由。从具体系统来说，因果性规定了逻辑的必然，因而掌握具体规律即获得自由；人对于自然界的自由，即力求掌握自然规律而对自然做出合自然目的与合人目的相统一的改造自然的自由。这使得人从消极的适应自然转变为积极的适应自然，使人在与自然的不即不离的动态关系中从自然中挺立起来，从而与其他动物区分开来，凸显了人类的本质。

---

[1] 《老子》第一四章。
[2] 金岳霖：《论道》，《金岳霖全集》第二卷，人民出版社，2013，第22页。
[3] 《庄子·天运》。

（三）生态文明

"无为无不为"思想中包含了深刻的反异化思想主张，是老子"道法自然"哲学本体论的一种具有启发意义的重要表述。"重为轻根，静为躁君……虽有荣观，燕处超然"①；"知其雄，守其雌"② 等，充分反映了老子对异化现象的高度关注。而"物壮则老，是谓不道，不道早已"③"果而勿矜，果而勿伐，果而勿骄"④ 的警示；"知足不辱，知止不殆，可以长久"⑤ 的提醒；"生而不有，为而不恃，长而不宰⑥"的告诫：在今天看来依然可以作为反异化的至理名言，其思想内涵值得我们认真理解和充分发掘。老子所说的"无为"，是一种回归状态，所谓"居善地，心善渊，与善仁，言善信，正善治，事善能，动善时"⑦；所谓"载营魄抱一，能无离乎？专气致柔，能婴儿乎"⑧；所谓"损之又损，以至于无为"⑨ 都是指这样一种状态。这是一种清醒状态，人是谦虚的，是敬畏的，是通过反思而保持冷静的；这是一种依托状态，是对万象生机的依托；这是一种顺应状态，是对天下大势（总体规律与趋势）的顺应；这是一种真诚状态，是对大道运行、核心价值的真诚。卡普拉宣称："在诸伟大传统中，据我看来，道家提供了最深刻并且最完善的生态智慧。"⑩ 21 世纪，人们越来越意识到环境污染（天无以清，将恐裂）、灾害频仍（地无以宁，将恐废）、资源匮乏（谷无以盈，将恐竭）、生物灭绝（万物无以生，将恐灭）、精神危机（神无以灵、将恐歇）、恐怖主义和权力腐败（侯王无以正、将恐蹶）……为人类带来的严重威胁。如果说老子是古代的环保主义者，是当今生态文明哲学依据的提供者，是毫不为过的。因

---

① 《老子》第二六章。
② 《老子》第二八章。
③ 《老子》第三〇章。
④ 《老子》第三〇章。
⑤ 《老子》第四四章。
⑥ 《老子》第五一章。
⑦ 《老子》第八章。
⑧ 《老子》第一〇章。
⑨ 《老子》第四八章。
⑩ 卡普拉：《非凡的智慧》，转引自董光璧《当代新道家》，华夏出版社，1991，第63页。

此,"无不为"的状态,用今天的话说,是和谐发展、平衡发展、科学发展、可持续发展的状态。

(四)精神伦理

"上善若水"作为一种很高的伦理境界,有着哲学伦理观的厚重依据。老子提出"圣人常善救人,故无弃人;常善救物,故无弃物";"善行无辙迹,善言无瑕谪",① 体现了善是一种至高的、完美的伦理价值。在人与人、人与社会的关系上,道家一方面主张个性自由、个体生命的价值;另一方面又反对损人利己、以私害公。老子说:"既以为人,已愈有,既以与人,己愈多。"② 所有这些,建立在顺应天道、自然和谐的基础上,追求为而不争、朴实无华的真性之上,是一种内在的、自主的、自发的精神追求,既不是纲常名教束缚的结果,也不是出于功名利禄的刻意伪装,"是以大丈夫处其厚,不居其薄;处其实,不居其华"③。老子一贯反对腐败骄奢,主张"去甚,去奢,去泰"④;"见素抱朴,少私寡欲"⑤。汉文帝刘恒对此身体力行,不许宫室奢华,做到衣不曳地,帷帐简朴,禁止郡国贡献奇珍异物,政府开支节俭,并亲自耕作,所以出现了风清气正的文景之治。老子"金玉满堂,莫之能守。富贵而骄,自遗其咎"⑥ 的警世名言,以及"我无欲而民自朴"⑦ 的哲理忠告,为今天建设廉洁政治和精神文明提供了相当精湛的思想资源。

(五)生命境界

"上帝死了"(尼采)、"人死了"(福柯)、"病态的社会"与"单向度的人"(马尔库塞)、"荒谬"(萨特)、"世界之夜"(海德格尔)、"垮掉的一代"(杰克·克鲁亚克)、"技术统治的意识"(哈贝马斯)……西方哲学家用这些悲观

---

① 《老子》第二七章。
② 《老子》第八一章。
③ 《老子》第三八章。
④ 《老子》第二九章。
⑤ 《老子》第一九章。
⑥ 《老子》第九章。
⑦ 《老子》第五七章。

的话语表述近现代以来的世界，揭示人的意义与价值的扭曲。信仰失落，情感淡薄，文化粗鄙，精神困顿，思想浅薄，行为失范等现象成为人们理性诟病的话题，甚至理性本身的异化也受到严重批判。人生哲学在道家体系中占有极为重要的地位，其中对于人类的生命价值、人生价值、人类发展与追求的价值取向等独到而深刻的思想对当代世界来说，不啻沉舟侧畔之扬帆，病树前头之春意。道家将人的价值追求的方向确定为尊道、贵德、惟道是从，从根本上解决价值源泉问题。人生的"道法自然"，在思想上追求守一，追求本体和本真存在所昭示的根本价值方向与准则；在境界上主张超越名利，"名与身孰亲？身与货孰多？得与亡孰病？是故甚爱必大费，多藏必厚亡。知足不辱，知止不殆，可以长久"[1]。"名也者，相轧也；知也者，争之器也。二者凶器，非所以尽行也。"[2] 在生活上尊重生命价值而节制欲望的膨胀，以顺应自然、返璞归真、崇尚节约为高尚，以攀比奢侈、纵欲享乐为耻辱，反对"以物易其性""丧己于物""危身弃生以殉物"。在方法上，提出"坐忘""守道""心斋"，以实现"致虚极，守静笃"[3]。在一种"忘却"或"悬置"中实现超越，既虚己无身，清除心灵蔽障，又摆脱物形名教凡俗智巧之累，以至"精神四达并流，无所不极，上际于天，下蟠于地"[4]。冯友兰先生通过深入研究中国传统人生哲学，归纳了四种境界，其中最高境界为天地境界："一个人可能了解到超乎社会整体之上，还有一个更大的整体，即宇宙。他不仅是社会的一员，同时还是宇宙的一员。他是社会组织的公民，同时还是孟子所说的'天民'。有这种觉解，他就为宇宙的利益而作各种事。他了解他所做的事的意义，自觉他正在做他所做的事。这种觉解为他构成了最高的人生境界，就是我所说的天地境界。"[5] 在中国传统哲学中，抵达并始终坚持天地境界的内容，主要在道家哲学中。

在老子那里，"养寿"即是"修道"："故从事于道者，道者同于道，……同于道者，道亦乐得之。"[6] 当今社会人们迫切需要从环境污染、节奏紊乱、人

---

[1] 《老子》第四四章。
[2] 《庄子·人间世》。
[3] 《老子》第一六章。
[4] 《庄子·刻意》。
[5] 冯友兰:《新原人》，谢遐龄选编《冯友兰文选》，上海远东出版社，1994，第134页。
[6] 《老子》第二三章。

际复杂、物欲诱惑等当中超脱出来；从压力、紧张、困惑、失衡、疲惫、空虚、焦虑、浮躁、愤懑、烦忧、戒备等当中解放出来，根本之道在于人的身心系统本身以及人与自然、社会之间的和谐，在于"道法自然"。道家人生哲学，在当今之世愈益难能可贵。庄子说："能尊生者，虽富贵不以养伤身，虽贫贱不以利累形。今世之人居高官尊爵者，皆重失之，见利轻亡其身，岂不惑哉。"① "失性有五，一曰五色乱目，使目不明；二曰五声乱耳，使耳不聪；三曰五臭薰鼻，困惾中颡；四曰五味浊口，使口厉爽；五曰趣舍滑心，使性飞扬。此五者，皆生之害也。"② 这些完全可以看作对当下许多人生活方式和心理状态的直接批评忠告。道家先哲开阔豁达的人生观，遵善贵德的价值观，崇尚自然的审美观，无不蕴含着深刻高远的哲学理念。中国传统文化中以道家哲学为理论依据的养生之道，在国内国外都深受欢迎，焕发无限生机。

（六）民主政治

"知常容，容乃公，公乃全，全乃天，天乃道，道乃久。没身不殆。"③ 老子将常—容—公—全—天—道—久贯穿成系统的价值链，是中国历史上具有悠久道统意义的"大道之行也，天下为公"思想主张的滥觞。与"理想国""乌托邦""太阳城""新大西岛""千年太平之国"等截然不同的是，道家的追求并非人为描画的蓝图，而是依据于"大道本体论"中价值的昭示，也是从远古历史盛衰变化中总结出来的根本理论。政治哲学与哲学本体论需要内在地达成相融与一致，而社会秩序、政治系统、权力结构，与自然秩序之间的关联绝不是简单类比或对应联想。道之尊，德之贵，都在于"莫之命而常自然"④。历史上，孔子整理的《左传》中说"民之所欲，天必从之"⑤；孟子主张"民为贵，社稷次之，君为轻"⑥；"桀纣之失天下也，失其民也；失其民者，失其心

---

① 《庄子·让王》。
② 《庄子·天地》
③ 《老子》第一六章。
④ 《老子》第五一章。
⑤ 《左传·泰誓》。
⑥ 《孟子·尽心下》。

也。得天下有道：得其民，斯得天下矣"①。与老子的"圣人常无心，以百姓心为心"②；"故贵以贱为本，高以下为基"③ 等，一脉相承。民主，即人民做主，主权在民。说白了，就是天下为公。自然中大道为公、天下为公，在人类社会当中必然是：天下是人民的天下。道家政治思想的终极性，决定了其穿越历史的现代性。

（七）社会平等

老子宣称"天道无亲"；庄子进一步发挥"以道观之，物无贵贱"；苏辙在《老子解》中也说"天地无私，而听万物之自然"。其中包括对人类中心观念的深刻批评。人类置身于、包含于自然万物之中，这样的哲学理念，与当今世界上资源匮乏、生态破坏、生物灭绝的警示之间，绝非偶然的巧合。人类世界说到底是生物系统、宇宙系统的子系统，人类没有高于、独特于自然万物的特权。人类与自然万物的不平等，归根结底会折射到人类社会以及人的观念上人与人的不平等。近来有人提出当代人与子孙后代"纵向的平等"的问题，就是天道平等观的深刻的当代解读。老子这样论平等："天之道，其犹张弓欤！高者抑之，下者举之；有余者损之，不足者补之。天之道，损有余而补不足。人之道则不然，损不足以奉有余。孰能有余以奉天下？唯有道者。"④ 老子并非简单地讲"分配的平等"，而是以简朴素的方式道出：平等的依据在于终极系统的平衡机制——动态自我平衡、总体趋向平衡，或曰"天道自衡"。变化与发展需要非平衡，但非平衡状态不能长期、严重地打破总体平衡，并且必然以各种方式"返回"或抵达新的、更高的平衡态。因此，"孰能浊以静之徐清？孰能安以久动之徐生？保此道者不欲盈"⑤；"夫物芸芸，各复归其根。归根曰静，是谓复命。复命曰常，知常曰明"⑥；"反者，道之动"⑦；等等，都

---

① 《孟子·离娄上》。
② 《老子》第四九章。
③ 《老子》第三九章。
④ 《老子》第七七章。
⑤ 《老子》第一五章。
⑥ 《老子》第一六章。
⑦ 《老子》第四〇章。

是在论述返回平衡、趋向平衡。社会和谐、社会平等，是中外思想家毕生的追求，老子关于动态的、循环的、调控的、自化的平衡的思想，是值得发掘和参照的深刻思想启迪。

（八）大国外交

老子关于大国治理的思想言简意赅："治大国若烹小鲜"。① "烹小鲜"是"无为而治"的生动比喻，烹小鲜宜静不宜动，恰如魏晋玄学代表人物王弼作注所说"其国弥大而其主弥静"。历史上许多统治者往往反其道而行之"其国弥大而其主弥躁"，以主观任意、好大喜功当作有所作为，实为大忌。将治大国比作烹小鲜，更有一种举重若轻、高瞻远瞩、心胸博大的气度。"以道莅天下，其鬼不神。非其鬼不神，其神不伤人；非其神不伤人，圣人亦不伤人。夫两不相伤，故德交归焉。"② 其深刻含义在于：能够拥有道莅天下的眼光与境界，那么造化神功与圣贤都将相助，应该是"得道者多助，失道者寡助"③ 更早、更高意境的版本。老子强调大国治理中天下大道与人间正道的一致，提出"善建者不拔，善抱者不脱，子孙以祭祀不辍。修之于身，其德乃真；修之于家，其德乃余；修之于乡，其德乃长；修之于国，其德乃丰；修之于天下，其德乃普。故以身观身，以家观家，以乡观乡，以国观国，以天下观天下。吾何以知天下然哉？以此。"④ 即是说：修之于身、修之于家、修之于乡、修之于国、修之于天下的道德，是贯穿一致的，并不因天下之大、大国之复杂而发生变化。在当今世界上，国际关系复杂。2014年6月28日，习近平在和平共处五项原则发表60周年纪念大会上说："和平共处五项原则传承了亚洲人民崇尚和平的思想传统，生动反映了联合国宪章宗旨和原则并赋予可见、可行、可依循的内涵，体现了各国权利、义务、责任相统一的国际法精神。60年来，和平共处五项原则走向亚洲、走向世界，历经国际风云变幻的考验，具有强大生命力。和平共处五项原则作为一个开放包容的国际法原则，集中体现了主权、

---

① 《老子》第六〇章。
② 《老子》第六〇章。
③ 《孟子·公孙丑下》。
④ 《老子》第五四章。

正义、民主、法制的价值观，已经成为国际关系基本准则和国际法基本原则，有力维护了广大发展中国家权益，为推动建立更加公正合理的国际政治经济秩序发挥了积极作用。"[①] 两千五百多年前的老子，提出："执大象，天下往；往而不害，安平太。乐与饵，过客止。道之出口，淡乎其无味，视之不足见，听之不足闻，用之不足既。"[②] 意思是：掌握大道，便赢得天下人的向往、投靠。天下人们与其往来而不互相妨害。从而和平安泰。音乐和美食，另往来者驻足。道的表述，平淡而无味儿，道之无形难以尽观，道之无声难以至闻，但可以取之不尽，用之不竭。老子"执大象，天下往"的思想，具有强烈的现实意义。美国卡尔顿学院教授赵启光先生说："老子说'以正治国，以奇用兵，以无事取天下'，这里的'正'就是坚持理想，'奇'就是创新进取，'无事'就是从容和谐。掌握这三件法宝的中国将不只是世界经济强国，还将是全球精神圣地。"[③]

以上列举只是择其要者。诚如金岳霖先生说："各家所欲言而不能尽的道，国人对之油然而生敬仰之心的道，万事万物之所不得不由，不得不依，不得不归的道才是中国思想中最崇高的概念，最基本的原动力。"[④] 在当代现实社会生活中，道家哲学的启迪相当广泛。诸如认知思辨、思维方式、科学发展、教育改革、军事理论、社会沟通、地域文化、社区自治、民族团结、家庭和谐、人际关系、人生哲理、生活智慧、企业管理、商业贸易……诸多领域都有人从中国道家这一思想宝库中汲取源源不断的智慧和营养。如果将视野扩展得更宽远，人类世界应当就战争与和平、国际关系中的丛林原则与理想主义、全球化发展的总体趋向、生存与发展中的正义价值、人类在宇宙中的位置、当代与子孙后代在资源和生态上的"纵向平等"、民族与宗教争端的解决、东西方文化互补与融会、核能与军备控制、联合国及国际组织地位作用、人类命运与前途……一系列全局性的重大问题聆听一下老子及道家的声音。

[①] 《光明日报》2014年6月29日，第1版。
[②] 《老子》第三五章。
[③] 赵启光：《道家是复兴中国的精神法宝》，《环球时报》2014年8月27日。
[④] 金岳霖：《论道》，《金岳霖全集》，人民出版社，2013，第20页。

第二章
汉唐盛世，以道治国

两千多年来，儒家得到推崇，道家被边缘化，是一种遗憾。但是，在中国政治历史中，道家哲学也在指导政治实践上发挥过有利于人民群众、有利于社会进步的重要作用。一度盛行于战国时期的黄老之学，在西汉之初发生了深刻变化，虽然杂糅了法家与儒家的某些思想成分，在哲学境界上与老子思想相比有一定距离，但其特征是以道论法、以道论儒，成为统治者治国遵循的依据。陆贾"居马上得之，宁可以马上治之乎？"警醒汉高祖，其著作《新语》充分接受了道家哲学而成为理论奠基，后来的文帝、景帝、窦太后、齐王刘肥以及萧何、曹参等元老重臣均在实践中奉行黄老之术。"文景之治"使大汉王朝的发展在当时的世界上遥遥领先。淮南王刘安的《淮南子》、司马迁的父亲司马谈的《论六家要旨》等，均是发扬道家哲学、对汉代发展产生重要影响的名著。唐朝是儒、道、释融会的关键朝代，但总体上是"以道升儒"的时代，比如隋人王通的八十卷《王氏六经》对道家哲学心领神会，并与之一脉相通。贞观之治，黄老思想是从中央到地方官员施政理念中的重要构成。诚如陈鼓应、白奚所指出："汉初以黄老思想为主导的文景之治，盛唐时期的贞观之治，就是'以道莅天下'的典范，从而才能为千古所称道。"[1]

历史上的中国政治舞台，儒家长期占据"明指导思想"的地位，至少在客观上主要是为帝王统治提供道统的合法性依据，同时对官僚、士大夫阶层提供伦理约束、维护等级制度和社会秩序。而对于历史上中国政治发挥实际作用

---

[1] 陈鼓应、白奚:《老子评传》，第244页。

的，主要是法家思想。不仅历代皆行秦政制，而且法、术、势一套理论在官场上相当通行，所谓"儒表法里"，构成中国政治历史的诡吊奇观。但是，综览中国思想史和政治史，道与佛也并非空架子，并非完全在乡野民间徘徊，也都曾经在某种程度、某种意义上影响过中国政治，有机会在庙堂之上设坛鼓噪、香火缭绕。这里，只想从政治历史的角度，看看长期被边缘化的道家哲学，其一旦用于指导政治实践，便可以发挥相对有利于人民群众、有利于社会进步的重要作用。

一度盛行于战国时期的黄老之学，是道家与法家有些牵强的结合，而且主要是以道论法，为了适应当时列国变法图强的需要，借用道家理论来论证法家主张。但是，到了西汉之初，黄老之学发生了深刻变化。秦始皇统一之后的暴力统治、穷兵黩武、横征暴敛，使秦至二世而亡。接受秦朝的教训，是西汉统治者的一种比较自觉的意识。早在汉高祖时，就已经基本上做出了比较明智的统治方式及政治价值取向的选择。

据《史记·郦生陆贾列传》记载：

> 陆生时时前说《诗》、《书》。高帝骂之曰："乃公居马上而得之，安事《诗》、《书》？"陆生曰："居马上得之，宁可以马上治之乎？且汤、武逆取而以顺守之，文武并用，长久之术也。……向使秦已并天下，行仁义，法先圣，陛下安得有之？"高帝不怿而有惭色，乃谓陆生曰："试为我著秦所以失天下，吾所以得之者何，及古成败之国。"陆贾乃粗述存亡之征，凡著十二篇。每奏一篇，高帝未尝不称善。左右呼万岁，号其书曰《新语》。

这一重要事件，说明汉朝统治者在掌握全国政权之后，在思想理念和统治方式上发生了重要的"转型"。陆贾的思想是很深刻的：高祖皇帝以及"安得猛士兮守四方"的文臣武将统治集团，如今已经执政，必须要转型了，否则，就会重蹈秦始皇的覆辙！可谓一语惊醒梦中人。沉溺于因"马上得天下"而自得的高帝，竟然"有惭色"，进而命陆贾完成新政权的理论建设。在陆贾不乏新思想理念的《新语》中，道家哲学提供了理论基础。比如《无为》一节中强调：

夫道莫大于无为，行莫大于谨敬。何以言之？昔虞舜治天下，弹五弦之琴，歌《南风》之诗，寂若无治国之意，漠若无忧民之心，然天下治。周公制作礼乐，郊天地，望山川，师旅不设，刑格法悬，而四海之内奉供来臻，越裳之君重译来朝，故无为也乃无不为也。

陆贾的《新语》绝非泛论诗书，而是充分接受了老子无为而治的政治思想，并且有所发挥。黄老之学在陆贾那里，已经是道家为主，参揉法家和儒家，但对儒法均进行了一定的改造。自陆贾理论奠基始，萧何、曹参等元老重臣均在实践中奉行黄老之术。萧何以清静无为的指导思想主持朝政。刘邦长子刘肥被封为齐王，曹参为相国（惠帝时改为丞相）。齐国规模很大，百废待兴，曹参曾召集数百名精英征询意见，都不能使他满意。他以厚礼聘请精研黄老之学的胶西盖公，请教治理方略，盖公告之以"治道贵清静而民自定"的思想主张。曹参治理齐国9年，出现了一番井然有序、安定和睦的景象。曹参接任萧何任汉朝相国之后，大政方针不变，两人均成为中国历史上有名的贤相。据史书记载："萧何为法，觏若画一；曹参代之，守而勿失。载其清静，民以宁一。"[1] 这简直就是老子"道常无为，而无不为，侯王若能守之，万物将自化。化而欲作，吾将镇之以无名之朴。无名之朴，夫亦将无欲。不欲以静，天下将自定"[2] 等思想的实践版本。

文帝、景帝、窦太后都坚持黄老之学，主张无为而治。文帝刘恒，还从自己生活上身体力行道家"去甚，去奢，去泰"[3] "见素抱朴，少私寡欲"[4] 等人生观，杜绝增添宫室车骑衣饰，衣不曳地，帷帐不施文绣，下诏禁止郡国贡献奇珍异物。严格掌控了皇室和政府财政开支，使各级贵族官僚不敢奢侈无度，有所收敛。同时重视农业，多次下令劝课农桑，并为了起到表率作用而亲自耕作。减轻甚至免除农民租税，减轻徭役。废除肉刑，废除连坐法，尤其值得称道的是废除"诽谤妖言罪"——汉文帝成为历史上罕见的优秀帝王之一。

---

[1] 司马迁：《史记·曹相国世家》。
[2] 《老子》第三七章。
[3] 《老子》第二九章。
[4] 《老子》第一九章。

历史记载："京师之钱累巨万，贯朽而不可校。太仓之粟陈陈相因，充溢露积于外，至腐败不可食。"① 西汉之初的年轻思想家贾谊在《过秦论》中，对秦朝早夭做出了相当精辟的总结。秦朝用武力完成的统一，仅仅是从版图上和权力上搭起了一个岌岌可危的框架，除了车同轨、书同文、统一度量衡等指标外，无论从经济文化上还是从民心民意的认同上，以及周边关系、民族关系等许多内在指标上，都没有真正完成。大汉朝，才真正从形式到内容、从内在到外在地实现了统一大帝国的巩固与发展，并且在人民生活水平提升、物质基础雄厚、社会繁荣、文化发达等方面均有不俗表现。如果说中国历史上确有开明君主、文明盛世的话，那么"文景之治"则当仁不让。回首当时之世界，大汉王朝遥遥领先，绝不亚于后来崛起的罗马帝国（大约与东汉共时）。

有人说文景之治施的是"仁政"，这很不确切。应当说，是"道政"。如前所述，黄老之学杂糅了法家与儒家的某些思想成分，但其特征是以道论法、以道论儒。在西汉前期达到鼎盛的黄老之学，与在战国中后期成为显学的黄老之学相比，最重要的变化就在于，前者更加直接地从本质上继承发展老子的道家哲学思想。这一点，从具有对于文景之治进行理论总结意义的《淮南子》中，可以很明显地看出来。

大约成书于景、武之际的《淮南子》，由汉高祖刘邦的孙子、淮南王刘安主持编写而成，是道家思想发展历史上的一座理论高峰。《淮南子叙目》作者高诱这样评价《淮南子》："其义也著，其文也富，物事之类，无所不载，然其大较归之于道，号曰《鸿烈》。鸿，大也；烈，明也，以为大明道之言也。故夫学者不论《淮南》，则不知大道之深也。"《淮南子》力求从形而上的高度去延伸和发展老子道家哲学，尤其是对"无为无不为"的思想进行了深入探讨和阐发。比如，《修务训》中批评对"无为"的误解："或曰：'无为者，寂然无声，漠然不动，引之不来，推之不往。如此者，乃得道之像。'吾以为不然。"《原道训》明确提出："所谓无为者，不先物为也；所谓无不为者，因物之所为。"而在《道应训》中，则直接阐发老子政治思想：

---

① 司马迁：《史记·平准书》。

成王问政于尹佚曰:"吾何德之行,而民亲其上?"对曰:"使之时,而敬顺之。"王曰:"其度安在?"曰:"如临深渊,如履薄冰。"王曰:"惧哉,王人乎!"尹佚曰:"天地之间,四海之内,善之则吾畜也,不善则吾雠也。昔夏商之臣,反雠桀纣而臣汤武;宿沙之民,皆自攻其君而归神农,此世之所明知也,如何其无惧也?"故老子曰:"人之所畏,不可不畏也。"

意思是说:周成王向太史佚请教为政之道说:"我该以怎样的德行,才能赢得百姓的拥戴?"尹佚回答:"用民要适合时宜,恭敬地对待他们并顺从民意。"成王问:"怎样才算做到这些呢?"尹佚说:"如临深渊,如履薄冰。"成王说:"做个君王,可怕啊!"尹佚说:"天地之间,四海之内,善待百姓就赢得百姓的拥戴;不善待百姓只能招致百姓的敌对。历史上夏商臣民起来反抗桀纣而臣服于汤武;宿沙民众自发起来攻打宿沙君王而归顺神农,这些历史事实大家都很清楚,所以怎么能不害怕这民众的力量呢?"这就是老子所说的"人们所畏惧的,不可不畏惧"。

昔赵文子问于叔向曰:"晋六将军,其孰先亡乎?"对曰:"中行、知氏。"文子曰:"何乎?"对曰:"其为政也,以苛为察,以切为明,以刻下为忠,以计多为功。譬之犹廓革者也,廓之,大则大矣,裂之道也。"故老子曰:"其政闷闷,其民纯纯;其政察察,其民缺缺。"①

意思是说:当年赵文子问叔向:"晋家的六将军,谁会首先灭亡?"叔向回答:"中行氏和知氏。"文子问:"为什么?"叔向答道:"他们为政,以严苛为明察,以严控为英明,以对下的苛刻为忠君,以计谋多当作功绩。这就像撑皮革,使劲地撑扩,大是大了,而皮革就是这样破裂的。"所以老子说:"政治宽容,民众就淳厚;政治严苛,民众就不满不服。"

《淮南子》是统治阶级内部组织调动知识界、思想界对汉初大政方针和政

---

① 刘安:《淮南子》卷一二《道应训》。

治理念进行总结的产物，说明道家哲学新的表现形式的黄老之学是西汉前期的主导思想体系。

司马迁的父亲司马谈著名篇《论六家要旨》，其中说："道家无为，又曰无不为，其实易行，其辞难知。其术以虚无为本，以因循为用。无成埶，无常形，故能究万物之情。不为物先，不为物后，故能为万物主。有法无法，因时为业；有度无度，因物与合。故曰'圣人不朽，时变是守'。"冯友兰先生指出："大历史家司马谈在其《论六家要旨》中对道家评价最高。"[①] 钱穆先生曾经著书详解中国史学名著，他在高度评价司马谈《论六家要旨》"写得极好"时，也十分明确地判定：司马谈的最后结论是佩服道家的。司马谈看好道家并不奇怪，他一生中大约一半是在文帝、景帝时代度过的，并在汉武帝时期担任太史令。作为一名历史学家，其对于道家思想、黄老之学的认识，出自对于文景之治的亲身经历和理论总结。

在中国历史上，文景之治所达到的总体发展水平，只有唐朝的贞观之治可以与之媲美。然而，以贞观之治为主要代表的大唐的一度兴旺发达，也是道家思想以不同方式发挥了一定实际作用而取得的成果。

唐朝是儒、道、释融汇的关键朝代。谈到唐朝的思想影响，不能忽视一个重要人物，就是隋人王通。王通是唐初四杰之首王勃的伯祖父，在隋唐之际，或者说在佛学初步走向昌盛的社会环境中，他是一位非常受推崇、颇有思想影响力的重要人物。

王通自幼苦读，以聪颖博学而著名，官场失意后"退而求诸野"，著述教学，用了9年时间著成《续六经》(亦称《王氏六经》)共八十卷，影响巨大，一时弟子多达千余人，弟子中薛收、温彦博、杜淹等，友人中房玄龄、魏征、王珪、杜如晦、李靖、陈叔达等，都在唐初的历史舞台上扮演过重要角色。史称王通振兴儒学，他也获得了"王孔子"或"文中子"的盛誉。王通的儒学，明确提出"三教于是乎可一矣"，而且有意识地为儒、道、佛的结合提供思想纽带；同时他以"道"的主宰取代"天"的主宰，提出"穷理尽性"和"主静"的修养方法，为后世理学的建立做出颇有影响的思想铺垫。但通观王通的

---

① 冯友兰：《中国哲学简史》，北京大学出版社，2011，第178页。

学说，我们有理由相信他的儒学，依然以道家思想为基调。

王通那些已经满腹经纶的弟子十分敬重他为弘扬儒学所做的贡献，将其授课内容汇编成《中说》一书，又称《文中子中说》《文中子》。虽然其是否符合王通原意受到质疑，但正如宋朝大儒朱熹所评论的，其主要思想内容不会假得许多。故而《中说》基本上是王通的思想集成，应该可信。我们仅只列出其中一些非常有代表性的名言。

"子之道其天乎？天道则简而功密矣。"

叔恬曰："舜一岁而巡五岳，国不费而民不劳，何也？"子曰："无他，道也。兵卫少而征求寡也。"

"君子之学进于道，小人之学进于利。"

"不就利，不违害，不强交，不苟绝，惟有道者能之。"

"古之事君也以道，不可则止；今之事君也以佞，无所不至。"

"古之仕也，以行其道；今之仕也，以逞其欲。难矣乎！"

"道甚大，物不废，高逝独往，中权契化，自作天命乎？"

"事者，其取诸仁义而有谋乎？虽天子必有师，然亦何常师之有？唯道所存，以天下之身，受天下之训，得天下之道，成天下之务，民不知其由也，其惟明主乎？"

贾琼问："何以息谤？"子曰："无辩。"曰："何以止怨？"曰："无争。"

繁师玄曰："敢问稽古之利。"子曰："执古以御今之有乎？"

"居近识远，处今知古，惟学矣乎？"

"恭则物服，悫则有成，平则物化。"

"罪莫大于好进，祸莫大于多言，痛莫大于不闻过，辱莫大于不知耻。"

……

稍加分析便可以看出，王通对于老子道家哲学的心领神会及与其一脉相通是显而易见的。颇具道家特色的王通式儒学，通过其弟子、同道、友人的理论与实践，对于以唐太宗为首的唐初统治集团的影响是深刻广泛的。据唐代史学家吴兢《贞观政要》记载，贞观九年（635），太宗总结治国经验时说："故夙夜孜孜，惟欲清净，使天下无事。遂得徭役不兴，年谷丰稔，百姓安乐。夫治国犹如栽树，本根不摇，则枝叶茂荣。君能清净，百姓何得不安乐乎？"唐太宗的思考体现了对黄老清静无为思想的体悟。而同样根据《贞观政要》记载，李世民的这样的认知，与魏征等人的影响是密不可分的。

唐代，儒、释、道三教合流、并重已成趋势，受汉代董仲舒"罢黜百家，独尊儒术"之影响，儒学以显学地位而占据主流，成为唐朝统治者主要的思想资源。但是，在中国儒家与道家关系史上：有时，是"以儒降道"；有时，是"以道升儒"。唐朝时期，尤其是贞观之治，儒道合流、儒学兴盛的现象中，实际上是"以道升儒"的时期。道家、道教、道学——三者既有联系而又完全不同。道学家上接道家、下连道教。其中有人对儒道关系的看法颇有见地。比如东晋时期的葛洪在《抱朴子》中云："仲尼，儒者之圣也，老子，得道之圣也。儒教近而易见，故宗之者众也。道，意远而难识，故达之者寡焉。道者，万殊之源也。儒者，大淳之流也。""儒者，易中之难也。道者，难中之易也。""道者，儒之本也；儒者，道之末也。"又比如宋代道学家邵雍在《观物外篇》中说："用无为，则皇也。用恩信，则帝也。用公正，则王也。用智力，则霸也。"又说"唐，汉之弟也"。

唐朝的道教，不乏道学家在接受道家哲学前提下的发挥。这里可以参照一下湖北省社会科学院张卫东先生发表于《光明日报》的《黄老思想与唐代刺史的施政理念》一文的介绍：刺史是唐代地方吏治的主体，而道家黄老思想，在包括刺史在内的唐代统治阶层中颇为流行。高祖、太宗、玄宗、肃宗、宪宗、宣宗等帝王，李泌、刘晏等重臣，颜真卿、韩愈、元稹等名人皆信奉道教。该文在介绍白居易、柳宗元等明确主张地方行政奉行黄老之术之后，进一步列举道：陈元光为漳州刺史，表示要"持清净以临民"；许圉师为相州刺史，"政存宽惠，人吏刊石以颂之"；李瑰为荆州都督，"政存清静，深为士庶所怀"；宇文士及为蒲州刺史，"为政宽简，吏人安之"；冯昭为邢州刺史，政绩突出，朝廷表彰他"忠于事君，简以临下"；张文琮为亳州刺史，"为政清简，百姓安之"；李怀远历冀州刺史、同州刺史，"在职以清简称"；源乾曜为京兆尹，"政存宽简，不严而理"；高适"累为藩牧，政存宽简，吏民便之"；崔瓘为澧州刺史,"下车削去烦苛,以安人为务";曲环为许州刺史、陈许等州节度观察,"勤身恭俭,赋税均平,政令宽简,不三二岁,襁负而归者相属,训农理戎,兵食皆丰羡";关播为滁州刺史,"为政清净简惠,既无盗贼,人甚安之";严绶为太原尹、河东节度支度营田观察处置等,"在镇九年,以宽惠为政,士马蕃息,境内称治";杜佑为淮南节度使,"为政弘易,不尚皦察";崔郾为陕州观察使、鄂岳安黄等州观察使、浙西道都团练观察使,"凡三按廉车,率由清简少事,财用有余,遂宁泰";李康为江州刺史,"讲黄老言,其余枝叶节目,委于有司而不领";李少康为常州刺史,"比及下车,无为而治";独孤及为常州刺史,"公又谓安人之道,清而静之则定……唯公体黄老之清净,包大雅之明哲,尊贤容众";殷日用为衢州刺史,"简易契于黄老";李巽为洪州刺史,"宽仁清净,正德利用,以黄韩笃厚之化,易吴楚禁轻之俗";凡此等等,不一而足。……张先生令人信服地证明:黄老思想是唐朝地方官员施政理念中的重要构成。

大唐朝是当时世界上的强国,而且持续时间近300年。唐朝在外交中,也充分体现了老子"大国宜为下"的思想:"治大国若烹小鲜。以道莅天下,其鬼不神。非其鬼不神,其神不伤人;非其神不伤人,圣人亦不伤人。夫两不相伤,故德交归焉。"[①]"大国者下流,天下之交,天下之牝。牝常以静胜牡,以静为下。故大国以下小国,则取小国;小国以下大国,则取大国。"[②] 唐朝统治者主张华夷平等,睦邻友好。亚非地区有70多个国家与大唐通使或友好往来,仅长安城内的"胡人"就多达4000~5000家。大唐推行"盛世无忌"的开放政策,文成公主、丝绸之路、玄奘求法、鉴真东渡……无不体现了大唐的姿态、气度和胸怀。正如陈鼓应、白奚所著的《老子评传》指出:"汉初以黄老思想为主导的文景之治,盛唐时期的贞观之治,就是'以道莅天下'的典范,从而才能为千古所称道。"[③]

梁启超将"儒家哲学"说成"儒家道术"是有道理的。若统观中国哲学史,道家主要讲天道,儒家主要讲人道,佛家主要讲心道。在儒家那里,"道

[①] 《老子》第六〇章。
[②] 《老子》第六一章。
[③] 陈鼓应、白奚:《老子评传》,第244页。

者非天之道非地之道，人之所谓道也"[①]；"道不远人"[②]。况且，儒家的道不离术、术不离道，弱化了道的价值理性思考。而法家则几乎沉溺于工具理性之中，严重地以术害道。我们说中国政治历史上凡是比较实际地奉行了道家哲学或道家政治思想，就会造就比较繁荣、文明、发达的历史阶段，人民生活相对较好。这是因为，道家一开始就从本体论的意义上论证公天下，从价值哲学出发揭示权力与社会关系问题，解决权力在整个社会系统中的位置和功效问题。"修之于天下，其德乃普"[③]"无为而无不为"[④]"圣人无常心，以百姓心为心"[⑤]"容乃公"[⑥]"生而不有，为而不恃，长而不宰"[⑦] 等思想中包括了对人民群众的尊重和信任，包括了给人民、给社会以自由和自行发展空间的深刻主张，包括了政治价值、政治人格等丰富的政治思想。我们知道，在儒家、理学、心学创立和发展历史上，在佛教本土化过程中，以及在儒道释合流过程中，都有道家的渗透。"抱道无离论天下""执一以为天下牧""志于道而论天下"的基本共识始终迂回曲折、若隐若现。道家哲学，以潜在的、渗透的、互补的方式发挥影响。

近代以来，魏源、严复、梁启超、谭嗣同等思想先驱从道家哲学中获取丰富的启发，国外的海德格尔、汤川秀树、李约瑟、马丁·布伯、尼采、卡普拉、普里高津等思想家、科学家对道家哲学给予极高的评价。道家哲学就像一株古老的常青树，不仅根深蒂固、长盛不衰，而且随着东西文化的交流，愈益枝繁叶茂，青春焕发。诚然，由于种种原因（毋庸讳言，其中也包括道家自身过于高玄、语言过于简约等），道家思想在中国历史上基本处于被边缘化的地位。但是，从中国传统思想文化总体来看，道家虽不是主干，却是根基。仅仅从政治思想的角度来看，道家思想终究是中国思想资源中的奇珍异宝，需要我们认真地珍惜、发掘和弘扬。

---

① 《荀子·儒效篇》
② 子思：《中庸》第一三章。
③ 《老子》第五四章。
④ 《老子》第四八章。
⑤ 《老子》第四九章。
⑥ 《老子》第一六章。
⑦ 《老子》第五一章。

分 论 篇

第三章
"道法自然"——高人一筹的本体论

"轴心时代"的中国光熠

雅斯贝尔斯关于人类文明"轴心时代"的说法得到广泛认同，也有人形象地将那一时期称之为"生命的夏季"，而其中，古希腊文明鼎盛时代——以泰勒斯、阿纳克西曼德、阿纳克西美尼、毕达哥拉斯、巴门尼德、赫拉克利特、恩培多克勒、德谟克利特、阿那克萨哥拉、苏格拉底、柏拉图、亚里士多德……一串响亮的名字为标志的哲学辉煌的时代——更是被称之为黄金时代。从那里挖掘出来的"哲学黄金"成批量地闪烁着亘古不息的熠熠光彩。

著名的《世界哲学史》作者施杜里希说："在希腊发生的这种对世界历史起决定性影响的转折与在印度和中国发生的精神变革相比，其影响程度和实践基本上是一致的。"[①]——不同地域的先知先贤在时间上不约而同集中涌现的现象，构成"轴心时代"的奇观。中国的老子、孔子；印度的大雄、佛陀；古犹太教的耶利米亚、赫塞吉尔；或许还有古波斯教的查拉图斯特拉……然而，奇观之中还有一种耐人寻味的奇特：古希腊崛起的，是以形而上学为显著特征的哲学意义上的秀峰。于是，提起哲学，西方哲学是主力军；古希腊哲学是波澜壮阔的哲学史的滥觞。

但是，如果我们认真关注老子，就会发现形而上思维即使在"轴心时代"，也绝非古希腊哲学可以独享的"专利"。

---

① （德）施杜里希：《世界哲学史》，吕叔君译，山东画报出版社，2006，第73页。

老子是中国古代哲学家当中善于运用形而上思维的佼佼者,对于其珍贵的思想遗产,如果我们不能从形而上的意义上深刻理解,就不啻在延续历史的遗憾。

什么是形而上?尽管有很多争论,但总体上可以说,形而上思维是本体论思维,是哲学中涉及根本问题的哲学,是本体论哲学所需要的思维。"形而上学",最早出自希腊短语 ta meta ta physica,意思是"物理学之后"。亚里士多德将形而上学称为"第一哲学",其中又包括三个具体学科:第一个学科是"是之为是的科学",目标是探究万物的普遍本质;第二个学科涉及"最高种类的是";第三个学科则致力于"第一原理",它对于每一个存在物而言都是真的,并且构成一切论证和推理的基础。[①] 形而上探求万事万物最根本的存在,探求宇宙本体、生命本体、价值本体。或者说,它是解决"元认知"的思维,是探求本源、终极、根本的思维。尽管形而上学在哲学史上不同流派的哲学家那里被赋予更多的"职能",但也正因为如此,才引起了关于什么是形而上思维的大量争论。虽然有人否认形而上学所探究的"目标",有人否认形而上学在理性思维中的地位,也有人否认中国思想史上有形而上学,甚至否认中国有真正的哲学,但是,在经历了低潮之后,形而上学在今天国内外的哲学界重新振兴,证明了自己的生命力。

无论形而上学在后来的发展中包括了怎样的思维方式,其以研究对象或探究目标而决定其生命力的基本特征是难以被否定的。关于本体论的探究,可以说是人类哲学诞生的基点。从米利都学派开始,希腊早期哲学家就探索"本原"。巴门尼德将"是"与"存在"相关联,不仅研究基质,而且探寻唯一的不变的本原"存在",并认定只有超验思维才能探寻,他的思想对苏格拉底、柏拉图有深刻影响。亚里士多德将其"第一哲学"指向本体,但倾向于研究本质与现象、共相与殊相、一般与个别的关系。笛卡尔确立了"形而上学的本体论"的提法,但自他开始,精神和物质的二元论泾渭分明,这就导致形而上学开始走下坡路。莱布尼茨做出了通过抽象而建立关于世界本质的本体论体系,在一定程度上是对形而上学的拯救。但是,在经过康德先验理念、黑格尔绝对精神之后,形而上学开始了命途多舛的经历。西方现代哲学中的实证主义、分

[①] 参见〔美〕布鲁斯·昂《形而上学》,田园、陈高华译,中国人民大学出版社,2006,第3页。

析哲学等流派，总体上是反对形而上学和本体论的，但在胡塞尔的现象学兴起之后，本体论开始复苏。尤其是海德格尔，不仅仅从本体论的角度，而且从既超越感性又超越理性的直觉的意义上，为形而上学带来生机。

从以上非常简略的概述中，我们看到本体论无可回避地、顽强地贯穿于西方哲学发展史中。以此来看，老子创立道家学说，可以说在中国哲学发端时期和第一个高潮期，已经深刻地触及本体论，并且以自己独特的视角和思维，相当成功地、深刻地确立了"道本体"的哲学框架。在后面的展开阐述中，我们会看到道家本体论的独特优势。我们有充分理由认为，老子作为大哲学家，其哲学眼光和境界、其思维深度和广度，足可以与古希腊哲学泰斗比肩。从今天的眼光来看，或者说从新道家哲学的眼光来看，我们甚至认为，老子的道，在对本体论的探讨上还要高出一筹。

"万物将自化"——什么是道

哲学的本体论应当有什么样的功能和意义？有什么样的气度和境界？或者说，哲学上的本体论应当具备什么样的本质特征，才足以担纲"哲学第一基本问题"？才有必要或有魅力不仅久远地使哲学家殚精竭虑、上下求索，同时也回应着整个人类关于自己从何而来、向何而去的内在困惑，回应着从古至今人类群体寻求根本依据和价值坐标的永恒需求？

哲学本体论，应当寻求回答万事万物最根本的实在，或最终的统一，即纷纭的事物、繁杂的万象，一切冲突、显隐、变化、分裂、组合……什么是最根本的实在？是否可以并且在哪里最终统一起来？哲学本体论，应当寻求回答本原，或用老子的话"本根"，是万事万物的起源，是乾坤万象的发端，是变化发展的本因。哲学本体论，应当寻求回答一切事物变化发展是否有依据或以什么为依据，即何谓进步、何谓倒退？或根本无所谓进步与倒退？何谓有意义、何谓无意义？或根本无所谓意义？

或许哲学本体论的探求，最接近于"真理"的探求。哲学家们从不同视角和路径的回答，不断地接近真理。当然，这是一个永远在进行、永远在逼近真理、永远难以完成的探寻过程。而哲学家们的回答，或过于狭小，或过于空泛，或因为偏颇而"收之桑榆，失之东隅"。

尽管老子认为"道可道，非常道"；尽管他认为道"无状之状，无物之象，是谓惚恍"，而且"玄之又玄"，但他还是"强为之容"，对于什么是道，还是做出了相当充分、周密的表述。老子关于什么是道的表述大致可分为两部分：一是外部特征的描述；二是内在本质的阐述。一般认为老子没有超出中国古代先哲直观、体悟、类比、喻指思维的窠臼，所以并没有直接讲清楚什么是道，所以我们只能从他关于道的外部特征的表述当中去品味，去揣摩，去猜测。其实不然，老子的思维，如前所述，已经进入形而上学思维，因而具备了高度抽象综合的思维理性，后面我们会谈到这一点，即老子的思维中虽然运用了类比，虽然具有明显的"整体直观"的特征，但其中主要是"综合抽象"。由于老子有一种"道可道，非常道"的苦衷，有一种"难以与外人道"的孤独和无奈，由于古代汉语与现代语言、语境之间的巨大差异加上老子言简意赅的表述方式，更是由于受老子时代科学发展水平和知识传播程度的制约，所以对老子关于何为道的言论，我们的确需要费一番功夫去理解，去发掘，甚至去进行一番"现代语言的转化"。

老子关于道的内在本质的表述有许多，这里主要看看他的三段话。

其一：

"*道生之，德畜之，物形之，势成之。是以万物莫不尊道而贵德。道之尊，德之贵，夫莫之命而常自然。*"[①] 意思是：道产生万物（是为天下母），德养育万物，物质运动塑造万物的形体，各种要素和外部环境形成的结构和系统格局成就事物。道的至高无上和德的极端重要，就不是由任何意志所主宰的而是自然而然形成的。

其二：

---

① 《老子》第五一章。

"道常无为而无不为，侯王若能守之，万物将自化。"① 意思是：道始终是自然而然的（非人为刻意的），却创造并成就了万事万物。诸侯君王如果能够信守它，万事万物将自行发展演化。这里的"化"字，和今天我们所说"现代化"的"化"，是一个意思，指的是进化的发展变化、良性的发展变化、积极的发展变化。

其三：

"有物混成，先天地生，寂兮寥兮，独立不改，周行而不殆，可以为天下母。吾不知其名，字之曰道，强为之名曰大。大曰逝，逝曰远，远曰反。故道大，天大，地大，王亦大。域中有四大，而王居其一焉。人法地，地法天，天法道，道法自然。"② 意思是：早在天地形成之前（目前宇宙天体状况形成之前），就有一种作用机制在一片混沌中发挥作用，这种机制在无形无声之中，不依赖任何意志而自主、独立运行，循环往复而不止息，可以说是天地万物的本根、本原。我不知道它的名称，所以勉力用"道"字为其定义，勉力称之为大，大就是延伸，延伸就是久远，久远就是循环。所以道大、天大、地大、人也大。寰宇之中有四大，王是其中之一。人取法于地，地取法于天，天取法于道，道取法于自然。

通观老子关于道的内在本质的论述，以及老子对于道的外部特征的描述，联系自然科学的重要成果和理论，对比东西方哲学关于本体论探讨的各种学说原理，结合中外哲学界、科学界、社会人文学界等关于道家哲学研究的不同视角下的一些结论，我们认为关于什么是道，可以表述为：

从宇宙形成之前，到当今宇宙乾坤中的万事万物，包括地球上的生命世界、人类社会和精神领域，始终有一种自然而然发挥作用的机制，可以概括地称之为"自化"机制。即一切事物在这种"自化"的作用下都可以趋向并构成

---

① 《老子》第三七章。
② 《老子》第二五章。

一定的系统，而系统中一切事物在这种"自化"的作用下，可以自创生、自组织、自选择、自调控、自演化，实现从无到有，从无序到有序，从低级有序到高级有序的发展变化过程。这种"自化"作用机制，就是道。

本体论即实在论，道应该是实在的。我们这里所表述的道，是实在的吗？

与一切神学的、宗教的、理念的、唯物的、唯心的、意志的、怀疑论的……哲学流派所揭示的"实在"比较起来，道，更加实在。宇宙从混沌到有序是一种实在，生命从无到有、从低级到高级是一种实在，人类文明以及人类思维发展演化从低级到高级是一种实在，这种"历史的实在"，或者用柏格森的话说"时间绵延"的实在，是时空实在的能量质实在；是物质实在的关系质实在；是精神实在的经验质实在；是物相实在中的共相实在；是统摄并穿透目的论、工具论、实践论、偶然论的必然性、规律性实在；是超越意志论、工具论的价值论实在。

一切科学方法或科学手段，仅仅是人类认识客观规律的一种渠道，或仅仅体现了探求真理的一种思维规律，按新道家的说法，是一种"次级规律"，不属于"常道"，而属于次一级的"非常道"。而对于认识"道"，对于探求哲学本体论来说，经验逻辑主义也好、波普的"证伪主义"也好，都因其严重的局限性而不堪担当重任。霍金在介绍了大量科学"定律"之后，尤其是在介绍了宇宙无开端、无边界理论和不确定性原理之后，指出："定律并没有告诉我们，宇宙的'太初'应该像什么样子——它依然要靠上帝去卷紧发条，并选择如何去启动它。只要宇宙有一个开端，我们就可以设想存在一个造物主。但是，如果宇宙确实是完全自足的、没有边界或边缘，它就既没有开端也没有终结——它就是存在。那么，还会有造物主存身之处吗？"[①] 是的，这里面包含了一个极为重要的思想：宇宙"自足"！此时，我们实在应该好好地借鉴后现代哲学家语言分析的手段，认真剖析一下道家哲学中"自然"这个词的含义。其实，这个词中的"然"字完全应当作动词理解，理解为"自而然之"。"然"字本来就是一个具有抽象特色的动词，而且是许多与"自"字组合成汉语词语的动词的高度概括：自在、自主、自行、自为、自卫、自己、自满、自

---

① 霍金:《时间简史》，许明贤、吴忠超译，湖南科学技术出版社，2005。

足、自选、自创、自生、自灭、自发、自由……。自然，将这一切综合起来，形成一个具有鲜明主体色彩的概念。自然，本身指的就是一个自我存在，是一个自主的、自足的、自而然之的宇宙世界。道家哲学本体论的核心思想是道法自然，道家哲学本体论的实在性和真理性深深地植根于整体的、动态的、变化的、作用的、自然的自足性和本质存在性之中。维特根斯坦反对形而上学地将语言对应存在，反对孤立静止地在日常语言中寻找它们绝对的对应物。但是，这种主张显然属于海德格尔所批判的"遗忘存在"的病态的现代性反映。对于维特根斯坦的做法，霍金也是明确反对的，并且嘲讽地批评道："哲学家将他们质疑的范围缩小到如此的程度，以至于连维特根斯坦——这位 20 世纪最著名的哲学家都说道：'哲学余下的任务仅是语言分析。'这是从亚里士多德到康德以来哲学的伟大传统的何等的堕落！"[①]

在本章的题目和前面的小节中，我们提到"道本体"是一种高人一筹的本体论。现在，我们可以并且有必要将这样的道家本体论，与其他哲学体系中关于本体论探讨的学说做一点比较。

"玄之又玄"——本体论大比较

（一）比较神创论：向自然本身寻求本原

德国极为重要的哲学家康德晚年在总结回顾自己思想生涯的时候，通过一封信说，他一生的全部努力都是为了回答三个问题：我们能够知道什么？我们应该做什么？我们应该信仰什么？其实，神学与宗教也在回答这三个问题，只不过回答的视角和路径不同。在老子生活的年代，除了古希腊以外，人类的思维总体上没有走出宗教的、神秘主义的笼罩。

广东考古学家卜工根据大量考古成果指出："中国的古礼是一种人文的生态系统"；"礼制这个人文的生态系统是中国古代社会所独有的，即使世界上其他地区可能存在与其相类似的制度，但都不能否认中国古代的礼制独立成长、

[①] 霍金：《时间简史》，许明贤、吴忠超译，第 200 页。

连续发展的客观事实，不能否认中国古代礼制体系的完整性、兼容性和强大的凝聚力，不能否认在多民族国家的形成与发展过程中礼制无与伦比的伟大作用，不能否认她是中国古代文明起源的基本线索。"[1] 然而，中国古礼"文明自化"过程密切伴随着通神遐想和神圣体验。"宇宙的结构、亲族的感情、社会的等级，就在这仪式中被奇妙地叠合在一道，宇宙天地，中央四方，给人间提供了一个来自上苍的无可置疑的依据，血缘亲情、家庭关系，给人间提供了一个来自人心的不必思索的理路。"[2] 中国古礼中，"天"是有意志的，是万物的主宰。其中虽然蕴含了整体思维、时空思维的萌芽，但毕竟是对天和诸神的依赖，以及以类比追求象征。

印度吠陀时期，已经出现追求宇宙中事物本原的哲学端倪，在怀疑中没有脱离众神，以及"那个在至高天界神光中的天神，那个创造万物者"。[3] 而在《奥义书》时期，哲学的思维围绕着"梵与我"和"灵魂转世与解脱"。《奥义书》中说："梵造众神，之后，梵就让众神统治世界……。"在古希腊，柏拉图、亚里士多德都在自己思考的"终极"部位与上帝牵手。其实在整个西方哲学史上，上帝总是频频光顾的。

老子也讲"谷神"和"玄牝"，但那是为了强调道的"迎之不见其首，随之不见其后"[4] 的无影无踪、惚兮恍兮。道的神秘性，在于其深奥、博大、超越。所谓自宾、自化，就是不受外来意志的支配；所谓"道生一，一生二，二生三，三生万物"[5]，就是没有上帝，没有神灵，一切取决于道。

庄子说："子游曰：'地籁则众窍是已，人籁则比竹是已，敢问天籁？'子綦曰：'夫吹万不同，而使其自己也，咸其自取，怒者其谁邪？'"[6] 意思是，子游说："地籁是从各种窍孔发出的声音，人籁是从拼起的竹管发出的声音。敢问天籁呢？"子綦说："天籁虽然出自万端，但起伏全部出于自身，发动者还有谁呢？"庄子这段话让我们想起古希腊的毕达哥拉斯，他认为天体运行过程

---

[1] 卜工：《文明起源的中国模式》，科学出版社，2007，第323~324页。
[2] 葛兆光：《中国思想史》第一卷，复旦大学出版社，2001，第56页。
[3] 《梨俱吠陀》。
[4] 《老子》第一四章。
[5] 《老子》第四二章。
[6] 《庄子·齐物论》。

中和谐的"宇宙音乐",大概就是我们所说的"天籁"吧。这种音乐虽然人类一般听不到,却是一种和谐之音。毕达哥拉斯这种富有诗意的审美情怀却是为了印证一个十分冷静的观点:宇宙万物是依照数的关系排列组合形成结构的。虽然我们可以说,毕达哥拉斯与同样富于想象力的庄子堪称"天籁知音",但毕竟,毕达哥拉斯走向宗教的神秘,而道家人物庄子却坚信自然本身的力量。乾坤自有美妙的旋律,但道法自然——音法自然。

在道家看来,"先天地生"的道,本身就"可以为天下母"。

战国时期的荀子,在哲学上对道家思想的阐述是精到的。他说:"天行有常,不为尧存,不为桀亡;应之以治则吉,应之以乱则凶。强本而节用,则天不能贫;养备而动时,则天不能病;修道而不贰,则天不能祸。故水旱不能使之饥,寒暑不能使之疾,祆怪不能使之凶。"① 荀子的话,有助于我们理解道家的自然的天道观。天道,是不受任何意志左右的,自然本身发展演化即蕴含了常道。不仅被神话的尧舜不能以自己的意志对其施加影响,而且被人们神秘化的种种自然现象、神灵妖怪也都不能左右天道。"谷神""玄牝""众妙之门",所认准的,是一种作用,一种力量,一种机制。宇宙科学的成果已经说明,宇宙大爆炸,没有除了系统之外的"第一推动力",产生爆炸的动因,就在混沌本身。

超越神创论的老子,在西方哲学家中绝非没有知音。比如,斯宾诺莎本体论的思想就与老子相当接近。他说:"我承认,认为所有事物都服从于上帝漠不关心的意志,并依赖神的反复无常,这一观点要比那种认为上帝为了善而行事的观点更接近真理。因为坚持后一种观点的人似乎将某物置于上帝之外,并独立于上帝,上帝工作时将其视为模型,或者将其视为目的,就像趋向一个目标一样。实际上,这只不过是使上帝服从于命运,是对上帝的一种最为荒谬的看法,而我们已经表明上帝是事物的本质和存在的第一因,并且是唯一自由的原因。"② 斯宾诺莎从否定上帝意志而"偷梁换柱"地否定了上帝作为"神本论形象代言人"的地位,这有点像老子由"视万物为刍狗"而断

---

① 荀子:《天论》。
② 斯宾诺莎:《伦理学》第一部分命题 34 附释 2,转引自弗兰克·梯利《西方哲学史》,贾辰阳、解本远译,光明日报出版社,2014,第 297~298 页。

定"天地不仁"。实际上，斯宾诺莎的上帝就是自然，正如弗兰克·梯利评论斯宾诺莎时指出："上帝并没有创造脱离他而存在的事物，他是存在于所有内在的永恒的实体或根据或本质。……他使用原先的经院哲学术语，将上帝称为'产生自然的自然'；作为事物（这一原则的结果和产物）的多元，他将上帝称为'被自然产生的自然'。"[①] 斯宾诺莎与"道法自然"之间的心心相印，使他的思想已经进入道本论。怪不得爱因斯坦说："我信仰斯宾诺莎的那个在存在事物的有秩序的和谐中显示出来的上帝，而不信仰那个同人类的命运和行为有牵累的上帝。"[②]

（二）比较机械论：寻求普遍的本根

道家哲学本体论不仅超越了朴素唯物主义，而且超越了机械唯物主义。中国南朝时期著名的唯物主义思想家范缜说："形存则神存，形谢则神灭。"明朝的王夫之说，"气者，理之依也""天下唯器""道者器之道""无其器则无其道"。其实，关于道与器，《易经》中的那句名言说得非常好："形而上者谓之道，形而下者谓之器。"这句话不仅说明道并非依附于器，而且暗含了这样一种意思：如果离开道而谈器，或将器放在首位、道置于次位，就不属于形而上思维。也就是说，道家哲学是一种系统的辩证，因而其本体论进入了关于系统的运作、整体的功能——道的思维。所以老子说道是"谷神"，是"玄牝"，是"天下母"。因为道，是一种超越了具体现象、超越了感性事物的自然系统的运作。庄子借孔子的口表述道："有先天地生者物邪？物物者非物。物出不得先物也，犹其有物也。犹其有物也，无已。"[③] 意思是：有先于天地而产生的有形物体吗？使万物成为有形物体的事物并不是有形物体本身，万物的产生不是先行出现具象物体，而是无形的道在发挥作用，因而才使得千姿百态的有形物体不断产生，绵延不息。公木、邵汉明先生对老子、庄子的意思做出这样的阐释："它（道）乃是一不依赖任何事物或任何条件的绝对存在，任何可感事物都有赖于道或'物物者'而存在，而道或'物物者'却是一无条件的存

---

① 弗兰克·梯利：《西方哲学史》，贾辰阳、解本远译，第298页。
② 许良英、范岱年选编《爱因斯坦文集》第一卷，商务印书馆，1976，第243页。
③ 《庄子·知北游》。

在，庄子一再讲道'自本自根'，即是说道的存在的无条件性、绝对性。"①

美国物理学家 F.卡普拉在《物理学之"道"——近代物理学与东方神秘主义》中认为，西方文化中长期占统治地位的都是机械的、局部性的世界观。而越来越多的人把这种世界观看成我们社会广为扩散的不满的根本原因，因而有许多人转向"东方式的解放道路"。他在介绍现代物理学的"靴袢自然观"时直接与老子的"道法自然"相联系，并且说："宇宙中所有的现象都唯一地取决于共有的自洽性，这种自然观显然与东方的宇宙观非常接近。在不可分割的宇宙中，一切事物都互相联系，所以它如果不是自洽的就没有意义。"卡普拉还介绍了李约瑟的观点："在中国的宇宙观中，一切存在之物的和谐协调不是来自它们之外的上级权威，而是受着它们自身内在本性的支配，因为它们都是构成宇宙模式的整个层系的部分。"②

"先天地生"的意思很明确即指先于机械运动的道。一切的物都是被"物"的，也就是物质以道的作用而存在、而运动。这里可以借用马克思很精彩的一句话："人的本质不是单个人所固有的抽象物，在其现实性上，它是一切社会关系的总和。"③ 我们可以进一步说：一切有形物质（小到基本粒子）本质上不是物自体所固有的抽象物，在现实的自然界中，它是一切物质关系的总和。也就是说，物质不可能脱离关系质而绝对抽象地存在，它的自由运动本身就由关系质决定，而其运动的自由纳入绝对的道的必然。

（三）比较理念论：寻求时间作用下的本体

借助于时间、借助于数学、借助于形式，西方哲学在理念本体的道路上走得很远，影响很大。从苏格拉底、柏拉图，到康德、黑格尔，形成了一种"传统"。凭着著名的"洞穴比喻"，柏拉图宣称理念并非人的大脑抽象概括出来的，那只是各种存在者的展现，而理念是事物的原型，万事万物都是根据这些原型产生或创造出来的。所以，不是从事物中抽象出理念，而是理念决定了事

---

① 公木、邵汉明：《道家哲学》，长春出版社，2007，第55页。
② 卡普拉：《物理学之"道"——近代物理学与东方神秘主义》，朱润生译，中央编译出版社，2012，第236~237页。
③ 马克思：《关于费尔巴哈的提纲》，《马克思恩格斯选集》，人民出版社，1956，第18页。

物，世间万事万物不过是像洞穴中的影子一样，是对原型的模仿。

可以看出，柏拉图的理念本体论，与老子的道，颇有相像、相通之处，万事万物都是被创造者；而理念是创造者，理念是本体，是"母本"。但是，道家哲学本体论与柏拉图的理念是有重要区别的。

道无名，是什么意思呢？首先就是说道不是概念，不是理念。道家哲学无疑是包含了理性思维和概念思维的，但并不认为世界本原本身是理念形态的。由道而产生的、人们可以从悟道中总结出来的事物的具体规律或价值原则是可以有名的，但是道本身无名。"名可名，非常名。无名天地之始，有名万物之母。"① 这说明，在道家眼里，本体更加根本。恒常的、绝对的道，是一种深刻的抽象，而概念不过是人们赋予这种抽象的一种抽象表述。本体既然是天地之根、万物之宗，就不可能像人们可以轻易描述和把握的具体规律或价值原则那样"有名"。

其次，道是无形的，这与被称为"原型"的理念，又一次构成重要区别。虽然柏拉图的理念本身并不是直接地指具体有形的物体，但是，在一切物质的形体中都模仿了理念的框架和形式。所以，理念是有形的，是一种秩序的框架。因为物体的可感知的形式与形态，都是"阳光的影子"，是"阳光"的投影。而道是无形的，"致虚极，守静笃"②，一切可感知的事物，无论是乾坤万象，还是细尘微粒；无论是高山峡谷，还是江河湖海；无论是丛林花草，还是飞禽走兽：与道之间都没有直接的形式模仿的关系，而是在道的作用下自宾、自化。正像老子所说："视之不见名曰夷，听之不闻名曰希，搏之不得名曰微。此三者不可致诘，故混而为一。其上不皦，其下不昧，绳绳不可名。"③ 不仅不可感知，而且也不可由概念来把握——"绳绳不可名"。当然，也不可以各种度量衡来衡量、不可以柏拉图所看重的数学公式来解释。"其上不皦"——没有柏拉图所说的"阳光"；"其下不昧"——没有柏拉图所说的投影。

道和理念的这种不同是十分明显的，也是非常重要的，其中隐含着更为重要的区别：理念是精神的有形，道是系统的无形；理念是精神性的"实体"，

---

① 《老子》第一章。
② 《老子》第一六章。
③ 《老子》第一四章。

道是精神与物质对立统一的系统性的"本体"(亚里士多德对于实体和本体的划分，是相当重要的)；理念与现象的关系，是投影和模仿的关系，道与现象的关系，是结构作用下万物自宾、自化的关系。

最后，道是无为的。道绝不是高高在上的、供万物模仿的理念，绝不是具有框架形态或"模本""原型""楷模"形态的理念，也不会像理念一样做出规定或实行教化。道，默默无闻地、自然而然地存在于天地万物之中，蕴含于一切运动变化之内，而不是高居于一切事物之上。"无有入无间，吾是以知无为之有益。不言之教，无为之益，天下希及之。"① 所谓"无为"，表现在没有宰执的地位、没有规定的格式、没有人格的意志、没有教化的权威。"生而不有，为而不恃，长而不宰。"② "万物恃之而生而不辞；功成不名有，衣养万物而不为主。"③

理念的世界与现象的世界是脱离的，而道的世界与现象的世界是统一的。或者可以说，柏拉图的理念，是系统的纲领或模型，是先于系统、高于系统的绝对规定。在这一点上，西方哲学有着悠久而顽强的传统。从柏拉图的理念开始，到亚里士多德的"存在"，再到康德的"先验理念"，以至后来的费希特、谢林、黑格尔的"绝对理性"，都是在这样一个传统中不断延续。直到一百多年前的胡塞尔，依然宣称欧洲哲学在"先验—超越"这条路上走得还不够远。这种传统一直在超越现象界，一直在追求"更高一层"的有序的根据和"纯粹的形式"。而道，作为世界的本原，是系统自身的功能，在形态上与系统浑然一体，而在过程上与系统运行并行不悖，并且与系统的发展变化永不脱离。正如老子所说："挫其锐，解其纷，和其光，同其尘。湛兮似或存。"④ 意思是掩藏锋芒，化解冲突纷乱，中和光辉，与万物浑然一体。但道的精髓却深刻地发挥作用。道，是一种内在的总规律，在事物自宾、自化的变化之中以常道而实现自我的完善，永远在结构的重组优化当中深刻而内在地发挥作用，却从不以自身的显形而成为主宰、主导，也就是永远不会以一种框架宣称自己已然定

---

① 《老子》第四三章。
② 《老子》第五一章。
③ 《老子》第三四章。
④ 《老子》第四章。

型。一旦定型、一旦成为楷模，便是与发展变化的脱离，那就成为局部的、阶段的，因而也是短暂的"非常道"。正因为不定型、不宣称自己是主宰、不以楷模或高于系统、脱离变化而自居，所以才永恒，才长久，才是常道。故而老子说："天长地久。天地所以能长且久者，以其不自生，故能长生。"① 这里所谓"以其不自生"，包含了不以成型、成熟、有巨大成果而自居。老子的另一段话进一步强化了这种思想："果而勿矜，果而勿伐，果而勿骄，果而不得已居，果而勿强。物壮则老，是谓不道，不道早已。"②

总之，道家哲学寻求的本体，与西方哲学中的"理型""绝对命令""绝对理念"的精神理念截然不同。道，是系统中的，并无名、无形、无为而深刻蕴含于系统发展变化中的总规律的必然。本体一旦成型，一旦高居于系统之上，一旦脱离万物自宾、自化的变化发展或系统运作，一旦被宣称为被认识、被掌握、威力无穷、高于并规定、指导现象的理念，就会停滞，就会衰老，就会蜕化，就不会充满生机、长久永恒地发挥作用，就不再是常道。其实，人们的认识，也是如此，所以老子反对宣称已知，反对所谓懂得了、把握了、说清楚了的道。这其中，包含了极为深刻的，对今天人类具有重要启发意义的哲理。

（四）比较微观论：寻求宏观、整体中的本真

西方哲学还有一个重要的传统线索：微观视角下的探求"始基"。所谓始基，就是最初世界本原是不可分的"混沌"，而这个混沌和中国哲学中的混沌不同，是一种不可分的"一"。这个一，也和中国哲学不同，不是天人合一的一，不是统一整体的一，而是"原子"。所谓原子，即原本的、原始的不可再分的最小物质。既然不可再分，就没有缝隙，没有裂痕，当然是最完整的，当然就是一。况且，这种一的观念，从朴素唯物主义，过渡到微观形而上学。比如，作为一的混沌，可能是原子，也可能是水、是气、是火。总之，不可分割的混沌，是始基。然而，这毕竟是可感知的现象，而理性，则可以从现象背后发现概念，那就是抽象的一。抽象的、形式的一，是一切事物的"共相"。然

---

① 《老子》第七章。
② 《老子》第三〇章。

而，这是抽象的、概念的共相。

黑格尔的哲学贡献，在于通过辩证思维，将概念的共相理解为生命的精神。黑格尔的辩证法，使理性成为思辨的、动态的、对立而统一的。也就是说，抽象的概念与对现象的感知，二者可以统一起来。

自黑格尔之后，精神与生命之间的关系在哲学上密切结合，虽然追求先天的、秩序的、理念的传统不绝于史，但是人的生命、人的精神、人的意志作为本原的本体论哲学如雨后春笋一般茁壮成长。尤其是叔本华、尼采、柏格森……直到后现代哲学出现的"解构宏大叙事"。虽然其中有许多重大的区别、争论，但从微观、局部、具体现象入手而探寻本体、本原的哲学传统则是一贯的、明显的。关于从人出发，探寻世界本原的问题，是我们下一节讨论的内容，这里只是指出：这也是一种微观，一种局部。在新道家哲学看来，与宏观、整体系统的本体论相比，其局限性是显而易见的。

道家哲学，从一开始就将视野瞄向自然系统，或曰终极系统。虽然系统是分层次的，而且是分"领域"的，比如生态系统、生物系统、社会系统、文化系统等，而且系统论方法论绝不排除微观系统，但是道家哲学的本体论思考显然认为世界的本原，应当在最为宏大、具有统摄性的宇宙—自然系统当中去把握。《老子》开篇就展现了极为博大的宇宙时空："无名天地之始，有名万物之母。故常无欲，以观其妙；常有欲，以观其徼。此两者，同出而异名，同谓之玄。玄之又玄，众妙之门。"这里显然是将整个宇宙—自然系统纳入视野，吞吐了天地万物。同时，道家哲学显然是将天地万物看作一个涵盖、包容了一切的博大、玄妙、深奥的系统，但又是一个自组织、自调控、自发展、自创造的自足的系统，"知常容，容乃公。公乃王，王乃天，天乃道，道乃久。没身不殆。"[①]——系统的广阔与包容、涵盖与永恒，表明道家哲学的确是以整体为出发点的，这与一切微观的、局部的出发点形成了鲜明的对比。

关于人——人的生命系统和社会系统，在老子看来，与宇宙—自然系统不

---

① 《老子》第一六章。

在一个层面上，那是子系统、次级系统、局部系统，只能为整体系统所包容、所涵盖。所以老子说："希言自然。故飘风不终朝，骤雨不终日。孰为此者？天地。天地尚不能久，而况于人乎？"[1] 这段话暗含的意思是明显的：天地之道在人事之道之上。而老子的另一段名言进一步强化了这样的思想："人法地，地法天，天法道，道法自然。"[2] 人间之道，应当遵循自然大道，取法于根本之道。

当代著名的广义相对论家和宇宙科学家霍金认为："一套完整的统一理论的发现可能对我们种族的存活无助，甚至也不会影响我们的生活方式。然而自从文明开始，人们即不甘心于将事件看作互不相关而且不可理解的。他们渴求理解世界的根本秩序。今天我们仍然渴望知道，我们为何在此？我们从何而来？人类求知的最深切的意愿足以为我们所从事的不断探索提供正当的理由。而我们的目标恰恰正是对于我们生存期中的宇宙做出完整的描述。"[3] 霍金的看法是十分中肯的，对于宏观的、整体的、统一的宇宙规律的把握，是最终回应人类最深切的求真意愿的根本途径。在这里，霍金先生表现了一个科学家博大的人文关怀和哲学情结。霍金在他那本重要著作的结尾处宣示："如果我们确实发现了一套完整的理论，它应该在一般的原理上及时让所有人（而不仅仅是少数科学家）所理解。那时，我们所有人、包括哲学家、科学家以及普普通通的人，都能参加为何我们和宇宙存在的问题的讨论。如果我们对此找到了答案，则将是人类理智的最终极的胜利——因为那时我们知道了上帝的精神。"[4] 如果如霍金先生所说，我们通过探寻和传播普及，使"上帝的精神"成为人类终极性的理性成果和多数人的精神武器的时候，就一定会深刻地影响人们的思维方式和生活方式。只不过，这不仅是一个漫长的过程，而且越是接近那终极的成果，人类理性越是会变得谦卑，越是不会宣称自己理性的伟大和成果的彰著，——这本身就是对人类思维方式和行为方式、生活方式的深刻影响和改善。

道家哲学认为本体蕴含于最宏观的整体系统之中，因而道为"天下母"，

---

[1] 《老子》第二三章。
[2] 《老子》第二五章。
[3] 霍金：《时间简史》，第 21 页。
[4] 霍金：《时间简史》，第 233 页。

一切微观终极尽管可以无限"展现"那绝对的"一",却也无法充当本原与本体。但是,道家哲学并不否认微观终极在本体论思维中的极端重要性,因而强调"冲气以为和"。系统的自组织功能在"旷兮其若谷;混兮其若浊"之中发挥作用,因而"孰能浊以静之徐清?孰能安以久动之徐生?保此道者不欲盈,夫唯不盈,故能蔽不新成"①。这就是"载营魄抱一""专气致柔"。②

然而,老子这种虚与实、宏观与微观的辩证思维,这种着眼于宏观系统的思想,可以在现代宇宙科学中找到支撑吗?况且,如果宇宙—自然系统并不是一个自足的、封闭的系统,道家哲学的系统观岂不是丧失了确定性吗?老子的宏观思维将时空纳入思考范围是必然的,但他的许多哲学思考,比如"曲则全,枉则直"(《老子》第二二章)等,是不是毫无根据的妄加揣测?对于这些,我们将在道家哲学的时空论中予以讨论和回答。我们会看到,老子的天才思想,与现代宇宙科学和时空科学理论之间,有着怎样的内在相通,甚至"不谋而合"。

(五)比较人本论,寻求天人统一的终极

一只在茫茫大海上行驶的航船,其目的地以及为了达到目的而掌握方向的依据,都必须从这只航船本身以外去寻找。无论是彼岸、是新大陆,也无论是天象、北斗,还是罗盘。否则,即使是天才智慧的船长、经验丰富的舵手,或者再加上所有勇敢顽强、富有激情的水手,也无法保证其航线的无误。或许这艘船可以误打误撞地驶入某个海港,甚至发现神奇的土地,但其最大的可能是触礁或沉没。总而言之,它自身无法为自身提供依据。

道家哲学最深刻的哲理可能与西方哲学中某种最精彩的精髓形成实质区别的地方,就在于它一再坚持自然本体论,或可称之为"唯自然系统论"。在道家看来,世界本原和人类的依据,万事万物只能归结于、统一于、取法于"天人合一"的整体系统。本体不可能在人当中本质地存在。这里的"天人合一",的确是东方哲学的精华,其实质的含义不在于原始直观思维中天与人类相比产

---

① 《老子》第一五章。
② 《老子》第一〇章。

生的种种相拟性、相似性；不在于或不仅仅在于天与人之间因宇宙间的"平滑性"而具有相通性；不在于或不仅仅在于微观终极的物质统一性，而在于天与人共处于统一的自然系统。"故道大，天大，地大，王亦大。域中有四大，而王居其一焉。人法地，地法天，天法道，道法自然。"[①] 人的系统，显然是包括在这统一的系统中的，所以"而人居其一焉"。所谓"四大"，显然不是平行的，而是包容和隶属的关系，这是因为"人法地，地法天，天法道，道法自然"。自然是总体系统，所以本体的道取法于自然。

总之，在道家哲学中，人不是居于中心地位，世界最核心、最根本的本原，不可能存在于人道之中。这样一种天人合一的整体观，这样一种整体的自然观，虽然在中国哲学中产生了极为深远的影响，但与儒家哲学思想和后世占据主流或显学地位的思想文化，还是拉开了距离，构成了区别。而在西方哲学中，如果从总体上来概括的话，以人为中心的哲学，从人的系统中确立本体的哲学基本上成为主流。而道家哲学，也与其也拉开了距离，构成重大的区别。

区别在于：道家哲学坚持认为，人类的航船无论怎样乘风破浪、百折不挠，无论从起航到远行取得了多么辉煌的航行纪录，其确定目标和方向的依据，甚至其"从何处出发"的终极追问，都绝不可能从航船本身找到答案！哲学本体论最深刻的根源，必须蕴含于自然系统之中！这正是道家哲学自身哲学境界、哲学精髓、哲学魅力的"本原"，这也是道家哲学在当代以至未来必将显露强大生命力的根本原因。

我们说包括儒家哲学和佛家哲学在内的东方哲学，与道家哲学的重大区别，是一种历史的遗憾。在本体论意义上，儒家、墨家、法家、佛家，以及董仲舒的"天人感应"、程朱理学、王阳明"心性理学"等，在与道家哲学的对比中，都会降档和矮化。

在西方哲学中始终存在着非以人为中心的哲学思想，其中有与道家思想十分接近、相通的哲学流派，比如斯宾诺莎的"神即自然"，比如马斯洛强调"宇宙中心"的超人本主义哲学。但同样遗憾的是，西方哲学中基本形成主流的，是种种以人为中心的哲学家和哲学流派，包括先验论，包括笛卡尔的我思

---

① 《老子》第二五章。

故我在，包括费希特的自我，包括卢梭等的浪漫主义，包括与道家貌合神离的斯多葛主义和普罗斯诺，包括与道家大相径庭的叔本华的自由意志、尼采的权力意志，包括具有重要启迪价值的人本主义……。道家哲学对自己本体论的确立和坚持，是十分艰难的，但我们认为，这是极重要的。

1. 普罗泰戈拉："人是万物的尺度"

公元前5世纪古希腊智者派哲学家普罗泰戈拉说："人是万物的尺度，是存在的事物存在的尺度，也是不存在的事物不存在的尺度。"[①] 普罗泰戈拉在古希腊属于善于辩论的智者，他所强调的是，根据感觉的"欺骗性"而认为没有什么真理可言；当人们意见不一致的时候，谁在辩论中胜过对方谁就是"对的"。这种否定真理客观性和确定性的学说，实际上是怀疑主义的滥觞。在怀疑主义者那里，本质上是否认理性的，理性是将包括人的意识在内的一切认识对象客观化、确定化的自觉意识和概念意识。所以后来的怀疑主义哲学家休谟在"印象"和"观念"的划分当中，实际上强调了非理性。在他看来，"印象"是感觉，包括了所有初次出现于灵魂中的我们的一切感觉、情感和情绪。而观念只不过是通过记忆和想象将印象在头脑中再现，也就是对印象的"模仿或模拟"。于是休谟宣称："人的精神所具有的创造力量，不外乎是将感官和经验提供我们的材料加以联系、置换、扩大或缩小而已。……简言之，所有的思想原料，如果不是来自我们的外部感觉，就是来自我们的内部感觉。心灵和意志只是将这些原料加以混合，加以组合而已。或者用哲学的语言来说，我们的一切观念或比较微弱的知觉，都是我们的印象或比较生动的知觉的摹本。"[②]——可见，开辟了怀疑主义哲学路径的"人是万物的尺度"的理念是靠不住的，因为这种貌似看重人的理念，实际上必然走到否认人的理性，甚至否认人的意识的道路上去。将感觉和"微弱的""生动的"知觉看作本真之源，不仅人的感觉以外的一切事物、人类诞生以前的一切变化被"生动地"抹杀了，而且人的理性也被无情地否定了。这实际上陷入了悖论，人的意识以及人本身的"尺

---

① 北京大学哲学系外国哲学教研室编译《西方哲学原著选读》上卷，商务印书馆，1981，第54页。
② 北京大学哲学系外国哲学教研室编译《西方哲学原著选读》上卷，第518~519页。

度"，已经最终失去了标定的对象。比如另一位古希腊的怀疑主义者高尔吉亚就提出：任何事物都不存在；而且即使有什么事物存在也是不可知的；即使其存在被什么人所知，这个人也无法把所知传递给其他人。这有点像"道可道，非常道"；"微妙玄通，深不可识"。但是老子坚定地强调："窈兮冥兮，其中有精；其精甚真，其中有信。"[①] 所以道家对于真理的存在和确定是深信不疑的。

但是，后世的哲学家更多地是将普罗泰戈拉的论断看作尊重、强调人的意识能力的最早宣言。世界上所有生物种类中具有意识的很少，具有自我意识的更是绝无仅有。人是具有客观意识、主观意识的"万物之灵长"。于是，确有许多哲学家认为，世界上的一切存在都是因为人的意识而存在。但是，老子说："道常无名，朴虽小，天下莫能臣也。"意思是：道虽然没有固定的名称，其本质也并不妄自尊大，但普天之下的事物谁也不能在它之上、使之臣服。道似乎没有像人一样居于"万物之灵长"的显赫地位，宣称为"万物的尺度"，但是道，才是本体，才是本真。人道永远不能取代天道、高居于天道而成为尺度和依据。"譬道之在天下，犹川谷之于江海。"[②] 道在自然系统中，就如川谷，虽然谦卑、处下，却必将奔向大江、大海。我们认为，如果人们一定要将本真从自然系统中分隔出来，硬是要从人的系统中去寻求本原、本真，那就无异于舍本求末。

2. 贝克莱："存在就是被感知"

在休谟之前，英国哲学家乔治·贝克莱在他的《人类知识原理》中，更加明确地提出"存在就是被感知"的论断。尽管贝克莱也推崇感觉，但他的论述更倾向于相对主义，而不是怀疑主义。就连爱因斯坦也说过，如果贝克莱活到今天，相对论很可能被他发现。或许是因为相对论作为伟大发现在科学意义上的确定性，使贝克莱与怀疑主义拉开了距离，而他在经验主义哲学的传统中具有重要地位。在贝克莱看来，一切知识并不是来源于客观事物，而是来源于人的主观观念。离开了感觉或经验，客观世界不可能有什么"纯客观存在"。观

---

① 《老子》第二一章。
② 《老子》第三二章。

念来自哪里？来自我们的感觉。世界上的物体的确有所不同，其广延、形状会变化，而物体也会运动，但这些都是相对的，是随着人的感觉器官的结构或位置的变化而变化的。外在事物只是"一些观念的集合"。因此，所谓知识或真理，只是人心当中的存在，而不是人心以外任何地方的存在。

"存在就是被感知"的逻辑延伸是不被感知即不存在。可以说，老子的许多论述就好像是强烈针对这一命题而提出的。比如"是谓无状之状，无物之象。是谓惚恍。迎之不见其首，随之不见其后。"① 也就是说，道作为一种存在，绝不是被感官所直接感知的，无形无状，惚兮恍兮，而这种不依赖感官、不在具体的人类直观现象中的存在才是确定的、根本的存在。但是，道家哲学并非彻底否认感知，因为道的存在并非空洞无物。正如老子所说："道之为物，惟恍惟惚。惚兮恍兮，其中有象；恍兮惚兮，其中有物。窈兮冥兮，其中有精；其精甚真，其中有信。"② 在惚兮恍兮之中，有道的内存性。"和其光，同其尘"的道，与物质世界并不是两个世界，而是一个世界，道正是自然整体系统之中的存在。但是，人们对于道的认识和把握不能仅仅停留在、依赖于直接感知。所谓"大象无形，大音希声"。道，是需要整体把握的，是需要深刻的综合与抽象的。因为，人的感觉不可靠，从感觉到知觉，只是完成了直觉，而这其中受到人的情感、情绪、欲望的干扰，也受到具体环境和利益驱使的影响制约，所以，老子对于感知的可靠性充满不信任。他说："五色令人目盲，五音令人耳聋，五味令人口爽，驰骋畋猎令人心发狂，难得之货令人行妨。"③ 现代心理学和认知科学充分证明，"存在就是被感知"的命题不能成立。格式塔（完形）心理学、人本主义心理学都提出整体观与形成人的认知的密切关联，其中人本主义心理学的最新成就（超个人心理学）尤其强调超自我、超时空的心理现象，强调人的价值与自然界基本价值的统一。

3. 叔本华："世界是我的意志"

"世界是我的表象""世界是我的意志"——这是 19 世纪初德国哲学家叔

---

① 《老子》第一四章。
② 《老子》第二一章。
③ 《老子》第一二章。

本华发表的名言,也是他基本的世界观。这种意志与表象的划分,实际上是来自康德的对于现象和物自体的划分。"叔本华的体系是康德体系的一个改制品。"[1] 像康德一样,叔本华也认为,所有用来从现象推论出物自体的一切因果论、范畴学,都只不过是适用于现象世界范围之内的。然而,正因为如此,康德的结论是谦虚的:"我曾不得不抛弃认识,以便让信仰有个地盘。"[2] 康德在信仰问题面前的谦虚,来自他在大自然面前的谦虚,以及在本体论方面的某种哲学的无奈:"大自然在人们无区别地关切的事情中,并没有在分配他们的秉赋上有什么偏心的过错,而最高的哲学在人类本性的根本目的方面,除了人类本性已赋予哪怕最普通的知性的那种指导作用外,也不能带来更多的东西。"[3]

但是,叔本华是不甘心的,而是充满自信地寻找世界之谜的谜底,决心将外在的和内在的经验找到一个联结点。最终,他找到了,那就是意志。他认为:只有从我们——人的自身内部才能够进入世界的内部,因为个体的人,都以两种不同形式而存在:一是作为表象,即理智的直观形象而存在;二是作为每个人自身所熟悉的形式而存在,即意志。所以,叔本华确认和保留了物自体,但现象背后的物自体,就是我的意志。知觉作用于我的身体现象,但我的本质的存在,以至整个世界"实际存在的支柱"都是我的意志。意志是一切表象存在与活动的根据,这是真正哲学的真理。但是,叔本华无可避免地将不知疲倦的意志、创造一切的生命意志最终归结为欲望——生存的欲望和繁衍的欲望。所以,盲目的意志是世界的本原,世界无所谓符不符合逻辑,而是从根本上违背逻辑,理性不过是非理性的工具。在他的眼里,宇宙—自然从根本上来说不可能是一个和谐的整体。因而,叔本华从哲学上陷入了彻底的悲观主义。

关于老子与康德哲学思想的异同,的确需要认真辨析。但是,尽管叔本华在很大程度上挪移了康德的体系,他的以非理性意志为世界本原的学说与道家哲学的分歧是根本性的。首先,道家哲学完全不能同意从人的自身寻找世界本

---

[1] 罗素:《西方哲学史》下卷,马元德译,商务印书馆,1983,第305页。
[2] 北京大学哲学系外国哲学教研室编译《西方哲学原著选读》上卷,第248页。
[3] 康德:《纯粹理性批判》第2版序,邓晓芒译,人民出版社,2004,第628页。

原,"道法自然""万物之母""众妙之门",老子多处关于道的论述说明,他将探究本体的目光瞄向自然深处。因为人本身就是万物化生的产物。虽然叔本华也将"自由意志"推衍、追溯到人诞生以前的万物,但是与其相反,道家恰恰认为万物如果有"欲望",那也是在"道常无为,而无不为"的基础上,万物自宾自化而产生的"次生"状态。欲望的产生和蔓延,一旦脱离了系统正常运行的轨道,将走向反面从而导致破坏和谐的种种祸患。"化而欲作,吾将镇之以无名之朴。无名之朴,夫亦将无欲。不欲以静,天下将自定。"[1] 也就是"得一",才能"以为天下正"[2]。否则,后果是严重的:"其致之。天无以清将恐裂,地无以宁将恐发,神无以灵将恐歇,谷无以盈将恐竭,万物无以生将恐灭,侯王无以贵高将恐蹶。"[3] 老子的这种观点是危言耸听吗?在本书关于道家生态哲学的章节里,我们会全面展现新道家哲学在这方面的思考。将世界本原定位于人的欲望或生存、繁衍的需要,将使人类的追求和发展失去重要的坐标。当然,我们认为,道家所说的"常无欲也""镇之以无名之朴",并不是彻底否认欲望、遏制欲望,那是不可能的。但是"见素抱朴""少私寡欲"[4] 则是人类需要认真对待的哲学伦理。对道家哲学深为赞同的人本主义哲学家、心理学家马斯洛关于需要层次的学说,在对待欲望和需要的问题上,尤其是其后期在"超人本主义心理学"中对相同问题的深入探讨,给我们的启迪是十分重要的。

4. 萨特:"存在先于本质"

在存在主义(Existentialism)哲学的旗帜下,可以列出一系列西方著名哲学家的名字,他们的学说构成了现代西方哲学中一个十分重要的流派,影响深刻而广泛。20世纪的法国哲学家萨特,是存在主义哲学的集大成者和旗手,他的名言"存在先于本质",也是存在主义哲学的高度概括。在他那里,"存在"实质上是指人的存在,认为世界以人为中心,而人的存在本身并没有什么

---

[1] 《老子》第三七章。
[2] 《老子》第三九章。
[3] 《老子》第三九章。
[4] 《老子》第一九章。

本质或意义，因为宇宙没有秩序的必然性，秩序是混乱中的偶然；自然没有意义，世界是荒诞的。"存在"的人，面对的是"虚无"：孤独、忧虑、恐惧、痛苦。这正是人的真实存在。人只有意识到这样的存在，才能发挥选择和控制的自由。所以人的存在高于一切，因而可以在存在之中追求个性和自由，走向光明和快乐。

其实，萨特的存在是人"创造"出来的。因为他认为存在就是"在此""在场"，除此之外的外部客观世界只不过是"自在存在"。自在存在有三个特征：一是它不是被创造出来的，也不是自己创造自己；二是既不是被动的也不是主动的，既不是肯定的也不是否定的，而是荒谬的存在；三是它是固定的，既没有对外的关系，也没有对自身的关系，而且在时间之外，没有变化，既没有过去也没有未来。[1] 而存在，"它可以被遇见，但是我们却不能把它推导出来。"这是什么意思呢？无非是说存在是一种非常现实的自我意识的惊醒："在这个我投身其中的世界之中，我的行动会像惊动山鹑那样惊醒价值。"[2] 除此之外，存在其实是一种虚无。"存在即虚无，从远处来看，它一定会突然把你吞没，停留在你的上面，如同一个静止不动的庞然怪物重重地压在你的心头——此外一切皆无。"[3] 实际上，萨特的哲学就是意识的哲学，当他把人的存在分为"自在的存在"和"自为的存在"的时候，自在的存在已经消失于虚无，因为那是一种物体同其本身等同的存在；而自为的存在只是意识到的存在，是同意识一起扩展的存在，而意识的实质是其自身。一个在荒谬世界、虚无之中靠意识而存在的人，注定是孤独的、痛苦的。人与人之间必定是因种种丑恶的罪行而冲突、对抗的社会。通过萨特的哲学，我们似乎看到人的意识是在"四面楚歌"、周围一片黑暗之中的一种"被存在"，它不得不惊醒，惊醒于自己依然具有选择的自由，于是"本质"被自我决定，自我就是本质。许多人据此认为：存在主义的核心是自由，即人在选择自己的行动时是绝对自由的。但是，我们认为，这是一种无依托、无准

---

[1] 参见夏基松《现代西方哲学》，上海人民出版社，2006，第289页。
[2] 萨特:《存在于虚无》，转引自〔德〕施杜里希《世界哲学史》，吕叔君译，山东画报出版社，2006，第427页。
[3] 萨特:《存在于虚无》，转引自〔德〕施杜里希《世界哲学史》，吕叔君译，第428页。

则、无方向的"自由"。如果说这样的"存在"蕴含了,或生成了意义,就好像一个人可以提着自己的头发让自己升高,更像一只航船可以脱离航标而闯荡。

道家哲学与存在主义哲学是从本质上对立的。老子关于存在与虚无(有与无)的论述是非常精到的。"反者,道之动;弱者,道之用。天下万物生于有,有生于无。"[①] 意思是:道的运行是循环往复的。道发挥作用时是微弱不彰的。天下万事万物,产生于道的存在;而道的存在产生于虚无。须知,在老子看来,有和无是相对的,这种相对,既表现在有无相生,又表现在时有时无的循环,更表现在若有若无。台湾的陈鼓应先生说:"只因为'道'之为一种潜藏力(potentiality),它未经成为现实性(actuality)时,它'隐'着了。这个幽隐而未形的'道',不能为我们的感官所认识,所以老子用'无'字来指称这个'不见其形'的'道'的特性。""老子的'无'是含藏着无限的未显先的生机,'无'乃蕴涵着无限之'有'的。"[②] 陈鼓应先生的诠释是深得道家内蕴的。道家不承认绝对消极的、一切寂灭的虚无,一种不显露、不张扬、深沉内在的存在才是更为本质的存在。道,本来就是无形的作用机制,道之所以恒常地存在,就在于其一旦发挥作用,万物就会滋生发展,而其"恒常"性恰恰就在于其"反者道之动"而反异化,从而在"并作"和"观其复"的过程中保持蕴含生机、充满希望的"初始状态"。"致虚极,守静笃。万物并作,吾以观复。夫物芸芸,各复归其根。归根曰静,是谓复命。复命曰常,知常曰明。"[③] "有"已经产生,但"无"的内在、潜在、隐在是更为实在、更为和谐、更为可靠的存在。相比之下,存在主义由于否定世界本真而不得不孤独,由于丧失了依托而不得不悲观,但又难以避免地因从自我中发现唯一的"存在"而傲慢。人类普遍地在近现代摇摆、徘徊于悲观和狂傲之间,与这种"存在"的哲学不无关联。存在主义不愿意在"致虚极"中"守静笃",实在缺乏一种大智若愚的博大与淡定。

---

① 《老子》第四〇章。
② 陈鼓应:《老庄新论》,上海古籍出版社,1992,第 190~191 页。
③ 《老子》第一六章。

5. 尼采："上帝死了"

"你们知道我头脑中的世界是什么吗？要叫我把他映在镜子里给你们看看吗？这个世界是：一个力的怪物，无始无终，一个坚实固定的力，它不变大，也不变小，他不消耗自身，而只是改变面目；作为整体，它的大小不变，是没有支出和消费的家计；它也无增长，无收入，它被'虚无'所缠绕，就像被自己的界限所缠绕一样；不是任何含糊的东西，不是任何浪费性的东西，不是无限扩张的东西，而是置入有限空间的力；不是任何地方都有的那种'空虚'的空间，毋宁说，作为无处不在的力乃是忽而为一，忽而为众的力和力量的嬉戏，此处聚积而彼处消减，像自身吞吐翻腾的大海，变换不息，永恒的复归，以千万年为期的轮回；其形有潮有夕，由最简单到最复杂，由静止不动、僵死一团、冷漠异常，一变而为炽热灼人、野性难驯、自相矛盾；然而又从充盈状态返回简单状态，从矛盾嬉戏而回归到和谐的快乐，在其轨道和年月的吻合中自我肯定、自我祝福；作为必然永恒回归的东西，作为变易，它不知更替、不知厌烦、不知疲倦：这就是我所说的永恒的自我创造、自我毁灭的狄奥尼索斯的世界，这个双料淫欲的神秘世界，它就是我的'善与恶的彼岸'。它没有目的，假如在圆周运动的幸福中没有目的，没有意志，假如一个圆圈没有对自身的善良意志的话——你们想给这个世界起个名字吗？你们想为它的一切谜团寻找答案吗？这不也是对你们这些最隐秘的、最强壮的、无所畏惧的子夜游魂投射的一束灵光吗？——这是权力意志的世界——此外一切皆无！你们自身也是权力意志——此外一切皆无！"①

我们之所以将尼采这一大段话放在这里，是因为它看起来颇像是与老子《道德经》唱反调的一段对话，而且，这段话也集中代表了尼采最基本的世界观。就像叔本华已经将世界看成"我的表象""我的意志"一样，尼采也具备"世界眼光"。只不过，他也和叔本华一样，其实是将人的自我套向了世界，或者将世界装在了自我眼光的镜框里，从而宣称"我头脑中的世界"就是"映在镜子里"的世界。尽管尼采的头脑的确很聪颖，但他的"镜子"显然只能映

---

① 尼采：《权力意志》，张念东、凌素心译，商务印书馆，1991，第700~701页。

照出完全违背宇宙科学理论的歪曲而荒诞的"镜像"。他看不到宇宙不是大小不变，而恰恰是从时间有限的起点就开始扩张；他所映照的"静止不动、僵死一团、冷漠异常"的"镜像"从来没有出现过，即使黑洞中也有强烈的辐射；他看不到"惚兮恍兮"、缥缈不定中的"恒常"，当然否定了绝对的统一，而将矛盾运动定格在嬉戏和淫欲中；他更看不到"道冲而用之或不盈"中顺其自然、道法自然的无限生机。于是他必然否定宇宙世界创造并哺育万物、调整并维护和谐的善良的"玄德"，必然使他那"善与恶"交织的"彼岸"失去了目的和意义。——这的确是巨大的"虚无"。不过，尼采看到了物理上的力，并将这种力直接上升为虚无中投向"子夜游魂"的一束灵光——权力意志。可以看出，尽管"权力意志"是整个世界"一切谜团"的答案，但它本质上是属于人的，更是属于人的意识的，因为它是用人的头脑中的镜子映照的镜像，是最终没有穿透表象的人的眼光的自我肯定、自我祝福、自我满足。

尼采将所谓"真正的哲学家"看作发号施令者和立法者，并断言人的何去何从首先由他们决定。权力意志，正是尼采在"观照"了世界之后，在强硬地宣称世界的虚无与荒诞之后而发出的"理应如此"的号令，这是一种彻底否定自然法的主观看法。

应当说，尼采作为批判哲学家是出色的，"重估一切价值"的努力显示了一定的理性力量。"上帝死了"，并非完全没有道理，因为工具理性主义盛行，本身就使西方各种价值体系地动山摇。但是，批判大师尼采一进入哲学领域，就开始确认需要"重估"的价值，而这不过是权力意志领域引进了一位更狭隘、更强硬、更不靠谱的"上帝"而已。道家哲学家老子认为："企者不立，跨者不行，自见者不明，自是者不彰，自伐者无功，自矜者不长。其在道也，曰：余食赘形。物或恶之，故有道者不处。"[①] 意思是说：踮脚的人站立不稳；两腿岔开很大走不了路；凭主观想象者不会明智；自以为是者不得彰明；自我夸耀者无建树；妄自尊大者不会长久。对于道来说，所有这些无非是残羹剩汁、赘疣毒瘤，有道之人对其深恶痛绝而绝不为之。

得道者，是"知其雄，守其雌"的；是完全承认人的力量的——"胜人者

[①]《老子》第二四章。

有力",但更加注重的是"自胜者强";是完全承认"强行者有志"的,但更加注重的是"不失其所者久"①。所谓"不失其所",即是不离根本,坚持循道,这样才能长久。正像宇宙天体、自然万物都会在一定的力的作用下运动变化,但是都不能脱离系统的组织与调整,一旦破坏和谐,必须向道的根本回归——"常德乃足,复归于朴"②。从自然界到人类社会,强力意志和权力意志的充分发挥,都可能带来明显的效力,但是这样的力量和意志绝不能成为一切的本原,更不能成为照亮世界和人类心灵的唯一光束。就像水有力量,可以形成汹涌澎湃的气势,可以鸣奏飞流直下的耆响,但这样的发挥不应该成为炫耀,更不应该成为水的主旋律,水的常态是静柔。而气势磅礴之后紧接着就是颓势、败势,静与柔才是积蓄力量、蕴含生机、哺育万物的常势、优势。

　　道家本体论,从宇宙演化、天体运行、万物生长等不可否认、毋庸置疑的乾坤万象中综合抽象出确定性的总规律,从天人合一的总体系统、全息系统中探寻根本性、本原性的存在,是一种尊重自然、崇尚自然、敬畏自然的世界观。无论是人类社会还是人类意识,都只不过是总体系统的产物,是子系统,是局部。从人类诞生的那一天起,就依托着、仰赖着自然。人类是自然之子,人类的母亲从来没有抛弃人类,所以人类从来就不孤独。道作为确定性的、根本性的规律,在人类可以直接感知的乾坤万象之中并没有具象彰显,"生而不有,为而不恃,长而不宰",似乎是让出了一个让人类尽情发挥、尽情创造、尽情演出的舞台。然而,道不仅为包括人类在内的万事万物提供了根本规律,还提供了根本意义,更提供了道德楷模。人类显然在没有真正触摸到、领悟到真理的时候,在没有真正将玄德和价值体系从心灵和行为上完成必要接纳的时候,就抛弃了母亲,以主宰者的身份、以万物之灵的地位、以创造者的显赫,向自身寻找世界的本体,以自身的意志和冲动充当宇宙的本体,甚至以自身的需要和潜能充当世界的价值。于是,人类必然陷入孤独之境,成为忘记或忽视母亲存在的自我欺骗的孤儿,进而成为狂躁不安、失去方向的疯子。人类没有看到自己全部辉煌当中"创造"了并非进步的异化,并非福祉的祸端。或许,

---

① 《老子》第三三章。
② 《老子》第二八章。

人类只是大自然创造的第一批试验性的具有意识灵性的高级生命，人类的自由在于大自然赋予其充分的自我意识和独有的对意识的有意识。但是，自由在本质上属于本体的必然，人类的自为是自然的延伸，人类的自由是自然的恩赐，人类的自我是自然的承认。如果人类不思改悔，依然我行我素，自以为是，狂躁傲慢，那么，抛弃万物之母的人类，背弃众妙之门的人类，将可能成为第一批（或可能并非第一批）失败的试验品。比人类更智慧、更理性、更谦逊、更完美的高级生命，就可能在人类彻底灭亡之后诞生。

6. 超越工具理性：以价值理性追求本体

马克斯·韦伯虽然是德国的社会学家、管理学家，但也是一位哲学家。他对工具理性和价值理性的划分，就体现了一种相当精彩的哲学理性。

理性对人来说，在认知层面和思维层面都是超越直接感知和情感因素的运用各种思维方式的自觉意识和意识能力；是一切生命群中人类所独有的对意识有自觉意识（有意识地开发、运用自己的意识）的精神活动。按照马克斯·韦伯的说法，工具理性是指人的意识与行为在追求功利、效率的动机驱使下，为认识纯粹的知识或实现具体的预期目的而诉诸的理性，其特点是追求直接的效果最大化而忽视人的精神需要和价值准则；价值理性是指人的意识与行为以满足人的精神需要与遵循价值准则为动机，无论具体目的和实现程度如何，都要强调动机与手段的合乎价值。可以看出，这样的划分，在较大程度上是现实主义和理想主义的划分。英国学者麦克雷曾经评价马克斯·韦伯是一位历史主义者，对韦伯而言，人类所有的事项都可以在时间的向度里及史家的方法论中被理解。韦伯的确从宏观的人类历史的角度对工具理性进行了论述，他在《新教伦理与资本主义精神》（*The Protestant Ethic and the Spirit of Capitalism*）中认为，新教伦理承认人们在世俗中的现实追求，将世俗业绩本身看成上帝的荣耀，强调勤俭和刻苦、勤奋等职业道德以获得上帝的救赎等，有力地宣扬了工具理性，而工具理性在促进资本主义发展的过程中也功不可没。但同时，韦伯也深刻地看到工具理性造成的严重后果。其实，韦伯以及后来以法兰克福学派为主要阵容的许多社会哲学家都深刻地批判了工具理性主义。

历史说明，工具理性是一把尖锐的双刃剑，天使之刃和恶魔之刃同样锋利。如果只是利用其天使的一面，避免其恶魔之刃为人类带来的祸患，实际上就是人类绝不可以废弃和淡忘价值理性。顺便提及，工具理性在中国传统思维和传统文化中严重欠缺，所以中国在近代以来，尤其是"五四运动"之后，对西方工具理性的种种辉煌成果的学习、模仿、引进，形成了巨大的历史潮流。但是，进入中国的工具理性只是姗姗来迟的半个天使，在中国土壤环境中因不适应而患有更年期综合征。

在西方哲学史上，从柏拉图、亚里士多德开始，理性精神就已经出现萌芽。但是，理念依然是形而上学的理性，上帝依然是上帝，是神圣在上苍的定格。在中世纪哲学家奥古斯丁那里，上帝被全能化、完美化的同时也进一步"真理化""理性化"。从奥古斯丁的名言"我思，故上帝在"可以看出，人的信仰和人的理性之间已经开始搭起桥梁。韦伯所说的新教伦理精神，其实在奥古斯丁那里，已经初现端倪。中世纪后期以《神学大全》而在西方哲学史上占有重要地位的托马斯·阿奎那，将人的理智能力做出划分：一是不做任何判断的"怀疑"；二是可以有错误和疑问的"意见"；三是对某种真理抱有坚定看法的"理解"；四是根据推理而认识真理的"知识"；五是即使无充分理由也坚定相信的"信仰"。在阿奎那心中已经进一步认为，上帝刻印在人心上的自然命令和自然律，构成了人性之善。尽管阿奎那一再表明信仰高于理性，哲学是神学的婢女，但当他宣称：人的理性是上帝赋予人的灵魂的"理智之光"时，上帝的神性，其实已经被暗度陈仓地进行了理性的"改造"。尤其是以阿奎那为主要代表的经院哲学的庞大体系，极大地推动了基督教神学的哲学化，他的教育实践，更是有力地推动了欧洲高等学府中理性思维的深化与普及。

中世纪结束，在经院哲学之后，理性精神如雨后春笋般在西方精神家园出现。培根说，科学方法的目的就是人类要征服自然，人在多大程度上认识自然，就能在多大程度上征服自然。培根关于"清除思想中四种假相"的提法有力推进了工具理性的普及。"四种假相"，第一是"种族假相"："种族假相的基础就在人的天性之中，就在人类的种族之中。认为人的感觉是判断事物尺度的看法乃是一种错误的论断；相反的，一切知觉，不论是感官的知觉或者是心灵的知觉，都是以人的尺度为根据的，而不是以宇宙的尺度为根据的。人的理智就好像一面不平的镜子，由于不规则地接受光线，而把事物的性质和自己的性质搅混在一起，使事物的性质受到了歪曲，改变了颜色。"第二是"洞穴假相"："因为每一个人（在一般人性所共有的错误之处）都有他自己的洞穴，使自然之光发生曲折和改变颜色；这是由于每个人都有他自己所特有的天性；或者是由于他所受的教育和与别人的交往；或这是由于他读书和他所崇拜的那些人的权威……"。第三是"市场假相"："人们是通过言谈而结合的；而词语的意义是根据俗人的了解而确定的。因此如果词语选择得不好和不恰当，就会大大阻碍人的理解……词语显然是强制和统治人的理智的，它使一切陷于混乱，并且使人陷于无数空洞的争辩和无聊的幻想。"第四是"剧场假相"："因为照我的判断，一切流行的体系都不过是许多舞台上的戏剧，根据一种不真实的布景方式来表现它们自己所创造的世界罢了。我所说的不只是现在的时髦体系，也不只是古代的学派和哲学；因为还有更多的同类戏剧可以编出来，并且以同样人为的方式表演出来。"①

培根所强调的，正是一种科学理性，它与神学划清了界线，也与一切以人为尺度的理念划清了界线，并进一步强调排除情感和感觉的因素，排除个人经历或所受教育而形成的偏见，排除世俗观念的影响，排除宣传或意识形态的制约……总之，人的意识与自然或客观世界之间的直接沟通，才是纯粹的理性，也才是一种"求真知"的精神活动。在这一点上，科学理性与道家哲学有着相通之处。培根强调人必须遵从自然，也就是遵从科学研究所发现的自然规律。然而，科学理性并不只是注重被动的经验，也不仅仅是传承传统、逻辑推导，而是进一步注重主动的实验。培根指出："真正经验的方法则恰与此相反，它是首先点起蜡烛，然后借蜡烛为手段来照明道路；这就是说，它首先从适当的整理过和类编过的经验出发，而不是从随心硬凑的经验或者漫无定向的经验出发，由此抽获原理，然后再由业经确立的原理进至新的实验。"② 可见，科学理性，有一种对经验的更加明确的自觉。所谓科学实验，是一种有自觉设计（假说、点亮蜡烛）的经验；是具有整合、分类、分析、总结（抽获原理）、试错、筛选等一系列自觉、主动、定向性和目的性明确的经验；是人类自由精

---

① 培根：《新工具》，转引自施杜里希《世界哲学史》，吕叔君译，山东画报出版社，2006，第216页。
② 培根：《新工具》，转引自施杜里希《世界哲学史》，吕叔君译，第217页。

神和创设能力的生动体现。这正是中国传统思想、文化中长期所欠缺的一种理性。这也是西方国家自文艺复兴以来不断得以确立，并得到大力弘扬、充分发挥作用的一种理性。中国道家尊重自然、崇尚自然、依托自然的本体论哲学，没有得到细化和发展，虽然中国历史上价值理性在人文领域有一定延伸，并发挥了一定的作用，但总体上，理性是受到忽略、受到压抑、受到扭曲的，种种非理性、反理性的思想意识能够大行其道。这样的历史传统，也是我们在发掘、发展道家哲学的时候，需要认真深刻反思的。

在西方工具理性精神一路高歌猛进当中，笛卡尔是一位十分关键的人物。但是，这里我们需要指出的是，正像许多其他西方哲学家一样，笛卡尔的"自然理性"更多的是倾向于工具理性。他将世界上的实体存在确立为三种：物质实体、灵魂实体、上帝实体。这种划分在西方思想史上具有极其深刻的影响。在笛卡尔的划分中，虽然人是物质实体和灵魂实体的合成，但在他看来，人的身体就是一个机械装置，在这个装置中运行着一种不朽的灵魂，任何人都可以看出，这两者是无法统一的，所以人已经被割裂。而且，他所说的灵魂，并不包括情感或艺术，而是单纯的理智。于是，笛卡尔成为其后相当盛行的二元分裂思维的推助者。

如果说奥古斯丁、阿奎那是缝合式哲学家，笛卡尔就是拆分式哲学家。怀疑主义哲学家休谟以"彻底的"、推向极致的经验主义怀疑一切。笛卡尔的"我思，故我在"就像一把无情的裁减之刀，一方面用思想和理性确立了"存在"，另一方面也在怀疑一切当中使唯一"存在"的理性从一切当中孤立出来。以后在哲学史上唯心主义与唯物主义的壁垒分明，主要自笛卡尔开始。

康德之所以说传统的形而上学就像一位"独断的女皇"，就是因为在古代哲学中，现实的、现象的感觉经验实在没有地位。而怀疑主义推翻"女皇"之后，哲学王国陷入"无政府"状态，文艺复兴在崇尚"人性的自由"的同时，经验主义开始盛行，笛卡尔拆分式的工作并没有恢复理性的权威。人们用世俗的、现实的精神反对神权的权威，用人性的、自由的精神反对理念的权威。那么，世俗、现实、经验、自由，是不是依然需要秩序？需要理性？人类"哲学王国""知识王国"的理想状态，应当怎样？这正是康德所思考的，也是他力求通过"哥白尼式革命"来做出全面回答的问题。

所谓"哥白尼式革命",主要是人们在获得知识过程中主体和客体的关系问题。是以客体为本位,主体依赖于客体;还是以主体为本位,客体依赖于主体?康德的出发点,依然是二元论的,即承认知识有两个来源:一个是内存于主体的理性,另一个是来自于客体的感觉经验。怀疑主义正是在这样的二元论基础上,认为主体理性毕竟依赖于感觉经验(主体依赖于客体),但是感觉经验是不可能概括出具有必然性的理论的,即使有某种必然性,也是不可靠、不稳定、不绝对的,实际上只能是一种随时可以改变的可能性。但是康德纠正了这样的知识论,认为一切来源于感觉经验的"材料"是庞杂混乱的,必须经过主体所固有的、先验的"纯粹理性",方可以形成有序的、统一的、必然的知识(客体依赖于主体)。康德说:"向来人们都认为,我们的一切知识都必须依照对象;但是在这个假定下,想要通过概念先天地构成有关这些对象的东西以扩展我们知识的一切尝试,都失败了。因此我们不妨试试,当我们假定对象必须依照我们的知识时,我们在形而上学的任务中是否会有更好的进展。这一假定也许将更好地与所要求的可能性即对对象的先天知识的可能性相一致,这种知识应当在对象被给予我们之前就对对象有所断定。这里的情况与哥白尼最初的观点是相同的,哥白尼在假定全部星体围绕观测者旋转时,对天体运动的解释已无法顺利进行下去了,于是他试着让观测者自己旋转,反倒让星体停留在静止之中,看看这样是否有可能取得更好的成绩。"[1]

《纯粹理性批判》是康德三大批判系列中最重要的、奠基性的著作,其中充分论证了经验本身不可能带来普遍性的真理,具有内在必然性和真理普遍性的"真实的存在",必然独立于经验之外,并且必然先于经验而存在。比如时间和空间的形式、数学公理等既不需要也不可能从经验中获得。经验只是赋予我们感觉和事件、材料,但是把所有这些转化成顺序、层次、规律的知识,以及知识的统一性、连续性、必然性,依靠的是先于经验的理性。作为认知的主体,我们的心灵绝不是"被动的唱片",而是能动的整合器,比如时间和空间的形式结构,比如各种"手段""工具""范畴",这些才是真正的思想的殿堂。那些关于对象的"直观性"的经验,只能在这样的殿堂里被转化为关于联系、

---

[1] 康德:《纯粹理性批判》第2版序言,邓晓芒译。

后果和规律的"概念性"知识，——纯粹的经验被提炼为科学。比如，直观作用按时空把对象周围的感觉加以整理；直观（对象和事件）只有被概念作用整理为关于因果、相互关系、必然性、统一性、连续性等的观念时，才能够形成真正的知识。这就是人的心灵和本质的特性。表面看来，康德是强调"人的主观"的，但是，他的"主观"——主体认知的结构，是人的心灵的本质特征，而思维规律，来自于宇宙的规律、自然的规律。也就是说，人的思维的结构与规律，与宇宙自然中的结构与规律，有着一致性、相通性。正是在这一基本问题上，康德与老子有一致性、相通性。

这里需要充分引起注意的是，康德庞大的哲学体系中有一个十分关键的环节——人的目的。正是这一关键环节，使康德的哲学，为工具理性留下了充分的余地、奠定了重要的基础。

在"先验感性"中，即理性还没有充分展开"先验逻辑分析"和"先验辩证分析"的时候，人的心灵已经开始先验地发挥一种主体作用——筛选。也就是说，感觉并不是被动地接受所有信息，我们的感官每时每刻都受到无数外在事物的刺激，视觉、听觉、嗅觉、味觉、触觉等很可能对其中的许多刺激信息"视而不见""充耳不闻""麻木不仁"……是什么原因使那部分经过筛选的信息能够进入记忆、进入理性整合机制呢？可能与刺激强度有关，也可能与纯粹追求知识的兴趣有关，或者与个人特殊的经历或所处的环境有关，但最重要的是与目的有关。如果用我们今天更抽象一点的说法，应当是与需要有关。康德的这一观点，与现代认知心理学关于注意的观点（心理能量的指向与集中）是吻合的。也就是说，人的工具理性，在人的认知心理机制上是有依据的。人在认识客观事物时的目的，也就是具体需要，使人的理性发挥筛选和淘汰的作用。从道家哲学来看，这是自然之道的自选择机制在人的心理机制上的折射。所以，新道家哲学，对工具理性应当是包容的，应当充分认可并注重人的目的性、人的需要的明确性和集中性。

问题在于，人绝不能仅仅停留在工具理性层面，工具理性终究要以价值理性为依托，这样才能发挥其天使的一面，而杜绝和避免其恶魔的一面。

在工具理性和价值理性的关系上，老子显然极力主张价值理性是首要的。这首先表现在道与德的关系上。道，即是玄德。或者说，道作为世界的本原，有着总规律的必然性，因而也必然地蕴含着最高价值的确定性和必然性。关于价值原则、伦理原则本身，老子在短短的五千言中有不少论述，我们在这里首先需要指出：老子始终认为道与德是密不可分的，遵循"常道"必然遵循"玄德"，两者是高度一致的。然而，毕竟价值问题是道的昭示，万事万物中的道，体现为德——价值体系的时候，主要是针对人而言的，是对人的昭示。所以，道，是更为根本的本原，德是在道的运行中形成的、派生的，因而相对而言，"玄德"与"常道"又有所区别。"故失道而后德"[①]。中国语言中的"道德"这个词，十分生动地显示了道与德的关系，道与德高度统一，密不可分，但道为统，德为辅。在这个问题上，老子比起康德将"纯粹理性"与"实践理性"分开，比起西方哲学长期以来将上帝、理性、道德分而论之的传统，都要坚定和明确。所以老子在论述道的"天门开阖""明白四达"的同时生动地阐述了"生之、畜之，生而不有，为而不恃，长而不宰，是谓玄德"[②]。我们认为：道是宇宙自然，万事万物自宾、自化，自而然之的总规律，人的社会系统、意识系统归根结底是宇宙自然系统中的子系统，人的意义和价值不应当仅仅以人的尺度来确立，而首先应当在总体系统中确立。所以，当世界本原、本体、本根以其必然性在自而然之的系统运行中发挥作用的同时，也必然以规范性和价值性发挥作用。因此，哲学本体论形而上学与价值论形而上学是统一的。

老子所处的时代，没有"工具理性"和"价值理性"的划分，也没有这样的概念。但是，老子颇具远见、相当透彻地意识到人出于具体需要、具体目的而运用理性和遵循大道玄德而运用理性的区别。我们完全可以说，老子是最早意识到并深刻论述工具理性和价值理性关系的哲学家。在《道德经》当中，多处可见关于这方面的论述。而其中最为集中、鲜明的是："上德不德，是以有德；下德不失德，是以无德。上德无为而无以为，下德为之而有以为。"[③] 这段话的意思是：最高的德并不刻意追求德，所以是真正的德；低层次的德总是刻意在追求德，所以失去了真正的德。最高的德不求具体目的，所以能够实现价值；低层次的德也能实现目的，那是刻意追求目的的结果。

---

① 《老子》第三八章。
② 《老子》第一〇章。
③ 《老子》第三八章。

在道家哲学中，无为、有为的思想深刻包含了价值理性和工具理性的关系，这是道家哲学具有恒常指导意义的伟大精华，是道家哲学对于人类反思文明、认识21世纪严峻挑战、面对未来的具有深刻启迪意义的核心理念，也是道家本体论、本原论哲学具有深刻合理性和强大生命力的基本原因。

关于道家哲学的这一思想，我们的确有必要认真领会理解一番。

第一，意志自由与返璞归真。道家哲学并不一般地、一概地反对人的自由意志。恰恰相反，道家哲学充分尊重万物自化、道法自然，认为玄德是不有、不恃、不宰，所以万物的运作发展是自然而然之中的高度自由。道，充分承认并尊重万事万物在自然中的自在，在必然中的自由。而人类，是道法自然、万物自化中到目前为止的最高结晶。当老子说"人法地，地法天，天法道，道法自然"的时候，已经强调了人道归根结底取法于天道。所以，人在自然中的自在，必定是大道运行、道法自然的自在。人的自在，是道法自然的总体系统中的自在，是依赖于、取法于、受惠于道法自然的自在，因而也必定是必然中的自由。"道法自然"的本体论哲学，是在充分自由中体现必然的哲学，是必然与自由高度统一的哲学。人的自由意志是万事万物自宾、自化的产物，是对万事万物自宾、自化的延伸，也是人类自身自宾、自化的动力机制。所以，道家哲学从根本上承认并充分尊重人的意志自由。但是，人的意志自由必须遵循常道、玄德，才能恒久，才能避免严重的灾难，甚至灭亡。

"反者道之动"，至少包括两层含义：其一是说，自然系统运行具有循环性。天体运行、日月轮回、四时更替、生命周期……都是循环，而生命演化宏观历史中的"大年"① 更是体现了循环。而循环中有发展的辩证，表现为肯定性和否定性循环："一阴一阳为之道"。符合常道、遵循玄德，即纳入肯定性的、良性的循环；"离经叛道""背道而驰"，必归于否定性、恶性的循环。其二是说，万事万物，包括人类要主动地"知反"。"反"者，"返"也。

---

① 根据中国社会科学院哲学研究所刘长林先生的研究，庄子曾将一天称为"小年"，一年称为"大年"。英国思想家赫胥黎于1893年也提出了"大年"的概念，认为大年相当于佛教中的"劫"。赫胥黎认为，每经历一个大年（如宏年、代年、纪年、世年、期年等），生物界的面貌都会发生一次大的变革。大年的层次越高，变革的规模也就会越大。

当人类取得发展和成就时,不要自恃,不要不知足地欲望膨胀,不要以万物的主宰者自居,而是要"致虚极""守静笃""功遂身退"。不要超出、偏离、违背道法自然的根本,要及时地回归、返回、退到静水的状态、婴儿的状态——亦即保持和谐、积蓄能量、依托条件、蓄势待发的充满生机的状态。否则,就会"福兮祸所伏",就会"人无远虑,必有近忧"。总之,就是要懂得"返璞归真"。

第二,需要动机与时间绵延。道家哲学并不一般地、一概地反对具体需要、具体目的。所谓"化而欲作",所谓"万物并作",所谓"知其雄",所谓"强行者有志",所谓"无不为"……既然万物自宾、自化,那么需要的产生就无可厚非。但是,老子特别强调"化而欲作,吾将镇之以无名之朴。无名之朴,夫亦将无欲。不欲以静,天下将自定。"[①] 在老子看来,需要的产生、满足需要的行为,会打破"静",打破有序与和谐,也就是违背了恒德与常道。

对老子的这一看法,我们认为其中的道理是深刻而重要的。对于人来说,大自然在赋予人类各种环境资源的同时,也赋予了人类基本生存需要以及各种更高的需要,即人生存和发展的一种动力机制。人是有意识的,所以"需要"在意识的作用下转化为各种行为的"动机",动机与需要的不同在于具有明确具体的目的。这样一种内驱力,是人类区别于其他生物所独有的、在意识主导下的生存与发展的动力机制。在这样一种动力机制中,可以由记忆而进一步形成系统的反应链条(动力定型),可以由意识将想象唤醒,可以激发出创造力,……这就是柏格森说所的"生命的创造性冲动"。20世纪的法国犹太裔哲学家柏格森反对斯宾塞等人的机械唯物论、决定论,他将物质与生命、肉体和心灵、决定论和选择论这三大断裂连接起来,充分承认除人类大脑以外世界上存在发挥作用的意识,这与道家哲学应当是有一点相通的。但是,柏格森关于"时间绵延"的哲学和我们理解的道家哲学大相径庭。

柏格森认为:时间对人来说是以记忆为媒介的绵延。一方面,人的期望、

---

① 《老子》第三七章。

意愿和行动，需要依赖于我们整个的过去；另一方面，人所面对的每一个时刻不仅是全新的，而且是难以预料的，变化远远超出我们的想象。所以"对于一个有意识的存在物而言，存在就是变化，变化就是成长，成长就是永无止境地创造自我"[1]。从道家哲学来看，时间作为一种绵延，恰恰是自然系统的宏观存在。老子说"谷神不死，是谓玄牝，玄牝之门，是谓天地根。绵绵若存，用之不勤。"[2] 对于人来说，无论是个体的人还是群体的人，包括过去的记忆和未来的希望与憧憬，都只能是对时间的分割。哪怕对整个人类而言，自古至今的全部文明史也只是宇宙时间的一个瞬间。无论宇宙时间是否作为精神存在，人类的、人群的、个人的时间的精神存在，或作用于人的意识的存在都是对绵延的分割，人对死亡的意识强化了这种分割。"故飘风不终朝，骤雨不终日。孰为此者？天地。天地尚不能久，而况于人乎？"[3]"时间冲突"出现了绵延的时间与分割的时间。正是这种分割，阻碍了人的意识与宇宙时间绵延之间的融会贯通，同时也阻碍了人的意识与人类文明积累、发展之间的高度一致。于是，人的需要、动机也好，柏格森所说的创造性冲动也好，越是有具体明确的目的性，越是容易在分割的时间中与整体的绵延相冲突。人的需要和创造性冲动，需要价值理性的意识来协调绵延与分割，只有这样才能避免急功近利、短期行为造成的祸患、灾难和潜在的贻害。但是，这种冲突并不是绝对的、不可避免的，即是说，时间绵延与工具理性之间冲突的必然性，需要价值理性的调节与化解。人在时间中的分割式、断裂式存在方式，决定了人须要悟道、循道，方能使工具理性的目的性纳入绵延，形成良性的、可持续的、长久的、人与宇宙统一（天人合一）的时间绵延。所以老子充满大智慧的谆谆告诫，不啻醒世恒言："知常容，容乃王。王乃全，全乃天，天乃道，道乃久。没身不殆。"[4]

第三，功利效率与根本价值。从根本上来说，人的意识归根结底来自宇

---

[1] 柏格森：《创造性进化》，转引自杜兰特《哲学简史》，梁春译，中国友谊出版公司，2004，第283页。
[2] 《老子》第六章。
[3] 《老子》第二三章。
[4] 《老子》第一六章。

宙—自然系统，人的意识系统本身的规律归根结底要依托宇宙—自然系统的根本规律。但是，人的意识的直观性、直觉性，使人的意识首先是对于自我存在的具体时空的意识；并且使人的自我意识首先是对于"独立的"、现实的、具体的自我存在的意识。就是说，人在时空中的存在，被人的精神性的时空意识束缚。就空间来说，人的空间意识直接受束缚于被分割的空间，比如所处的环境空间、社会空间、人文空间、地域空间、组群文化空间……尤其是与利益相关的空间。而个体的精神空间、思维空间，更容易受困于更狭小的利益空间、功利空间。哲学形而上学本体论旨在揭示根本规律和本原存在，但是功利主义的工具理性实质上是反对形而上学中的宇宙意识，而热衷于对时空分割的默许和认可。工具理性主义与怀疑主义、浪漫主义、意志主义、机械唯物主义和主观唯心主义等哲学本体观在本质上都有一个共同的前提：时空分割。即以子系统的"真理"取代宇宙—自然系统的本真。

工具理性是一种围绕具体目的的手段理性、工具理性，这种理性强调对达到目的最有效手段的精细计算，追求效率最大化，实用主义和功利主义都是工具理性的十分典型的意识形态，时空分割局限是实用主义和功利主义无法逃避的局限。注重具体"事实"和人的效率，用罗素的话说是一种"权能主义"，对人的工于心计、工于计算看得比一切都重要，甚至将工具理性曾经"实用""有效"的组织或过程程序化、制度化，然后持续地推高和强化这样的人为的程式，使其成为各个领域的准则。这种从人的"权能"出发的工具理性，反过来成为对人的一种新型残酷的统制和奴役。顺便说一句：有人认为"程序正义"是工具理性的一项功绩，这完全是驴唇不对马嘴。恰恰相反，程序正义首先突出的是正义，这是罗尔斯《政治正义论》所充分论证的。正如法治必须是民主的法治，"程序正义"的要旨恰恰在于价值理性高于工具理性，以程序和制度来保证避免"效率优先""权能陶醉"对正义的戕害。正如罗素批判实用主义时十分清醒地指出："在所有这些事情上，我感到一种严重的危险，一种不妨叫作'宇宙式的不虔诚'的危险。把'真理'看成取决于事实的东西，事实大多数在人力控制以外，这个真理概念向来是哲学迄今教导谦卑的必要要素的一个方法。这个对自傲的抑制一撤除，在奔向某种病狂的道路上便更进一步——那种病狂就是随着费希特而侵入哲学领域的权能陶醉。我相信这种陶醉是当代最大的危险,任何一种哲学,不论多么无意地助长这种陶醉,就等于增大社会的危险。"[①] 罗素提出"宇宙式的不虔诚",提出"当代最大危险"的"病狂",与老子在两千多年前的警示如出一辙:"不知常,妄作,凶。"[②]

[①] 罗素:《西方哲学史》,马元德译,商务印书馆,1983,第388页。
[②] 《老子》第一六章。

第四章
"有生于无"——终极追求的精彩巅峰

老子的有无观,充分展示了哲学思辨的巨大魅力。有—无,是哲学本体论思维的"巅峰对决"。老子"有生于无"的思想,《老子》中关于"无"的论述,以及其中蕴含的尊无、崇无、尚无的哲学精神,精彩地达到了不亚于世界任何哲学体系的思维高度。可以试想:如果删除了两千多年前老子已经深刻阐述的有无观,整个中国哲学史将会黯然失色。

汉代许慎《说文解字》称"无"字为"奇"字。根据学者考证,"无"字,在历史上与"元""天""無""舞"等汉字密切相关。"元"和"天",是中国传统文化中的重要范畴。

哲学上"有—无"的问题,当终极追求思维境界未到一定高度时,是难以企及的;而当终极追求思维境界达到一定高度时,又是难以回避的。如果说《易经》中阴阳论是一种普遍辩证,那么有无论则是一种终极辩证。老子果断而确定地断言:有生于无。于是,在思维档次上宣称了有低于无;在思维逻辑上宣称了有后于无;在辩证关系上宣称了有生于无。哲学上的"无中生有",在本体论意义上是哲学形而上思维突破思维惯性与圭臬的生动体现。

深入理解道家哲学的有无观,需要进一步弄清当"无"针对"有"的时候,所针对的超越对象究竟有哪些。

无:超越感知的"玄览"

中外哲学史上,"有"的哲学占据极大比重。这是因为太多的哲学家,对于感官的功能、理性的功能信赖有加；对于人的理性、经验，以及人的这些认知能力所把握的现象高度看重。其典型代表就是贝克莱的"存在就是被感知"。他甚至否定洛克关于"第一性的质"和"第二性的质"的划分，断然宣称"第一性的质"根本不存在。一切知识，都不过是属于人的正在经历着或知觉着的一种机能。在人们心中，客观对象在被感知中存储起来，在经验中积累起来，在习惯的力量或联想中联合起来。所以，经验世界是我们感觉的总和。也就是说：不被感知、不被经验到的事物即不存在。这实际上是在宣称：没有与"有"相对的"无"。在这种哲学中，"有"也已经被严重地降低了档次。道家哲学的有无观，与此针锋相对。老子多次强调，道是对感知的超越。"视之不见名曰夷，听之不闻名曰希。搏之不得名曰微。此三者不可致诘，故混而为一。其上不皦，其下不昧……是谓无状之状，无物之象。是谓惚恍。迎之不见其首，随之不见其后。"[①] 陈鼓应先生的理解很到位："只因为'道'之为一种潜藏力（potentiality），它未经成为现实性（actuality）时，它'隐'着了。这个幽隐而未形的'道'，不能为我们的感官所认识，所以老子用'无'字来指称这个'不见其形'的'道'的特性。""老子的'无'是含藏着无限的未显的生机，'无'乃蕴涵着无限之'有'的。"[②]

那么，老子凭什么又说，"湛兮似万物之宗"呢？凭什么又说，"执古之道，以御今之有。能知古始，是谓道纪"呢？这也是一种认知，也包括了对于"可知"的肯定、对于自己"能知"的自信。这又应如何理解呢？冯友兰先生所说的"无知之知"，为我们提供了理解这一问题的钥匙。

> 所谓道，有两意义：照其一意义，所谓道，是指一切事物所由以生成者。照其另一意义，所谓道是指对于一切事物所由以生成者底知识。一切事物所由以生成者，是不可思议不可言说底。因为若思议言说之，则即加以一种性质，与之一名。但它是无名，不可以任何名名之。它既是如此，所以它是不可知底。所以对于道底知识，实则是无知之知。《齐物论》中

---

① 《老子》第一四章。
② 陈鼓应：《老庄新论》，上海古籍出版社，1992，第190~191页。

的:"故知止其所不知,至矣。孰知不言之辨,不道之道。"不知之知,就是知之至。《庄子·天地篇》云:"黄帝游乎赤水之北,登乎昆仑之丘,而南望,还归,遗其玄珠,使知索之而不得,使离朱索之而不得,使吃诟索之而不得也。乃使象罔,象罔得之。"知是普通所谓知识,离朱是感觉,吃诟是言辨。这些均不能得道,只有象罔能得之。象罔就是无象,无象是超乎形象。"超以象外",然后可以"得其环中"。这种知识就是无知之知,无知之知就是最高底知识。①

一直都有人对于人类的认知方式、思维方式进行比较粗糙的划分,将"执古之道,以御今之有"的认知,归结于所谓"东方神秘主义"。实际上,中国的儒家、法家等思想家的认知方式,以经验、比类、喻指为主,而老子的道家哲学所运用的"静观""玄览",则是一种与感觉经验、逻辑实证等认知方式截然不同的"理性直觉",或曰"整体观悟",是人类认识超验世界的重要的方法论。李约瑟曾经敏感地发现其中的不同,他说:"在中国古代十分清楚的是,儒家的伦理学的唯理论是与科学的发展不相容的,而道家的经验主义神秘论则对科学有利。"② 李约瑟博士所用的"经验主义神秘论"这个概括,不一定准确,但他的意思很明显:充分肯定了道家哲学认识论的贡献,以及道家哲学认知方式、认知途径与科学认知、科学思维之间的互补性、相融性。

所谓"无",并非虚无,空无,而是在承认有的前提下——在对于物质的现实的质料的有的肯定性前提下的抽象性否定。这是一种否定的超越,也是一种否定的摈弃、排除、扫荡,没有这样的气魄,不可能实现超越。一种否定的超越,是哲学思维突破性提升的基本前提。

所谓有,并非现实物质的万有的有,而是一种抽象的有。这样的抽象已经使与"无"相对应的"有"成为一种抽象的肯定。没有这样的肯定,哲学的"无"将是没有对象的否定,是无法完成的否定。然而,有依然属于道,没有

---

① 冯友兰:《新原道》,引自谢遐龄选编《冯友兰文选》,上海远东出版社,1996,第197页。
② 潘吉星主编《李约瑟文集》,辽宁科技出版社,1986,第43页。

"有"对于万物的整合后的抽象,无就没有否定的对象。所以老子说:"道冲而用之或不盈,渊兮似万物之宗。挫其锐,解其纷,和其光,同其尘。湛兮似或存,吾不知谁之子,象帝之先。"① 创造了"万物"的"万有",是一种"挫其锐,解其纷,和其光,同其尘"的抽象整合,进而达到"湛兮似或存"的统一,也就是进入了"全一"。

有也是道,从而肯定了道的"天下归一"的逻辑力量。但是,这种肯定,受到更高一层的否定——无。无否定了作为"一"的有,肯定了作为"元"的道。无和有,都是道。然而,无是"玄而又玄"的背后,是对于被人们观察、认知、把握的事物的超越;有,是"众妙之门"的打开,是对于创世、创始、创生功能的肯定——"道生一,一生二,二生三,三生万物"②。

遍览东西方哲学史,有无观的探讨总体罕见。但是,在中国曲高和寡的老子,在人类哲学史上不乏遥相呼应的知音。出生于埃及、生活于罗马帝国时代的哲学家普罗提诺这样说:

> 存在者具有一种存在物的形状,而太一却没有形状,甚至也没有易于理解的形状。因为,太一的本性是化育万物,但太一并非万物中的一个。太一不是任何一种,既无大小,也无质量;既非理智,也非灵魂;既不运动,也非静止;既不在某地,也不在某时。用柏拉图的话说:太一"自身独立而统一"。太一无形,先于形在,就像先于运动和静止一样。因所有这些都是存在者的属性,故而使其成为多重的。③

这段话的另一种译本是:

> 存在的东西有存在的形式,而它是没有形式的,甚至没有灵明的形式。我这样说,是因为创造万物的"太一"本身并不是万物的一种。所

---

① 《老子》第四章。
② 《老子》第四二章。
③ 转引自安东尼·肯尼《牛津西方哲学史》第一卷,王柯平译,吉林出版集团有限责任公司,2010,第368页。

以它既不是一个东西，也不是性质，也不是数量，也不是心智，也不是灵魂，也不运动，也不静止，也不在空间中，也不在时间中，而是绝对只有一个形式的东西，或者无形式的东西，先于一切形式，先于运动，先于静止。因为这些东西都属于存在，存在创造了这些繁多的东西。[①]

之所以对照两种译本，是因为此段话很像是关于"道"的洋文版言说。普罗提诺的"太一"，与老子的"道"的确是哲学思维中的"高山流水"。值得注意的是：普氏所说的存在，大致可以对应老子的"有"，普氏所说的"存在创造了这些繁多的东西"，几乎就是老子所说"有，名万物之母"的翻版。而普氏的"不是任何一种，既无大小，也无质量；既非理智，也非灵魂；既不运动，也非静止；既不在某地，也不在某时"的"先于存在"的"太一"，则是老子所说的"无"。普罗提诺的另一种提法：最高本体的"太一"，漫溢出第二层本体"神圣理智"，由神圣理智再漫溢出第三层本体——"宇宙灵魂"，而万事万物，以至于人的灵魂，又是本体进一步漫溢的结果。——令我们想到老子的"人法地，地法天，天法道，道法自然"[②]的思想。

西方哲学史著述中往往将普罗提诺与柏拉图相对照，两者既有联系，也有差异。实际上，柏拉图的"理念"论强调一种"理型"，与"太一"还是有很大区别的。理念是纯粹、永恒、绝对的存在，从这一方面来说，理念与"天道"和"太一"是相通的。在神本论、物本论、人本论、道本论"四大家族"中，柏拉图的理念论基本上属于道本论。但是，"绳绳不可名"的道，既不是理念，不可用理念来把握，也不是"绝对命令"。所以，柏拉图的理念论，是道本论中的"理本论"。这里顺便提一句：柏拉图的"理本论"与贝克莱的感知、叔本华的意志、尼采的权力意志等又有重大区别，贝克莱、叔本华、尼采的本体观，基本上属于人本论，但是，是人本论中的"心本论"。故而，哲学本体论分粗一点是四大家族，分细一点就是六大家族：神本论、物本论、人本论、道本论、理本论、心本论。

[①] 北京大学哲学系外国哲学史教研室编译《西方哲学原著选读》第一卷，商务印书馆，2011，第214页。

[②] 《老子》第二五章。

在斯宾诺莎那里，上帝也是"无"。雅斯贝尔斯这样评价斯宾诺莎的上帝观："鉴于斯宾诺莎关于上帝的统摄的思想，对于这种思想来说世界消失得无影无踪，黑格尔认为称这种哲学为无宇宙论要比称它为无神论更真实。"① 正如前面提到的：本体论可以概括为"四大家族"：以神为本、以物为本、以人为本、以道为本。斯宾诺莎虽然断然承认上帝的存在，但他并不是神本论者，而是道本论者。冯友兰先生清楚地看到了这一点，他说："高于道德的价值，可以叫作'超道德的'价值。爱人，是道德价值；爱上帝，是超道德价值。有人会倾向于把超道德的价值叫作宗教价值。但是依我看来，这种价值并不限于宗教，除非此处宗教的含义与前面所说的不同。例如，爱上帝，在基督教里是宗教价值，但是在斯宾诺莎哲学里就不是宗教价值，因为斯宾诺莎所说的上帝实际上是宇宙。严格地讲，基督教的爱上帝，实际上不是超道德的。这是因为，基督教的上帝有人格。从而人爱上帝可以与子爱父相比，后者是道德价值。所以，说基督教的爱上帝是超道德价值，是很成问题的。它是准超道德价值。而斯宾诺莎哲学里的爱上帝才是真超道德价值。"②

西方现代哲学重要领军人物海德格尔，曾与萧师毅教授合作翻译《道德经》，翻译到第八章因为语言问题而放弃了。他请萧教授写了一幅中文条幅挂在书房，内容是老子的一句话："孰能浊以静之徐清？孰能安以动之徐生？"海德格尔对于"无"的表述很精彩："无是我们与现实存在物作为整体相合一时才遇到的。"③ 海德格尔的哲学在西方现代哲学中是"无"的哲学观的异军突起，他以"重无"来划分"存在"和"存在者"。他认为以往的哲学将探讨存在的目光停留在"存在者"那里，导致"存在问题不仅尚无答案，而且甚至这个问题本身还是晦暗而茫无头绪的"④。他说，无是"对现实存在物的超

---

① 〔德〕雅斯贝尔斯：《大哲学家》（修订版）（下），李雪涛等译，社会科学文献出版社，2005，第647页。
② 冯友兰：《中国哲学简史》，第4页。
③ 海德格尔：《什么是形而上学？》，法兰克福，1955，第3页，转引自张世英《说不可说》，《北京大学学报》（哲学社会科学版）1995年第1期，第42页。
④ 参见傅佩荣《一本书读懂西方哲学史》，中华书局，2010，第241页。

出"①。我们看到，在海德格尔那里，"无"对"有"的超越，是"存在"对"存在者"的超越。通过这种超越，"万物和我们自己都沉入到了无所轩轾的状态"②。我们自然可以联想到东方哲学，包括中国的"出世"，以及佛教的"涅槃""般若"。在海德格尔看来，只有从哲学上把握"无"，才能真正把握人与存在协调合一的整体，才能领悟到"存在"的真谛。当然，这也是哲学的最高任务——本体论思维的追求。虽然前面提到普罗提诺和海德格尔对"存在"的理解不同，但他们对"无"的理解还是有相通之处的。

黑格尔是读过《老子》的，他说："什么是至高至上的和一切事物的起源，就是虚、无、恍惚不定（抽象的普遍）。这也就名为'道'或理。当希腊人说绝对是一，或当近代人说绝对是最高的本质的时候，一切的规定都被取消了。在纯粹抽象的本质中，除了只在一个肯定的形式下表示那同一的否定外，即毫无表示。""由此我们可以说，在道家以及中国的佛教徒看来，绝对的原则，一切事物的起源，最后者、最高者乃是'无'。并可以说，他们否认世界的存在。而这本来不过是说，统一在这里是完全无规定的，是自在之有，因此表现在'无'的方式里。这种'无'并不是人们通常说的无或无物，而乃是被认作原理一切观念、一切对象——也就是单纯的、自身同一的、无规定的、抽象的统一。因此这'无'同时也是肯定的，这就是我们所叫作的本质。"③ 黑格尔用"抽象的普遍"来理解"无"，从而断定，无是纯粹的统一，也就是本质。这样的理解，完成了从抽象的否定到抽象的肯定的辩证转换，为我们理解老子的无，提供了抽象、辩证的视角和方法。然而，这种最终的抽象，肯定的是一切事物最终的本质，实际上是老子在"道生一"中所完成的抽象。如前所述，老子以"有"而抽象了万事万物，黑格尔的"统一"，无非是老子那里的"一"。而老子的"有生于无"，是超越了、抽象地否定了"有"的，在"万物之母"的"有"之前、之上、之外，另有"天地之始"的"无"。黑格尔的"单纯的、

---

① 海德格尔：《什么是形而上学？》，法兰克福，1955，第34页，转引自张世英《说不可说》，《北京大学学报》（哲学社会科学版）1995年第1期，第42页。
② 海德格尔：《什么是形而上学？》，法兰克福，1955，第32页，转引自张世英《说不可说》，《北京大学学报》（哲学社会科学版）1995年第1期，第42页。
③ 黑格尔：《哲学史讲演录》第一卷，载《东方哲学·中国哲学》，贺麟、王太庆译，商务印书馆，1995，第131页。

自身同一的、无规定的、抽象的统一"，毕竟是为其绝对精神服务的。而如前所述，老子的以道为本体的思想，与绝对精神不同，是对物质和精神二元分立的超越。也就是说，老子断定在万事万物以至于宇宙诞生之前，那一片人类任何认知都无以把握的惚兮恍兮的混沌之中，已经运行着道的机制与功能。或许正是因为老子这种极致的终极超越，被国内外不少学者诟病，称其为"过于虚无"。但是，现当代科学研究的前沿探索，回荡着与老子那"玄而又玄"超前感悟的不谋而合。卡普拉指出："物理学家在场论的论述中也用了同样的比喻来说明由运动着的粒子造成的，关于有形物质的错觉"[1]。粒子的运动，造成的其实是一种"关于有形物质的错觉"，这是为什么呢？卡普拉引用了德国数学家维尔的论述："按照关于物质的场论，一个物质粒子，例如电子，只不过是电磁场的一个小区域，在其中呈现着极高的场强，表明有相当巨大的场能量聚集在一个很小的空间中。这种能结与场的其余部分并没有清楚的界限，它在空的空间中传播，就像传过湖面的水波一样，那种在任何时候都构成电子的同一物质是不存在的。"[2]

无：超越物状的关系

老子论道，一贯强调无形："是谓无状之状，无物之象。是谓惚恍。迎之不见其首，随之不见其后。"[3] "大音希声，大象无形。道隐无名。"[4] 道家哲学贵无的思想，无疑包括了贵无形的思想。那么，我们应当从无形中探寻实在与本体吗？答案是肯定的。

老子有一种重要的思想，即"有之以为利，无之以为用"[5]。老子举例："三十辐共一毂，当其无，有车之用。埏埴以为器，当其无，有器之用。凿户

---

[1] 卡普拉：《物理学之"道"——近代物理学与东方神秘主义》，第168页。
[2] H.Weyll, *Philosophy so Mathematica and Natural Seience*, p.171，转引自卡普拉《物理学之"道"——近代物理学与东方神秘主义》，第169页。
[3] 《老子》第一四章。
[4] 《老子》第四一章。
[5] 《老子》第一一章。

牖以为室，当其无，有室之用。"① 意思是：器物的"实体"部分，只是提供了可资利用的条件，但真正发挥功能作用的，是其中的"空无"。

有人认为，这里老子用的是比类思维，但实际上只不过是一种"借喻"，借助车轮、陶器、房屋这三种具体事物来说明深刻的哲理。表面上看，这里的有和无，与"有生于无"不在一个层面上，而且，后人也确实从"以为利、以为用"中受到体用观的启发，但透过这里借喻式的阐述，老子依然是在论证形而上层面的有无观。我们认为，老子的思维，已经涉及实体存在和关系存在，二者孰更为根本的问题。

车轮的辐条是物质实体，但是决定车轮区别于非车轮的性质和功能的，是空无，即关系结构。陶器、房屋亦然。我们认为，老子的有无观，是一种关于实体存在（有）与关系存在（无）的早期哲学探讨，是道家哲学本体论高度的一种生动体现。有生于无，已经包含了一种深刻的思想：一切物质必依关系结构而存在，关系存在是更为根本的、实质的存在。同时，正如老子所深刻揭示的：事物的性质、功能由关系、结构决定；故而事物的生成，亦由混沌无序的物质依关系、结构而组合。即使任何基本物质或曰"始基"，也是"无关系则无存在"的。关系实在论，是超越了唯心主义和唯物主义划分的唯道主义。

中国社会科学院哲学研究所的罗嘉昌先生认为："关系实在论，作为一种窄义的理论，通过以下五个论题来展开：（1）关系是实在的；（2）实在是关系的；（3）关系在一定意义上先于关系者；（4）关系者是关系谓词的名词化；（5）关系者和关系可随关系算子的限定而相互转换。显然，这是一种肯定关系的实在性，以关系的实在来取代绝对的实体，又以阐明实在之关系依赖性来消解对'实在'的任何绝对化解释的思想进路。"② 罗嘉昌先生列出的三个公式，作为阐述现象的结构即存有的模式，是很有说服力的。

现象、实在和存有被限定在一组本质上不可分离的关系结构中，其一般表述为：

---

① 《老子》第一一章。
② 罗嘉昌：《从实体本体论到关系实在论》，载《纪念中国社会科学院建院三十周年学术论文集哲学研究所卷》，方志出版社，2007，第293页。

$$Y = f(x_1, x_2……x_n) \qquad (1)$$

其中 Y 为现象即显现出来的性质或性质的集合，x_1 到 x_n 为决定现象生成的诸因素或变量，f 表示这些因素或变量之间的关系。现象或性质总是在特定的关系中显现的，引入相应的关系参量 r，（1）式可简并为二元函数来讨论：

$$Yr = fr(x, r) \qquad (2)$$

这里 Yr 作为序偶 (x,r) 的集合，表示一种具体的关系性质，倘若 Y 仅由 x 决定，而与 r 即其他参量无关，则用一元函数来表示：

$$Y = f(x) \qquad (3)$$

（3）式中的 f 与（2）式中 fr 显然有别。f 表示个体 x 所具有的属性，而 fr 则表示 x 和 r 之间的关系。用逻辑语言来说，前者是一元谓词，后者是关系谓词。[1]

罗嘉昌先生指出："公式（2）通过引入关系参量 r，典型地表现出关系实在论存有模式的特征。所谓关系的实在性，是指它的内在性、不可还原性和在先性。关系内在于系统整体而成为其结构要素，它们不是附加于与它们相关联的东西，而是构成了其总体实在；关系并非伴随其关系者的非关系性质而产生，因而关系不能还原为非关系性质；在先性有时表述为客观性、先验性，是讲它在人的意识之外，尽管它也具有对人的选择、约定的相关性。'关系是实在的'这几方面含义均通过 r 参量之引入而得以体现。r 参量可说是关系的内在性、不可还原性和在先性的'载体'。"[2]

---

[1] 罗嘉昌：《从实体本体论到关系实在论》，载《纪念中国社会科学院建院三十周年学术论文集哲学研究所卷》，第293页。

[2] 罗嘉昌：《从实体本体论到关系实在论》，载《纪念中国社会科学院建院三十周年学术论文集哲学研究所卷》，第297页。

英国物理学家麦克斯韦贡献了电磁场理论。起初，他从理论上假设空间中充斥着一种叫作"以太"的介质，场就是以太中的应力状态，电磁波是以太的弹性波。但是，他显然没有成功地完成对电磁场的力学的解释，科学家后来的多次试验否定了以太的存在。麦克斯韦"相比已经直觉地认识到自己理论中的基本实体是场，而不是力学模型。50年后，爱因斯坦清楚地认识了这一事实，他宣称以太不存在，电磁场本身就是物理的实体，它们能够在空的空间中传播，而不能用力学来解释"[1]。卡普拉继而指出："在中国哲学中，'道'就是'无'和'无形'场的概念不仅包含在'道'的概念中，而且还明确地表达在'气'的概念中。"[2]

关系实在的哲学，无疑是"无"高于"有"的哲学。无是本质，或约关系实在；有是现象存在。无和有在"道"中的统一，也是在万事万物各层次系统中的统一；同时本质比存在更为优先，有生于无，是存在生于本质、本质先于存在的更为抽象的说法，其在本体论方面的意义是十分重大的。

我们知道，以萨特代表的、影响广泛而长久的存在主义哲学，最核心的原则就是"存在先于本质"。这种认为人的"存在"在先，"本质"在后的"人道主义"哲学，是西方"天赋人权"的古典人道主义的大踏步后退，其原因即在于：这是一种本体论上的低档寻求。在道家哲学看来，萨特是不承认"无"的。虽然，他将人的存在划分为"自在的存在"和"自为的存在"，而且他所谓"自在的存在"是一种"虚无"。但是，萨特的虚无和老子的"有生于无"的"无"具有本质的不同。在萨特那里，自在存在既非创造也非被创造，既非主动也非被动，既非肯定也非否定，而是一种荒谬的"存在"。所以，他完全看不到"无"是一种无形的、关系的、功能的存在。更重要的是，存在主义哲学全部从人出发，只见人道，不见天道，所以彻底否定决定论，将人的自由看成是绝对自由。我们认为，在自由问题上，建立在人的存在先于本质基点上的"绝对自由"，其现实社会中的实践结果至少有二：一是破坏平等正义，多数人终将落入极权主义或霸权主义的不自由中。只有在天道本体的前提下，在关

---

[1] 卡普拉：《物理学之"道"——近代物理学与东方神秘主义》，第39页。
[2] 卡普拉：《物理学之"道"——近代物理学与东方神秘主义》，第169页。

系本质决定实体存在前提下，才可能追求罗尔斯《正义论》中提出的"平等的自由""自由的平等"。二是破坏生态平衡，使生态文明建设在根本上失去哲学依据。

无：超越局部的"全一"

道家哲学明确地认定世界是统一的，世界是一个整体。虽然老子的时代与我们今天的时代相隔约 2500 年，但无论当时还是今天，人类所发现和掌握全部是关于"子系统"现象或规律的认知。然而，宇宙—自然系统是统一的，世界是统一的，这种统一性必然由一种最具统摄性、涵盖性、超越性的最高因素所决定、所生成的。这就是道。故而，道一定具有整体的统一性、同一性和唯一性。道的思维，是整体和统一的思维，是"元"思维基础上的"一"的思维："道生一，一生二，二生三，三生万物。"①

关于"无"的思想，与整体思想有着至关重要的内在联系。有，永远是针对局部的，永远建立于并依赖于一切事物最基本的单元结构上的质量实在性。经典物理学不仅证明了，而且强化了关于"有"的思想基础。但是，原子物理学、量子物理学在亚原子水平上的深入探索表明："未必可能存在着基本粒子。它们揭示出物质的一种基本的相互联系说明：运动的能量可以转化为质量，并且粒子是过程而不是物体。所有这些发展都强烈地表明了必须抛弃关于基本结构单元的简单设想。"②——就此，卡普拉总结出了充满道家韵味的话："我们不得不完全通过自然界本身的自洽性来认识自然界。"③"宇宙中所有的现象都唯一地取决于共有的自洽性，这种自然观显然与东方的宇宙观非常接近。在不可分割的宇宙中，一切事物都互相联系，所以它如果不是自洽的就没有意义。"④ 卡普拉基于现当代物理科学的哲学思考，为我们理解道家思想提供了十分有益的启迪：要深刻理解"道法自然"，必先理解"有生于无"。

---

① 《老子》第四二章。
② 卡普拉：《物理学之"道"——近代物理学与东方神秘主义》，第 233 页。
③ 卡普拉：《物理学之"道"——近代物理学与东方神秘主义》，第 233 页。
④ 卡普拉：《物理学之"道"——近代物理学与东方神秘主义》，第 236 页。

理解道家哲学有无观，有两段话至关重要：

其一：道大，天大，地大，王亦大。①

所谓"大"，指的是终极系统，即人们必须用超验思维、用形而上哲学来整体认知的"大系统"，其实也可以称为"道系统"。老子的意思是：道、天、地、人，这四项系统是区别于其他任何子系统的、具备了"道系统"资格的系统整体。今天看来，我们人类所生存、生活于其中的系统尽管繁复庞杂，但称得上"道系统"的主要有三大体系：一是生态系统，即宇宙自然系统；二是世态系统，即人类社会系统；三是心态系统，即心理、文化、精神系统。

生态系统高于、大于、全于另外两个系统，是最高的、终极的"全一"系统。但是，在与万事万物所分别构成、交叉构成的所有子系统的比较中，第二、第三系统也都具备了"吾不知其名，字之曰道，强为之名曰大"② 的资格，因而都可以看作具备了大而全、整体、神秘特征的"道系统"。我们可以称之为：天道、人道、心道。这三者，既贯穿着统一的道，同时，又都分别具有其他子系统所难以达到的，人们所难以彻底认知、完全把握的、更为充分的自组织、自调整、自选择、自发展的功能作用。

其二：昔之得一者，天得一以清，地得一以宁，神得一以灵，谷得一以盈，万物得一以生，侯王得一以为天下贞。③

虽然道一定是大道，但毕竟可以蕴含于、渗透于万事万物之中，作为玄机在天地之间流行，作为内蕴在万有之中造化。老子说："大道氾兮，其可左右。"④ 意思是大道是一个主流，从主流中分出支流，支流是可以向左向右的，然支流还是要回到主流。总系统分出子系统，但子系统还是要归属与总系统。

---

① 《老子》第二五章。
② 《老子》第二五章。
③ 《老子》第三九章。
④ 《老子》第三四章。

尤其是人道、心道这样的"道系统"，人的因素发挥巨大作用，由于人为选择和自由创造的因素而区别于天道，肯定难以避免，否则人类又怎能称自己为"万物之灵"呢？但是，第一，人类区别于其他一切动物的灵性，本身就是天道"自而然之"的产物。第二，人道之中、心道之中，绝不仅仅是人为因素在起作用，也必然包括了"自而然之"的道的功能作用。这是非常重要的道家哲学思想，人类社会和人类精神世界，各种要素之中非人为因素的整合、调控与发展演化，是无可否认的。第三，一切子系统，尤其是人道系统、心道系统这样的人为因素充分发挥作用的系统，归根结底要循道、尊道、依道。这正是哲学本体论思维的深刻意义所在。人类无法用科学方法和手段去揭示和解释天道"自而然之"功能的具体机制，但是可以而且必须承认、尊重、敬畏天道的这种机制与功能，可以而且应当认可、遵循、信仰天道所昭示的价值体系与准则。这正是老子"昔之得一者，天得一以清，地得一以宁，神得一以灵，谷得一以盈，侯王得一以为天下贞"① 这一深刻哲理中的伟大教诲。

无：超越有限的无限

世界是无限的还是有限的？自古至今，无人能够以有说服力的根据肯定宇宙有限。人的思维是无限的还是有限的？哲学上肯定人的思维无限者不乏其人，但是，那是就人的思维的潜能、可能性而言的。问题在于，既然全人类不可能同时思考同一问题，所以思维归根结底是个体的。由于思维成果可以传承，思维在一定意义上可以延续，但任何人在任何时刻对于无限事物的思维，都不可能集中过去、现在以至未来人类的全部智慧、调动全部潜能。可以说，人的思维永远是以相对有限对绝对无限。所以，有限和无限的关系问题，包括了思维和存在的关系问题。

从思维和存在的关系来看，人对待世界的基本态度或曰基本路径有两种：其一是以形而下思维去积极地认识和掌握世界之"有"，即以主动、积极、自信的姿态去认识和掌握具体规律，无论是自然的、社会的还是精神的

---

① 《老子》第三九章。

世界，都可以用科学的方法、实证的手段和逻辑的思维去探索、去实践，从而实现理性化的生存、生活与创造。其二是以形而上思维去玄览和觉悟世界之"无"，即以敬畏、谦卑、真诚的态度去对待自然深处自己尚未、难以，并永远无法确切认知与把握的神秘，承认并尊重其超越人类认知与创造的复杂、深奥与完美，从中接受启示，反思、检讨、规范、校正自己的思维与行为，从辩证、统一的，而不是分隔、对立的角度出发确立价值体系，提升自己的境界，并寄托自己的精神信仰。老子论无，老子论道，正是关于后者的思维。

老子的无，一个极为重要的含义就是无限。如前所述，无，不仅仅是针对人的认知能力的、超验的无限，而且是超越一切端点的无限——既无起点，也无终点。是超越一切框架的无限——既无核心，也无边缘。是超越一切权力的无限——既无持有，也无主宰。正因为如此，无才是无限的，才是永恒的。《老子》第四章的言说非常耐人寻味："道冲而用之或不盈，渊兮似万物之宗。挫其锐，解其纷，和其光，同其尘。湛兮似或存。吾不知谁之子，象帝之先。"这里有两个"似"字，不是近似、相似、好像的意思，而是"本来是，却不以其是而出现"的意思：本来是万物之宗，却不以万物之宗而示人；本来是本真存在，却不以本真存在而自居。其实可以这样说：由于道的深不可测，因而是"无"中的万物之宗；是"无"中的本真存在。

老子是自然崇拜者，但这和神本论者将自然神化的崇拜有所不同。老子的道本论，或曰"自然本体论"，从思维与存在的关系上来说，是一种深层、内在的统一论。一方面他承认自然之道比所有的人能够窥测、意识、认知、描述、传播的知识要深奥得多；另一方面，他自信可以通过玄览、玄思，"以御今之有"，从而领略和体会深奥的自然存在之中那深层的原则、启示与指南。在老子看来，正因为人的能力在道本存在面前显得渺小，所以应当对"无"中的天启充满崇拜与敬畏。正因为，道，虽然高于、全于、深奥于人道与心道，但是贯穿于、体现于人道与心道，并且蕴含于、运行于一切事物的运动发展变化之中，所以，人的思维与天道存在，从内在是完全可以统一的。这也正是中国哲学"天人合一"哲理智慧的深刻含义。

因此，道家的本真，主要不是对于具体规律的认知与把握意义上的"客观真理",更不是人的思维意识、精神世界所独具或创造的"主观真理",而是主观与客观相统一的,关于最高原则、最高境界、最高信仰、最高审美的"道统真理"、意义真理、价值真理。人的欲望或需要的交织,人类的利益争斗、社会矛盾、文化冲突,可以产生种种形式的权力、法律、典章、道德、礼仪、规则与制度,但是,道本真所启示和蕴含的真理,与人类人为创制的所有这些完全不同,是一种"相反"的、非常的、超越性的生存、思维、活动的原则体系——"反者道之动"。冯友兰说:"按照中国哲学的传统,它的功用不在于增加积极的知识(积极的知识,就是指关于实际的信息),而在于提高心灵的境界——达到超乎现世的境界,获得高于道德价值的价值。……中国哲学传统里,有为学、为道的区别。为学的目的就是我所说的增加积极的知识,为道的目的就是我所说的提高心灵的境界。哲学属于为道的范畴。"[1] 冯友兰先生的论述,是对"为学日益,为道日损"的相当到位的现代诠释。

如前所述,所谓的"无",是一种针对人惯常的、可以认知并且熟悉的事物的一种异质的存在,超越了物质意义、空间意义上的无,抵达了存在论、本体论意义上的无。故而是无可把握言说的无,是超越人的认知能力与表达范畴的无。颜世安先生说:"老子谈论道,所有的具体情状特征,都不如这个'无'重要。老子为什么要说道是无?"颜世安的回答认为:"这一思想归根结底出于自然崇拜。道是无的意思,是为了表示,自然的最高规范,是以一种人无法看到、听到,无法由知识理性法则推测,无法言说的方式存在的。道体本无不是空无一物,而是表达一种与人以及人熟悉的世界完全异质的存在,这个无,不是空间意义的无;而是存在论意义的无,是对自然真理、自然完美性超越于人的认识能力、言说能力的概括性表达。""老子道论的哲学含义,就在于以自然的完美,特别是以一种不可见、不可知、不可言的完美,来启示对现实的迷误和生存的反省。"[2]

道家的有无观,是无限超越有限,包括了时间绵延的无限超越人所感知

---

[1] 冯友兰:《中国哲学简史》,第4页。
[2] 颜世安:《论老子的道体本无思想》,《江苏社会科学》1997年第2期。

和依赖的时间的有限。这个问题,我们在前面第三章讨论价值理性与工具理性时已经提到过,这里简略地作以必要的重申:当柏格森指出时间对人来说是以记忆为媒介的绵延的时候,他所强调的时间是"对人来说"的时间绵延,人虽然需要依赖过去,但更为根本的在于立足变化。于是"对于一个有意识的存在物而言,存在就是变化,变化就是成长,成长就是永无止境地创造自我"①。然而,老子所说的"谷神不死,是谓玄牝,玄牝之门,是谓天地根。绵绵若存,用之不勤。"②则不是"对于人来说的",而是"道法自然"之"天道"的必然而深刻的参构。(关于"时间之道",需另文或另著深入探讨)而老子是将"常道"与"非常道"分开而论的,这是金岳霖先生的高见。而金岳霖先生在"时间与现实"的论章之中,在共相与殊相基点上对时间1和时间2做出划分,进而对时间框架和时间内容做出划分。③老子也是谈论"对于人来说"的时间的:"飘风不终朝,骤雨不终日。孰为此者?天地。天地尚不能久,而况于人乎?"④在老子看来,"对于人来说"的时间,无论是个体的人还是群体的人,包括过去的记忆和未来的希望与憧憬,都只能是对时间的分割。哪怕对整个人类而言,自古至今的全部文明史也只是宇宙时间的一个瞬间。无论宇宙时间是否作为精神存在,人类的、人群的、个人的时间的精神存在,或作用于人的意识的存在都是对绵延的分割。在绵延的时间和分隔的时间之间,有一种"时间冲突":越是有具体明确的目的性,越是容易在分割的时间中与整体的绵延相冲突。人的需要和柏格森的"创造性冲动",需要价值理性的意识来协调绵延与分割,才能避免急功近利、短期行为造成的祸患、灾难和潜在的贻害。从时间观来看,任何立足于有限的思维与行为,都须观照、依托于无限的时间之道,从而使时间冲突转化为良性的、可持续的、天人合一的时间绵延。"知常容,容乃公。公乃王,王乃天,天乃道,道乃久。没身不殆。"⑤

---

① 柏格森:《创造性进化》,转引自杜兰特《哲学简史》,梁春译,中国友谊出版公司,2004,第283页。
② 《老子》第六章。
③ 参见金岳霖《金岳霖全集》第六卷,第110~143页。
④ 《老子》第二三章。
⑤ 《老子》第一六章。

无：超越名教的自然

我们注意到，老子是一位"否定性思维"特色十分鲜明的思想家。他的贵无思想，是他的"否定性思维"在哲学"最高处"的反映。那么，他所说的"无"，和他所说的"无名"（道常无名、无名之朴等）、"无为"、"不敢为"、"生而不有，为而不恃，长而不宰"等否定性话语，有没有内在联系呢？《老子》第六十四章中的一句话，具有提纲挈领的意义："辅万物之自然，而不敢为。"而在被认为最早、也最好的版本——《老子》竹简甲本中，这句话的文句是（是故圣人能）"辅万物之自然，而弗能为。"后人将"能"字改为"敢"字，一字之差，档次完全不同。不敢，将意义限制在主观愿望和胆量；弗能，不仅仅指主观能力，而且指客观制约，是指在主客观的统一关系上人之"为"的局限性、必受制约性。当然，也包括了主观的自我约束。

什么是"自然"？陈鼓应、白奚所著《老子评传》中说：

> 老子所谓的"自然"，不是现代人所谓的"自然界"或"大自然"，而是自己如此，本来如此的意思。在老子看来，宇宙是一个和谐的、平衡的整体，这种和谐、平衡的状态，是通过构成这个宇宙的万事万物自身不受外界强力干扰的存在与发展而达成和维持的。也就是说，万事万物在不受外界强力干扰的情况下，通常都能发挥出自己的最佳状态，都能与周围的其他事物保持着良好的关系，整个宇宙就在万物的最佳状态和良好关系中达到了和谐与平衡，发挥出最大的功能。这就是老子所谓的"自然"。[①]

这段话说得很好。不过，现代人所说的"自然界""大自然"，也应当有"自而然之"的意思，也就是说，也应当包涵哲学意味，而不仅仅是纯粹的物

[①] 陈鼓应、白奚：《老子评传》，第88页。

质世界。

刘笑敢先生则将通常人们对"自然"的误解分为四类：

> 一是将老子之自然误作自然界或大自然的同义词；
> 二是将老子之自然误作与人类文明隔绝或没有任何人为努力的状态；
> 三是将老子之自然误作人类历史上原初社会的状态；
> 四是将老子之自然误作霍布斯所假设的所有人对所有人的战争的"自然状态"（state of nature）。①

进而，刘笑敢先生从三个层面提出了"人文自然"的概念，以使人们对老子的"自然"有更为全面准确的认识：一是"道法自然"的自然，指人们终极关怀的表现，表达了老子对人类以及人与自然宇宙的关系的终极状态的关切。二是"百姓皆为我自然"中的自然，其价值体现在人类群体社会。三是"辅万物之自然"中的自然，指的是让一草一木、一家一户、一乡一邑、一邦一国都有正常发展的环境和空间。② 刘笑敢先生的用意是良苦的，也是很有意义的。在这样的研究基础上，非常有利于我们深刻理解老子的"自然"：在一切系统中存在的"自而然之""自然而然"的关系和功能机制，我们观察和对待一切系统需要保持的一种"顺其自然"的基本宇宙观、世界观和价值观。

刘笑敢先生指出老子之自然的第一个层次：超越性的终极状态，就是无，就是针对一切感知、观察、经验而言的，无可具体认知与把握的，难以知其所以然的自然天道。但是，不仅仅是"有生于无"，而且"有无相生"——无中生有，有中含无。"其大无外，其小无内"。所以，蕴含于万事万物、人类社会、精神现象中的"自而然之""自然而然"，依然有无，依然有人类"知有涯"或"知无涯"之外的无。也就是说，所谓人道、心道，归根结底依然是天道，只不过是天道在人类社会、精神现象中的反映。

然而，即使是宇宙中，即使在无限遥远与浩瀚的空间中，也有"有"。所

---

① 刘笑敢：《老子古今》上卷，中国社会科学出版社，2006，第623页。
② 参见刘笑敢《老子古今》上卷，第624~625页。

谓"有",就是一切事物的非终极状态,就是万事万物中因果关系的一面、逻辑链条的一面、具体规律的一面。正是这一面,给人类的认知和思维以回报。那是因为,人类思维与智慧本身、人类大脑功能本身、人类各种知识信息与创造发明的积累沉淀发展提升本身,也是"道",其中也有"无"——既是天道机制发展的伟大成果,也是人类社会与文化系统、个体身心系统在"不知不觉"之中"自然而然"变化发展的伟大成果,同时,也是人类"知有涯"范围以外的"知无涯"的玄奥与神秘的构成。这正是有与无的深刻辩证,或者正是我们所说的"终极辩证""巅峰辩证"。

正是人类这种"不知不觉"之中"自然而然"变化发展的"道",使人类获得了思维驰骋、行为自觉的宽阔的空间与舞台。人类自由的深刻的底蕴和依据,正在于人类无论怎样聪明智慧,人类的自觉意识、自我意识、理性意识无论怎样突出,人类无论怎样超越万物而成为"万物之灵",都始终依托着自然天道。人类社会发展的每一步、人类文明进化的每一步、人类智慧提升的每一步,都有"自然而然""自而然之"的道的整合(就连在个人智慧和认知能力成长过程中也少不了潜意识整合)。如果人类社会的欲望冲突、利益冲突、种族冲突等没有这样的非人为的整合机制,如果人类政治权力系统、精神文化系统、个体的潜意识系统,没有这种非人为的整合机制,人类作为"类"就成为一种无根本的存在。而这种无的、道的、非人为的整合机制的本体意义的本质存在,正是人类社会中天赋人权、天赋道德、民主政治、共和制度、市场配置、公民自治、生态文明、人格自主……以及静默修炼、中医养生、自醒自悟、瑜伽修炼、涅槃般若……等思想主张的深刻的哲学依据。

魏晋时期,思想家提出三个著名论断:一是"名教出于自然";二是"名教即自然";三是"越名教而任自然"。这些思想主张的哲学基础,依然是道家的有无观。其中杰出的代表人物王弼,就在本体论上倡导"贵无论",强调"以无为本""崇本举末"。他在《老子注》中说:"天下之物,皆以有为生。有之所始,以无为本。将欲全有,必反于无也。"[①] 王弼进一步将无与有的关系,表述为本与末的关系、母与子的关系、匠与器的关系:"万物虽贵,以无为用,

---

① 王弼:《老子注》第四〇章。

不能舍无以为体也。""守母以存其子，崇本以举其末，则形名俱有而邪不生，大美配天而华不作。故母不可远，本不可失。仁义，母之所生，非可以为母。形器，匠之所成，非可以为匠也。"

正是在这样的本体论基础之上，他提出了"名教出于自然"的论断。在他看来，"名教"是"道朴散为器"的结果。"朴，真也。真散则百行出，殊类生，若器也。圣人因其分散，故为之立官长"；"始制，谓朴散始为官长之时也。始制官长，不可不立名分以定尊卑，故始制有名也"。怎样理解"道朴散为器"呢？"散"的过程，是万事万物具体的发展演变过程，当然也是人类社会发展演变的过程。社会的本真状态，即自然状态，在其运行、发展之中，各种矛盾和冲突、各种要素的复杂交织，发展出贫富差别、权力组织、等级序列、规范礼仪。而对所有这些"散"的结果，需要人为地予以确认和固化，也需要筛选、整合、论证、教化。于是表现为种种"制官长""立名分""定尊卑"的人为的名教建设。但是，"名教"，毕竟是道之散，道之用，是已经远离本真、质朴的"器"，在其经过后天的、人为的制定、解释、教化之中，尤其是在被统治者的利用之中难免出现异化。古今中外的历史，无不证明了这一点。所以，所有的名教，既可能包含了经久不衰、纳入人类文明宝库的共同价值，也可能包含了阶段性、地域性、民族性的价值，还可能包含了权宜之计的、急功近利的，因而稍纵即逝的价值，甚至可能包括为权力垄断和特权服务的特定的"价值"。所以，名教，需要筛选沉淀，也需要变化、改革、发展，甚至需要推倒重建。那么，依据是什么呢？是返璞归真，是以道为本。所以王弼强调"以善为师，不善为资，移风易俗，复使归于一"。就此，他更为深刻的论证是："过此以往，将争锥刀之末，故曰'名亦即有，夫变将知止'也。逐任名以号物，则失制之母也，故曰'知止所以不殆'也。"王弼所说的"知止"，正是对异化的警惕和抑制。尤其是以强制的方式而推行和加固的"名教"，即便有种种理由，也不过是"争锥刀之末"的权术和心机的产物，导致社会的畸变。王弼说："无形无名者，万物之宗也。虽今古不同，时移俗易，故莫不由乎此，以成其治者也。故可执古之道，以御今之有，上古虽远，其道存焉，故虽在，今可以知古始也。"从而通过革故鼎新，革除那些陈旧僵化的、出于一家之私的、已经为某一阶层或集团所利用和专擅的种种制度名教，才能实现大道运行的持续进步。这样的见解是很深刻的。只不过,他将儒家所推崇的尊卑有序、帝王统治制度作为"自然"的启示,也使自己陷入名教之中了。

在老子自然主义的思维中,"无"的内涵,十分明显是针对人类之为而言的。"辅万物之自然,而不敢为"①——充分尊重自然界中的自由,自而然之,自而由之。宇宙之中没有任何持有者、主宰者、操控者、设计者,没有什么相对于万事万物的、以万事万物为"客体"的"主体"。而人类,却往往从自身的利益和角度出发,站在"以人为本"的立场上,将万事万物作为改造、利用,甚至是操控、主宰的"客体",而这就必然将自己当成了"主体"。——主体与客体、思维与存在的分裂由此产生。

老子反其道而行之,认为无高于有、先于有,同时认为无中生有,有中含无。于是,人类既可以面对万事万物"有"的一面,即具有因果关系和确切规律的一面而发挥主观能动性和创造力,又必须面对"无"的一面,即人类永远无法确切地认知和把握的,需要以形而上思维不断追求的超越性天启,从而以敬畏和谦卑的态度为自己树立信仰体系、价值体系和精神依托,避免异化,避免走向歧途以致走向毁灭。人类文明的发展,在深层意义上,包括不断地提升审视和反思的境界,不断地扩大整体上"执古之道,以御今之有""知止不殆"的范围,也就是整体和谐运行的范围,从而提炼并提升"上古虽远,其道存焉"②的价值启迪。

---

① 《老子》第六四章。
② 王弼:《老子注》第一四章。

第五章
"惟道是从"——"明白四达"的价值论

"尊道而贵德"：价值本质

什么是价值？通过书籍或网络查阅一下，关于什么是价值的说法很多。一种比较典型的说法是："哲学上的价值是指一事物对主体的积极意义，即一事物所具有的能够满足主体需要的属性与功能。价值有两大要素：一是客体的属性与功能；二是主体的需要与满足。"这样的说法，其实是经不起推敲和分析的。比如有人首先就会问：主体是谁呢？

（一）价值主体的辨析

关于什么是价值的问题，很重要的一点就是对"主体"认定的问题。接近或围绕上面这一典型说法的定义是很多的，有的强调客体对主体的积极意义，有的强调客体属性针对主体的功能与作用，说来说去都离不开人：主体是人，只有在不同程度上满足人的需要、对人来说有一定意义，才有价值。从哲学上来看，绝大多数价值论都断定：主体是人。对一切事物价值的判断与衡量，都是根据人的需要、事物对人的需要的满足程度而定的。这样的价值论哲学，可以说比比皆是。

然而，在道家哲学这里，情况截然不同。在老子看来，"是为天地根"的道，是"绵绵若存，用之不勤"的，当然有着创生天地、化育万物的伟大功能。但是，其功能也好，满足种种需要也好，全部只是针对人的吗？远在人类诞生之前，甚至宇宙一片混沌、一切皆无的时候，道已经发挥了巨大的功能。

如果只能以人为"主体",就等于说,人类之前的道,没有价值。这显然不符合老子、庄子的本意。在老子那里,不仅人类的道,就连万事万物诞生之前那"玄而又玄""众妙之门"的道,都有价值,而且是价值之源、意义之本。当然,会有人说,人类诞生之前的一切不可能有意义,其意义是人类诞生以后,以人类的眼光、从人的需要出发对"史前史"的发掘和认知。所以,老子所说的价值,依然是对人的价值;离开了人类的需要,人类诞生之前的任何事物都毫无意义,因而也就毫无价值。

这样的说法靠谱吗?在道家哲学看来,完全不靠谱。这里忽略或抹杀了一个极为重要的事件——人类诞生。广义地看,人类的诞生可以说是一个极为漫长的时间段——宇宙天体、宇宙秩序的形成和演变,包括地球演变、生物世界的诞生和演化,人类的诞生本身也经历了漫长的过程,而有资格充当"价值主体"的人类必须具有价值意识,而这是人类进入文明社会以后的事。所有这些漫长的过程,我们可以简单地概括为"前人类演化"。那么,在前人类演化漫长的过程中,人类有需要吗?人类是在人类没有需要的时候诞生的,而人类诞生具有无可置疑的重大价值和意义,那么如何可以得出结论,只有满足人的需要才有价值呢?换句话说,即使是今天的人类对于前人类演化一切事物的价值是一种"追认",也无法"追认"出前人类演化时人类已经有了任何需要,所以根本无法得出结论:价值是通过满足人的需要而确立的。除非我们得出一个更荒唐的结论:前人类演化的一切事物没有任何价值。所以,以满足人的需要来判定价值,只能走入一种悖论。

进一步思考:假设前人类演化过程中,有一个超越人类的、客观的有意识者,比如上帝,会不会认为前人类演化的过程,以及各个阶段所发生的事,一律没有任何意义呢?这里有两种情况,一是上帝有目的,有设计,所以他肯定认为有意义。而这时,价值就不仅仅是甚至首先不是对人而言的,而是对上帝而言的。二是这个上帝并不是站在自身的角度,而是站在整个宇宙、自然的角度,他会不会认为前人类演化的一切事物有价值呢?也一定会的,甚至会将其看作价值的铁证。那么,这时的价值首先是针对谁而言的呢?答案是时间。是的,时间。其实,一切事物的价值从根本上来说,都是对时间而言的,虽然在人类诞生、进入人类文明之后,针对人的价值不断增长,但依然不可包揽一切价值，依然不可能改变最根本的价值不是针对人，而是针对时间。时间，无疑是宇宙自然的基本构成，在一定意义上，天道即时间之道。所以，价值本源与万物本体是高度一致的！不要在讲本体论的时候以道为本——道本论；在讲价值的时候却以人为本——人本论。

再回头看"假如有上帝"的第一种情况，那就是回到了一切神本论的神学或哲学。这也是道家哲学所不能同意的。人类的诞生，绝不是任何"主体"针对人类这一"客体"的有意志、有目的、有设计、有方案的行为，"天地不仁，以万物为刍狗"。[①] 但是，就在这惚兮恍兮、窈兮冥兮的自然而然、道法自然之中，逐渐诞生了人类。不仅人类的诞生本身是道法自然，而且人类社会包括文明体系发展的历史中，除了人为因素之外，依然有道法自然、自然而然的因素；就连人类的精神活动，除了人的主观因素之外，依然有道法自然、自然而然的因素。这些都表明人类并非价值的唯一主体。一切事物对于一切事物，都互为主体、客体。抽象地讲，人和自然之间，也是互为主体、客体。人类绝不仅是自然价值的客体，而且也要承担对自然有价值、有意义的责任和义务，也就是说，人类也要成为对自然和万物有价值、有意义的主体。这才是真正的公正、真正的天人合一。但是，从最根本、最终极的意义上来说，价值是针对包括时间在内、以时间为重要基本构成的自然而言的，时间—宇宙—自然才是价值最根本的源泉，也是价值最根本的尺度，当然也是我们树立和调整价值观最核心的依据。——正因为如此，人类轴心时代所诞生的价值体系，被称为"超越视野"的价值体系，因为它们都是追求终极价值的，都从不同角度体现了人类的超越意识，如对人的超越、对人类世俗社会的超越、人的自我超越等。

（二）价值与"时间之道"

下面再讲功能或作用。我们说一事物对于他事物没有任何作用，也就没有价值，在一般意义上来说是对的。但是，需要提出的问题是：人类诞生之前的宇宙、自然、万物，对我们有什么功能或作用呢？甚至，在宇宙诞生之前的"无"的状态下，有什么对人类来说是有功能或作用的呢？因为看不出来，所

[①] 《老子》第五章。

以没有价值。这又是道家哲学所坚决反对的。因为，道家非常看重"无"的价值，不仅无中生有，有生于无，而且以无为用，以无为价值之根本源泉。这是因为，人类的价值追求，决不仅仅是对实用价值、功利价值的追求，而且还必须回答那些"无用之用"的问题：人类从哪里来？到哪里去？人的本源是什么？人的精神的根本归宿是什么？满足本能欲望、物质需求就一定能获得快乐吗？人究竟怎样才能获得真正的幸福？怎样才能实现精神上真正的愉悦？这些非常"哲学"的问题，是人作为人、人的理性发展到一定程度必然关心的问题。对这些问题的回答，是哲学问题，也必然包含价值问题。再比如：人以及人类，在自然界中处于什么地位？与自然界是什么关系？对自然界应该抱有什么样的基本态度？人类发展的方向会不会、是不是出现总体性错误？人类做出了无数的选择，包括极为重大的、关系自身命运和自然环境前景的选择，这些选择需不需要、是否经得起从最大系统、全一格局出发进行的检验？人们不可能对最大系统、全一格局进行全面的掌握和清楚的认知，但可以通过哲学特有的思维方式去尽可能地观照、理解指导性、规范性准则，而这些准则就是全一系统的启发和昭示。

因此，当我们从哲学上来讲价值的时候，还需要加上"精神的、无形的、难以把握的"这样的定语，以区别于通常所理解的"功能与作用"。我们在哲学上提到价值，或者带有"哲学味"地提到价值观、价值取向、价值尺度、价值理性等概念时，其"功能与作用"可能是看不到、摸不着、十分潜在但又带有根本性的问题。哲学上提到价值，是指在人们所关心的终极的、根本的、精神的问题上能够做出回答、解释和引导的理念体系，是解决人类发展方向和人生根本意义的问题。或者说，哲学上的价值问题，是个"形而上"的问题。"形而上者谓之道，形而下者谓之器"，我们不要用形而下的思维去解释价值问题，那不是哲学，解释出来的也不是哲学上的价值。

人以及人类，从实践和经验中，从科学研究、探索和实验中，可以掌握局部的、子系统的规律，并且可以运用这些规律为自己服务，为群体服务，为人类服务。但是，为什么人类所掌握的所有的规律，都并非适用于一切情况？人类已经掌握的"真理"，为什么都是相对真理，而不可能"放之四海而皆准"，或"放之宇宙而皆准"？人以及人类还会本着"知无涯"的自信去认识和掌握更多的规律、更多的科学"真理",但是对宇宙中、自然中的神秘,对人类社会和人类心灵中的神秘,尚且不能够,而且永远不能够彻底地认识和掌握。那么,人以及人类对自身的理性能力、认知能力的局限性要不要予以承认?对未知世界,要不要敬畏谦恭?其实,这个问题还可以这样接着问:为什么一些科学理性超强的科学家,越是在成就斐然的时候,越是成为虔诚的宗教信徒?哲学上的价值,是对上面提到的问题的追求、思考、领悟和解答。

也就是说,价值是从宇宙万物运行中"涌现"的,也是从人类社会发展的历史中,包括人类精神文明演化的历史中"涌现"的。而这种"涌现",最终是从"无"中"涌现"的。那么,"无"是什么?如果相对于人类认知的所有的"有",这个"无"就是时间。

甚至可以说,一切物质,都是从时间中"涌现"的。不是说"价值一定要有功能或作用"吗?那么,时间有没有功能或作用呢?答案是有。不仅有,而且一切事物的功能或作用,归根结底是时间的功能或作用的产物,只不过,时间的"功能或作用",对人类认知来说完全是无形无象、无声无息、无感无知、无内无外、无边无际、无始无终的——总而言之,是人类思维方式和认知渠道所把握或即将把握的一切"有"之外的"无"。

之所以说老子是逆向思维、反向思维的大师,一个重要原因就是老子决不从惯常思维的"有"出发,而是从"无"出发来追寻捕捉万物之综、宇宙之本。于是,我们看到老子那里的有生于无,预示了一切诞生于时间;老子的大象无形、大音希声、无形无状、恍兮惚兮等观点,几乎都在表述时间;老子的无为无不为,甚至包括高下相倾、长短相较、前后相随等观点,说的就是时间发挥功能或作用的方式[①];老子的众妙之门、玄而又玄等观点,可以理解为时间对于人来说是玄妙的。以及道冲,或用之而不盈;挫其锐,解其纷,和其光,同其尘;湛兮似或存;象帝之先;虚而不屈,动而欲出;绵绵若存,用之不勤;迎之不见其首,随之不见其后;孰能浊以静之徐清,孰能安以久动之徐生;生而不有,为而不恃,长而不宰……实在太多了,都是有意无意地在讲时间。虽

[①] 爱因斯坦的相对论,是对哲学中辩证思维的深化,也是对时间认知以及时间作用方式的认知的深化,两者之间有内在联系。

然老子没有直接提到"时间",但是当笔者读了一些关乎时间哲学的著述并做了一定思考之后发现,如果说老子上述这些经典语言是在讲时间,有一种恍然大悟的豁朗之感。为什么?因为时间是道之心、道之灵,或者可以说"时间就是上帝""时间就是道"。时间,是宇宙自然之中极为基本甚至是主导的构成。

老子的"逆向思维"之所以给我们极大的启发,是因为我们的惯常思维可能才是真正的"逆向思维"。"逆向思维"的所谓"逆向",是针对人们惯常思维而言的。如果我们站在时间之道的立场上,站在时间是"上帝"、时间是道的立场上,就会认为,人们的思维习惯本身才是逆向思维,而承认时间之道,并在此承认的基点上研究时间之道的思维,才是顺向思维。任何不加入时间的思维,任何忽略时间、轻视时间的思维,才是真正的逆向思维。我们可以暂时地承认时间之道的思维是通常所说的"逆向思维",那是因为我们暂时地进行一种"妥协",从而突出强调在研究时间之道中的思维具有相对于惯常思维的"逆向性",因而突出强调其鲜明的批判性和创造性。谢林说过:"时间伴着永恒也被直接设定……如果我们要正确地表达这个意思,就必须说,永恒凭着自身并不存在,它只有通过时间才存在;因此时间就现实性而言在永恒之先;在这个意义上,就不是像通常人们设想的那样,时间是被永恒设定的;而是相反,永恒乃是时间的孩子。"[1]

我们说时间的功能或作用,正是出于这种"逆向思维"。惯常思维认为一切事物的功能与作用,都是在"时间背景"下进行的,时间、空间都是条件和舞台,是外在的、被动的。一切事物变化发展、发挥功能作用的根据在事物的内部,即使"外部环境"也几乎与时间无关。但是,时间是"参构"的,而且是一切"缘构"的"元构"。比如我们通常所说的劳动创造一切,换一个角度,就是时间创造一切,或者说是时间通过劳动创造一切。一切劳动绝对离不开时间,时间以记忆、经验、规律、重复、比较等各种方式"参构"劳动[2],指导

---

[1] 转引自先刚《永恒与时间——谢林哲学研究》,商务印书馆,2008,第89页。谢林关于时间的论述,与我们理解的时间之道并不完全一致,但这里引用的话,表达了对待时间需要逆向思维的意思,这是我们所赞同的。

[2] 乔治·古尔维奇在划分宏观与微观社会学的同时,实际上研究了"微观时间",并对时间从层次、社会领域、作用方式等方面做了种种划分。参见乔治·古尔维奇《社会时间的频谱》,朱红文等译,北京师范大学出版社,2010。

劳动。不仅如此，劳动者本身，以及劳动者技能的掌握与提升、劳动者的意识和智慧[1]等，都是时间创造的。著名的"时间之矢"的研究成果向我们表明，时间的功能或作用，是有方向性的。

（三）价值观选择

对于个人来说，每个人一生中也都会遇到无数次的选择，许多选择不只是现实的、具体的、实效性的选择，还会更有意义、更符合人的本质、具有更高的境界的选择。正因为如此，冯友兰先生将人生划分为四种境界：第一种是自然境界[2]："一个人做事，可能只是顺着他的本能或其社会的风俗习惯。就像小孩和原始人那样，他做他所做的事，然而并无觉解，或不甚觉解。这样，他所做的事，对于他就没有意义，或很少意义。他的人生境界，就是我所说的自然境界。"第二种是功利境界："一个人可能意识到他自己，为自己而做各种事。这并不意味着他必然是不道德的人。他可以做些事，其后果有利于他人，其动机则是利己的。所以他所做的各种事，对于他，有功利的意义。他的人生境界，就是我所说的功利境界。"第三种是道德境界："还有的人，可能了解到社会的存在，他是社会的一员。这个社会是一个整体，他是这个整体的一部分。有这种觉解，他就为社会的利益做各种事，或如儒家所说，他做事是为了'正其义不谋其利'。他真正是有道德的人，他所做的都是符合严格的道德意义的道德行为。所以他的人生境界，是我所说的道德境界。"第四种是天地境界："最后，一个人可能了解到超乎社会整体之上，还有一个更大的整体，即宇宙。有这种觉解，他就为宇宙的利益而做各种事。他了解他所做的事的意义，自觉他正在做他所做的事。这种觉解为他构成了最高的人生境界，就是我所说的天地境界。"冯友兰先生进而指出："自然境界最低，往上是功利境界，再往上是道德境界，最后是天地境界。它们之所以如此，是由于自然境界，几

---

[1] 里贝特指出："如果你查看活动的脑并观察在各种脑结构中丰富多彩的神经细胞的活动，你不会看到任何诸如心智或有意识的现象。"但在精心设计的实验中发现，"结果表明，对于诱发有意识的感觉来说，时间因素是一个最为有趣的条件。"对于时间因素的作用，他根据实验指出："由单个皮肤脉冲所造成的大脑皮层反应中稍迟才会出现的成分对于有意识感觉的产生是必须的。"参见本杰明《意识中的时间因素》，李恒熙等译，浙江大学出版社，2013，第10~31页。
[2] 冯友兰先生这里所说的"自然"，与道家哲学中的"自然"完全不同。

乎不需要觉解；功利境界、道德境界，需要较多的觉解；天地境界则需要最多的觉解。道德境界有道德价值，天地境界有超道德价值。"[1]

冯友兰先生的思想是深刻的，所谓"超道德价值"，就是超越仅仅以人为中心、从人类社会中诞生、以人为尺度的价值。可以说，价值对生命来说是意义和引导，对精神来说是境界和寄托，对情感来说是情操和格调，对人类来说是信仰的源泉，对社会来说是遵循的依据。

人以及人类的情感和理性之间的冲突是痛苦的重要根源，只有超越性意识才能使人及人类的情感和理性达到统一。人以及人类与自然的冲突是深刻的矛盾，也是人类犯错误，甚至走向自我灭亡的恒久的挑战，只有终极性的理念才能使之协调，使人类得到引导。人以及人类"知无涯"与"知有涯"之间的矛盾，或者说自然、社会、心灵世界无边的神秘与人类认知能力之间的矛盾，是遮蔽搅扰人类意识的永远的困惑，是人类自卑或狂躁的原因，只有深刻的信仰才能抑制人类的变态而确立适当的定位。人以及人类的欲望、自由意志、政治权力是一切事物中最容易异化的突出部位，只有超越世俗的精神权威才能对其加以约束和引导。因而，价值是信仰，是引导，是准则，是天道、人道、心道得以贯通和归一的全一的理念体系。我们通常所说的价值观不同，就是面对冲突与选择时所遵循的信仰、引导、准则的理念体系的不同。

"大道氾兮"：终极系统与价值

人类生存于、生活于其中的环境系统非常复杂，但是总体上可以分为三大体系：第一是从无限广阔到身边周围的自然环境，我们可以称之为生态系统；第二是由人类自身以各种形式以及复杂的关系组成的社会环境，我们称之为世态系统；第三是由每个人的身心以及由人类在交流、交往中形成的精神文化环境，我们称之为心态系统。虽然系统之间是交叉的，但做出这样基本的划分，是合理的，也是必要的。比如科学研究和科学技术发明，是人的精神创造性的工作，基本属于第三系统；科学工作中的组织协调管理制度等工作，基本属于

---

[1] 参见冯友兰《贞元六书》，华东师范大学出版社，1996，第525~563页。

第二系统；自然科学研究的对象，主要属于第一系统。

必须指出的是：这三大系统，只有第一系统，才是终极系统，或可称为"全一"系统。第二、第三系统归根结底是第一系统的子系统。第一系统，远远高于、大于、全于另外两个系统。但是，另外两个系统，也都具有"大系统"的资格。老子所处的时代没有系统论，但他显然具有系统思维的意识，所以他说："故道大，天大，地大，王亦大。域中有四大，而王居其一焉。人法地，地法天，天法道，道法自然。"[①] 因而，三大系统在运行中，都会有自组织、自调整、自选择、自发展的功能或作用。因而，三大系统都有"道"。也就是，三大系统都有人们所难以彻底认知、完全把握的自主运行的规律。我们可以称之为：天道、人道、心道。老子说："大道氾兮，其可左右。"这句话含有重要的哲理。氾，这个字表示一个过程，就是从主流中分出支流，而支流还是要回到主流。总系统分出子系统，但子系统还是要归属于总系统。支流尽管也可以源远流长、波澜壮阔，但必须依托、回归主流，否则非左即右，偏离大道。

在这种抽象概括的基础上，我们可以继续做一种概括。

中国的道家哲学、西方的基督教哲学，以及西方哲学中的相当一部分流派，主要在讲天道；中国的儒家，西方哲学中从普罗泰戈拉"人是万物的尺度"开始而形成的一部分哲学流派，主要在讲人道；佛教哲学，中国王阳明的心性之学，以及笛卡尔的"我思故我在"、叔本华的"存在是意志"、萨特的"存在先于本质"……主要在讲心道。这样划分虽非常笼统，但很有必要。

人当然有人的价值、人类社会的价值。但关键问题在于：人的价值和人类的社会价值，并非最高的、最根本的价值。人的价值、人类社会的价值必须遵循、符合根本的、终极的价值。

价值是一种本质，是万事万物先于人、高于人、外于人的本质存在的昭示。这种昭示并不仅仅针对人，而是针对一切。也就是说万事万物互为主体、客体，绝不是只有人才能充当价值的"客体"，从而充当一切事物围绕着人才产生价值、为人服务的"主体"；也绝不是人以外的一切事物只能充当价值的"主体"，而不能成为人向其负责的"客体"。所以说，道家哲学与"存在先于

[①] 《老子》第二五章。

本质"的哲学观是截然不同的，是"本质先于存在"的哲学。

价值是万事万物本质规律的昭示。一切事物都没有纯粹静态的、孤立的"存在"，存在本身即是一种关系质、功能质、目的质的存在，即本质的存在。任何事物都是一种"个体的"存在，但都是与其他事物相互依存、相互关联的存在，时间是一切关系、关联之魂。"不可或缺"地在一切事物构成的意义上完成自身的价值构成。而所有的变化都是事物之间功能、作用的过程或结果，变化的过程即是事物之间发挥功能、作用的过程，于是一切事物对一切事物体现价值。任何存在者都是本质存在的承担者。价值问题思考的关键在于，"本质"在本质上是具有功能性、方向性的。否则，如果一切关于价值的思考都只能围绕着"人"来进行，一切价值都只能从人的角度来审视和衡量，那么，人类就太自私、太狭隘了。

意义是什么？意义就是有方向性的功能作用（用老子的话来说，就是道）。有方向性的功能作用，是由"时间之矢"的方向性决定的，这是宇宙间万事万物的本质，"时间之矢"的方向性突出地体现了这种本质。我们太多的哲学不承认这一点，总在用偶然的、碰撞的、巧合的等无方向、无意识的运动来解释宇宙间万事万物的变化发展。在我们的哲学中，只认为物质是本质的，提到功能作用也是承认的，但不肯在本质意义上承认，提到方向性就完全不承认，提到客观意识（人类意识以外的意识）[1]就不仅不承认而且劈头就批"客观唯心主义"。

许多哲学都在寻求最小的，好像最小的，就是最基本的、最本质的。可是找来找去，先进科学探索的结果告诉我们，最小的，也是有结构的。结构就是关系。关系实在论比实体本体论，更接近事物的本质。关系就是互动，所有的物质都在运动当中，发挥功能、作用。问题的关键在于，发挥功能、作用的运动是不是有方向性呢？这是无可否认的。老子说"道生一，一生二，二生三，三生万物"[2]，就是对这种方向性的充分肯定。事物的变化，如果没有发展，或

---

[1] 时间与人的意识具有同构性，这是理解"天人合一"的一个重要视角。正因为这种同构性，所以任何探究人类意识产生的科学研究，如果缺少时间维，在所有"还原论"的圈子里都很难有所突破。

[2] 《老子》第四二章。

者说事物的运动如果没有方向，那就是永远的无序或混沌，天体的格局无法解释，生命的诞生无法解释，人类的诞生及其智慧更是不可解释。所有事物之间功能、作用的过程或结果，即一切事物的变化过程，本质上是宇宙—自然系统自然地、自发地、非人为地组织、调控、创造、提升的过程。本体的实在性和真理性深深地植根于整体的、动态的、变化的、作用的、自然的自足性和本质存在性之中。在丝毫没有依赖人类大脑思维的条件下，朗朗乾坤创造了包含生命，包含人类在内的无数奇迹，形成了无数博大的、复杂的、精密的、神奇的累累硕果。大自然的智慧——选择的智慧，优化并将优化成果承认、接纳为系统要素的智慧，从而为进化创生、创造新的条件的智慧，充分表明了"道"的价值。我们又有什么充足理由可以认定，茫茫宇宙、朗朗乾坤、浩浩天地、万象生机……那无比复杂、变化万千、孕育了巨大的和谐、创造了无数奇迹的大自然"没有意义"呢？我们不能因为还不了解自然系统结构和机制的具体机理，就否认其伟大的这种功能。而只要承认功能及其方向性[①]，就无可否认价值。我们不能因为我们没有意识到、没有经验到，或没有理解到的具体机理，就否认功能和作用。而否认人以外价值和意义的理念，实际上就是对功能和作用的无视或抹杀。看不到这一点，或有意无意地坚持否认这一点，我们就太傲慢、太武断了。这是一种强不知以为知的僵化和固执，是一种消极、否定性的终极宣称——宣称不成熟为成熟，宣称宰执。人具有高超的意识能力，这本身就是自然运作中自创性的一个杰作，说明了创造能力不是人所独享，更不是人所独创的"专利"。所有人无法否认的是：宇宙—自然的确调整了天体和万物，的确创造了生命和人类，只是许多人不承认这一伟大的功能和成就，从而不承认其伟大的价值昭示。在道家哲学看来，万事万物的最根本的本体，与价值意义最深刻的源泉，在最深刻的部位是高度一致的。在"生而弗有，为而弗恃，功成而不居"的自然创造力面前，在大象无形、大音希声的天道、天启面前，人类实在应该摈弃"贪天之功为已有"的狂妄而保持永远的敬畏。

本质是本体的性质，所以本质与本体相一致。不同的本质观当然是不同的

[①] 方向性与规律的必然性不同，可以理解为"方向必然性"或"价值必然性"。参见本书关于自由与必然的有关章节。

本体观的反映。所有关于本体的、本真的、真理的思考，如果只能从人这里出发，显然是严重地被局限了。"以人为本"或许是许多西方哲学流派的总体的基本视野，但也是总体上的局限。现代心灵革命的一个十分重要的、艰难的课题，就是从"以人为本"走向"以本为人"。

难道以人为本不是一个非常重要的现代命题吗？不是一个针对性很强、突出人的价值的人道主义命题吗？如果我们的行政管理、企业管理、社会治理等专业，不是人本位，而是钱本位、官本位，哪里还有人的价值、人的尊严？的确，"以人为本"是针对人的异化而提出的人性化、人道主义的哲学命题，具有很强的现实意义，不仅从文艺复兴人性解放开始，而且在以后的人类历史上获得越来越强烈的现代性。针对非人道的金钱至上、经济至上、权力至上等观点，以人为本是探求和遵循人道的、进步的价值取向。但是，正如我们指出的，归根结底人道是天道的子系统之道。这种从本体论那里已经错误的哲学迟早会暴露它的扭曲与荒诞。脱离了"以本为人"这一根本前提的所谓"以人为本"，是舍本求末，是本末倒置，必然走向虚无主义、孤立主义，走向人格的不是疯狂变态就是消极颓废。必然走向思维独裁、唯科学主义、经济至上，走向环境恶化、资源挥霍，走向人类自取灭亡。必然走向专制主义、霸权主义，走向对世界民主和谐与人民福祉的戕害。东方专制主义与西方霸权主义在哲学上有着同样的基础。它们是同一根恶蔓上结出的两颗歪瓜；是同一洼毒泉中流出的两股浊流。因而它们之间的互相争斗相互攻伐谁也不能战胜谁，反而互相提供依据，时常在世界舞台的背后握手言欢。

"抱一为天下式"：超越人类中心主义

明里或暗里、直接或间接为"人类中心主义"提供理论依据的理论多如牛毛，这一思想体系的进步意义如今也没有阐释完，却已经显得捉襟见肘。假如有机会召开一个峰会，就此进行辩论，站在老子对立面的大牌哲学家实在太多了。比如《人类中心论与环境伦理学》一文的作者杨通进先生就列举，亚里士多德曾指出："植物的存在是为了给动物提供食物，而动物的存在是为了给人提供食物——家畜为他们所用并提供食物，而大多数（即使并非全部）野生动物则为他们提供食物和其他方便，诸如衣服和各种工具。由于大自然不可能毫无目的毫无用处地创造任何事物，因此，所有的动物肯定都是大自然为了人类而创造的。"① 坚持上帝神学的托马斯·阿奎那也宣称："在自然存在物中，人是最完美的存在物，上帝为了人本身的缘故而给人提供神恩；他之给其他存在物也提供神恩，仅仅是为了人类。因此，人可以随意使用植物，随意对待动物。《圣经》中虽然包含有要求人们关心动物和其他存在物的内容，但这种关心是基于对他人的关心；对动物的残酷行为之所以是错误的，是由于这种行为会鼓励和助长对他人的残酷行为。"② 笛卡尔则认为：由于动物没有心灵，不会说话（说话以对概念的使用为前提），因而充其量只是一架自动机。作为纯粹的物质，动物只具有物质的属性：广延、体积、重量、形状等。它与无生命的客体并无区别。植物更是如此。因此，我们可以随意对待它们。笛氏甚至认为，动物感觉不到痛苦，当我们折磨动物时，它们并未真正感到痛苦，它们只是表现得像是在受苦。因此，那种认为我们应同情动物的观点是错误的。我们完全可以把动物当作机器（更不用说植物了）来对待。③ 康德在本体论上是主张先验理念的，但他在价值论上则没有同本体论保持一致，而是认为只有拥有理性的存在物（人）才内在的是一个目的存在物，只有人（因拥有理性）才有资格获得道德关怀。"就动物而言，我们不负有任何直接的义务。动物不具有自我意识，仅仅是实现一个目的的工具。这个目的就是人。""我们对动物的义务，只是我们对人的一种间接义务。"④ 当然，西方文艺复兴、启蒙运动、宗教改革这三项重大变革，至少在客观上使人类中心主义全面地走向主流。我们认为，对于这三项

---

① 参见亚里士多德《政治学》1256b，中文版，第23页，转引自杨通进《人类中心论与环境伦理学》注释，《中国人民大学学报》1998年第6期，第59页。
② 参见阿奎那《理性造物和其他造物的区别》，载 S.J.Armstrong, R. G. Botzler, Environmental E-thics: *Divergence and Convergence*，纽约，1993，转引自杨通进《人类中心论与环境伦理学》注释，第59页。
③ 参见笛卡尔《动物是机器》，载 Environmental Ethics: *Divergence and Convergence*，转引自杨通进《人类中心论与环境伦理学》注释，第59页。
④ 参见康德《我们对动物只具有间接义务》，载 L. P. Pojman, En -vironmental Ethics，波士顿，1994，转引自杨通进《人类中心论与环境伦理学》注释，第59页。

变革，需要系统反思，不仅仅看到其思想解放、人的解放的意义，也要看到其局限与偏颇。这种反思，也是新道家哲学深刻的历史使命。

文艺复兴反对中世纪神学政治，追求人的解放，其中不乏回归自然的声音，推动了历史的进步。但是，其中弘扬的人类中心主义难以深层回答历史的追问。简单地说，文艺复兴中有两条价值线索：一是"向自然回归"，二是"人的发现"。两者都有巨大的进步意义，但也都有较大的局限。无论是理念层面还是社会现实或实践层面，"向自然回归"在推动人与自然的接近与亲和的意义上发挥了巨大作用，并为推动现代自然科学的迅速发展奠定了基础，但同时也为人与自然的对立埋下伏笔。"人的发现"一方面为人的个性解放、人的自由、人的价值开拓了通途，另一方面也为人类中心主义做出了铺垫。之所以出现这样"两面神"的历史诡吊，是因为两者都在超越神学，或曰超越"神道"，从哲学上看是超越"神本论"；伸张"人道"，从而哲学上看是伸张"人本论"。

从 20 世纪 60 年代初开始，人们对自然环境变化的关注日益加强，进而，对"人类中心主义"的逼问也愈益深入。一切直接或间接、公开或隐晦地为人类中心主义提供依据或支撑的哲学理念，都受到现实世界和人类理性的越来越严肃的置疑。概括地说，人类中心主义，将人类看作宇宙—自然系统中最高存在者，将人类的生存欲望和各种需要的满足视为唯一有意义的目的，因而以这样的角度为唯一的、最终的价值尺度和准则，去衡量人以外的所有自然物或自然现象，以至整个自然系统的所有功能、作用。其中，或许有人会看到人与自然之间的相互制约，会看到自然将报复人类，因而主张调整人与自然的关系，但最终还是为了人——因为自然的一切都是为人服务的，都是实现人类需要的手段。

有学者做出这样的梳理："人们一般是在三种不同意义上使用人类中心论一词的。第一种是认识论（事实描述）意义上的：人所提出的任何一种环境道德，都是人根据自己（而非，例如，山羊或狮子）的思考而得出来的，都是属人（而非山羊或狮子）的道德。第二种是生物学意义上的：人是生物，他必然要维护自己的生存和发展，囿于生物逻辑的限制，老鼠以老鼠为中心，狮子以狮子为中心，因此，人也以人为中心。第三种是价值论意义上的人类中心论，其核心观点是：其一，人的利益是道德原则的唯一相关因素（这一论点暗含的一个前提是，人的本性是自私的，只有他的利益才能推动他的行为）；其二，人是唯一的道德顾客，只有人才有资格获得道德关怀；其三，人是唯一具有内在价值的存在物，其他存在物都只具有工具价值，大自然的价值只是人的情感投射的产物。"[1] 这样的概括为反思人类中心主义，提供了很好的逻辑框架。但是，该学者紧接着认为，只有挑战第三种意义上的人类中心论，在逻辑上才是可能的。这样的看法，则未免还是受到人类中心主义的拘囿。

第一种意义上，认为任何道德都是人提出的，都是人根据自己的思考而得出的，因而"都是属人"的。道德是人思考的不假，但并非都是属人的。因为，人的思考完全可能受到天道的启示，而不仅仅是人道的产物。重要的是，在道家哲学看来，道德从根本上"属天"，继而由于天人合一而属人。属人是继发性的，属天才是原发性的。因此，"道法自然""惟道是从"。也正因为如此，所以"失道而后德，失德而后仁，失仁而后义，失义而后礼"[2]。

第二种意义上，认为老鼠以老鼠为中心，狮子以狮子为中心，因此，人也以人为中心。据说这是由"生物逻辑"规定的。然而，所谓生物逻辑，本质上是生物链的逻辑，也就是我们前面论述过的关系本质。其实，人以外的任何生物，都并没有"以我为中心"的自我意识，即使是相对高级的黑猩猩，也只是达到极为粗浅的"个体自我意识"，而不可能有在生物学上划分出种类意义上的"类自我意识"。生物的本能表现出自私，但生物链的关系本质决定了它只能是整体系统中的一个构成、一个层次，或生物链上的一个环节，如此而已。既然任何生物种类都不可能构成"中心"，人以我为中心的"生物逻辑"也就不能成立。

第三种意义上，"其一，人的利益是道德原则的唯一相关因素（这一论点暗含的一个前提是，人的本性是自私的，只有他的利益才能推动他的行为）；

---

[1] 杨通进：《人类中心论与环境伦理学》，第56页。
[2] 《老子》第三八章。

其二，人是唯一的道德顾客，只有人才有资格获得道德关怀；其三，人是唯一具有内在价值的存在物，其他存在物都只具有工具价值，大自然的价值只是人的情感投射的产物"。我们在前面已经论述过了，在道家哲学看来，这些理由都是不能成立的。以这样的前提来建立"非人类中心主义"，归根结底只能落入人类中心主义的窠臼。

总之，人的自然存在和人的价值存在是统一的，而且前者以后者为前提。这正是"本质先于存在"的哲理在看待人与自然关系上的深刻体现。因为，人的意义，包含在宇宙—自然意义的总体的价值体系中。

所以，老子说："尊道而贵德。"道与德，是统一的，但是道，是根本，是源泉。道是万事万物的本体；德，是本体的价值内涵与价值启迪。因此，道之本体就是德之源。"尊道而贵德"的哲学论断，是真正将哲学上的本体论和价值论内在统一起来的思想。而任何本体论与价值论分裂、冲突、出现悖论的哲学，归根结底不能充任引导人类未来前景和持续发展的根本哲学。

"渊兮似万物之宗"：价值之源

人类的诞生本身，就是宇宙—自然系统方向性的伟大体现。（方向性与目的性不同。关于哲学目的性问题需要专门讨论。人类目的性是人类意识的一个重要特征，但，是需要认真审视和反思的。尤其是目的性与人的自由意志的问题，需要认真清理。）人类精神以目的性和追寻意义、探寻趋势、实现目标为基本特征，自然—宇宙系统所表现出来的从无到有、从混沌到有序、从无机到有机、从低级到高级的"大道运行"，决定了本体存在价值，以人类精神现象的诞生为伟大结晶。具有新陈代谢功能，具有自组织、自整合、自演进、自创生功能的高分子核酸蛋白体诞生以来，这种生命原体的进化本身也体现了方向性、选择性，同样决定了价值存在。人的生命的诞生，为地球上，以至宇宙—自然系统中的生态系统带来根本变革，以生命形态、社会形态和精神形态之间的高度融合互动为标志。正因为如此，人的生命价值被烘托出来。

人类诞生之后，与自己脱身于其中的生物界迅速拉开距离，大踏步走向

"万物之灵",并且大踏步走向现代文明和未来。人和人类以外一切生物之间的根本区别,同时也成为人脱离和超越其他一切生物的根本动因——其在于"对意识的有意识"或曰"自觉理性"。关于这一点,我们需要专门的探讨。这里需要指出的是,人类以自觉理性对生命的审视、对人类生命意识的审视,必然包括一种追问:人类生命和精神的源起、人类生命和精神的走向。可以说,人类对于价值的追问和探寻,是人类本性的基本构成。作为大自然产物的人类,为什么成为可以依托、利用、改造、保护大自然的生命类别和精神主体?既然由被动地依赖自然,到可以主动地认识、改造、利用自然;从被动地构成社会,到可以主动地构建、改造、发展社会;从意识服从于本能冲动,到意识可以把握和调控、开发和创造、丰富和发展自己的精神世界。于是,当主动取代了被动的时候,当人类成为"万物之灵"的时候,最可怕的就是失去坐标。价值,成为人类必须寻找和认知的重要依托,成为人类的行为导向和精神支柱。

在老庄之前,中国祖先从"天"寻找价值之源,这一方面是由于天在上,四季轮回以及气象变化均"自天而降";另一方面,由于"天圆地方",上下四方中以及苍穹运转的时空直观印象给人以秩序感、权威感。天,以及人格化的天神,成为神圣的权威性依据。进而,生殖崇拜、女性崇拜、祖先崇拜,以及在此基础上形成的宗法关系中的种种价值准则,后来被皇权利用和宣传的神权崇拜、皇权崇拜等权力崇拜,都有"天"的思维、自然崇拜的深刻影响。野蛮人对大自然是畏惧的,但有一种畏惧中的感恩,也有一种畏惧中的依赖和信任。正因为如此,面对洪水、蛮荒、野兽、雷电……他们没有成为完全驯服的、被动的、屈辱的生物,没有仅仅依靠本能而生存。梁漱溟先生说:"生物进化本来有着几种不同方向的:首先植物和动物是两大不同方向;其次动物界中节肢动物和脊椎动物又是两大不同方向。不同的方向皆于其机体构造上见之。说人类走了'另外一个方向',即是指的脊椎动物这一条路向。脊椎动物这一路,趋向于发达头脑,以人类之出现而造其高峰。为什么说'另外'呢?对于生活方法依靠先天本能,生活上所需工具就生长在机体上,对那旧有方向而说,这是后起的新方向。从心理学上看,旧有的即是本能的路,后起的为理智之路。理智对于本能来说,全无是处一种反本能的倾向。"① 梁漱溟先生深刻地指出了用达尔文进化论论及人类进化发展时所忽略了的问题。从价值哲学的角度来看，植物和动物分野、节肢动物与脊椎动物的分野，正是自然选择机制中方向性的证明。而早期人类超越、摆脱"本能之路"，是人类自觉理性的伟大成就，是将最初的意识，运用于意识之路。正是这一伟大的启端，使人类在"后起的新方向"上迈开了步伐。超越并摆脱了"旧有方向"——"本能之路"，是人类生命价值的凸显和提升，是人类从动物本能中解放出来的空前壮举。

因此，野蛮人的历史、人类祖先以及后来的文明史，始终存在两条基本线索。一是种种权力崇拜；二是理性自觉。第一条基本线索是主流，第二条基本线索是非主流。直到今天，也很难说主流与非主流之间完成了互换。不可否认的是，即使是野蛮人时代，第二条基本线索也在潜在地、顽强地发挥作用。这正是道家哲学产生的深刻的社会历史背景。

张松如、邵汉明先生指出："西周以降，特别是到了老子生活的时代，随着生产力的巨大发展，社会历史和经济政治的剧烈变化，人类日常生活经验的积累和理论思维水平的提高，人神关系发生根本的逆转。神的地位、天的地位动摇而下降，人的地位得到重视和提升。应该说，人神地位的逆转正是人的理性自觉的体现，而在这股对后世产生深远影响的理性思潮的形成和发展中，道家老庄无疑是充当了十分重要的角色。"这一段话说得很不错，但需要强调的是"人的地位得到重视和提升"主要是指人的理性自觉，从神、从天那里解放思想是非常重要的，但是压抑人的自觉理性的是"天神"而不是"天道"。老子说："以道莅天下，其鬼不神。"（《老子》第六〇章）意思是：只要循道，鬼神发挥不了什么作用。在这里，老子充分肯定了价值源于道，人的生命和人的生活、行为，只要与道相协调、相一致，就是遵循最高价值，就不会偏离方向、走入歧途。

如果认为老子的道家哲学也是由"天"的思维——敬天、畏天而起，也是一种来自直观的、想象的、经验的思维，那就大错而特错了。可是在中国思想史上，包括直到今天的相当多的中国思想史著述中，都还将老子道家哲学做如

---

① 梁漱溟：《东西文化及其哲学》，商务印书馆，2009，第247~248页。

此的评价，令人十分遗憾和痛心。

让我们做一下对比：

老子说："道冲而用之或不盈，渊兮似万物之宗。"①

老子又说："人法地，地法天，天法道，道法自然。"②

庄子说："天其运乎？地其处乎？日月其争于所乎？孰主张是？孰维纲是？孰居无事推而行是？意者其有机缄而不得已邪？意者其运转而不能自止邪？云者为雨乎？雨者为云乎？孰隆施是？孰居无事淫乐而劝是？风起北方，一西一东，有上彷徨。孰嘘吸是？孰居无事而披拂是？敢问何故？""天有六极五常，帝王顺之则治，逆之则凶。九洛之事，治成德备，临照下土，天下戴之，此谓上皇。"③

庄子又说："泰初有无，无有无名；一之所起，有一而未形。物得以生，谓之德；未形者有分，且然无閒，谓之命；留动而生物，物成生理，谓之形；形体保神，各有仪则，谓之性。性脩反德，德至同于初。同乃虚，虚乃大。合喙鸣；喙鸣合，与天地为合。其合缗缗，若愚若昏，是谓玄德，同乎大顺。"④

再来看其他人如何讲天：

管子说："一曰天之，二曰地之，三曰人之，四方、上下、左右、前后，荧惑之处安在？"⑤

管子又说："能戴大圆者体乎大方，镜大清者视乎大明。"⑥

这样的说法与《吕氏春秋》中的说法如出一辙："天道圜地道方，圣人法之所以立上下。"⑦

《淮南子·原道训》中这样解释"道"："立于中央，神与化游，以抚四方，是故能天运地滞，轮转而无废。"

---

① 《老子》第四章。
② 《老子》第二五章。
③ 《庄子·天运》。
④ 《庄子·天地》。
⑤ 《管子·九守》。
⑥ 《管子·心术下第三十七》。
⑦ 《吕氏春秋》卷三《圜道》。

《文子·上德》还如此解释老子的另一段话:"万物负阴而抱阳,冲气以为和,和居中央,是以木实生于心,草实生于荚,卵胎生于中央。"

从以上列出的"经典语录"中,我们可以明显看出:老庄的道家哲学,已经远远超越了传统中的"天"的观念。管子是道家哲学的重要阐释者之一,也是连接道家与法家的"中介"性人物,他的思维中依然是直观对应。《原道》《上德》中对老子的话所做的解释,实际上是做了形而下的处理。(文子是唐初时期比较优秀的道家思想继承人,他对无为而治的阐发很不错,但在哲学本体论上显然有局限。比如上面引述的他的话,前半句完全是老子的;后半句就开始简单地对应想象。)而老庄的思维,绝不是简单对应和转换,绝不是简单想象和类比,而是一种形而上的概念思考,达到了极为抽象的哲理高度。可惜的是,后世的许多学者,硬是用"套装"的手法,将老庄哲学从终极思维的高度上拉下来,去对应想象推演。

实际上,老庄道家哲学开创了以理性思维而超越敬天、畏神原始思维的先河,是中华民族价值意识理性觉醒的代表者、启蒙者。"人法地,地法天,天法道,道法自然"——这里的"天",已决然不是盲目崇拜的神化对象,而是宇宙—自然系统的表述,是抽象思维而不是想象的对象,是探索事物基本规律的哲学意义上的时空,而不是简单对应的模板。老子甚至提出"天法道,道法自然",即使是老子的全新意义上的"天",也没有阻挡其深入探寻,而是进一步提出"自然"。而这里的"自然",已经包含了"自然而然""自而然之"的意思,已不纯粹是自然界的自然。

当老子提出"道法自然""谷神不死,是谓玄牝,玄牝之门,是谓天地根""知常容,容乃公,公乃王,王乃天,天乃道,道乃久"的时候,已经为我们提供了最深刻的、终极意义上的信仰资源。

"孔德之容,惟道是从"[1];"渊兮似万物之宗"[2],老子的意思很明确:一切人类须遵循的价值体系,本源在于道。而"道法自然"的"道",实际上是宇宙—自然系统运行变化中具有方向性的功能。"惟道是从"既道出了价值产

---

[1] 《老子》第二一章。
[2] 《老子》第四章。

生的根源，也道出了价值产生的方式。"人间正道"源于"天下大道"；"天下大道"孕育了"人间正道"。道家哲学中关于价值来源的学说，体现了本体与价值本原的一致性，这是道家哲学上一个终极探求所达到的高度。这样的思考，远远高于一切将世界本原与价值本原分裂开，在世界本原之外另行寻找价值本原的哲学。

"大制不割"：价值理性

（一）价值理性和工具理性的划分

本书第三章曾经讨论了道家本体论对工具理性的超越，提到德国著名社会学家马克斯·韦伯对工具理性和价值理性做出了划分。这里略做一点重复介绍。韦伯认为：将数学形式等自然科学范畴所具有的量化与预测等理性计算的手段，用于检测人们行为及后果是否合理的过程，叫作"工具理性"。其基本特征在于通过实验、经验，确认工具或手段的实用价值，追求物质或经济上的实际效果。可以说，工具理性，就是理性地追求功利的思维和行为。我们看到，按照韦伯的意思，科学、技术、经营手段、管理机制以及法规、制度、方法、策略等，都是追求功利与实效的工具，包括人的精神、思想、创造、发明等，也在极大程度上工具化、实用化，其实连人本身也已经成为工具，甚至反过来成为人类所创造的工具的工具。与此相对应，价值理性是人"通过有意识地对一个特定的举止的伦理的、美学的、宗教的或作其他阐释的无条件的固有价值的纯粹信仰。"人们"向自己提出某种'戒律'或'要求'"，从而使"行为服务于他内在的某种'对义务、尊严、美、宗教、训示、孝顺，或者某一种"事"的重要性的信念。"在这个过程中，韦伯认为，"不管"采取"什么形式"，"不管是否取得成就"，"甚至无视可以预见的后果，"而"他必须这么做"。[1]

韦伯的划分具有深刻的启发意义，因而产生了很大的影响。然而，韦伯对

---

[1] 马克斯·韦伯：《经济与社会》上卷，林荣远译，商务印书馆，1998，第56~57页。

两者之间冲突的警示性揭示或许更加发人深省。一方面,韦伯对工具理性进行了清醒的批判,指出这种不可避免地迅速发展起来的工具理性、形式理性,在促进生产发展和经济繁荣的过程中必然导致价值理性的衰落、人的异化。因而,韦伯对工具理性作用下的人类前景带有悲观色彩:"没人知道将来会是谁在这铁笼里生活;没人知道在这惊人的大发展的终点会不会有全新的先知出现;没人知道会不会有一个老观念和旧理想的伟大再生。如果不会,那么会不会在某种骤发的妄自尊大的掩饰下产生一种机械的麻木僵化呢,也没人知道。因为完全可以,而且是不无道理地这样来评说这个文化的发展的最后阶段:专家没有灵魂,纵欲者没有心肝;这个废物幻想着它自己已达到了前所未有的文明程度。"① 另一方面,韦伯看到了价值理性与人类近代以来张扬的理性精神完全不同。如果从现实社会中大行其道的工具理性的角度来看,价值或实质合理性,简直就是非理性的。因为任何价值比较的最终结果都是趋向于终极价值,价值理性是终极价值的理解和选择的问题,但是终极价值不可量化地计算,没有可以检验、可以衡量的实效标准,也没有实现终极价值的具体手段或工具。理想与信仰,本身就不是证明、检验、实践、试验的问题,而是"不计后果"地信奉、遵循、敬畏的问题。价值理性是形式逻辑意义上的非理性;而工具理性是本真实质意义上的非理性。

(二)"道生德畜":价值理性为本

对工具理性的批判不绝于耳,其中哈贝马斯关于工具理性牺牲"内在自然"的说法,比较新颖:"在启蒙过程中,主体不断追求进步,他听命于自然,推动了生产力的发展,使自己周围的世界失去了神秘性;但是,主体同时又学会了自我控制,学会了压制自己的本性,促使自己内在本质客观化,从而使得自身变得越来越不透明。战胜外在自然,是以牺牲内在自然为代价的。"②

无论这里提到的现代西方哲学家对工具理性与价值理性的论述,与中国古老的"道法自然"的思想还有多远的距离,我们都不难看出两者之间"遥远的

---

① 马克斯·韦伯:《新教伦理与资本主义精神》,于晓、陈维纲译,三联书店,1987,第143页。
② 哈贝马斯:《工具理性批判》,曹卫东译,引自哈贝马斯《交往行为理论》第一卷第四章,http://www.gongfa.com/gongjulixingpipanherbemas.htm。

呼应",或者"穿越的相通"。老子是不可能提出价值理性与工具理性的划分这样明确的概念的,但是,他显然有了价值至上的思考。我们认为,"形而上者谓之道,形而下者谓之器"的中国古训,已经在很大程度上揭示了价值理性与工具理性的区别。并且我们深切认为,道家哲学的本体论与价值论具有深刻的统一性。道家哲学中的"道德",与儒家思想中的"道德"并不完全一样,儒家主要在讲人伦,道家主要在讲天伦、天道、天理。老子说:"道生之,德畜之,物形之,势成之。是以万物莫不尊道而贵德。"① 用今天的话来说,道是本体,是价值体系之滥觞;德是价值,是价值准则之体现。刘笑敢先生在相当细致精到的研究基础上指出:"虽然德在万物的生成与存在过程中扮演着道之具体体现的重要角色,但德更偏重于道之德性规范的意义,所以有'玄德'之说。""虽然道本身就代表了老子的价值取向,但这种价值取向更多地是靠德来体现和表述的。"②

(三)"大制不割":两种理性的辩证

老子说:

> 夫物芸芸,各复归其根。归根曰静,是谓复命。复命曰常,知常曰明,不知常,妄作,凶。知常容,容乃公,公乃王,王乃天,天乃道,道乃久。没身不殆。③
>
> 孔德之容,惟道是从。道之为物,惟恍惟惚。惚兮恍兮,其中有象;恍兮惚兮,其中有物。窈兮冥兮,其中有精;其精甚真,其中有信。④

这两段话含义十分深刻。第一段话强调了至高无上的价值虽然无影无踪、深不可测,然而万物运作、芸芸众生的生生不息,归根结底要"归根",要"复命",也就是说必须遵循天下大道、终极价值。为什么要"归"?为

---

① 《老子》第五一章。
② 刘笑敢:《老子古今》上卷,中国社会科学出版社,2006,第507页。
③ 《老子》第一六章。
④ 《老子》第二一章。

什么要"复"？从一开始就"从一而终"地、寸步不离地尊道、信道、循道、依道，难道不可以吗？答案是不可以。万事万物、芸芸众生在现实世界中总是存在于、生存于、运作于一定的子系统的，总是可以体现一定的具体规律的。这也正是"万物之灵"的人类可以认知和把握一定的规律、掌握一定的科学、制定一定的规划、创造一定的奇迹的原因。这也正是人类可以凭借"自由意志"而创造、发明，利用、改造、设计、选择的原因。没有子系统，没有子规律，就没有人类发挥智慧潜力、发挥理性能力的舞台。但是，任何子规律的作用，都可能产生异化，故而必须迷途知返，——"反者道之动"。或者是被动地回归原点，或者是不自觉地循环往复，或者是主动地、自觉地、理性地反思和审时度势，从而改变离经叛道的异化，走上顺势而为、无为无不为的良性大道。

第二段话充满辩证思维。"孔德之容，惟道是从"——至高无上的大德，在于遵循道的价值体系。然而，道虽然是无影无踪的，但并不与万事万物完全脱离，道就蕴含于、运行于物质、物体、事物之中。"道之为物"既不是指道就是物，也不是指道创造了物。这四个字的意思是：当道作为物的运动形态而体现的时候，或我们从万事万物的运行中领悟道的时候，道是"惟恍惟惚"、难以捉摸的。然而，其中有可以观察的具象，有可以认知的物质。在深奥隐约中有可以把握的精神或灵气，这种真实的存在，可以确信。——其实，这段话的最后一句，用现代语言应该可以理解为：恍惚中有确切的（子）规律，缥缈中有实在的物质，隐约中有可以被我们确信和把握的信息。

只要我们认真探求老子文字背后的苦心，就不难理解，他既意识到价值理性和工具理性的分裂、矛盾、冲突，又深刻地把握了两者的统一、互融与交织。这是因为，任何事物只要构成一定的系统，就一定会有运行的规律，越是具体的、局部的、子系统的，其规律越是易于为人们的理性所认知、把握、利用的。但是，这样的规律归根结底是要受到终极系统的规律——道的制约的。而道——终极系统的总的规律，是人类尚未并且永远所无法彻底认知、把握和利用的。天道、人道、心道皆是如此。人们一旦掌握了一定的子系统的规律（比如一定的科学），其掌握和利用一定会在服务于人的意义上、功利的意义上获得可以验证、量化的确切的效果，深受鼓舞的人类以自己掌握并创造的自然科学、经济科学、制度科学，以及依据自己掌握的"必然规律"而设计的种种宏伟蓝图，走向"以人为中心"的"光辉未来"；以狂傲为自信，以愚蠢为智慧，难以避免地走向异化，走向毁灭。因此，老子苦口婆心地谆谆教诲，人类一定要迷途知返，一定要归根、复命，才能够"没身不殆"。

道家哲学在价值理性与工具理性关系的问题上，大气磅礴，是对二者关系一种浑然的、统一的、辩证的解决。老子显然认为，价值理性为本，工具理性为末。但我们既不可以舍本求末，也无必要舍末求本。工具理性具有可验证性、可把握性和实效性，因而是实在的与可信的。正是由于有了工具理性，人类才可以认知具体规律，才可以进行各种发明创造，才可以推动人类文明的进步。但是，工具理性本身具有局限性，价值理性是对工具理性局限性的理性认可，也是对终极系统无限性的理性敬畏。任何工具理性由于其局限性的绝对性都不可避免地走向异化和偏离，所有实践检验与逻辑验证都在加剧这种异化和偏离的可能性。所以，工具理性必须接受另一种验证——价值验证。而在老子看来，这种价值验证，就是返璞归真，归根复命。

我们不能只看到价值理性与工具理性之间的矛盾冲突，还要看到两者之间的交融统一。从根本上来说，两者都是人类理性，因而必然具备"理性的共性"。

所谓人类理性潜能无限性的认定，只是一种带有美好愿望的主观推测，是在承认人类文明圈的时空边界的前提下的认定。人类理性的无限性与时空的无限性是不统一的，也是不可能统一的。尽管人类对于自身理性潜能的无限性做出了自信的、乐观的预测，但是人们——无论是个体的还是群体的，也无论怎样集中前人的智慧和积累的成果——对于理性的运用都不可能从时间的总体绵延出发，也都不可能从总体的空间运行出发。更重要的是，人们对于理性的任何运用，都是现实理性能力和理性成果的运用，而绝不可能是"无限的潜能"的共时性运用。因此，人们任何时候面对终极系统，都只能是以有限对无限。这种对理性有限性的认知，当然是一种工具理性的思维，是一种逻辑实证的思维，因为这样的思维当中包括了对理性无限性的无法证实的认可。而价值理性则是在承认理性有限性的前提下对终极系统无限性的尊崇，所以包括了对上述工具理性思维的认可。工具理性对理性有限性的求证过程，包括了对"全一"

终极系统无限性的认可，进而也包括了对价值理性形而上思维的认可。价值理性与工具理性的深层的统一，是无可否认的。

当我们从这样的角度来理解价值理性与工具理性的关系的时候，发现老子道家哲学中对此有关的思考比比皆是。

老子说：

> 知其雄，守其雌，为天下溪。为天下溪，常德不离，复归于婴儿。知其白，守其黑，为天下式。为天下式，常德不忒，复归于无极。知其荣，守其辱，为天下谷。为天下谷，常德乃足，复归于朴。朴散则为器，圣人用之则为官长。故大制不割。[1]

"大制不割"的大智慧在于：价值理性和工具理性不是分裂的。雄与雌、白与黑、荣与辱、朴与器等，不能只从字面上理解。一方面，老子这段话说明他绝非仅仅强调弱与雌，正如刘笑敢先生指出的："老子并不主张雌者、弱者永远自甘柔顺，一味守雌、示弱，而是应该有自强的信心和耐心，以及确实的努力去等待和争取变化。"[2]《周易》中"天行健，君子以自强不息；地势坤，君子以厚德载物"的思想与老子的思想并无矛盾。另一方面，古代先哲没有那么多哲学概念，思想观点，表述多用比喻和象征。我们应当从文字背后看到其真正想表述的哲理真谛。雄，喻指刚分健有力、追求实效、创造文明的工具理性；雌，喻指博大深厚、遵循本真、追求自然和谐的价值理性。"为天下谷，常德乃足，复归与朴"，一个"朴"字，充分表明此观点早已超越了雄与雌、黑与白、荣与辱的简单对比关系。不仅工具理性指向的"器"需要归于朴；而且价值理性指向的"朴"也蕴含于、体现于器之中。道家哲学对与价值理性和工具理性关系的解决，既明确强调其区别，又深刻理解其统一，的确是一种"不割"的大智慧。

老子说：

---

[1] 《老子》第二八章。
[2] 刘笑敢：《老子古今》上卷，第318页。

> 大成若缺，其用不弊；大盈若冲，其用不穷。大直若屈，大巧若拙，大辩若讷。躁胜寒，静胜热，清静为天下正。①

以"大巧若拙"为例：老子不仅不反对巧，而且追求大巧；老子并不追求拙，但追求若拙。为什么大巧反而若拙呢？因为巧，是一种工具理性的智慧，是一种追求时效和功利的理性思维。但如果仅仅追求实效与功利就会偏离"天下正"的大道。所以在追求巧的同时，必须坚持价值理性的若拙，那是一种时刻警惕急功近利、短期行为而尊重自然、环视系统、审时度势的大智慧。说白了，"清静""若屈""若拙""若讷"就是在做事、在创造、在言说的时候，要善于审视，要掌握全面，要思考整体，要把握方向，要维护和谐。这样的思想，在老子言论中有诸多体现，比如"既知其子，复守其母……用其光，复归其明"②，表达了同样的意思。

老子又说：

> 明道若昧，进道若退，夷道若纇。上德若谷，大白若辱，广德若不足，建德若偷，质真若渝。大方无隅，大器晚成，大音希声，大象无形。道隐无名，夫唯道善贷且成。③

为什么"明道若昧，进道若退"呢？因为道，以及对道的追求，不注重辉煌的成果，不注重立竿见影的实效，不注重如雷贯耳的声誉……一切人的追求、人的创造、人的言说、人的行为等，如果着眼于本质和长远，着眼于全面和立体，着眼于综合与和谐，那么，从其效果的观察和验证方面来看，都可能"黯然失色"。然而只有这样，才能避免偏差和扭曲，避免突兀和冒进，避免付出不应有的惨重代价。这才是人类正确地认识自己，正确地把握和运用自己的理性的境界、姿态和思维方式。所以，只有"进道若退"，才能"善贷且成"——使万事万物从根本上善始善终。

---

① 《老子》第四五章。
② 《老子》第五二章。
③ 《老子》第四一章。

（四）道家价值哲学的现代启迪

老子从高屋建瓴的哲学本体论出发，从大气磅礴的整体观、系统观出发，从对立统一的辩证思维出发，对"道"与"器"的关系、对形而上与形而下的关系、对无形的整体观照与有形的行为操作的关系的处理，深刻而精湛地启发着我们正确处理价值理性与工具理性的关系。这样的哲学思想，具有深刻的穿透性，且体现了对当今人类社会的强烈的针对性。

从19世纪以来，工具理性的发展可谓突飞猛进。如果说工具理性像一位一路激昂奋进的狂男，价值理性则更像一位被遗忘、被忽略、被边缘化，甚至经常因被抛弃而暗自流泪的婢女。早在20世纪30年代爱因斯坦就发出感叹："在战争时期，应用科学给了人们相互毒害和相互残杀的手段，在和平时期，科学使我们生活匆忙和不安定。它没有使我们从必须完成的单调的劳动中得到多大程度的解放，反而使人成为机器的奴隶；人们绝大部分是一天到晚厌倦地工作着，他们在劳动中毫无乐趣，而且经常提心吊胆，唯恐失去他们一点点可怜的收入。"[①]

目前世界上已经储备了大约3万件核武器，美国《原子科学家通报》杂志2002年2月曾宣称："人类灭亡只需7分钟。"核武器不仅可以让人类彻底消失，并且足以彻底毁灭这个唯一的生态星球。"上帝已死"之后工具理性在科学技术发展中的作用日益获得"上帝"般独尊的地位，但毫无上帝的仁慈，用魔幻般超级工具之手拨弄得整个生态圈失衡扭曲，环境质量全面降低，大量动物、植物遭受灭顶之灾。即使是进化论生物竞争学说所揭示的最残酷的弱肉强食，也没有任何"弱肉"者被"强食"者彻底灭绝。大片被古代人崇尚为"皇天后土""厚德载物"而感恩戴德的大地，从形态到植被，从水文到土壤结构，都严重恶化、退化。精心呵护人类亿万年的臭氧层竟然被人类亲手制造的氟利昂所破坏。由于总量丰富和难以替代的作用而被称为"地球之肾""天然基因库""物种贮存库""气候调节器"的湿地生态系统，在所谓经济建设中大面积消失且难以再生。

[①]《爱因斯坦文集》第三卷，许良英等编译，第179页。

科技发展和应用带来的巨大利益与科技异化造成的危害，似乎是一场并驾齐驱的赛跑，许多人相信：避免灾难、挽救损失、拯救人类的希望仍然要寄托于科学技术本身的发展，实际上，等于说靠工具理性本身来克服工具理性的异化。这是一种真正的从根本上背离理性的非理性梦幻。我们无意否认工具理性可以为人类带来美好前景的巨大潜能，但前提是工具理性必须纳入价值理性的制约和引导。必须看到为工具理性充分施展而提供场地的科学技术领域，正在演绎着这样的逻辑：许多"利益和贡献"往往是可见的、鲜明的，但又是暂时的、局部的；而危害和祸患，往往是无形的，潜在的，但又是深重的、长远的。可以毫不客气地说，现在的人类总体上走上了岔道。所有在政治上、文化上、经济上、科技上，大权在握的人们，都应该警醒。我们是不是正举着斟满子孙后代泪水的高脚杯，来进行今朝有酒今朝醉的狂饮？

就整个人类而言，一定会有尚未麻木或正在苏醒的理性的神经，所以一定会有一些人能够从"大音希声"的历史深处听懂那振聋发聩的警告：

> 昔之得一者，天得一以清，地得一以宁，神得一以灵，谷得一以盈，万物得一以生，侯王得一以为天下贞。其致之。天无以清将恐裂，地无以宁将恐发，神无以灵将恐歇，谷无以盈将恐竭，万物无以生将恐灭，侯王无以贵高将恐蹶。[1]

---

[1] 《老子》第三九章。

第六章
"天下有始"——玄览而知的宇宙论

老子的道家哲学是一种以宏观视角为出发点的宇宙哲学，是一种以终极宏观系统为视野而探寻真理的哲学。所以，在老子也包括后来的庄子的言论中，有丰富的宇宙论的内容，形成了道家哲学整体论、"宏大叙事"的特色。

"先天地生"：宇宙生成论

《三苍》中说："四方上下谓之宇，古往今来谓之宙。"《淮南子·齐俗训》中说："往古来今谓之宙，四方上下谓之宇。"虽然这样的说法中还有直观因素，但基本指出了宇为空间，宙为时间，包含万事万物的时间、空间构成宇宙。但是，老子的宇宙观，更加抽象。从他的"先天地生""人法地，地法天，天法道，道法自然""玄而又玄"等提法中，我们看到他显然已经超越了"四方上下""天地万物""古往今来"这样的直观想象，且达到了形而上的思辨高度。在老子看来，宇宙与自然紧密结合在一起，是一个"自然—宇宙"终极宏观系统。而他的关于宇宙生成的论述，生动体现了这种超然的、思辨的宇宙观。

于是，老子的空间观，超越了四方上下；其时间观也超越了古往今来。但他显然更侧重于时间。天地之始，万物之母，都是从时间上来论道的。

康德在1871年发表的《纯粹理性批判》中提出了著名的四大二律背反，即四个相互矛盾的命题。其中第一个就是关于宇宙有没有开端的。正题是："世界在时间上有一个起点，就空间来说，也是有限的。"反题是："世界在时间上没有起点,在空间上没有界限;就时间和空间双方面来说,它都是无限的。"宇宙开端或时间起点的问题,的确是长期困惑了许多哲学家和科学家的、人们未"经验"到的问题。但是,老子毫不犹豫、十分明确地断定:"天下有始,以为天下母。"[1] 即宇宙是有开端的——"有物混成,先天地生"[2]。但是,在老子那里,宇宙时间的开端,显然不是对前宇宙时间的否定,老子进一步提出:"寂兮寥兮,独立不改,周行而不殆,可以为天下母。"[3] 其中,"寂兮寥兮",即是没有发生时间、空间的"宇宙前状态"。

联合国教科文组织于1998年发表了题为《科学的未来是什么?》的科学报告摘要,其中讲到宇宙"大爆炸之前是什么样子?严格地讲,什么都没有,连时间、空间都没有"。宇宙大爆炸理论,是根据1929年埃德温·哈勃的观测结果而推断的科学理论。哈勃的观测表明,往任何方向看,远处的星系都在急速地远离我们,也就是宇宙正在膨胀。著名的宇宙科学家霍金认为:"这意味着,在早先星体相互之间更加靠近。事实上,似乎在大约100亿至200亿年之前的某一时刻,它们刚好在同一地方,所以那时候宇宙的密度无限大。……哈勃的观测暗示存在一个叫作大爆炸的时刻,当时宇宙的尺度无穷小,而且无限紧密。在这种条件下,所有科学定律并因此所有预见将来的能力都失效了。……由于更早的时间根本没有定义,所以在这个意义上人们可以说,时间在大爆炸时有一个开端。"[4] 两千五百年前老子关于宇宙有开端的思想,与"时间在宇宙大爆炸时有一个开端"的观点是吻合的。但是,仔细品味老子的话,我们发现,如果老子再世,他可能会与霍金教授有一场不大不小的"辩论"。老子大概不会同意霍金这样的观点"如果在此时刻(指宇宙大爆炸——本书作者注)之前有过些事件,它们将不可能影响现在所发生的一切。所以我们可以不理它们,因为他们并没有可观测的后果。"[5] 可是,老子的哲学思辨显然跨越了、穿透了"此时刻"。在老子看来,宇宙时间开端之前是

---

[1] 《老子》第五二章。
[2] 《老子》第二五章。
[3] 《老子》第二五章。
[4] 霍金:《时间简史》,许明贤、吴忠超译,第15页。
[5] 霍金:《时间简史》,许明贤、吴忠超译,第15页。

"寂兮廖兮",或许这可以称作"前宇宙时间"——尽管这是人类无法认知和把握的"时间",或许这就是霍金所说的"没有可观测的后果",而在种哲学思辨上是一种"无"。但正是这个"无",在哲学上依然有"意义"。所谓"有物混成,先天地生",即是说在宇宙形成之前(比如密度无限大、尺度无限小以及形成这种无穷密集之前),道的运行已然发挥作用,宇宙大爆炸本身,也就是宇宙诞生、宇宙时间开端本身,即是"独立而不改,周行而不殆"的道的作用的产物。这真是一种彻底的"唯道主义"。在老子看来,宇宙系统,是一种自然系统,自然,更加抽象,是对宇宙的一种思辨的超越,是一种抽象的终极宏大。所以地法天,天法道,道法自然。

今天讲自然,包括宇宙。但老子的"自然",不仅同"宇宙"一样是一个名词,更是一个抽象的动词,意思是:自而然之,自然而然。我们可以否定宇宙大爆炸理论,事实上的确有许多人在质疑它。我们也可以对到目前为止所有关于宇宙起源的猜测或科学论断表示质疑。但我们无法否认的是,宇宙的确产生了,无论是一种什么样的具体机制在"开天辟地",但这种自然而然、没有任何人为设计与创造的功能、作用本身,是无法否定的。而这就是道,道就是蕴含于、运行于、作用于自然而然中的、说不清道不明、难以具体清晰把握却又可玄览而知的机制与功能。

这样的玄览而知,就是哲学的形而上思维。只要科学的、实证的、逻辑的思维一天没有将自然而然作用机制揭示清楚,形而上思维就一天不能也不应退出人类思维。形而上与形而下,同为人类探寻未知的思维路径,两者可以互补互动,但绝不可以互相替代。正如爱因斯坦那句著名的格言所说:"凡是涉及实在的数学定律都是不确定的,凡是确定的定律都不涉及实在。"[①]

进入道家关于有与无的辩证思考,对于理解道家哲学的宇宙生成论思想更为有益。老子说:"天下万物生于有,有生于无。"[②] 这里的"无",是一种哲学思辨上的终极追寻。自然系统的本质实在,只有能够"从无到有""无中生有",才是有机的、功能的、作用性的实在。所以老子肯定了宇宙生成之前

[①] 转引自卡普拉《物理学之"道"——近代物理学与东方神秘主义》,朱润生译,第23页。
[②] 《老子》第四〇章。

的"寂兮寥兮",肯定了现象界一切具体存在的"前存在"状态,就是要强调作为道的实在,是一种超越具体现象界存在的确切实在。彻底归零,方能生一。下面庄子的一段话,对理解这样的哲学思辨有所帮助:"出无本,入无窍。有实而无乎处,有长而无乎本剽。有所出而无窍者有实,有实而无乎处者,宇也;有长而无本剽者,宙也。有乎生,有乎死;有乎出,有乎入。入出而无见其形,是谓天门。天门者,无有也。万物出乎无有。有不能以有为有,必出乎无有,而无有一无有。"① 意思是:产生没有可以看到的出有,消亡没有明确的标志。有存在却没有确切的处所,有成长却见不到具体的始末。有所产生却没有具体出处即是实在。实在而看不见确切的处所,是无边际的空间。有成长却没有具体的始末,是无极限的时间。存在生,存在死,存在产生,存在消亡。无形无状的生死存亡,就是自然的玄妙之门。而这样的"天门",就是无。万物产生于无。有不可能以有为有,必产生于无有,无有就是一切皆无。——这是一种对于前宇宙状态的"时间追问"。

看起来,有与无的确是矛盾的,而且很像是康德所说的逻辑上二律背反的矛盾。但是在道家哲学看来,这是一种辩证的矛盾。道家哲学认为:有与无的矛盾,统一于自然。自然,无论用如何纯粹的理性,都是人类所无法否认的终极系统,都蕴含了终极系统中的终极存在。在康德那里,时空所决定的纯粹的先验理性最终无法解决他殚精竭虑思考的问题,因而让渡给实践理性。但是,理性也是"有生于无",自然所决定的理性,也一定是先验理性和实践理性(经验与体悟)的结合。康德的伟大在于一开始就着眼于空间的立体性、宏观性以及时间的序列性、绵延性所给出的框架性和系统性。然而,自然,才是真正的、终极的系统。因为自然中有变化、有生长、有选择、有化合、有功能、有作用,或者借用西方神本论的话语:有"上帝"的和"神性"的实在。所以,当老子的宇宙论断定了宇宙时间开端、世界起源的时候,其宇宙生成论为道家本体论、为道法自然的理论提供了思想前提。据此,老子宣称:"天下万物生于有,有生于无。"②

---

① 《庄子·庚桑楚》。
② 《老子》第四〇章。

美国物理学家卡普拉在其驰名著作《物理学之"道"——近代物理学与东方神秘主义》中介绍,物理学新近成果之一的靴袢理论认为:"宇宙中所有的现象都唯一地取决于共有的自洽性,这种自然观显然与东方的宇宙观非常接近。在不可分割的宇宙中,一切事物都互相联系,所以它如果不是自洽的就没有意义。"① 宇宙中一切事物的自洽性,在很深的程度上触及"道",甚至可以说,是"自然神性"的现代、科学哲学版。

道家哲学在有与无的关系上,更看重的、更多强调的是"无"。不仅因为无在有之前,而且有出于无,无是有的前提。没有无,就无所谓有。正因为道的作用的存在,所以,有必然生于无并以无为前提。所以老子说"无名天地之始,有名万物之母。故常无欲,以观其妙;常有欲,以观其徼。此两者同出而异名,同谓之玄,玄之又玄,众妙之门。"② 庄子也说:"万物出乎无有"③;"泰初有无,无有无名。一之所起,有一而未形"④。庄子还说过:"有始也者,有未始有始也者,有未始有夫未始有始也者。有有也者,有无也者,有未始有无也者,有未始有夫未始有无也者。"⑤ 这充满了形而上意味的"哲学绕口令",表明庄子对康德所说的二律背反的哲学概念是有所思考的。胡哲敷先生对庄子的话这样解释:"他虽然在'有始也者'之前,加上未始有始,与未始有夫未始有始的两重境界。在有无也者之前,加上未始有无,与未始有夫未始有无两重境界。然而他究竟是以'始'与'无'作标准的,始与无以前的境界,不过是究极之论,与《老子》首章玄同的境界,与玄之又玄的境界正同。"⑥ 所以,老庄都强调"有始",都强调"无",体现了哲学形而上思维的"究极"。

"常德不忒":宇宙统一论

宇宙万象纷繁复杂,却又表现出有序和演化的方向性。那么,我们究竟是

---

① 卡普拉:《物理学之"道"——近代物理学与东方神秘主义》,朱润生译,第236页。
② 《老子》第一章。
③ 《庄子·庚桑楚》。
④ 《庄子·天地》。
⑤ 《庄子·齐物论》。
⑥ 胡哲敷:《老庄哲学》,中华书局,1935,第49页。

应该用偶然性和概率性来解释，还是应当寻找基本的、确定的、因果的规律性？老子是主张"常道"的，那么，是不是说老子作为道家哲学的创始者，一定是认定了爱因斯坦所苦苦追寻的终极规律或基本规律呢？

从 20 世纪 30 年代开始，爱因斯坦和玻尔两位科学巨匠之间展开了一场争论。在这场长达 30 多年的争论中，两人都提出了许多真知灼见，但谁也未能说服谁。争论是围绕量子理论进行的，但实质在于一切物理现象中是否存在连续性和因果性的问题。爱因斯坦始终坚持物理现象中的连续性、因果性，即决定论的规律性。但是，玻尔坚持认为人们无法认识物理现象的细微过程，进而也无法用微方程来理解量子结构，因此试图用"概率波"来说明电磁波的方法是不可行的，"概率波"强调的是物理现象的非连续性和统计性。后来，玻尔通过实验得出结论：电子同时具有粒子和波的特性，在某种研究条件下显示为粒子，在另外的研究条件下显示为波。电子作为粒子的性质和作为波的性质是互补的[1]。爱因斯坦一再表示不愿意轻易放弃严格的因果性，虽然他的实验研究一再失败，但他还是对"普天之下皆准"的自然规律孜孜以求。

爱因斯坦和玻尔之间的争论，可以基本上被这样概括：一方强调物理现象中规律的确定性、完备性、因果性、连续性；另一方强调测不准原理、互补性观念、概率性概念因而对前者提出挑战。在爱因斯坦和玻尔相继去世之后，物理学家们继续通过实验总结探讨这一具有哲学意义的问题，却始终难以得出确切的结论。

重温老子的话来思考这样一场旷世之争，似乎颇有启悟："孔德之容，惟道是从。道之为物，惟恍惟惚。惚兮恍兮，其中有象；恍兮惚兮，其中有物。窈兮冥兮，其中有精；其精甚真，其中有信。"[2] 所谓"惚兮恍兮""恍兮惚兮""窈兮冥兮"，对应于测不准、概率性，以及科学研究受到条件手段的制约、研究成果受到条件的影响等；所谓"其中有精；其精甚真，其中有信"，对应于确定性、连续性、因果性等。

一方面，老子所处的时代，整个人类都处于前科学时代，道家哲学没有在

---

[1] 已经有人受到波粒二象性的启发而尝试研究时间与波粒二象性的相关性，笔者只不过仅仅在网络文章中看到。

[2] 《老子》第二一章。

复杂万象面前感到自卑，没有求助于人格化的神仙上帝，没有求助于神秘主义、偶然性，更出于对自然宇宙的充分尊重而没有任何将人类的自由意志等凌驾于自然宇宙之上的傲慢，而是确信自然万象本身存在确定的创生万物、协调万物的作用机制。所以，道家哲学一再强调"常道""常德"。有"常"，即有序，有规律，有必然。《老子》第二十八章说，"常德不离""常德不忒""常德乃足"；第十六章说，"知常曰明，不知常，妄作，凶"；第三十七章说，"道常无为，而无不为"。……这些反复出现的"常"，就是一种确定性，一种规律性（如果我们愿意并可以用"规律"这个词语的话）。但是另一方面，道家哲学充分意识到人类在宇宙自然的复杂性面前，认识能力的局限。所以《老子》开篇即云，"道可道，非常道"；"玄之又玄"。所以，道家哲学与所说的规律性和有序性，不是人类可以确切认知或掌握的因果性、确定性规律，不是"子规律""非常道"。形而上思维终极追寻的认知，绝不是科学手段、实证手段、形而下思维认知的成果。进一步说，老子所说的"常道"，是一种"总规律"。但是，如果老子活在今天，明白了我们所说的"规律"这个概念的含义的话，他不大可能用这个词，因为"名可名，非常名"，还是愿意强为之名之曰："道。"

如果从道家哲学的眼光来看，爱因斯坦孜孜以求"因果性证据"的努力注定是徒劳的。所以老子说："视之不见名曰夷，听之不闻名曰希，搏之不得名曰微。此三者不可致诘，故混而为一。"[①] 也就是说，追来追去，求来求去，只能追寻到"一"那里去。正因为如此，我们说老子的宇宙论，是宇宙统一论的哲学。而"一"是什么呢？老子说："其上不皦，其下不昧，绳绳兮不可名，复归于无物。"[②] 也就是归到"无"那里去了。也就是追寻到了人类不可认知和把握的"前宇宙状态"去了，那里是"道法自然""无中生有"的状态；或者追寻到"是谓无状之状，无物之象。是谓惚恍。迎之不见其首，随之不见其后"[③] 的神秘状态中去了。即使玻尔有一天失败了，被证明错误了，也没有用，因为物理现象说到底是宇宙万象中一个子系统，由此是不可能解决终极系统的终极规律

---

① 《老子》第一四章。
② 《老子》第一四章。
③ 《老子》第一四章。

的。但是，我们依然应当相信宇宙有内在的、基本的"规律"，我们虽不能具体揭示它，但可以，而且必须承认其组织、整合、创造的伟大功能，可以，而且必须敬畏它、接受其启发与昭示。或许这就是冯友兰所说的"不知之知"，就是老子说的"执古之道，以御今之有，能知古始，是谓道纪"[①]。

金岳霖先生对此有相当深刻的论述，他说："最崇高概念的道，最基本的原动力的道不是空的，也不会像式那样的空。道一定是实的，可是它不只是呆板地实、像自然律与东西那样的实，也不只是流动地实像情感与时间那样的实。道可以合起来说，也可以分开来说，它虽无所不包，然而它不像宇宙那样必得其全然后才能称之为宇宙。自万有之合而为道而言之，道一，自万有之各有其道而言之，道无量。'道二，仁与不仁而已矣'的道，照本书的说法，是分开来说的道。从知识这一方面说，分开来说的道非常之重要，分科治学，所研究的对象都是分开来说的道。从人事这一方面着想，分开来说的道也许更是重要，'得志与民由之，不得志独行其道'的道都是人道，照本书的说法，都是分开来说的道。可是，如果我们从元学的对象着想，则万物一齐，孰短孰长，超形脱相，无人无我，生有自来，死而不已，而所谓道就是合起来说的道，道一的道。"[②] 金岳霖先生这种关于"常道"与"非常道"相分相合、互动统一的理解，与西方研究道家哲学的思想家不谋而合。卡普拉就认为："有一句古代中国格言的大意是：神秘主义者了解'道'的根本，而不是它的枝节，科学家则了解它的枝节，而不是它的根本。科学不需要神秘主义，神秘主义也不需要科学，但是人们需要这二者。神秘主义的体验对于认识事物最深刻的本质来说是必要的，而科学则对于现代生活来说是必要的。因此，我们所需要的并不是神秘主义直觉与科学分析的综合，而是它们之间动态的相互作用。"[③]

"谷神不死"：宇宙有机论

老子对自然宇宙的认知，是建立在有机论基点上的。有机，就是宇宙中各

[①] 《老子》第一四章。
[②] 金岳霖：《论道》，中国人民大学出版社，2005，第16页。
[③] 卡普拉：《物理学之"道"——近代物理学与东方神秘主义》，朱润生译，第252页。

事物之间不是孤立分散的,而是普遍联系的,是有功能的、发挥作用的。这是道家哲学的核心思想。所谓"道生一,一生二,二生三,三生万物。万物负阴而抱阳,冲气以为和"①。一个"生"字,生动地道出有机与功能。所谓"道生之,德畜之,物形之,势成之"②;所谓"谷神不死,是谓玄牝,玄牝之门,是谓天地根。绵绵若存,用之不勤"③,都是这个意思。

前面已经提到,老子对于宇宙万象的极端复杂是有充分意识的,但他在"惚兮恍兮""窈兮冥兮"之中坚信道的实在、常在。这种哲学思维,体现了变与不变的辩证。但是,老子并没有仅仅停留在对"道纪"的抽象肯定上,而是进一步认为宇宙间万事万物的变化是有方向的。在"无为"当中,是"有为"的。对此,他并不是站在人的角度,认为对人有意义才是意义的本质,对人类的诞生和生存有利才是发展的方向,而是站在自然—宇宙的角度,认为所有的发生、生成、协调、循环……总之一切变化都是有机的、都是"无不为"的。这一点,与中国古代的先进思想是一致的。《易传·系辞上》中说:"在天成象,在地成形,变化见也。"人类的诞生、生存与发展,只不过是这种方向性的一种证实。

金岳霖先生的《论道》开篇便指出"道是式——能";"道有'有',曰式曰能"。④ 这是非常有见地的。所谓"式"和"能"是什么呢?金岳霖先生解释说:"式类似理与形";"能类似气与质"。⑤ 这种解释,只是相对于西方哲学的既有的概念而提出的。但是,从金岳霖先生进一步的表述中可以看出,他理解的道家哲学的本体,与西方哲学中的本是完全不同的。

其实苏格拉底也将本体论探求指向形式,但是罗素批评指出:"苏格拉底形式论的主要难点就是怎样才能把形式与个体事物联系起来,毕竟形式只有一个,而个体事物却很多。"⑥ 西方哲学家不肯在形式那里"停留"下来,将探求继续指向个体事物,似乎只有这样,才能使本体思维更加"彻底"。于是罗

---

① 《老子》第四二章。
② 《老子》第五一章。
③ 《老子》第六章。
④ 金岳霖:《论道》,第17页。
⑤ 金岳霖:《论道》,第12页。
⑥ 罗素:《西方的智慧》,中央编译出版社,2008,第63页。

素继续批判:"整体形式是无法出现在每一个个体事物里的,因为那样的话它就不可能成为一种形式。或者说,每个个体事物都含有形式的一部分,但这样一来,形式也就不能说明任何问题了。"① 我们认为罗素的话很有启发意义,任何事物无论个体还是"集合体",抑或"整体",都一定是形式的存在。第一,本体在终极宏观之中,不在终极微观之中,这是道家哲学十分重要的思维原则、出发点。第二,只要个体事物可分,即说明个体是整体。第三,即使我们采用目前科学发现所证明的基本粒子或夸克为终极微观,我们也不能同意西方哲学机械地物理分割式的逻辑思维,那已经脱离了形而上思辨。既然所有的基本粒子或夸克都不可能单独存在,就不能仅仅看到其仅仅"含有形式的一部分",而是必然形式地存在着。第四,任何形式都是一种关联,但绝不仅仅是空间关联,而且更重要的是时间关联,只有从"形式的时间维"出发,才能理解形式的动态性、有机性。个体事物之间相互区别本身就是以相互联系为条件的,个体存在本身就是以构成形式为前提的。所以构成形式是个体事物的基本属性。甚至,不能构成形式的任何个体都从根本上无所产生、无以存在。同时,否定了个体的形式质、关系质,使整个世界从根本上不符合任何形式逻辑。那才是真正的"不可思议"。

有式,必有能。"虽有能而不单独地有,虽有式也不单独地有;无无能的式,无无式的能,是先天的真理……它们都是最基本的分析成分,它们的综合就是道。"② 当然,当我们将目光瞄向微观世界、瞄向"最基本的分析成分",得出式与能的综合就是道的结论,与宏观领域的宇宙有机论是一致的。

正如卡普拉在《物理学之"道"——近代物理学与东方神秘主义》中清醒地意识到,东方宇宙观有一个基本主题,那就是:所有的现象都是统一的、相互联系的,宇宙在本质上是能动的。物理学的深入研究表明,需要把世界看成一个不可分割的、相互作用的、其组成部分是永远运动着的一个体系,而观察者本身也是这个体系中必不可少的一部分。他进一步认为:"东方神秘主义的宇宙观不仅在强调一切现象的相互联系和自洽性方面,而且在否认物质的基本

---

① 罗素:《西方的智慧》,第63页。
② 金岳霖:《论道》,第14页。

成分方面都和近代物理学的靴袢理论一样。它把宇宙看作是一个不可分割的整体，其中一切皆流，一切皆变。在这样的宇宙观中，不存在任何固定不变的基本实体。"[1] 卡普拉从近代物理学中再次发现，有形物体不是截然分开的实体，而是和它们的环境不可分割地联系在一起的，它们的性质是根据与世界其他部分的相互作用来了解的。若不是存在宇宙的遥远部分，我们日常的环境也就无法继续存在下去，我们日常的经验从最小的细节直到宇宙巨大的尺度的特征都是紧密联系的，以至不能指望把两者分开。卡普拉的观点，可以说他在自己的研究中有一种"悟道"的豁然开朗：整个世界是联系的体系，是运动的统一，包括观察者自身也是"一"的有机构成。

机械的、形体的分割与组合，数学的公式，以及万事万物具体的逻辑、局部的因果，都在宇宙—自然系统中"化一"，而被有机能动的作用规定。而这样一种有机的、能动的宇宙论，为哲学上辩证论、层次论的展开奠定了坚实的基础。

"万物将自化"：宇宙自化论

进入 21 世纪的人类，已经习惯于对于文明成果的分享，甚至习惯于将原始社会人类祖先对自然的敬畏看作能力低下的表现。如果说哲学是人类审视世界本原的理性思维，那么，西方哲学从一开始就表现了对人类的过分的"自信"。相比而言，中国的老子、庄子对宇宙—自然系统的"自化"给予了充分的肯定。

所谓"自化"，不是指一般的事物的变化，而是指有方向的、有价值取向的发展变化。

老子说："天长地久。天地所以能长且久者，以其不自生也，故能长生。"[2] 这里的"不自生"，不是"不自我生长"的意思，这里的"不自"，和"不自见，故明；不自是，故彰；不自伐，故有功；不自矜，故长"中的"不自"是一个意思，指的是自以为是、主观意志。天地没有长生的主观意

---

[1] 卡普拉：《物理学之"道"——近代物理学与东方神秘主义》，朱润生译，第 239 页。
[2] 《老子》第七章。

志和主观作为，而是自然而然的道在发挥作用，因而才能够长生。老子对自然之道的充分肯定，并没有像西方宗教哲学对待上帝那样"歌功颂德"，也没有阐述道的伟大和神圣的地位，反而更多的是尊重道的守弱、守雌、守静，道谦虚地、含蓄地、"民主"地隐含于自然之中，在万物自化之中发挥作用。这样的确定，才是稳定的确定；这样的作用，才是深刻的作用；这样的实在，才是恒久的实在。

"昔之得一者，天得一以清，地得一以宁，神得一以灵，谷得一以盈，侯王得一以为天下贞。其致之。天无以清将恐裂，地无以宁将恐发，神无以灵将恐歇，谷无以盈将恐竭，万物无以生将恐灭，侯王无以贵高将恐蹶。"（《老子》第三十九章）所谓"一"，就是道，就是基本规律、一切规律的总规律。所谓清、宁、灵、盈、正，就是繁杂中的自宾、自化的外部特征。

自化论并不支持目的论、决定论。所谓自化论，与目的论是有严格区别的。目的论是承认一切变化的事先设计与预定。但是自化论所承认的事物变化发展的方向性，不是事先预设的、不是具有目的追求的。方向性蕴含于自然系统的运作过程之中。在自化过程中，方向与价值被筛选、沉淀而逐渐显露，或者说是逐渐延展、外显、涌现。这才是自宾、自化的原旨，也才是对自然之道的更为彻底的认知。同时，所谓方向性，也并非"以人为尺度"来确定的，并非符合人的意志或利益，即为方向。所谓方向性，是自然之道所展现、延展、外化、显露出来的趋向性，是时间（宇宙时间、社会时间、精神时间）绵延的不可逆性。人类的诞生，便是这种方向性的成果之一。反过来，人为的种种成就，也必须符合这样的趋向，否则人们所谓辉煌的成就，很可能从长远看是变异、异化、蜕化。

方向性不是决定论，因而对决定论的否定不可能导致对方向性的否定。波普尔将经典物理学的决定论称为"拉普拉斯之魔"。拉普拉斯在《概率的哲学导论》中描述了"魔鬼的虚构"，即魔鬼将能够推断世界体系的所有未来状况。假如已知自然法则，世界的未来就蕴含在它的过去的任何瞬间之中，因而决定论的正确性就会得到证实。波普尔批评道："我个人觉得拉普拉斯的决定论是一种非常不令人信服和非常没有吸引力的观点；它是一个可疑的论据，因为计算机的复杂性也许必须极大地超过宇宙，如（我认为首先）由 F.A. 海耶克

（F.A.Hayek）所指出的那样。"波普尔用来反对决定性的依据，有两个"不能还原"的实验，一是麦斯维尔用以太的机械模型把电与磁还原为牛顿力学的尝试遭到失败；二是量子力学假定在因果关系上不能还原，因而确定了基本的偶然事件的可能性。波普尔尤其强调量子力学引入的"远为彻底的一种偶然事件"：绝对的偶然性。即：按照量子力学，一些基本物理过程不能按照因果链条进一步分析，却由"量子跃迁"组成，而量子跃迁被假定为一种绝对不可预测的事件。爱因斯坦曾对此抗议，但是，量子力学所引入的事物恰恰是爱因斯坦本人"投骰子的上帝"这一命题的证明。① 道家哲学反对决定论，因为用因果关系链条来解释宇宙变化、自然之道，是违背"道法自然"的基本原理的。决定论所表述的变化，绝不是道家哲学所认定的"自化"。自化，不是有预设、有目的的变化，因而也不可能是沿着因果链条展开的变化。但是，对决定论、目的论的否定，并不能同时构成对方向性、趋向性的否定。我们从自然中、宇宙中可以观察到的一切，都是自化的成果，同时也是变化中方向性的铁证。偶然与偶然之间，不能构成因果的必然，但这并不意味着不能构成方向与趋势的必然。假如上帝确实在投骰子，那么"偶然地"决定了事物发展的投骰子的结果不可能只有一次，而是无数次。无数次的"偶然事件"，无可置疑地孕育了趋势性必然。

我们用"孕育"这个概念，是因为方向性、趋向性必然还有一个特征："偶然事件"在概率分布上的不均衡性。即：作用于发展、体现出同一方向的偶然越来越多，并呈现为出现频率的加速度。比如：46亿年前太阳系形成后，用了10多亿年时间，在35亿年前，出现了由细菌组成的生命；用了20多亿年时间，在14亿年前出现了真核细胞；用了6亿多年时间，在8亿年前出现了多细胞生物；用了2亿年时间，在6亿年前出现了大批古生物；用了1.5亿年时间，在4.5亿年前植物出现在陆地；用了近1亿年时间，约在3.7亿年前一些鱼类从海洋爬上了陆地；用了1.5亿年时间，约在2.2亿年前出现了原始哺乳动物；用了1.5亿年时间，约在7000万年前出现了灵长类哺乳动物；用了4000万年时间，约在3000万年前出现了古猿；用了2000多万年时间，

---

① 参见卡尔·波普尔《开放的宇宙》，李本正译，中国美术学院出版社，1999，第111~113页。

约在700万~600万年前终于出现了能够独立行走的前人。而从前人、真人、智人到现代人,仅用了600万年时间。[①] 人类文明的加速度,无须细说,只要粗略地了解从茹毛饮血、刀耕火种到农业文明、城市文明、工业文明、科技文明……的发展史就够了。

会有人反驳说,复杂性理论所揭示的"时间不可逆",是一种趋向复杂性,而这种复杂性并不一定是从无到有、从无序到有序、从低级到高级的方向性。因为根据耗散结构说,熵的增加导致的是无序,即有序状态的打破。但是任何系统,只要与外界互动交换,就会有负熵的加入,并通过自组织机制走向新的,甚至是更高的有序。反驳者会继续反驳:这的确是自组织理论所揭示的方向性,但是整个宇宙宏观系统的熵总体上是增加的,所以终极宏观系统的趋向只能是走向无序,甚至走向宇宙的毁灭。但是,这样"宏观的"反驳忘记了一个更为"宏观的"思辨:终极系统也是一个开放系统,道家哲学的"无",将思维扩展到前宇宙状态,宇宙宏观系统永远在源源不断地增加"负熵"——时间![②] 所以,宇宙从诞生那一天起,其总体的、基本的方向是走向有序,甚至是创造有序的。这正是时间总体上不可逆、自组织机制之道必然发挥作用的玄妙给我们的重要启示。

关于偶然性的哲学思考,不应该局限于点状,而应该给予宏观的、系统的观照。道家哲学是坚持宏观视野和系统思维的,因而在反对决定论的同时坚持自化论中的方向论。不论是用决定论反对偶然论,还是用偶然论反对决定论,都不能忽略宇宙—自然系统的根本昭示。所以,老子说:"道常无为,而无不为。侯王若能守之,万物将自化。化而欲作,吾将镇之以无名之朴。无名之朴,夫亦将无欲。不欲以静,天下将自定。"[③] 人类的行为必须循道,人间正道即苍天正道,人道归根结底需要相信和遵循"天下将自定"的天道。

[①] 参见阿西莫夫《诠释人类万年》第一章《人类文明之前》,内蒙古人民出版社,1998,转引自陶伯华《大飞跃》,黑龙江人民出版社,2003,第32页。
[②] 关于时间之道的研究,是一种形而上思维,但是关于宇宙时间的研究属于物理科学领域。但任何分立、并存的思维方式和认知路径,既不能混淆,也一定会有一定的互印、互动。宗教、哲学、科学之间的关系是微妙的,这本身就构成了一种自组织关系。
[③] 《老子》第三七章。

"周行而不殆"：宇宙循环论

《老子》第二十五章说：

> 有物混成，先天地生，寂兮寥兮，独立不改，周行而不殆，可以为天下母。吾不知其名，字之曰道，强为之名曰大。大曰逝，逝曰远，远曰反。

有人据此认为：老子的思想是一种循环论。持这种观点的学者认为：老子固然有一定的辩证法思想，但他的辩证法与德国古典哲学的辩证法有内在的分别，即德国古典哲学的辩证法以"发展"为核心观念，而老子的辩证法没有发展思想，只有循环思想。

是的，老子的确有宇宙循环的思想，但那也是一种辩证的、发展的循环论。如果老子的宇宙论仅仅是一种单纯的循环论，那又该怎样理解老子所说的"道生一，一生二，二生三，三生万物"呢？该怎样理解"人法地，地法天，天法道，道法自然"呢？在后面这两段话里，显然体现了一种变化观、发展观。就在这一段论述"循环论"的话里，老子所说的"有物混成，先天地生"；以及在"周行而不殆"之后紧接着就说"可以为天下母"，也是明白无误地体现了一种变化观、发展观。因此我们认为，老子的宇宙循环论，是一种与辩证法中的对立统一、事物发展变化的观点并行不悖的循环论，是其辩证思维的另一种表述方式。

大、逝、反（返），的确揭示了宇宙之中天体运行的周期性循环现象。宇宙物理学所揭示的星球自转与公转是一种循环，而包括宇宙大爆炸理论在内的种种宇宙起源论，归根结底也是在说明一种循环。但是，我们根本无法否认循环中的变化，因为任何一种循环都不可能是完全归零的、彻底复原的绝对重复。星球在自转中不仅在移位，而且自身内部矛盾运动会发生变化作用；公转的星球——太阳系中所有的卫星、行星以及恒星（太阳）都既不可能完全复位，也不可能毫无变化，太阳的燃烧本身就在变化。地球上的万象生机以及从无到有的种种发展,更是循环中的变化。不仅关于具体的变化机制的彻底揭示遥遥无期,而且关于宇宙万物总体运行最根本规律的彻底揭示,也是一厢情愿。所谓悖论,主要表现为任何肯定都包含了对肯定的否定,实际上是人类认知能力的带有根本性的障碍,或者说是人类认知能力的根本性局限。任何关于归零、重复、复原的定论都是毫无根据的臆想。

因此,循环论与发展论,本身就是对立统一的。

问题在于,责难老子的辩证法是一种无发展的循环论的观点,是从东西方哲学比较的视角出发的,有人认为道家哲学与西方哲学相比,缺少一种斗争精神、进取精神,强调统一而淡化对立,表现出守雌的、柔弱的、保守的思想倾向。正是这一种倾向,与西方哲学精神形成鲜明对比,在导致中国求稳而积弱、求自保而落后、求和谐而平庸的历史中发挥了消极作用。此说法或许有一定道理,因为像西方那样所谓"辩证的否定是发展的环节"的哲学,那种强权意志、强人政治的哲学,中国历史上不是没有,比如法家思想体系中就有不少,儒家、道家中都有,只是需要分析。道家哲学中总体倾向是柔、静、雌、阴。对立统一,是倾向于对立与斗争,还是倾向于统一与和谐,的确构成了东西方哲学精神上的明显差异。

对照一下生活年代大致相当的老子与赫拉克利特,或许是有意义的。其实赫拉克利特也说过"在圆周上,终点就是起点,上坡路和下坡路是同一条路"。没有人认为赫氏只讲循环论,因为他说过这样的话:"应当知道,战争是普遍的,正义就是斗争,一切都是通过斗争和必然性而产生的";"战争是万物之父,也是万物之王。它使一些人成为神,使一些人成为人,使一些人成为奴隶,使一些人成为自由人。"[1] 我们从两千多年的西方哲学发展史中都可以感受到赫氏这种思想的长期渗透;而老子的思想在中国思想史中的影响同样深远。老子说:"水善利万物而不争"[2];"致虚极,守静笃,万物并作,吾以观复。夫物芸芸,各复归其根。归根曰静,是谓复命"[3];"以道佐人主者,不以兵强天下,其事好还。师之所处,荆棘生焉。大军之后,必有凶年。善有果而

---

[1] 北京大学哲学系外国哲学史教研室编译《西方哲学原著选读》,第27页。
[2] 《老子》第八章。
[3] 《老子》第一六章。

已,不敢以取强"①。

如何看待这种鲜明的对照呢?毋庸讳言,中国在近代以来的世界格局中十分落后,西方国家在国际舞台上轮番登场,从原始积累到称霸世界,从经济腾飞到科技革命,其强悍、进取、开拓、发展的势头几百年来一直咄咄逼人。一方面,西方文明的灿烂辉煌值得学习借鉴之处很多;另一方面,西方精神内涵值得反思和批判之处亦不容忽略。如果说有东西合璧、取长补短的必要,首先就要从哲学精神、思想内蕴入手。

辩证的对立统一,本身就是对立、斗争与统一、和谐之间的对立统一,两者都有必然性。但是,在老子看来,后者更具有根本性。"万物负阴而抱阳,冲气以为和"②,阴阳相交可以表现为对立与冲突,但"和"才是基本面。因为和,是发展起始的前提,是发展过程的条件,是发展取向的归宿。宇宙万物如此,人类社会亦如此。于是"夫物芸芸,各复归其根。归根曰静,是谓复命。复命曰常,知常曰明"③,不是为了保守不前、还原倒退,而是因为"大军过后,必有凶年";是因为"不知常,妄作,凶"——当今世界的生态资源环境已经向人类发出严重警告;用于军事的核能量已经使人类以及地球上所有生物生存在一个巨大的火药桶中。"万物之王""万物之父"的战争的确造就了神、人、奴隶……以至国家民族之间的等级,但公正、平等、正义作为远远高于差异竞争的价值成为人类迫切严峻的必然追求。"斗争哲学"并没有完全背离辩证法,但的确是对辩证法的偏误化和狭隘化。中国"文化大革命"的狂热并非没有指导思想,"斗争哲学"不是影子而是主宰了一个民族疯狂混乱的灵魂。与天斗,与地斗,与人斗或许会有一时的"其乐无穷",但绝不能打破人与天、人与地、人与人之间的统一和谐,否则就只能是祸害无穷、灾难无穷、遗患无穷。

包括宇宙论、辩证法在内的人类哲学思维必须与价值论相结合。老子宇宙循环论的思想启迪,在于"反者,道之动;弱者,道之用"④,迷途知返、异

---

① 《老子》第三〇章。
② 《老子》,第四二章。
③ 《老子》,第一六章。
④ 《老子》,第四〇章。

化知返，物壮知返。

两千五百年前，道家先哲将凝思的目光瞄向宏观宇宙，的确不是宇宙科学的发端。然而，其玄观悟道的深邃的思想言论，却从哲学上至今启迪人类。而物理学长足直进的深入发展为人类创造福祉与未来提供了强大的工具与武器。然而，正是物理学新近成就所打开的视野，一再触动着人们关于人类现实和未来总体方向的反思，使包括物理学家在内的站在科学前沿的人们意识到，需要重新借助包括道家在内的东方智慧。或许，这也是一种"循环"，然而却生动地标注着"发展的循环"。正如卡普拉指出："大部分当代的物理学家似乎并没有认识到自己的理论在哲学、文化和精神方面的含义。他们之中许多人在积极地支撑着一个仍然以机械论的，不完整的宇宙观为基础的社会，却无视于科学正在超越这种宇宙观而朝着宇宙整体性的观点发展。……我认为，近代物理学所含有的宇宙观与我们当前的社会是不协调的，这种社会并没有反映出我们在自然界中观察到的那种和谐的相互联系。要达到这样一种动态平衡的状态，就需要一种根本不同的社会和经济结构，需要一次真正的文化革命。整个人类文明的延续，可能就取决于我们能否进行这种变革，归根结底，取决于我们对东方神秘主义某些'阴'的观点的接受能力，体验自然界的整体的能力，以及与之和谐地共存的才艺。"[①]

[①] 卡普拉：《物理学之"道"——近代物理学与东方神秘主义》，朱润生译，第252页。

第七章
"涤除玄览"——独树一帜的认识论

"名可名,非常名":概念

《老子》开篇的第二句话"名可名,非常名",与第一句话"道可道,非常道",应该是对应的。意思是:概念是可以称谓的,然一旦有了一定的称谓,这个概念就已经不能深刻地反映事物的本质了。这有点像诗歌的翻译,有一种观点认为诗歌是可以翻译的,但一旦翻译出来,就已经偏离原作的意韵了。所以有人说:"什么是诗歌?真正的诗歌是被翻译之后剩下的、翻译不出来的那部分。"

道无形无状,无边无际,无始无终,该怎样概括?该怎样提炼?该怎样表述?正因为难以用一个命题或一个概念来描述,所以老子说:"吾不知其名,字之曰道,强为之名曰大。"[①] 这里的"字"和"名",都是一种阐述或言说,前者侧重于内在本质;后者侧重于外部特征。然而在"名可名,非常名"中,"名"包括了"字",是概括的言说,抽象的言说,必须要解决思维、理解、认知和语言、表达、传递之间的关系。而且是抽象的语言、凝练的表达、精确的传递。不仅如此,名还需要考虑接受者的理解而做到传神达意和有效沟通。

老子的名,与给孩子起个名的名不同,与"师出有名"的名不同,与孔子的"必也正名乎"的名不同,即便与"黄老刑名之学"的名也有区别。但与"名实之争""名实之辨"中的名,基本相同,也就是概念的意思。老子在这

---

① 《老子》第二五章。

里已经涉及概念思维的精髓。魏晋玄学家王弼说得不错:"名也者,定彼者也;称也者,从谓者也。名生乎彼,称出乎我。故涉之乎无物而不由,则称之曰道;求之乎无妙而不出,则谓之玄。"① 所以,"字之曰道,谓之曰玄,而不名也"。其实,王弼还是没有充分弄明白,"谓之""字之""曰"等,并不是随随便便的主观意志。在这方面,荀子则更加否定命名中的客观因素,或主客观之间的统一。《荀子》:"名无固宜,约之以命,约定而俗成谓之宜"。倒是明朝的王夫之高人一筹,他认为:"虽曰自命,有命之者也"②,也就是除了人的主观因素,还有客观因素,人们的命名或对一事物的称谓,一定是经过审视之后的一种认知、判断、评定,并且是概括和抽象思维的表述。所以王夫之说,"称,本训铨也,铨亦品量";"以权衡审轻重曰称"③。

虽然概念思维在中国文化传统中的确是弱项,但中华民族既然有自己的思想家和宝贵财富,就绝不应该只是靠引进而不靠内向发掘去改善思维。没有继承的吸取不可取,就像没有吸取的继承不可取一样。我们需要学习西方,但要防止消化不良。两千多年前的《老子》,已经是概念思维的滥觞。

西方自古希腊起,就将人的认知能力分为感性和理性。感性是直观的能力,理性是判断、推理的能力;直观依赖的是表象,判断和推理依赖的是概念,或者可以说,一个是具象,一个是概念。而且,西方哲学家通常都将这两者分离开来,认为感知和理性针对的是"两个世界",一个是物的世界,另一个是理的世界。当然,哲学家所论证和崇尚的主要是理性,对于感性不仅忽略,甚至采取了"歧视政策",这种情况直到近现代才有较大改观(甚至矫枉过正)。总之,强调概念思维的确是西方哲学的强项,认为只有概念才是理性思维的形式,只有概念才体现了人的意识、智慧和自由,也只有通过概念的思维才能使认知达到确定的世界,才能获得真理。

老子是中国哲学家当中极少数擅长概念思维的人,在当时几乎是唯一讲究确定性和真理性的哲学家。但是,老子和古希腊哲学家(以及以后的许多西方哲学家)有很大的不同,倒是和后来德国的康德十分接近。康德对思维方式的

---

① 王弼:《老子指略》。
② 王夫之:《船山全书》第九册,岳麓书社,1996,第295页。
③ 王夫之:《船山全书》第九册,第123页。

区分极为重视,而且就思维方式问题从哲学上进行了系统思考和梳理。他著名的论断就是先验理性,认为人具备一幅"心灵模式",那是先天的、与生俱来的、人区别于与动物而独有的一套概念和逻辑框架,在这里才可以把握纯粹真理。但是,他的思考深入了一步,也就是要解决思维的"创生性"问题。于是,他将先验理性向前推移,使它进入了直观,将直观当中也加入了先验理性、先天概念。这样,本来分离、割裂的直观与概念两者之间就出现了由康德确立的知性。知性,是直观感性和概念理性之间的中介和纽带。在康德那里,直观和概念之间不再有一条不可跨越的鸿沟,直观的"感性材料"在概念中找到了发挥作用的舞台。

其实,康德瞄准的是创造性思维,所以他更加注重思维的自生、自发。我们不知道康德是否受到老子的启发,但他所触及的思维的自生、自发的情况,已经对人的意识世界的"自组织机制"有所揭示。

是的,人的思维有一种原发状态、本真状态,或曰自然状态。这正是"人法地,地法天,天法道,道法自然"的深刻体现。人与动物最根本、最后的区别,也是人之所以大踏步地与所有动物拉开距离而走向人类文明、成为"万物之灵",根本原因就在于"对意识的有意识"。然而,人类对意识的这种意识,是怎样产生的呢?劳动实践也好,智能进化也好,所有的除了人以外的动物都不再可能产生这样的意识,只有人类"得天独厚"获得了选择的机缘。那么为什么人类会有如此的幸运呢?为什么进化论只对人类发生了这样的作用,难道真的是上帝的"偏爱"吗?

老子给出了不是神话式的、不是科学式的、不是宗教式的,而是哲学式的回答:道法自然。世间万物,只要构成一定的系统,这个系统的运行就一定有一种选择取向。因而,人类更高级的意识的产生,也是如此,也是循道而出现,循道而生成。道,是系统的,而不是简单局部相加的;是格式塔的,而不仅仅是条件反射的。所以,思维不可能分裂为感性和理性、直观与概念而不互动、不融通。也可以说,感性与理性,是对立统一的阴阳辩证。

《老子》第四十七章说:"不出户,知天下;不窥牖,见天道。其出弥远,其知弥少。是以圣人不行而知,不见而明,不为而成。"可见,老子是相当重视概念思维的,明确地提出穿透现象,不依赖感觉,超越经验,以理性思维而认识事物的本质，掌握真理。然而，老子本身又是在进行着"象"（中国古典哲学中"易大象"之象）的思维，也就是在他自己论道的思维中充分运用了感性素材，感性与理性的思维在"象"的思维中贯通起来。比如《老子》第五十二章："天下有始，以为天下母。既得其母，以知其子；既知其子，复守其母，没身不殆。"这里明显是"象"的思维，是感性形象与理性抽象之间的高度结合。老子的思维，充分体现了康德所说的想象力和创生力。至于"一生二，二生三，三生万物"，也是高度想象、高度创生、高度抽象、高度概括的深刻而生动的体现。

"其精甚真"：形而上与形而下

将形而上与形而下的关系，说成道与器的关系，很高明；说成有形与无形的区别，则不太准确（戴震和王夫之就对此持不同意见）。说成有和无的区别，依然不确切，诚如王夫之指出："吾目之所不见，不可谓之无色；吾耳之所不闻，不可谓之无声；吾心之所未思，不可谓之无理。以其不见不闻不思也而谓之隐，而天下之色有定形、声有定响、理有定则也，何尝以吾见闻思虑之不至，为之藏匿于无何有之乡哉！"在王夫之那里延伸为隐与显的区别，也不乏道理。然而，老子用"非常名"来观照形而上，还是更加高人一筹。因为，形而上思维是基于概念而超越概念的思维，是基于已知而超越已知并不断探索未知的思维。虽然在比较广泛的意义上来说，无论有名还是无名，无论已知还是未知，都是将探寻的目光瞄向"天地之始"或"万物之母"，亦即探寻本体的、元认知的思维。或者可以说，形上与形下的区别，主要不在于认知途径或思维方式，而在于对象——根本存在。但是，对于探寻本体来说，形上思维更为重要。这里，可以借用哲学家孙正聿先生的话来说："人类思维面对千差万别、千变万化的世界，总是力图在最深刻的层次上把握其内在的统一性，从而以这种统一性去解释世界上的一切现象以及关于这些现象的全部知识。这就是人类思维所追求的把握和解释世界的全体自由性。"[①] 如果孙正聿先生的概括

---

① 孙正聿:《崇高的位置》，人民出版社，2010，第143页。

可以成立的话，本体论上的"在最深刻的层次上把握其内在的统一性"，与认识论上的"把握和解释世界的全体自由性"，是有深刻关联的。而这时的认知途径或思维方式，已经在相当程度上产生了对于形而上学的严重依赖性。

对于"拒斥形而上学"、形而上学因受到严重诟病而一度陷入低潮、形而上学遭受扭曲等现象，可以概括为三个原因：一是现代自然科学迅速发展使形而下地位有了很大提升；二是科学主义思潮对传统哲学带有偏见的挑战，以至于实证主义渗透于哲学，将"不可证实的命题"视为失去任何意义①，对形而上学带有严重拒斥态度的科学哲学大行其道；三是本体论研究中一些极端或偏颇的哲学流派败坏了形而上学的形象，"这种研究通常会导致产生一些奇怪的实在理论，如贝克莱的理论认为世界由心灵及其观念组成，书本化的理论认为世界在本质上是纯粹盲目的'意志'。这些理论盛行于18至19世纪，应该为形而上学所获得的至今仍具有的坏名声：'无根基的思辨'负主要责任"②。

老子是中国古代哲学家当中极少强调并善于运用形而上思维的智者，对于其珍贵的思想遗产，如果我们不能从形而上的意义上深刻理解，就不啻在延续历史的遗憾。

在关于什么是"形而上"的问题上，或者在"形而上"与"形而下"的区别与联系的问题上，我们发现存在许多含混。至少有几种比较重要的误解需要认真澄清。

第一，认为"形而上，只讲形式，不究实质，重外在不重内涵；形而下，重内涵不重外在，只讲实质，不究外形。"这是一种严重的、南辕北辙式的误读，完全搞反了，而且是在较低层次上搞反了。这样的误读以及类似的说法，并不少见，实在有必要拨乱反正，正本清源。

第二，将原态的、本意的形而上思维与狭义的"形而上学"混同。比如："形而上学有两种意思。一是指用孤立、静止、片面、表面的观点去看待事物。二是指研究单凭直觉（超经验）来判断事物的哲学。"其实，这里所指的，应

---

① 参见卡尔纳普《分析的时代》，商务印书馆，1981，第223页。
② 布鲁斯·昂：《形而上学》，田园、高陈华等译，中国人民大学出版社，2006，第11页。

当是狭义的形而上学，是广义的形而上学在流转中的变形，无论其在哲学中的相关位置、思想影响还是其内容、倾向都已经与本源的形而上思维大相径庭。尤其是在马克思主义诞生之后，在哲学论战中，形而上学自身的脉络走向以及马克思等批判方对其审视定位，都与"原形态"的形而上学不是一回事。但是，广义的、本原的形而上学并没有销声匿迹，由于人们将其当作狭义的形而上学来对待而蒙受不白之冤。

第三，将形而上归于神学，将形而下归于自然科学。这是一种相当普遍，又相当有迷惑力的一种误解。《周易》中说："形而上者谓之道，形而下者谓之器。"但这里的"道"，绝不仅仅是神学、宗教，更不是所谓"封建迷信"。但恰恰有许多人据此而将形而下与形而上之分归结为科学与不科学、反科学之分。从历史上看，近现代科学的产生与发展，与欧洲思想学术层面形而上与形而下分离的确有一定关联。这种分离按恩格斯《自然辩证法·导言》的说法大约发生在文艺复兴时期，也即欧洲的地中海地区走出中世纪的时期。恩格斯说："早期的科学是'深深地禁锢在神学之中'的，此一如欧洲近代的大学大多是从教会学校发展、衍变而来的一样；而学问、学术上'形而上'与'形而下'的分离，也恰恰就是西洋'形而上'性质的'宗教神学'与'形而下'性质的'理性科学'的分离。"恩格斯所说的情形是历史上的客观现象。但是首先，在未分离之前，形而上学也并不独属神学或宗教，严格说来，其滥觞与主阵地都在哲学之中；其次，在分离之后，既不等于形而上固化在神学与宗教上，也不等于形而下固化在理性科学上。

英语中"形而上"一词是："metaphysics"，来自希腊语，最初源于古希腊罗德岛的哲学教师安德罗尼柯给亚里士多德的一部著作选集起的名称，意思是"物理学之后"。亚里士多德本人没有使用这一短语，而是将自己所关注和研究的形而上学学科称为"第一哲学"。笛卡儿的《第一哲学沉思录》（Meditations on First Philosophy），也称《形而上学沉思录》。为什么要称"第一哲学"呢？因为形而上学思维本身及其思维对象，是"哲学中的哲学"，而也不能完全等同于哲学。亚里士多德曾经做过一个生动的比喻，他把人类的知识分为三部分：第一部分是树根，是形而上学；第二部分是树干，主要是当时的物理学；第三部分是树枝，指当时的其他自然科学。用这样一棵大树来比喻，至少将整个人类知识体系理顺，对于形而上思维给出了比较恰当的定位。美国哲学家布鲁斯·昂具体分析道：亚里士多德的第一个学科为"是之为是（being qua being）的科学"，目标是探求万物的本质；第二个学科涉及"最高种类的是"，视其为对神的恰当描述；第三个学科致力于"第一原理"，它对于每一个存在物而言都是真的，并且构成一切论证和推理的基础。① 显然，亚氏的"第一个学科"即形而上学。"实体在逻辑学中被进行了形式的和抽象的界定，在亚里士多德的形而上学中其含义得到了完善和丰富。实际上，实体概念是形而上学的关键概念。在亚里士多德的意义上，形而上学被界定为一门研究存在之为存在的本性的科学，也就是研究实体的科学。"②在亚里士多德看来："形而上学的问题就是要发现实在的最终原则。我们如何解释这个世界，它的本质是什么？"③

从《易经》"形而上者谓之道，形而下者谓之器"中取"形而上"与英语的"metaphysics"一词相对应，实在是翻译界的高明之举，我们不得不由衷地赞叹。

科学，包括自然科学，也属于文化，蕴含着丰富的思想、人文、精神的内涵，既深受形而上思维的指导，也为哲学中高度抽象、究极探索的层次不断做出重要的贡献。科学研究的确需要试验、实证、分析，需要形式逻辑、数理逻辑的推导和演算等，的确需要"形而下者谓之器"的思维，而且，形而下思维和各种实验、调查、统计等技术手段，的确是科学研究的主导的、基本的层面，是科学研究在思维和行为方面的基本特征。但是，科学既需要哲学的启发，也可以向哲学渗透。正如康德指出："形而上学除了对待那些永远应用在经验之内的自然界概念以外，还要对待纯粹理性概念。"这是因为："每一个个别经验不过是经验领域的全部范围的一部分；而全部可能经验的绝对的整体本身并不是一个经验，不过这个问题却是理性必然要管的一个问题；仅仅为了表现这个问题，就要求一些和纯粹理智概念完全不同的概念。纯粹理智概念的使用仅仅是内在的，即关于经验的，仅就经验之能够被提供出来说的；而理性概

---

① 参见布鲁斯·昂《形而上学》，田园、陈高华等译，第3页。
② 弗兰克·梯利：《西方哲学史》，贾辰阳、解本远译，第93页。
③ 弗兰克·梯利：《西方哲学史》，贾辰阳、解本远译，第94页。

念是关于完整性的,即关于全部可能经验之集合的统一性的,这样一来,它就超出了任何既定的经验而变成了超验的。"① 康德从超验理念的角度出发,对形而上学的必要性及其本质特征的论述是深刻的。

什么是形而上学?形而上学是本体论思维,是哲学中的涉及根本问题的哲学,是本体论哲学所需要的思维。它探求宇宙本体、生命本体、价值本体。或者说,形而上学是解决"元认知"的思维,是探求本源、终极、根本的思维。如果可以从理性那里扩展一些,或者可以获得关于形而上学的稍微广义一些的理解,比如宗教神学中追求和论证神本论的思维,比如超越理性中的某些感性或审美思维。在较为广泛的意义上,可以将其特征概括为"一种不断探索理性认知以外世界的理性,一种不断追求私欲情感之外而体验的情感,一种不断超越艺术形象以外而领略的艺术"。就像爱因斯坦所说,造诣高深的科学家对科学怀有一种"宗教感情",这种"宗教感情所采取的形式是对自然规律的和谐所感到的狂喜的惊奇,因为这种和谐显示出这样一种高超的理性,同它相比,人类一切有系统的思想和行动都只是它的一种微不足道的反映。只要他能够从自私欲望的束缚中摆脱出来,这种感情就成了他生活和工作的指导原则"②。就像尼采所说:"艺术是生命的最高使命和生命本来的形而上活动"。③

其实,科学有科学的形而上和形而下,哲学有哲学的形而上和形而下。人类思维无论是面对浩瀚的宇宙还是面对显微镜下的微观领域,无论是指向物质自然还是指向心灵世界,无论是功利实用还是价值理念,都会在形而上的幽远和形而下的精湛之间"上下而求索"。

施保国先生认为:"以西方逻辑科学方法或知识论所指定的路径与西方中世纪所采取的宗教途径去认识中国的哲学是行不通的,……只有形上的途径才是适合的。"④ 杨叔子院士指出:"中华传统文化的主流和精华,是形而上的,是永恒的。"⑤ 环视今天中国思想界、科学界的"主流",形而上思维严重枯

---

① 北京大学哲学系外国哲学史教研室编译《西方哲学原著选读》,第299~300页。
② 爱因斯坦:《爱因斯坦文集》第一卷,第283页。
③ 尼采:《悲剧的诞生》,周国平译,广西师范大学出版社,2002,第120页。
④ 施保国:《方东美论道家思想》,巴蜀书社,2012,第44页。
⑤ 杨叔子:《民族精神:中华文化哲理的凝视》,载《珠江论丛》2015年第2辑(总第8辑),社会科学文献出版社,2015,第17页。

萎。改革开放，社会转型，纷繁复杂的社会万象似乎需要"现实的梳理""有效的打点"。但是，无论是中国还是世界，人类当前更加需要形而上，需要无论是从本体意义上还是价值意义上的朝向终极的深入探求。

在人类历史上形而上哲学家阵容中，老子有其名。但是，老子不是不关注形而下，而是以其独到的辩证法，在形而上和形而下关系上做出明确、合理的解决。

请看《老子》第二十一章：

> 孔德之容，惟道是从。道之为物，惟恍惟惚。惚兮恍兮，其中有象；恍兮惚兮，其中有物。窈兮冥兮，其中有精；其精甚真，其中有信。自今及古，其名不去，以阅众甫。吾何以知众甫之状哉？以此。

这一段高度思辨以至晦涩的言论，包含了深刻的关于自形而上至形而下思维转换的哲理。并且，老子具有相当清晰的倡导逻辑思维的意识。

第一，自古至今解释"孔德"的人，大都将"孔德"说成"大德"，以至于一些古汉语词典解"孔"为"大"。其实，孔就是孔，就是微小的意思。"孔德之容，惟道是从"，是这一段落（整个第二十一章）的统领、概括语，看作标题也无妨。意思是微观的、具体的德，也只是在遵循道。对德进行微观的考察，正是老子此处的本意。

第二，道本身是恍惚的，是难以认知、难以把握、难以言说的，但是并不完全是无形的。对道的认知，是一种抽象和具象结合互动的思维。中国"象"的思维具有十分博大丰富的内涵，既包括高度、终极的抽象；也包括具体、有形的具象。在其具象的一面，即是可以视听、可以把握、可以想象的或有形或有音或有状或有情景的事物万象。

第三，老子所说"窈兮冥兮，其中有精"，用"精"字来表述，即准确又绝妙，理解为精神也可，精髓也可，精灵也可，精华也可，总之是一种有别于、外在于、先验于人类精神世界或精神领域的"精神"。这种"精神"，不是作为"万物之灵"的人类的精神，即不是人类所具备的意识能力，而是我们在分析何谓"道"的部分所指出的，是一种精神昭示。所有物质为什么形成不同结构而产生不同性状？为什么人们再也找不出生命最初产生时的物理条件和化学条件？即使科学家有一天可以模拟出当时的条件而亲眼看到生命"自然诞生"的奇迹，但那些条件原初的完全具备的"功劳"又该归谁？当一种动物改变体型或毛色而得以生存下去，这种"改变的智慧"难道可以仅仅用"物竞天择"或"优胜劣汰"来解释吗？那么为什么其他生物没有这种智慧？这种"改变的智慧"是由于该动物自身的改变的意识来进行选择的吗？如果一种动物，不仅意识到自己需要改变而且产生改变成何种状况的愿望，并且可以不通过整形或涂料等种种手段而在生存竞争中实现了这种改变，那么，这种动物即使在今天，也有资格作人类崇拜的图腾或天神。这样一种"改变的智慧"属于谁？今天我们依然不能确切回答，但是再也无法否认具有物质属性的万事万物，只要构成一种系统，在系统的运转中就一定具有一种由无序到有序的整合机制；一种由不适到适应的选择功能；一种由低级到高级的发展趋向；一种——"道"。从而无法否认"窈兮冥兮，其中有精"！

第四，道中有精，精中具有客观真理。即在事物运作发展的过程中，蕴含着人们可以认知、可以把握的客观规律，而人们对于这种客观规律的认知，即构成真理。真理具有客观真实性，人们可以通过证实、通过验证而对真理确信无疑。这正是一种科学求实的精神，是一种与形而上思维相区别，然而又是人们通过概念、通过已知而认识客观事物的必要的形而下思维。"窈兮冥兮，其中有精；其精甚真，其中有信"[①]，可见老子是中国为数不多的关注并倡导逻辑实证思维的古代先贤之一。

第五，"其中有精"的"精"，是承上启下、完成过渡的"关键词"。在终极、幽远、玄妙的"大道""玄德"与"其精甚真，其中有信"之间，在形而上与形而下之间，"精"是中介，是衔接，是过渡，是承转。"精"，既包括"规律背后之规律"，即深沉内在的总规律；也包括可以证实的具体规律，比如物理的、化学的、生物的等客观规律。人类需要形而上思维与形而下思维的双向探索和追求，但两者的"南辕北辙""上下而求索"，绝不是永远分道扬镳的，而是互相关照，互动互应的。善于"至上"的形而上思维与"至下"的

[①] 《老子》第二一章。

形而下思维，并善于两者的转换与互动，才是人类思维的大智慧。

第六，有形有象的形而下思维之对象，一旦被人们认知，就会得以命名，或至少有可能命名。命名是抽象思维和形象思维的结晶，是概念思维及思维方式转换的起止点。然而反过来说，无形无象的事物，就很难命名，但也并非完全不可以命名。冯友兰说："'形象之内'的一切事物，都有名；或者至少是有可能有名。它们都是'有名'。但是老子讲到与'有名'相对的'无名'。并不是'超乎形象'的一切事物，都是'无名'。例如，共相是超乎形象的，但是并非'无名'。不过另一方面，无名者都一定超乎形象。道家的'道'就是这种'无名'的概念。"[①] 命名本身构成概念，也是概念思维以及达向新概念的依据。由今日溯及古代，概莫能外。自古人"结绳记事"到文字出现，是以符号而记载对事物的感知。因而，名词即使不是最早出现的符号，也一定在最早出现的符号之中占据重要地位。人类对于一切客观事物可以形成"知觉恒常性"，而知觉恒常性正是人的阅历与经验的基础。文字出现以后，对人类知觉恒常性的巩固起到极其重大的作用。不仅如此，文字出现以前虽然也可以用其他手段比如有声语言、肢体语言、表情语言等沟通，但文字出现以后毕竟以其他手段所难以企及的重要功能而"以阅众甫"。即是说，文字作为一种符号，其对个体而言的记忆功能、对群体而言的记载功能、人与人之间的传播功能、代与代之间的传承功能等，是其更为突出、更为显著的文化功能。故而，"自今及古，其名不去，以阅众甫"[②]。

"能知古始"：不知之知

冯友兰先生在解读道家认识论哲学时曾经概括出"不知之知"："为了与'大一'合一，圣人必须超越并且忘记事物的区别。做到这一点的方法是'弃知'。这也是道家求得'内圣'之道的方法。照常识看来，知识的任务就是做出区别；知道一个事物就是知道它与其他事物的区别。所以弃知就意味着忘记

---

① 冯友兰：《中国哲学简史》，北京大学出版社，2010，第81页。
② 《老子》第二一章。

这些区别。一切区别都忘记了，就只剩下混沌的整体，这就是大一。圣人到了这个境界，就可以说是有了另一个更高层次的知识，道家称之为'不知之知'。"① 冯友兰先生的"忘记"，可以看作对"损之又损"的很好的解读，但并非是对"涤除玄览"的全面解读。因为我们既要理解道家的"涤除"，也要领会其认识论上的"玄览"。

（一）渐进可知

新道家与不可知论不同，与怀疑论也不同。新道家认为事物是可知的。但是，这是一种渐进的、不断接近的可知。同时，永远是一种有限的、局部的可知。而否定或忽略知的渐进性、过程性，都是错误有害的，都是认识论哲学上的严重误区。

总体上来说，新道家哲学认为，事物是可知的。但这与一般的可知论不同。这里的可知的对象，是一种具体规律、子系统规律的可知，而绝不是整体可知、终极可知。也不是所谓的未来可知、抽象可知。即使在未来的意义上，在人类整体认知能力的意义上，在人类理性智慧具有无限潜能的意义上，我们也决不承认一切事物尽可知，不承认"终有一天，宇宙中最基本的、统一的、终极的规律可以被认知"。

当然，这种有限可知论，从根本上区别了不可知论与怀疑论。因为，新道家哲学肯定地、充分地承认人的理性认知能力对各种事物规律的认知能力和潜能，这种能力或潜能，本身就是道之本体的一部分，本身就是一种伟大的功能。正因为如此，我们必须承认科学，承认科学思维与科学方法的合理性、有效性和确切性。这样才能不断地掌握子系统规律，从而开发、利用，而实现对各种功能需要的满足。一切科学成就表明世界上因果关系的存在，即便它不是根本的、普适性的、普遍性的存在，甚至不是唯一的存在，但因果关系是事物关系中一种内在存在、实际存在，尽管它是局部存在、阶段性存在、有条件的子系统存在。对于这样的存在，既不能从本体论意义上予以承认和拔高，也不能否定和忽略。如果否定因果关系，人类的许多创造性思维成果和实践成果，

---

① 冯友兰：《中国哲学简史》，第98页。

将会在人们认知层面上荡然无存。

然而，对于终极来说，或对于本真来说，我们永远在过程中，逐渐地、逐渐地去接近终极。这绝不是说"科学进一步，哲学退一步"，而应当是"科学进一步，哲学提升一步"。

当今世界，人类进入大数据时代，"大数据是人们获得新的认知、创造新的价值的源泉；大数据还是改变市场、组织机构，以及政府与公民关系的方法"①。"数字之道"的"自组织功能"将逐渐地使庞大繁杂、意义增量的数字信息成为社会系统本身的深层次构成。"在这个系统里，现实本身（亦即人们的物质与象征存在）完全陷入且浸淫于虚拟意象的情境之中，那是个'假装'的世界，在其中表象不仅出现于屏幕中以便沟通经验，表象本身便成为经验。"② 大数据时代，从其本质意义，尤其是现实意义上来说，是对可知论的注释与强化。然而，"假装"的世界对人们认知途径与思维方式的挑战是严峻的，它实际上也在注释并强化着可知的渐进性、过程性。"大数据时代所指向、昭示的时代精神，是一种'可知论'哲学。这并非对于不可知的否定，而是一种深刻的辩证对应。既要坚持'不知之知'，又要坚持'可知之知'。或者从哲学上来说，既需要形而上的、宏观整体感悟的、本体论的哲学素养，又需要形而下的、逻辑实证和实效验证的决策思维素养。做到这一点的确不容易，但这也正是时代的挑战。"③

（二）不可尽知

承认相对可知，是出于主体与客体的辩证、互动关系而言的。在这里，有一种很重要的视角：即针对人的实际需要而言。人们的实践，是一种有目的的实践，即总是为了满足某种实际需要。比如化学实验，是为了掌握事物的化学规律而为人类服务。当实验验证了某种"真理"，即掌握了一定规律之后，便

---

① 维克托·迈尔-舍恩伯格、肯尼思·库克耶：《大数据时代》，盛杨燕、周涛译，浙江人民出版社，2013，第9页。
② 曼纽尔·卡斯特：《网络社会的崛起》，夏铸九、王志弘等译，社会科学文献出版社，2003，第463页。
③ 刘在平：《大数据时代的决策思维》，载《中国社会科学内部文稿》2015年第2期，中国社会科学杂志社，77页。

是"主观符合客观"。进一步，用于为人类服务，即进一步"实践检验"，如果满足了需要，便是经过检验的真理。即使做实验时的目的与实验中意外获得的真理并不一致，比如中国古代炼金术目的是求长生不老的仙丹，但是"意外地"发现了化学规律，促进了化学科学的发展。这种被"意外地"发现的真理，依然是为人类服务的，依然是"被实践检验"的真理。从这个意义上讲，事物的可知应当予以承认，可知性已经有了一种不可否认、也不必否认的确定性。但是，第一，这种化学规律毕竟是局部的规律，是人类阶段性认知的一种成果，对其"实践检验"的过程并未完全完成，继续检验，可能发现其在为人服务的同时可能走向异化，给人类带来灾难，给生态造成破坏。如果"趋利避害""扬长避短"地利用化学知识和真理，就很可能已经超出了化学规律本身，在更大的范围、更广的意义上发现并检验新的真理。第二，人类还有一种天性，可以说是一种特殊的需要，就是非实用性的、纯粹为了认知的需要，如探讨那些并无实际用处的真理。

牛顿物理学是无可否认的人类最伟大的科学发现之一，然而，现代科学在诸多领域的进展都在证明着这一科学体系、连同其至今依然指导人们的力学定律，越来越成为人们对自然规律不可尽知的样板。仅以耗散结构论为例，《探索复杂性》的作者指出："在本世纪（20世纪——本书作者注）之初，物理学家继续着经典研究项目的传统，几乎一致承认宇宙的基本定律是决定性的和可逆的。那些不适合这一程式的过程被认为是例外，仅仅是人为的产物，是因为我们的无知或者对所涉及的变量缺乏控制才由复杂性造成的。现在我们已处在本世纪之末，越来越多的人思索着，那许许多多塑造着自然之形的基本过程本来是不可逆的和随机的，而那些描述基本相互作用的决定性和可逆性的定律不可能告诉人们自然界的全部真情。这就导致了对物质重新进行考察：不再使用那种以机械的世界观描绘出的被动呆钝的观点，而使用一种与自发的活性相关联的新的见解。这种变化是如此的深刻，我们相信，我们已能真正地进行一种人与自然的新的对话了。"①

对生计从来不屑一顾，甚至在别人看来游手好闲的苏格拉底，总是将探

---

① 尼科里斯、普利高津：《探索复杂性》，罗久里、陈奎宁译，四川教育出版社，2010，第3页。

索的目光投向虚无缥缈。在苏格拉底看来，真正的哲学出现在心灵面对自己、省察自身的时候。而自身的精神世界永远是神秘的，这就需要极高明的智慧。"最高的美德是智慧"。智慧本身是永远的谦虚："我只知道一件事，那就是我什么都不知道。"知道自己理性认知能力的局限，知道事物的无限和不可尽知，是一种伟大的智慧。这种智慧使人类在神秘的事物面前保持敬畏和谦卑，从而永远接受尚未知、永远不可尽知的事物背后神秘作用的启发和昭示。

（三）知亦不知

然而，有限可知论是一种辩证可知论。即在可知与不可知的问题上坚持辩证论。新近的心智科学不能不关注现象学，而从心智科学角度对现象学核心思想的展开，有助于我们理解"知亦不知"的道家认识论。在《生命中的心智：生物学、现象学和心智科学》一书中，作者指出："现象学不仅关注所体验到的东西（即体验对象）的品质特征，而且关注心智活动本身，即体验行动的主观特征。例如，视知觉的现象学分析不仅关注我们所看到的东西——在空间中排列的具有各种可感性质的对象——的品质特征，而且关注'看（seeing）'这个活动看起来是什么样的，关注在视觉上与世界遭遇看起来是什么样的。……在这种意义上，体验看起来是什么样的是由体验是什么构成的。因此，现象学涉及体验的构成特征。"[①]

通过感官而认知的事物，永远是主观和客观的综合作用的产物。作为认识主体，人类所采用的各种方法，包括实验验证和逻辑验证在内，永远无法排除实验者、观察者方法手段本身的影响。我们认识事物的主体，不仅仅是主动的，也是被动的；被认识的客体，不仅仅是被动的，也是主动的。主客体之间只要发生关系，就会产生一种互动，而这种互动关系本身就是道，就具备了道的自主运行与整合的功能。对于这样的功能本身，也需要我们认识。但是，这种互动关系的功能本身也是随着主客体关系的变化而变化、发展的。当我们认

---

① 埃文·汤普森：《生命中的心智：生物学、现象学和心智科学》，李恒威、李恒熙、徐燕译，浙江大学出版社，2013，第228页。

知、掌握了其他的一定的规律，它又在新的主客体互动关系中向前发展了。同时，我们所认识的事物，或者说所有被我们的理性认知能力所掌握的知识、真理，并非孤立的，始终是主体与客体互动关系的产物。这一产物同时也始终与其他的知识、真理之间发生互动，又始终与周围的环境及无数环境要素发生互动，而一切事物处于变化中。所以我们的所知，永远是有限之知。于是，哲学认识论中的可知，就永远只能是过程中的可知，是动态可知、相对可知。

正因为如此，"涤除玄览"作为一种认知途径或思维方式是完全必要的。所谓"玄览"之玄奥，就在于这是一种"以道对道"的认知路径和思维方式，在本书"潜意识之道"一节中我们会做一些展开。这里需要指出：对于所谓的"已知"，之所以必须做出"未知"的保留，之所以必须对任何已知的确定性和长远性保持警惕、对尚未知或知之不确保持清醒、对难以知或不可知保持敬畏，是因为"知者"（无论是观察者还实体验者）本身已经参构，而"体验的构成特征"本身也是道的特征。甚至，除了环境系统及环境要素之外，还有重要的"时间参构"："时间意识分析在现象学中占有一个特殊的地位。任何意向性的全面分析都必须考虑到体验的意向对象的时间特征。对象持续存在，并且经历变化和转变；过程在时间中展开和发展；事件发生、持续和终止。某些事物，例如说旋律，有不同的方面：他们不能同时而只能跨越时间存在。而且在一个更深的层次上，在体验中发生着时间的'同一性综合'（syntheses of identity）。"[①] 这里简单提一下：所谓知亦不知的思想依据，还在于复杂的"时间之道"[②]。

（四）不知之知

老子有一段话，既令人费解，又引起许多争论："为学日益，为道曰

[①] 埃文·汤普森：《生命中的心智：生物学、现象学和心智科学》，李恒威、李恒熙、徐燕译，第270页。

[②] 旧金山加州大学戴维斯分校神经科学中心成员本杰明·里贝特教授在精密实验基础指出："对于诱发有意识的感觉来说，时间因素是一个最为有趣的条件。"本杰明·里贝特：《心智时间：意识中的时间因素》，李恒熙、李恒威、罗慧怡译，浙江大学出版社，2013，第24页。本杰明·里贝特教授的研究及相关结论得到众多神经心理学家、哲学家的认同、赞扬以至拥护（参见该书第7~8页）。

损。"① 对于学习来说，是日益增进的；对于悟道、循道来说，却是日益减损的。不仅减损，而且"损之又损，以至于无为"②。显然，老子在强调"无为"。无为就一定要"日损"吗？或者说，为道——悟道、尊道、循道的"无为"，一定要和"无知"联系在一起吗？其实，老子很看重"弃智"，而这里的"损之又损"，简直不仅仅是"弃智"，而且还是"弃知"。怪不得冯友兰先生在做出"不知之知"的概括时就用了"弃知"这个词儿。在冯先生看来，所谓"涤除""损之又损"的"弃知"，是一种"忘记"，即在认识事物中忘记了事物之间的具体差别，从而抵达混沌的整体，或曰"大一"。这是很有道理的，所谓"忘记"，是寻求共相，也是一种抽象，是抽象地排除事物的具体差异。同时，也应当包括排除杂念，进入佛家所倡导的禅境。然而，"能无疵乎"的境界，毕竟还需要"玄览"，即形而上学的整体觉悟与体察。

我们曾经提到，康德提出著名的四大悖论，在一定意义上是从哲学上确认了人的理性的局限性。然而，也正是休谟、康德等哲学家，加重了无限和有限之间的对立，从而使怀疑论大行其道。怀疑论是有一定功绩的，尤其到了波普尔的时候，提出"证伪"才是科学。实际上，科学逻辑思维的局限性、人类理性的局限性在他们那里已经论证得很充分了。但是，怀疑论毕竟是建立在主观与客观、思维与存在、有限与无限，甚至包括唯物与唯心的二元对立基础之上的。于是，当传统的理性思维受到严峻的挑战和猛烈的冲击之后，放弃对无限的追求，放弃对完美、大全、本真的追求，成为西方哲学中极为消极的一种主流。在理性主义沉沦、陷落的同时，形而上学也遭到拒斥。比如著名怀疑论者休谟干脆宣布：除了内心的感觉以外，一切都是不可知的，无论是客观世界的存在还是上帝的存在，都是没有根据的。

那么，所谓道，所谓无处不在、无时不往、亘古如一的大道的统一性、同一性和永恒性，及其功能机制、价值昭示等，还可以成立吗？一切关于道——其实也包括一切探寻终极存在、万物本体、宇宙本真——的哲学思维，还有存在的必要吗？"拒斥形而上"波涛汹涌的浪潮，是否将以淹没古往今来的思辨

---

① 《老子》第四八章。
② 《老子》第四八章。

哲学的胜利而宣告"哲学的终结"?"从孔德的实证主义到罗素、维特根斯坦的逻辑原子主义,从卡尔纳普、赖欣巴哈、亨普尔的逻辑实证主义到波普尔的批判理性主义,从库恩、拉卡托斯、费耶阿本德的历史主义到劳丹、夏皮尔的新历史主义,展现给人们的是这种演变着的科学哲学观,……在这种演变着的科学哲学观之间存在着某些重大的差异;但是,透过这些差异,却会发现他们对科学哲学的统一性理解,即都把哲学归结为关于科学的哲学,并试图以这样的科学哲学去代替整个哲学。"①

拒斥形而上,是对康德四大悖论以及事物不可尽知、知亦不知等哲学认识论的消极思维的反映。而道家哲学的"不知之知"则是一种宏大认识论的积极思维。如果讲消极,老子早在二千五百年前就消极得可以,无论是"道可道,非常道""名可名,非常名",还是"能无知乎""视之不见,名曰夷;听之不闻,名曰希;搏之不得,名曰微。此三者不可至诘,而混而为一""微妙玄通,深不可识"……这里的"消极"不是丝毫也不亚于不可知论或怀疑论吗?但是,正是老子又十分积极地肯定"能知古始,是谓道纪"(《老子》第一四章);"知常曰明"(《老子》第一六、五五章);"使我介然有知"(《老子》第五三章)……显然,在道家哲学那里,所谓认知局限性在逻辑上导致不可尽知、知亦不知,但决不必然导致对形而上的拒斥或废弃,恰恰相反,正是由于形而下的局限性,才应当强调和强化对形而上的依赖性,这或许是道家哲学与许多"关于科学的哲学"截然相反的地方。但也正是这样的坚守,使道家哲学在当今之世保持了强大的生命力。道家哲学的复兴,与回归形而上学具有内在同步性是同样不可避免的。

不知之知中的"不知",并非一般意义上的"无知",而是在"有知"基础上对形而上思维的超越。所以冯友兰先生更为精到地指出:"'无知'与'不知'不同。'无知'状态是原始的无知状态,而'不知'状态则是先经过有知的阶段之后才达到的。前者是自然的产物,后者是精神的创造。……这种后来获得的不知状态,道家称之为'不知之知'的状态。"②

---

① 孙正聿:《崇高的位置》,第150页。
② 冯友兰:《中国哲学简史》,第98~99页。

有人认为：老子是从唯心主义出发而反对实践观的。[①] 实际上，道家哲学是超越唯心唯物的，也是反对唯心唯物二元分立的。比如老子并非只是运用直觉，而是主张通过"修之身"而达到"不出于户，以知天下；不规于牖，以知天道"的，所谓"修之身其德乃真"，既包括了有知，也包括了实践以及思维修炼。高亨先生在其《老子正诂》中解道："览鉴古通用。玄者形而上也，鉴者镜也。玄鉴者，内心之光明，为形而上之镜，能照察事物，故谓之玄鉴。"所以"玄览""玄观""玄鉴"而认知的"不知之知"，是由不知而达到的深知、真知、至知。

"为腹不为目"：潜意识之道

正因为"玄览""玄观""玄鉴"的具体认知机制难以精密地揭示出来，所以道家认识论或方法论长期以来饱受诟病。批评者认为这些玄而又玄的认知路径或思维方式没有任何科学研究、实验观察的依据，因而不科学、反科学。那么，通向不知之知的认知方式，究竟是什么呢？当代认知科学的深入研究，对于这样的认知方式来说真的是南辕北辙、完全否定吗？

（一）意识与潜意识

自从弗洛伊德明确提出潜意识理论，关于意识和潜意识的问题就陷入了长期争论。对于人类意识的观察思考却是古已有之，关于潜意识的"潜意识"思想在历史上早已频繁出现。印度《奥义书》中说"灵魂仅仅是意识的总和"，这里的"灵魂"距离我们今天理解的潜意识并不遥远。古希腊哲学家伊壁鸠鲁认为心智是灵魂集中的部分，心智有两种作用：一是自动的，二是有意的。[②] 这种心智的"自动的"作用，也已接近潜意识。笛卡尔敏锐地将意识定义为："在我们身上所发生而我们本身又能直接感受到的一切东西。"[③] 正因为笛卡尔这里说的是"直接感受到"而不是"自觉意识到"的一切东西，所以他的定义

---

① 很遗憾，这样的观点写入一些教材，并且成为某些哲学考试的标准答案。
② 参见车文博《意识与无意识》，辽宁人民出版社，1987，第2页。
③ Descartes, Principia, 1§9, 转引自车文博《意识与无意识》，第3页。

已经在一定程度上涵盖了潜意识。康德非常强调"统觉"的作用,实际上是一种整合作用。而他的先验论并不否认"模糊观念",甚至认为无意识心理活动不仅是实际存在的,而且是能动的、富有创造性的,无意识更富于表现力,是思想的助产士。① 德国哲学家谢林更为明确地指出:"理智是以双重方式进行创造的,或者是盲目地和无意识地进行创造的,或者是自由地和有意识地进行创造的。"②

概括地说,弗氏所说的潜意识,是人的本能的冲突。人的本能分为生的本能和死亡的本能,生的本能主要是出于生存需要的获取食物本能和出于繁衍需要的性本能,性欲望在潜意识结构中处于重要地位;死亡本能主要是种种恶的表现。因而弗洛伊德实际上是强化了性恶论的。他将意识看作冰山的一角,而潜意识则是人的心理活动的核心或基础。正因为在弗洛伊德之前或之后,涉及潜意识的思想学说层出不穷,所以他的潜意识理论出台之后受到广泛的批评。但是,弗洛伊德的学说给世界带来了强大的冲击,影响十分深远。究其原因,依然是他对潜意识的研究更为深入,其影响和带动的心理学中的精神分析学派在许多方向上激活、拓展了关于意识和认知的哲学。本我、自我、超我的人格结构;意识、前意识、潜意识划分及其相互关系;与生俱来的性本能长期发挥支配和影响力的潜在机制;梦的解析的方法围绕着梦是"关于日间所见的回忆的重新编排"的论断:都使人们对于潜意识的重视与研究获得广泛深入。尤其是,他将自己发现的原理应用到人类社会生活和文化历史发展的各个领域,使精神分析扩充为"弗洛伊德主义"。即使是学派分裂之后,对他的批判者也是曾经深受其启发、影响的学者。

弗洛伊德的问题在于:他关于潜意识的定义以及对潜意识形成原因的解释都严重偏狭片面,人作为生物所具有的本能和欲望,是远远不足以支撑起人的潜意识大厦的。除了他的本能欲望说,还有无机反映说、动物心理说、生理活动说等。自动结构说的出现,使潜意识研究展现出一片生机。

就在精神分析学派日趋兴隆的时候,格式塔心理学悄然崛起。康德的"物

---

① 参见车文博《意识与无意识》,第7页。
② 谢林:《自然哲学体系初步纲要》,转引自车文博《意识与无意识》,第7页。

自体"思想，胡塞尔的现象学、物理科学中的"场"论等，为其提供了背景和思想源泉。所谓格式塔（Gestalta），又称"完形"，它建立在一系列实验佐证的"知觉组织法则"的基点上，坚决反对一切"要素论"，认为整体绝不是部分的相加，整体也不是由部分决定的。"整体大于部分相加之和"的意思，是整体的内部结构和性质决定整体，而且部分的性质和功能受到整体的决定。所谓物理现象、生理现象、心理现象等分割式的研究是无济于事的，自然而然地经验到的任何现象，都自然而然地自成一个完形，完形是一个通体相关的有机结构，具有不可分割的价值和意义。

一切关于潜意识的源泉、潜意识的构成、潜意识的地位和作用、潜意识与意识的关系等的研究探讨，都在冲击、选择、挑战认知哲学。格式塔心理学的出现，是总体路径上的一次意义重大的变革。以道家哲学的眼光考察格式塔心理学，我们既可以说一切对于现象的感知是"非常道"；也可以说一切对于认知的整体整合是一种"心理学之道"。在这里，心物关系、心身关系，以至于意识和潜意识的关系等，都更加浑然一体。

（二）"认知鸿沟"：认知科学的困境

"广义的认知科学是由哲学、心理学、大脑与神经科学、计算机与人工智能、语言学、人类学、教育学构成的丰富的学科群，由于哲学在认知科学建立之初就占据着一席合法之地，始终与认知科学的经验研究相生相伴。"[①] 考察认知科学各路进军的历史，我们也可以并不夸张地说：以"一条鸿沟"为总体特征的严重困境，也始终与认知科学的经验研究相生相伴。

所谓"鸿沟"，被称为"意识难题""解释鸿沟""认知鸿沟"。即："说到底是为了说明解决心智本质问题的困难所在：具有精神属性的意识现象能否用处理物理现象的自然科学去解决，对意识现象的解释与对物理现象的解释之间是否存在难以逾越的鸿沟？"[②]

一个人在一个简单刺激作用下会出现一连串反应，既包括行为反应，也包

---

① 朱菁：《哲学与认知科学共生 50 年》，中国社会科学院哲学研究所编《中国哲学年鉴 2012》，哲学研究杂志社，第 145~154 页。
② 刘晓力：《当代哲学如何面对认知科学的意识难题》，《中国社会科学》2014 年第 6 期。

括认知上的反应，还包括情绪、情感上的反应。不同的人在同一种刺激下会出现千姿百态的反应。所有这些，是否可以还原为物理世界的现象呢？乐队演奏者看到指挥的动作或姿态，会做出相当一致的反应，但是优秀的首席小提琴手的反应可能与众不同，不仅包括千锤百炼的"动力定型"，而且刹那间的反应蕴含着对乐曲、旋律、意境及指挥意图的更为深刻的理解，其演奏的风格相当于副指挥，有一点错误甚至会导致全体演奏失败。这样的复杂的认知与意识，可以还原为物理现象吗？加拿大学者派利夏恩讲述到一个人在行走中突然转身横穿街道，一辆驶来的轿车突然刹车而撞上护栏。这个行人接下来有一连串的行为，其中的信念和动机以及行为方式和风格等，根本无法用物理学解释。[1] 尽管物理主义在解释"认知鸿沟"问题上有种种不同的进路，但从根本上说，恰恰是现代物理科学发展本身表明了其从本体论上已经受到相当严峻的挑战。正如玻尔所承认的："作为原子理论教程的类比……当试图协调我们在实际存在这出壮观的戏剧中既是观众又是演员的身份时，（我们必须转向）释迦和老子这样一些思想家们已经遇到过的那些认识论上的问题。"[2] 本杰明·贝里特更为明确地断言："单凭物理证据并不能直接地描述或解释主观觉知，包括灵性的感受、创造性、有意识的意志和想象。"[3]

大脑—神经科学家持有另一种"还原论"——将一切心理属性还原为大脑神经系统的属性。"你，你的快乐和忧伤、你的记忆和野心、你对自我的认同和自由意志的感觉，实际上不过是一大堆神经元，以及与他们相关联的分子的行为"。[4] 然而，极为精密的实验设备和技术却遇到一个无法跨越的障碍："事实上，有意识的心智现象既不能被还原到我们对神经细胞活动的知识，也不能由这种知识获得解释。人们可以观察脑，可以看到神经细胞间的联系，看到极其丰富的神经信息不断地涌现，但你不会看到哪怕一丁点的有意识的主观的心

---

[1] 参见泽农·W. 派利夏恩《计算与认知：认知科学的基础》，任晓明、王左立译，中国人民大学出版社，2007，第5~6页。
[2] 玻尔：*Atomic Physics and Human Knowledge*, p. 20, 转引自卡普拉《物理学之"道"——近代物理学与东方神秘主义》，第4页。
[3] 本杰明·贝里特：《心智时间：意识中的时间因素》，李恒熙、李恒威、罗慧怡译，第3页。
[4] 克里克：《惊人的假说：灵魂的科学探索》，汪云久等译，湖南科学技术出版社，2001，第3页。

智现象。只有通过这些个体的讲述，人们才会对此有所了解。"[1] 在经过大量实验研究基础上，贝里特总结道："按照这种观点（指还原论观点——本书作者注），知道了神经的结构和功能（或者它们的分子基础）就足以定义和解释意识活动，但我们已经看到这种还原论观点是站不住脚的。"[2]

图灵于1936年发表了"计算机科学中最重要的一篇文章"，提出"通用图灵机"概念。1950年，他又发表《计算机器与智能》的文章，提出著名的"图灵测试"，认为当人与具有某种智能层次的机器（如计算机）经过一段时间交谈后，将不能区分是与机器，还是与另外一个人在交谈。[3] 此后认知科学以综合、多向的势头显示其优势和影响，"认知科学是研究认知的科学，由心理学、计算机科学、神经科学、语言学以及哲学等不同领域的学科所构成。促使这些学科结合在一起的是这样一种理念，即脑（神经科学）是一种计算装置（计算机科学），而认知（心理学）研究其软件——运行脑中的程序"[4]。计算机、人工智能的迅速发展不断刺激认知科学的深入，但其共同的前提假设并没有因此而变得"理所当然"。经过若干阶段，认知科学发展到新近的"心智联结的计算理论"，其主要观点依然是：①认知状态是具有内容的心理表征的计算关系；②认知过程（认知状态的转换）是心理表征的计算操作；③计算的结构和表征（①和②提及的）必须是联结的。[5] 这里的表征问题，必然涉及语义问题。长期以来，认知科学始终无法跨越的困境在于：第一，语法不足以满足语义；第二，计算机程序是完全以它们的形式的或语法的结构来定义的；第三，心具有心理的内容，具体说有语义内容；第四，任何计算机程序自身不足以使一个系统具有一个心灵。简言之，程序不是心灵，其自身不足以构成心灵。[6] 当代美国著名分析哲学家约翰·塞尔针对科学主义宣称："把计算机比作脑较之先前那些对脑的机械性比喻，大概

---

[1] 本杰明·里贝特：《心智时间：意识中的时间因素》，李恒熙、李恒威、罗慧怡译，第3页。
[2] 本杰明·里贝特：《心智时间：意识中的时间因素》，李恒熙、李恒威、罗慧怡译，第11页。
[3] 参见哈尼什《心智、大脑与计算机：认知科学创立史导论》，王淼等译，浙江大学出版社，2010，第Ⅶ页。
[4] 哈尼什：《心智、大脑与计算机：认知科学创立史导论》，王淼等译，第xxiii页。
[5] 哈尼什：《心智、大脑与计算机：认知科学创立史导论》，王淼等译，第296页。
[6] 参见约翰·塞尔《心、脑与科学》，杨因莱译，上海译文出版社，2006，第30页。

既不高明也不逊色。我们知道,把脑说成是一台计算机同把脑说成是一部电话交换机、一套电报系统、一台水泵或一台内燃机是一样的。"[1] 塞尔先生这里的对于认知主义困境的批判性结论我们是赞同的,但他认为意识和主观体验只发生在大脑中,则是我们难以认同的。或者可以说,他的结论中"把由内在意向性的系统作为没有意向性的系统来研究也是拙劣的科学"——是有道理的;但他说"把不包含意向性的系统当作有意向的系统来研究是拙劣的科学"——则是过于武断的,因为他将除了大脑活动外的一切活动都排除在有意向的系统之外。

(三)"生成进路":认知科学的转折

认知科学近年的发展出现重大转折,构成一个十分有趣的现象:就像新近物理学发展中的趋势一样,认知科学也越来越转向与哲学中形而上思维的靠拢或融合。其中最引人瞩目的,就是"生成进路"的出现。虽然这依然可以看作认知科学本身深化的反映,但分析可以看出:如果说"物理学之道"内在地涵盖了对科学主义的反思与超越,那么"认知论之道"已经呼之欲出。

神经科学正是通过更为精细和严格的实验,越来越意识到人的认知系统必然包括涉身性问题和环境作用,作为一种鲜活的生命现象的认知活动,是一种具有自创生性、自主性、自组织性的动力系统。根据刘晓力的概括:"生成认知纲领的五大观念是:(1)生命都是主动发生的和维持自身自治的行动者,它们生成或产生它们自身的认知域。(2)神经系统是一个自治的动力系统。(3)认知是情境的和涉身性行动中熟练技能的操作。认知的结构和过程是从知觉和行动的循环感觉运动模式涌现的。有机体与环境之间的感觉运动耦合系统调节着神经活动内生的动力模式。(4)认知者的世界并不是一个表征在大脑内部的、预先规定的外部域,而是一个由认知者的自主能动性(agency)与环境耦合的模式生成的关系域。(5)意识和意识的主观经验在任何对心智的理解中都处于中心地位,并需要用一种精致的现象学(自然化现象学)方式加以研究。"

海德格尔在理解中国的"道"时说:"对于思想着的思想来说,此道路应

---

[1] 约翰·塞尔:《心、脑与科学》,杨因莱译,第46页。

被视为一种境地。打个比喻，作为域化的这个域是一块给予着自由的林中空地，在其中那被照亮者与那自身隐藏者一起达到此自由。这个自由的并同时遮蔽着的域的特点就是那个开路的驱动。在这一驱动中，那属于此域的各种路出现了。"[1] 海德格尔提出的"自身的缘构发生"，是探求终极存在时所用的词语，指的是一种就任何问题追究到终极时出现的一种"纯发生"的、构成性的、"缘境"之中的状态。这样的思考既是本体论的，也是认识论的，因而海德格尔既注重"道"，也注重"道言"。他说："将此缘构发生思索为自身的缘发生意味着对于这个自身摆动的境域的结构进行建构。思想从语言得到去建构这种自身悬荡着的结构的工具，……就我们的本性是在这个悬荡着的结构中所造成的而言，我们就居住在此自身缘构发生之中。"[2] 在海氏的"自身悬荡着的结构"中，包括终极实在——亦即一种新形而上学的认知对象，包括认知主体的"居住"式参构，包括思想的方式和内容，也包括作为思想所借助的工具的语言。所有这些以及它们之间的互动、这种互动所借以发生的"境域"，都自身性、自发性、缘发性地共同进行建构。如果说海德格尔殚精竭虑在现象学总体框架中追求存在论和认识论双向突破的话，他对老子的"道"、老子的"诗化思想"、老子从思想到语言的"构成态势"的关注以及从中获取的启悟，就丝毫也不奇怪。或许，老子与海德格尔之间，本身就发生着一种思想上的跨越时空的"缘构"。当我们将新近认知科学"生成进路"的纲领性观念，与海德格尔的"自身的缘构发生"进行对照时，可以自然而然地发现两者的某种相通。

（四）认知之道——潜意识之道

加拿大多伦多大学的汤普森从康德那里捕捉到"生命自治"和"自然目的"的思想："康德可能首次认识到并且形成了自治组织内在于生命体的观点。"[3] 前面提到的认知科学或心智科学新近发展中向生成进路的转向，与生

---

[1] 海德格尔:《在通向语言的道路上》，转引自张祥龙《海德格尔思想与中国天道》，中国人民大学出版社，2011，第330页。
[2] 海德格尔:《同一与区别》，转引自张祥龙《海德格尔思想与中国天道》，第333页。
[3] 埃文·汤普森:《生命中的心智：生物学、现象学和心智科学》，李恒威、李恒熙、徐燕译，第175页。

命的生成演化观念相关。"'生成'意味着一个生命线活动中的执行或实现。它唤起了这样一种生命形象,即生命通过它们自己的动力学和那些它们结构上耦合的环境开辟历史道路。生命演化论就是在行进中开辟道路。"[1] 心智之道,蕴含于生命之道,两者实际上是统一的。哲学认识论的探求,目前已经到了拓宽道路的时候,而生命自治、意识活动的自组织、认知路径自主整合等各个方向上研究指向已经殊途同归。只要我们深刻把握道家哲学中关于"道"的思想内涵,就应该而且可以对关于潜意识和意识关系研究的种种结论做出道的综合、道的梳理。"意识和意识经验的产生将不服从物理的因果律,而是通过有机体的自组织系统的部分与整体的互惠因果作用涌现出来。自组织过程使大脑、身体与环境耦合成为一个动力系统,其因果律体现为系统内局部与整体的循环因果性(自下而上和自上而下的互惠影响)。这种循环因果性就是心智产生于生命这个自治系统的自组织过程的涌现机制。"[2]

潜意识与意识的区别,在于主体的自觉。人与一切动物的根本区别,不在于是否有意识,甚至不在于是否有自我意识,而在于是否对意识有意识,即意识自觉。[3] 人类的意识活动,是一种自觉的活动,是可以觉察得到,并且出于主观目的而开发、运用、发展感觉、知觉能力和创造能力的活动。人的意识与一切动物的意识的区别,在于人将自我意识运用于、体现于精神活动中。正因为人"知道"自己在做什么、在说什么、在想什么,正因为有这样的主体觉察、主体清醒,所以包括意识在内的各种人的行为与精神活动都成为一种"客体",这正是心理学上划分"主体我"与"客体我"的必要前提。正因为"客体"成为利用、开发、发展的对象,所以人可以大踏步地与所有动物拉开距离

---

[1] 埃文·汤普森:《生命中的心智:生物学、现象学和心智科学》,李恒威、李恒熙、徐燕译,第180页。
[2] 刘晓力:《当代哲学如何面对认知科学的意识难题》,《中国社会科学》2014年第6期。
[3] 动物实验表明:黑猩猩有一定的自我意识。但最聪明的黑猩猩,也不会对意识有意识,即没有达到意识自觉。是否有意识自觉,有多种严格的客观标准,其中之一便是是否对意识成果有记载。而符号标记便是重要标志。只能对客观事物做出符号标志,即客观意识的标志;能够对自己行为做出符号标志,即自我意识的标志;能够对意识的成果做出标志,即意识自觉的标志。后者只有人能够做到,因而只有人具有对意识有意识的意识自觉。只有意识自觉才能表现出对符号的自觉意识,从而利用、开发、发展符号,产生并发展了文字和语言。但文字尤其是语言自身也有自组织机制,这样的双重作用可称为"语言之道"。

而走向"万物之灵"。

中国国内对潜意识的研究,主要是与国外相关研究接轨,但与中国传统文化的结合已经迫在眉睫。车文博先生曾经认为:"无意识的生理机制是未被意识的定势、条件反射和高级神经活动,是大脑皮层较弱兴奋部位、没有同第二信号系统的语词明显联系起来的活动,是人的大脑两半球的不同的功能、主要是右半球非言语思维(空间形象思维)的产物。"[1] 做出这样的论断,至今已近30年,不知优秀的心理学家、心理史学家车文博教授,是否会同意极大地扩展潜意识的内涵。与意识相对应,潜意识是人的身心系统运行中在没有主观意识觉察状态下的具有一定意识功能的精神活动。广义地说,还可以包括没有主观觉察状态下生命系统与环境系统互动作用而产生的意识功能。(比如"对于第二信号系统词语明显联系起来的活动",肯定是有的,否则就不会有任何人能够在梦中作诗了,只不过这种活动是没有被觉察到的、是潜在的而已)潜意识与意识的根本区别在于有没有主体的自觉意识,其根本特征在于自组织性。值得强调的是:意识和潜意识都具有强烈的自组织性,但意识以主观觉察为必要条件,因而已经具有主观的自觉的意识作用。

意识和潜意识的关系,可以借用老子的"无为而无不为"来描述。潜意识具有极为重要的功能。比如:人的记忆,一般认为包括识记、保持、回忆、再认四个环节,但这种说法是有严重缺陷的。作为完整的精神活动,记忆至少包括识记、保持(存储)、整合、回忆、再认(调出)五个环节。其中各个环节全都需要借助潜意识。保持、整合主要靠潜意识;而识记环节实际上潜意识的作用也是主要的。回忆既包括有主观自觉意识的回忆,也包括大量无意识状态下由潜意识进行的回忆,包括梦中的回忆。即使是再认,如果没有潜意识整合的基础,或没有潜意识与偶然暗示、刺激等提示性条件的耦合,也会出现"明明记住了就是想不起来"的窘迫。再比如发现或创新思维,往往苦思冥想、殚精竭虑却一无所获,而突然灵感迸发,茅塞顿开。"众里寻他千百度,蓦然回首,那人却在灯火阑珊处",这种现象生动地反映了"有为,而无所为""无为,而无不为"的"心智之道"的特征。我们无意否认自觉理性、自觉意识的

---

[1] 车文博:《意识与无意识》,第49页。

巨大功能作用，因为如前面所述，这是人所具有的独特的意识优势的集中体现。但同时必须看到：第一，这种优势的形成，高度复杂的大脑功能机制的形成，本身就是长期生命演化过程中自组织机制——生命之道的产物；第二，这种优势的发挥，是神经系统与生命系统、环境系统以及"集体无意识"的文化基因系统等综合作用之下"涌现"的现象；第三，潜意识对各种存储信息的整合功能等无意识状态下的作用，是自觉意识之花绽放的土壤。总之，心灵智慧之光，离不开因潜移默化而酿造的光源。

意识和潜意识的关系，是一种深刻的辩证关系。这种辩证关系，使一切将意识和潜意识截然分割的思想观念都终将走向误区。一方面，意识离不开潜意识，甚至意识最深刻和内在的运行发生在潜意识整合过程中，包括睡梦中。另一方面，潜意识离不开意识，人的潜意识以"无意识自主整合"为重要特征，一定会潜在地、非意识参与地、自然而然地整合进感觉和经验，整合进自觉意识和理性思维的过程与成果。就拿灵感来说，即使是"梦中灵感的闪光"，也一定离不开思索探求无形中纳入潜意识的种种"半成品"或"阶段性成果"，科学家的潜意识和普通人的潜意识在功能上会有巨大差别。阿基米德只有在洗澡、放松的时候，而不是一味苦苦探究的时候才能灵光闪现，一举解决了"王冠难题"并发现了浮力定律。但是如果不是阿基米德，如果没有阿基米德的知识结构和思维方式，一般人再"蓦然回首"，也不会发现"灯火阑珊"。深入地讲，意识和潜意识之间的互动关系是以"时间之道"为纽带与通道的，时间参构作用以及对于意向对象考察中的时间意识，都决定了意识向潜意识的渗透与潜意识对意识的整合与多种参与。①

这里，再回头看老子的玄览、玄观，"为学日益，为道日损。损之又损，以至于无为，无为而无不为"②。无论意识还是潜意识，认知之道——自组织、自整合、自创造的机制都是在发挥作用的。通常所说的"直觉"，其实是一种

---

① 参见汤普森的见解："任何意向性的全面分析都必须考虑到体验的意向性对象的时间特征。对象持续存在，并且经历变化和转变；过程在实践中展开和发展；事件发生、持续和终止。某些事物，例如说旋律，有不同的方面：它们不能同时而只能跨越时间存在。而且在一个更深的层次上，在体验中发生着时间的'同一性的综合'（syntheses of identity）。"——埃文·汤普森：《生命中的心智：生物学、想象学和心智科学》，李恒威、李恒熙、徐燕译，第 270 页。
② 《老子》第四八章。

意识和潜意识的互动。高水平的、整体观照的、形而上思维中的"直觉",往往被称为"整体感悟"。在这样的整体感悟式的认知与思维方式中,有着"涤除"的功能,因为需要将具体表象的感知与经验放在整合机制中消化、溶解,而抵达"玄览"的综合、浑然一体之中。"科学家在他们的研究工作中对直接的直觉洞察是熟悉的,因为每一项新的发现都来自这种不可言表的突然闪念。但是,当头脑中充满了信息、概念和思维模式时,闪念的出现是极为短暂的。而在沉思中,头脑里除尽了所有的思虑和概念,这就为长时间地通过它的直觉方式起作用做好了准备。"可见,局部、具体研究中的"灵感"与宏观、整体思维中的"顿悟"有区别,而"为学"与"为道","指的就是研究工作与沉思之间这种显著的不同"[①]。

[①] 卡普拉:《物理学之"道"——近代物理学与东方神秘主义》,朱润生译,第22页。

第八章
"无为无不为"——特色鲜明的政治思想

虽然儒家、墨家、法家之间差异巨大，但概括地说，儒家政治思想主张可称为"有为政治"；而道家政治思想则以"无为政治"与其形成鲜明的对比。然而，对于这种特色鲜明的政治思想，由古至今人们的各种理解或评价却大相径庭。比如，有人就此而断定道家主张出世；有人认为道家主张向后看因而是消极的政治思想；有人认为道家政治理想就是"小国寡民"，因而是一种保守甚至倒退的思想；有人认为庄子的理想则流于虚空而无法实现；也有人认为，儒家主张人治，道家主张无治，是一种无政府主义。以上这些可概括为对道家政治思想特色的误读。实际上，道家有着积极入世的思想，绝没有因"无为而治"而消极。"老庄从来没有离开政治、离开社会人生孤立地去谈'玄'，他们有自己鲜明的政治立场和政治态度，有关于社会人生的明确的意见和主张。"[1]"无为而治"与主张人治的儒家、法家（正如张松如、邵汉祥指出：法家的法治其实也是人治的一种方式）的确是相对的，但是与无政府主义毫不相涉，而是一种"天治"，其本质是以道法自然的哲学而主张社会自治。

我们认为，在无为而治的总体思想框架和特色中，道家政治思想有着高远的政治理想追求，为中国政治历史上影响深远的"道统"提供了理论依据；基于道法自然哲学理念的"无为而治"，蕴含了自由追求，萌芽了民主精神，不仅曲折、潜在地对中国政治、政治文化有一定积极影响，而且有着值得发掘和传承的宝贵思想遗产。

---

[1] 张松如、邵汉祥：《道家哲学》，长春出版社，2007，第24页。

"容乃公，公乃王"：政治理想

《礼记·礼运篇》中说："大道之行也，与三代之英，丘未之逮也，而有志焉。大道之行也，天下为公。选贤与能，讲信修睦，故人不独亲其亲，不独子其子，使老有所终，壮有所用，幼有所长，矜寡孤独废疾者皆有所养。男有分，女有归。货，恶其弃于地也，不必藏于己；力，恶其不出于身也，不必为己。是故，谋闭而不兴，盗窃乱贼而不作，故外户而不闭，是谓大同。"

这样的描述，连同《史记》《尚书》等典籍所记载的"三代之英"时代的推举、考察、禅让的权力制度，是否可信呢？至少，人们不可否认的是，所有这些都反映了中国古代先贤的一种政治理想。而这样的理想，是中国政治哲学思想的重要组成部分。

这段中国古代经典中著名的文字，虽然出自《礼记》，但绝不仅仅独属于儒家。众所周知，早期的儒家，甚至法家、墨家，都与道家有着互相渗透、互相影响的"结合部"。从最基本的政治哲学的角度来看，诸子百家之间有着某些"普世价值"的共识，而这样的共识，正是中国政治历史上"道统"的基本构成。

这是因为，宇宙—自然系统的有序运行，对人类社会的重要启发，就在于道为公道。关于这一点，我们从许多古典典籍中都可以看到。比如：

生之、畜之，生而不有，为而不恃，长而不宰，是谓玄德。[1]

天无私覆也，地无私载也，日月无私烛也，四时无私行也，行其德而万物得遂长焉。[2]

无不持载、无不覆帱、万物并育而不相害，道并行而不相悖。[3]

---

[1] 《老子》第一〇章。
[2] 《吕氏春秋·去私》。
[3] 《礼记·中庸》。

第八章 "无为无不为"——特色鲜明的政治思想　189

《申子》曰:"天道无私,是以恒正;天常正,是以清明。"①
……

虽然,古代先贤还不可能质疑君主制的权力合法性问题,但天下为公的思想依然是鲜明、不可否认的。西周的"忠君",原本具有严重的"私性",主要表现在所谓从一而终、事君不二,甚至君死臣殉方面。孔孟等思想家对此显然是深刻否定的。比如,管仲曾帮助公子纠争君主之位,公子纠死,管仲并未殉死,以后转事齐桓公,以至为相。子路就此对问孔子:"桓公杀公子纠,召忽死之,管仲不死。"曰:"未仁乎?"而孔子的评价是:"如其仁,如其仁。"并认为:"管仲相桓公,霸诸侯,一匡天下,民到于今受其赐。微管仲,吾其披发左衽矣。岂若匹夫匹妇之为谅也,自经于沟渎,而莫之知也?"在这里,孔子对管仲的评价是着眼于他对天下苍生的贡献,而不仅仅是对齐桓公的功绩。在回答子路关于"事君"的提问时,孔子明确主张:"勿欺也,而犯之。"② 所谓"勿欺"是臣对君应当以诚相待,做坦荡的君子。所谓"犯之",则是不惜冒犯君主而直言劝谏,应当是中国历史上层出不穷的"犯颜直谏"的先声。

孟子认为,君主的权力,不能靠私相授受。

(万章)曰:"敢问荐之于天,而天受之;暴之于民,而民受之,如何?"(孟子)曰:"使之主祭,而百神享之,是天受之;使之主事,而事治,百姓安之,是民受之也。天与之,人与之,故曰,天子不能以天下与人。舜相尧二十有八载,非人之所能为也,天也。尧崩,三年之丧毕,舜避尧之子于南河之南,天下诸侯朝觐者,不之尧之子而之舜;讼狱者,不之尧之子而之舜;讴歌者,不讴歌尧之子而讴歌舜,故曰,天也。夫然后之中国,践天子位焉。而居尧之宫,逼尧之子,是篡也,非天与也。《太誓》曰:'天视自我民视,天听自我民听',此之谓也。"③

---

① 欧阳询:《艺文类聚》卷一。
② 《论语·宪问》。
③ 《孟子·万章上》。

这里，孟子已经将权力的天授与民意的认同联系在一起，甚至将史书上赞颂讴歌的"禅让"给予新的解释："天子不能以天下与人。"天子不过是推荐，权力的合法性来自"天与之，人与之"。在孟子看来，民意的选择和认同，与权力运行过程中天道的检验是一致的。

总而言之，天道为公，大道无私，在中国思想文化"轴心时代"——春秋战国时期，是诸子百家政治思想的主流。这正是出于思想家们对于天道的基本理解。天道即公道，"大道运行"与"天下为公"之间是相通的，"知常容，容乃公，公乃王，王乃天，天乃道，道乃久。没身不殆"①。万事万物中任何部位、任何事物、任何力量、任何作用，都不可以挟私而自重。一切对一切有价值，一切对一切讲公道。自发的、自然的、自行的、自由的运作当中，凡是挟私自重的、恃强凌弱的、损不足而补有余的、独霸而宰制的，都是异变，都会遭到天谴。正是天道为公，大道无私，保证了万物生长，万物和谐，天道长久。正如老子所说："万物恃之而生而不辞，功成不名有，衣养万物而不为主。常无欲，可名于小；万物归焉而不为主，可名为大。"②

或许会有人说，这种"乌托邦"式的理想，西方更多。其实完全可以比较一下：柏拉图的"理想国"、莫尔的"乌托邦"、康帕内拉的"太阳城"、弗朗西斯·培根的"新大西岛"、闵采尔的"千年太平之国"、温斯坦莱的"掘地派运动"……这些西方的理想主义，始终有一个特点：虽然基于现实批判，但主要是带有空想色彩的主观设计。虽然柏拉图"理想国"从理论上是基于"绝对命令""绝对理念"的，但其中"统治阶层、武士阶层、平民阶层"的划分，以及这三个阶层成员的灵魂中含有不同的金属：金、银、铜。就充分体现了主观设计中对理念的猜测。这是一种人为的，而并非真正意义上绝对理念的"模本""原型""楷模"形态。而道，绝不具备这样的形态，是系统中无名、无形、无为而深刻蕴含于系统发展变化中的价值昭示。正如本书在本体论章节中指出："本体一旦成型，一旦高居于系统之上，一旦脱离万物自宾、自化的变化发展或系统运作，一旦被宣称为被认识、被掌握、高于并规定、指导现象

---

① 《老子》第一六章。
② 《老子》第三四章。

的理念，就会停滞，就会衰老，就会蜕化，就不会充满生机、长久永恒地发挥作用，就不再是常道。"不难看出，这种理解，完全是基于道家哲学"天道本体"的根本理念。

相比较而言，中国古代思想家对于大同世界的"理想"追求，其实是基于"大道本体论"，是大道运行中价值的昭示。这样的"理想"，既不是主观愿望和设计，也不是对某种模型框架的模仿，而是在玄观的总体感悟中，接受天道对人道的启示。人道系统与天道系统，从根本上来说是子系统与母系统的关系。人道的子系统，或许会有自身的规律，但一切被人们揭示的社会规律都有局限性，一切由人们设计并描述出来的理想蓝图都有局限性。这是因为，人类的社会秩序最理想的状态，与宇宙—自然系统的、大道运行的状态是一致的。社会的运行机制、国家的权利结构，必须符合大道运行的根本法则。社会秩序和结构，与宇宙—自然系统的最根本的规律之间，也不仅仅是一种对应的关系。天道、人道、心道三大系统，皆有道。即皆有自行运行中产生的功能和机制。这种"道"的规律，对于人类来说，永远具有神秘感，永远难以被人类所彻底揭示、掌握、言说，即对于人类来说，永远是超验的。但是，人类对于道，绝不是只能闭目塞听，无法认知。只不过，这种认知方式，不是感觉、不是科学、不是经验，而是"玄览"，是整体感悟与观照。如老子所说："是谓无状之状，无物之象。是谓惚恍。迎之不见其首，随之不见其后。执古之道，以御今之有，能知古始，是谓道纪。"[①] 这种"玄思""玄览"，既包括对天道的整体察悟，也包括对人类历史——人类社会系统整体运行状况——的整体把握。其实，整体性感悟，或曰"玄思""玄览"作为人类认知的重要渠道之一，从心理学上可以找到充分的依据。这就是潜意识的自行运作，或曰"心灵之道"。由弗洛伊德发凡、由荣格进一步深化的"精神透射""透射性认同"，就揭示了精神作用。宇宙—自然系统中发生的一切，不可能仅仅作为一些纷纭的现象作用于人类的感知渠道，而且一定会以整体的暗示性系统而通过"透射性认同"来作用于人类的潜意识。再加上个体潜意识和集体无意识之间的互动关系，在自然系统的自行运作——社会系统的自行运作——心灵系统的自行

---

① 《老子》第一四章。

运作三大系统之间，必然存在的神秘共性，也必然会被人类所感应观照。一切心灵修炼、宗教修行、哲学修养都有尊重这种感应观照的种种相通的主张。司马云杰先生的看法，总体上是很有道理的，他认为："'大道运行，天下为公'，与其说是一种社会理想，不如说是一种社会哲学本体论学说，即国家社会必须符合达到的根本理论法则。它是中国古代先哲从几经盛衰变化的社会历史经验中提升、发展出来的根本理论学说。这个学说不仅是建构理想社会的根据，也是维系国家社会存在绵延的根本哲学思想。它变为一种社会文化意识就是常道常德。"①

政治哲学中基本原理与哲学本体论的一致性问题，是许多哲学家、政治思想家毕生的追求。中国道家政治思想中，天下为公、大道无私的思想与民主、民本思想是贯通的。社会秩序、政治系统、权力结构，与自然秩序绝不是各自运行、互不相干，绝不是各有各的规律或法则，绝不是一旦将政治系统与自然系统相提并论就是简单类比、盲目猜测或"神秘主义"。这正是道家哲学基本的立场。自然中大道为公、天下为公，在人类社会当中必然就是：天下是人民的天下，公众的天下。这也是道家政治思想穿透性、终极性、"现代性"的重要体现。现代政治学认为：民主的实质，实际上就是权力的属性问题，任何人不得将权力据为私有。民主，即人民做主，即主权在民。说白了，就是天下为公。

民主问题，从来就不仅仅是少数服从多数的问题，而且是权力组成方式或结构问题，因为民主的本质是通过民主制度解决权力结构问题以及权力产生根源问题、运行程序问题、监督机制问题、更替规则问题等，目的在于保障和维护权力的公共属性。权力从本质上是公共权力，即是民主；否则，即是非民主。

中国道家的政治哲学，在本质上是主张本质先于存在的，因而是反对存在先于本质的。萨特所谓的"存在先于本质"，实际上是将物质的存在与人的存在做了二元论的区分，他在承认物质的本质先于存在的基础上，强调对于人来说是存在先于本质。这样的思维是道家哲学所完全不能同意的。道家哲学本体论，是一种系统自行运行功能机制的本体论，在终极本体论的意义上，人的

---

① 司马云杰：《大道运行论》，陕西人民出版社，2003，第454页。

社会系统、精神系统和自然系统没有本质的不同，人没有终极本体以上的特殊性。关于这一点，可以参考本书关于本体论以及关于"有"与"无"思想的有关章节。

"现实的就是合理的"——这句话是黑格尔说的。但是，在黑格尔之后引用或运用这句话的观点包含了对黑格尔的严重误解。黑格尔的原话是："凡是合乎理性的东西都是现实的；凡是现实的东西都是合乎理性的。"[①] 然而黑格尔本人说过："在日常生活中，任何幻想、错误、罪恶以及一切坏东西、一切腐败幻灭的存在，尽管人们都随便把它们叫作现实。但是，甚至在平常的感觉里，也会觉得一个偶然的存在不配享受现实的美名。因为所谓偶然的存在，只是一个没有什么价值的、可能的存在，亦即可有可无的东西。……当我提到'现实'时，我希望读者能够注意我用这个名词的意义，因为我曾经在一部系统的《逻辑学》里，详细讨论过现实的性质，我不仅把现实与偶然的事物加以区别，而且进而对于现实与定在，实存以及其他范畴，也加以准确的区别。"[②] 黑格尔所说的现实，是体现必然性的现实，而绝不是任何通常为人们所感觉到的具体的、偶然的"现实存在"的现实。

将黑格尔和萨特进行对照，我们可以更清楚地看到：在黑格尔那里，人的存在是必然的存在，是大道运行的必然性产物，但绝不是说人类社会所有现象的存在都是合理的。萨特恰恰将人的存在做"特殊"处理，认为人的存在先于本质。

存在先于本质的所谓"存在主义"，最根本的问题就在于，否定了存在异化的可能。从天体万物，到人类社会，以至精神领域，异化都是难以避免的。因此，我们必须将人类社会所有现象的存在做出分析：一定要区别本质必然存在和本质异化存在。

越是刻意的、人为的、具有创造性的人类行为所引发的现象，越是容易异化、值得警惕、需要反思和系统检验的现象。民主与专制的关系，在极大程度上是必然性本质存在与异化存在的关系。公共权力与大道为公的一致性，是民主政治最本质的特征。

---

① 黑格尔:《法哲学原理——或自然法与国家学纲要》序言，范扬、张企泰译，商务印书馆，1979，第11页。
② 黑格尔:《小逻辑》导言第六节，贺麟译，商务印书馆，1982。

"莫之命而常自然"：道统滥觞

道家思想与中华道统的关系，是一个非常复杂的问题。这里从三个方面进行澄清。

第一，老子不仅不是道统的直接提出者、阐述者和论证者，甚至还是以仁政和德治为核心内容的"道统"学说的批判者。

老子决不认为三代之治、先王之教等可以作为治理国家的政治思想的源头或依据，他所强调的是天道。老庄都认为，仁义礼智也好，法律规章也罢，都属于"有为"政治，都属于主观刻意的人之所为，并非自然而然形成的规范，并非天道自然的天启昭示。所以，如果主次颠倒、本末倒置，反而会产生堕落与混乱。在老子看来，道德不是人为设立、制定、宣传的产物，而是"道生之，德畜之，物形之，势成之。是以万物莫不尊道而贵德。道之尊，德之贵，夫莫之命而常自然。故道生之，德畜之：长之、育之、亭之、毒之、养之、覆之。生而不有，为而不恃，长而不宰，是谓玄德"①。无论道尊还是德贵，都在于"莫之命而常自然"。

因而，应当远离、隔绝，甚至抛弃人为的那一套。"绝圣弃智，民利百倍；绝仁弃义，民复孝慈；绝巧弃利，盗贼无有。此三者，以为文不足，故令有所属，见素抱朴，少私寡欲。"② 民众只有与大道运行、万物化育、大势畜养保持一致，才能质朴纯正，不为巧言令色所迷惑，不为奸诈诡计所误导。

为什么仁义礼智那一套不可靠？因为"失道而后德，失德而后仁，失仁而后义，失义而后礼。夫礼者，忠信之薄而乱之首。前识者，道之华而愚之始。是以大丈夫处其厚，不居其薄；处其实，不居其华。故去彼取此"③。也就是说，仁义礼智是低档次的，是大道丧失之后的产物。"大道废，有仁义；智慧出，有大伪；六亲不和，有孝慈；国家混乱，有忠臣。"④ 庄子也认为："夫孝

---

① 《老子》第五一章。
② 《老子》第一九章。
③ 《老子》第三八章。
④ 《老子》第一八章。

悌仁义，忠信贞廉，此皆自勉以役其德者也，不足多也。"① "形德仁义，神之末也。"② 与大道相比，这些是薄而不是厚，是华而不是实。"夫礼者，忠信之薄而乱之首。"③ "夫仁义憯然，乃愤吾心，乱莫大焉。""礼乐遍行，则天下乱矣。"④

应当说，老庄对仁义礼智那一套所做的评价，不仅具有深刻的社会批判性，而且具有相当准确的预见性和历史穿透性。比如庄子所说的："为之斗斛以量之，则并与斗斛而窃之；为之权衡以称之，则并于权衡而窃之；为之符玺以信之，则并与符玺而窃之；为之仁义以矫之，则并与仁义而窃之。何以知其然邪？彼窃钩者诛，窃国者为诸侯，诸侯之门，而仁义存焉，则是非窃仁义圣知邪？放逐于大盗，揭诸侯，窃仁义，并斗斛、权衡、符玺之利者，虽有轩冕之赏弗能劝，斧钺之威弗能禁。此重利盗跖而使不可禁者，是乃圣人之过也。"⑤ 在老庄之后历朝历代的历史上，窃钩的小偷被杀，窃国的大盗成为诸侯，而诸侯却挑着仁义的招牌，这样的现象实在是屡见不鲜。

第二，孔孟是道统的集成与阐述者。然而，其理论基础依然来自道家。

道统，仅就其最基本的功能来说，至少可以概括为四种：第一是为最高统治权力的建立和延续提供合法性依据；第二是上下所须遵循的一整套道德和行为准则体系；第三是对统治者的权力起到一定的制约作用；第四是对中华传统文化起到一种凝聚和传承的作用，使其不致中断和湮灭。"我结合金岳霖、钱穆、余英时、季卫东等学人的研究成果，从比较文化史的角度将中国看成是一个意义独特的文化体，其基本范型为道论，它区别于西方思想如希腊理念论之处在于，如果说理念论作为一种西方思维是一种二分思维，总是将世界看成是二元对立从而形成非历史的思维的话，那么道论思维作为中国思维，它有四个特点，第一为历史性，第二为世俗性，第三为循环性，第四为整体性。道论思维是中国在所谓轴心时代形成的，是中国思想的第一次突破，形成了中国思想

---

① 《庄子·天运》。
② 《庄子·天道》。
③ 《老子》第三八章。
④ 《庄子·天运》。
⑤ 《庄子·胠箧》。

的基本特点。"① 日本学者薮内清在其所著《中国的科学》中说:"一个民族的文化,像中国这样继续得如此长久,正如汉代董仲舒所说'天不变,道亦不变',简直是世界的奇迹;曾以古老文化夸耀世界的近东诸多国家,早已灭亡,现尚残存的印度文化,可说是杂乱的民族集合体。英国学者李约瑟在其所著《中国之科学与文明》中,亦有同样的看法,这可证明中国道统的力量。自西汉以迄清末(公元前二〇六年至公元一九一一年),每次大乱之后,拨乱反正,重建新秩序的人,大多是确信道统的儒者。汉儒通经致用之学,宋明性理之学,无非是阐扬道统的修齐治平之道。董仲舒仁义三策,推尊孔子,可说是孟子之后重建道统的大功臣。汉末徐干说:'圣人亦相因而学也。孔子因于文武,文武因于成汤,成汤因于夏后,夏后因于尧舜。故六艺者群圣相因之书也,其人虽亡,其道犹存。'清朝王夫之说:'政统可断,道统不可断'。"

虽然中华道统的源头总是被追溯到尧舜,但实际上不过是先贤为了强化其神圣性而采用的一种"借古"手段,道统的真正形成,应当是在以孔孟思想家为主的中轴时期。孔子和孟子与老子不同,他们不仅仅观悟"天道",更注重审视"人道",甚至顾及"心道",尽力在天道与人道的结合上下功夫。孔子整理的《左传》中说"民之所欲,天必从之"②。孟子主张"民为贵,社稷次之,君为轻"③;"桀纣之失天下也,失其民也;失其民者,失其心也。得天下有道:得其民,斯得天下矣。得其民有道:得其心,斯得民矣。得其心有道:所欲与之聚之,所恶勿施尔也。民之归仁也,犹水之就下、兽之走圹也。"④ 这里的"得天下有道""得其民有道""得其心有道",并非从天道中剥离出来、割裂出来的道,而是衍生与结合。这种结合更明显的,还有"天视自我民视,天听自我民听"⑤。

中国的"道统"是什么?关于道统的来源、脉系、内容和地位,一般认为唐朝的韩愈在《原道》中说得比较明白:

---

① 魏敦友:《新道统论为现代中国法学奠基》,《检察日报》2011年1月6日,第3版。
② 《左传》襄公三十一年,引自《泰誓》。
③ 《孟子·尽心下》。
④ 《孟子·离娄上》。
⑤ 《孟子·万章篇》,引自《泰誓》。

第八章 "无为无不为"——特色鲜明的政治思想　197

夫所谓先王之教者何也？博爱之谓仁，行而宜之之谓义，由是而之焉之谓道，足乎己无待于外之谓德。其文，诗、书、易、春秋；其法，礼、乐、刑、政；其民，士、农、工、贾；其位，君臣父子、师友宾主、昆弟夫妇；其服，麻丝；其居，宫室；其食，粟米果蔬鱼肉。其为道易明，而其为教易行也。是故以之为己，则顺而祥；以之为人，则爱而公；以之为心，则和而平；以之为天下国家，无所处而不当。……斯吾所谓道也，非向所谓老与佛之道也。尧以是传之舜，舜以是传之禹，禹以是传之汤，汤以是传之文武周公，文武周公传之孔子，孔子传之孟轲，轲之死不得其传焉。

从韩愈的概括中，可见道统自尧舜至孔孟，是一套完整的"先王之教"。然而，道统的起源究竟是什么？或者说先王之教又从何而出呢？我们不妨比较一下老子的说法和《易经》的说法。《易经》当中所说"仰则观象于天，俯则观法于地，观鸟兽之文与地之宜。近取诸身，远取诸物"，与老子所说"人法地，地法天，天法道，道法自然"，二者有异曲同工之妙。也就是说，中华道统的真正起源，来自先贤观天、悟道。

孔子无疑是总结、弘扬道统的重要人物，并且是先王善政、遗训的总结集成者。对于后世道统持续传承发挥了重要影响的《论语》最后一章说：

尧曰："咨！尔舜！天之历数在尔躬，允执其中。四海困穷，天禄永终。"舜亦以命禹。曰："予小子履敢用玄牡，敢昭告于皇皇后帝：有罪不敢赦。帝臣不蔽，简在帝心。朕躬有罪，无以万方；万方有罪，罪在朕躬。"周有大赉，善人是富。"虽有周亲，不如仁人。百姓有过，在予一人。"谨权量，审法度，修废官，四方之政行焉。兴灭国，继绝世，举逸民，天下之民归心焉。所重：民、食、丧、祭。宽则得众，信则民任焉。敏则有功，公则说。

这一段话的大概意思是：

尧说:"啧啧!你这位舜!你身上肩负上天使命。诚实坚守中道。如果四海百姓困苦贫穷,天赐你的禄位就会永远终止。"舜也这样告诫过禹。(商汤)说:"我小心谨慎地用黑色的公牛祭祀,向伟大的天帝祷告:不敢擅自赦免罪行,天帝的臣仆也不掩蔽,由天帝的心来分辨。我本人有罪,不向天下人推诿;天下人有罪,罪在我自己。"周朝大封诸侯,使善人富贵。(周武王)说:"我虽有亲人,不如有仁德之人。百姓有过错,都在我一人身上。"谨慎地审查计量,周密地制定法度,补齐废缺的官职,全国就会政令畅行。复兴灭亡的国家,承续断绝的世族,发现重用被埋没,天下民心就会归服。所应注重的:人民、粮食、丧礼、祭祀。宽容就能赢得人民拥护,诚信就能使人民信任。勤敏就能取得功绩,公正就能使人民幸福。

可见,遵循和传承道统,实际上是不断地承担上天赋予的使命的过程。这里需要强调的是,包括老子、孔子在内的诸子百家的学说,诞生于百家争鸣的春秋战国时期,这是一个被称为"轴心时代"的思想文化极为活跃、充分发展的时代。同时,也是一个民间学术力量蓬勃兴起的时代。在殷周时期形成的严密而清晰的国野之分、世卿之制,已经土崩瓦解,在大夫、卿相等精英阵容之中,有许多人来自士和庶人阶层。因此,整体来说,充满生机的百家学说是民间的产物、思想言论自由的产物。在此期间,诸子百家虽分道扬镳,但对于道统的建立有共性的思想主张与价值追求。孔子关于道统集成式的论述与传扬,在较大程度上体现了天道为上、"惟道是从"的指导思想。

第三,自董仲舒之后逐渐走向离经叛道的"道统",反证了道家思想体系才是道统正宗的思想源头。

董仲舒在儒家学说的基础上,以儒家为主体,也以儒家为总体框架,在一定程度上借助阴阳五行学说,融汇了黄老之学以及诸子百家的思想,建立了新儒学体系。可以说,使中华道统得到进一步丰富和弘扬。在政治思想上,主要是儒学与黄老刑名思想的结合,从而开启了影响深远的王道与霸道相互补充、相互转换的理论与实践。

作为公羊派儒学大师、今文经学的创始者,董仲舒具有拓展、整合、完善整套思想体系的雄心和能力，实现了对先秦儒学系统的改造，实现了"令后学者有所统一"（刘歆）。正如范文澜先生所评价的："儒学经董仲舒的加工，因此摆脱了原始阶段，成为阴阳五行化的……西汉今文经学。某些汉儒把董仲舒当成孔子的继承者，因为他创造了今文经学。"[①] 董仲舒因而被称为西汉以来的"群儒首""儒者宗"。

董仲舒在儒家思想体系的发展历史上具有重要地位，其思想学说不仅在汉武帝之后的西汉，而且在其后的中国皇权历史上始终发挥重要影响。儒学因他而重新振兴、整合统一，也因他而在价值取向、地位作用上发生了重要的转捩。还可以说得严重一点：董仲舒对儒学的所作所为，一直强烈影响了后世至今人对儒家，甚至包括道家的整体看法。因而，从道家哲学的角度评价一下董仲舒，是十分必要的。

首先，董仲舒提出"天不变，道亦不变"的宇宙与社会相对应的思维模式，在一定程度上肯定并强化了道统的天道依据。即在道统的合法性意义上，将其依据归结为天道，从而有利于继续对皇权起到制约作用。在这里，董仲舒很精彩地采纳了老子对"常道"和"非常道"的划分，并且进一步将天道和人道区别开来，认为天道不变，人道可变。最为可贵的是指出："道者万世无弊，弊者道之失也。"[②] 道本身并无弊端，而现实统治治理中的过失不能归罪于道，而恰恰是"失道"的结果。"天不变，道亦不变"由董仲舒提出，并且基本归属于汉代以后的新儒学体系，在道家哲学发展历史上也可以记上一笔。他为了发挥道统对权力的制约作用，抨击"乘富贵之资力，以与民争利于下"的豪强权贵，指出"天亦有所分予"，在生物世界，"予其爪牙者不予其角抵之利，予其羽翼者只给它两只足"，可见"所受大者不得取小。古之所予禄者，不食于力，不动于末，是亦受大者不得取小，与天同意者也。夫已受大，又取小，天不能足，而况人呼！此民之所以嚣嚣苦不足也。身宠而载高位，家温而食厚禄，因乘富贵之资力以与民争利于下，民安能如之哉"[③] 体现了天道。这里我们看到了老子"天之道，损有余而补不足。人之道则不然，损不足以奉有

[①] 范文澜：《中国通史》第二册，人民出版社，1995，第151页。
[②] 《汉书·董仲舒传》。
[③] 《资治通鉴》卷一七《汉纪九》。

余"①的影子。董氏进一步指出:"尔好义,则民向仁而俗善;尔好利,则民好邪而俗败。"② 此处又可看作老子"上德不德,是以有德;下德不失德,是以无德。上德无为而无以为,下德为之而有以为。上仁为之而无以为,上义为之而有以为,上礼为之而莫之应,则攘臂而扔之"③ 的翻版。"天之序,必先和然后发德,必先平然后发威,……德生于和,威生于平也。不和无德,不平无威,天之道也。"④ 这样来解释天道的秩序观,强化了他所提出的天道为善的理念,是对老子"上善若水"思想的发挥,同时,对于和谐、和平地位的一种价值认定。但是,一旦进入人道的领域,就出现问题。董仲舒煞费苦心地将天道与道统联系在一起,认为道统中先王之道也有变与不变之分。"道者所由适于治之路也,仁义礼乐皆其具也。"这些都是不可变的;而"夏尚忠,殷尚敬,周尚文",各有所侧重,则是适时之变。"譬之琴瑟之不调,甚者必解而更张之乃可鼓也;为政而不行,甚者必变而更化之乃可理也。"这里无论是变还是不变,董仲舒已经降低了道家哲学中天道思想的档次。进而,他又将所谓"三纲五常"都看作不可变的道统,原汁原味的儒学也开始迂腐僵化了。

其次,董仲舒用"天人感应"之说,从认识论上进行了天人合一的论证,将自古以来的天人合一说具体化、形象化。但是,同时也就将形而上的哲学变成了形而下的工具,同时塞进了真正的神秘主义。另外,他那简单类比的思维方式已经使天道的原意受到扭曲。比如《春秋繁露》中说:"王者配天,谓其道。天有四时,王有四政,四政若四时,通类也。天人所同有也。庆为春,赏为夏,罚为秋,刑为冬。庆赏罚刑之不可不具也,如春夏秋冬之不可不备也。"他认为灾害就是对国家君主"废德教而任刑罚"的谴责与惩罚,反过来,如果"天下之民同心归之,若归父母,故天瑞应诚而至"。上天就会酬谢与报答国君。比如《尚书》所描述的白鱼跳进王舟,火覆盖于王屋并变成红色羽毛的乌鸦,就是周文王将兴的征兆。董仲舒在《春秋繁露·郊祭》中说:"天者,百神之大君也。"《郊义》中有:"天者,百神之君也,王者之所最尊也。"因为他

---

① 《老子》第七七章。
② 董仲舒:《贤良对策三》。
③ 《老子》第三八章。
④ 《春秋繁露·威德所生》。

让人们相信帝王是神的化身，所以虽然强调"屈君而伸天"，却也宣扬了中国版的君权神授。尽管"受命之君，天意之所予也。故号为天子者，宜视天如父，事天以孝道也"，但对于后世的君王来说，毕竟可以更为欣然地以天子自居，堂而皇之地宣称"朕即天"。

再次，在天人感应的基础上，在"唯天子受命于天，天下受命于天子"①命题的前提下，董仲舒充分论证了"大一统"的思想主张，对维护皇权一统天下、维护以君为核心的高度集权的统治模式产生了重要而持久的影响。"有天子在，诸侯不得专地，不得专封，不得专执天子之大夫，不得舞天子之乐，不得致天子之赋，不得适天子之贵。""君人者国之本也。夫为国，其化莫大于崇本。"② 在这里，道家的天道本体，已经被董仲舒偷梁换柱地转换为君主本体。这是对大一统权力框架最为有力的一种理论支撑。大一统思想是针对分封割据、豪强兼并等分裂势力而言的，对于维护国家统一与民族凝聚在客观上发挥了积极作用。同时，从文化层面来看，中国两千年传统文化总体上具有很强的整合性、包容性与延续性，这与大一统格局的作用也是分不开的。但是，大一统理论毕竟为皇权的至高无上提供了理论依据，因而在政治实践中更多的是发挥了强化集权专制的作用。这与道家政治思想是根本对立的。社会自治、民众自治的自主运行机制在大一统格局中无可避免地受到打压。从根本上来说，董仲舒的大一统，虽然包括了疆域版图和制度政令的统一，但更为重要的是对任何影响、干扰、挑战中央权力的排除。所谓的天下不独属君，王必尊神，是没有任何保障与制约的，但"君为国之本，化国在崇本"的主张是实实在在地全面贯彻。所谓"百代皆行秦政制"，在汉武帝之后更为巩固，离不开董仲舒的作为。

最后，为了实现和巩固大一统，董仲舒提出著名的"罢黜百家，独尊儒术"的思想。尽管公羊派的春秋大一统，一定程度上融汇了诸子百家的思想，尽管仁义忠孝等伦理规范在其中占据了重要地位，儒家思想体系的意识形态化却自董仲舒而真正开始，此后在带有民间性、争鸣性、学术性、思想性的思想

---

① 《春秋繁露·为人者天》。
② 《春秋繁露·王道》。

文化领域，尤其是在政治文化领域，儒家一统天下。春秋时期诞生的民本思想和一定的民主思想倾向再也难以焕发生机，因备受压抑而趋向黯淡。儒学本身也逐渐走向僵化封闭，沦为皇权统治的工具。综合多元思想而形成的道统，之后基本上成为"儒家道统"，道统就是儒家，儒家就是道统。这样的道统，制约皇权的作用趋向弱化，被统治者用来宣扬皇权的合法性的功能趋向强化。董仲舒整合之后的儒家，更多地被用来为大一统服务，为美化皇权服务，为统一和制约思想服务。虽然儒表法里并非自西汉始，但由于董仲舒相当看重的刑名霸道，在被虚化、被工具化和意识形态化的儒家体系和大一统思想中，可以如鱼得水般地畅通潜行，所以在汉武帝之后"儒表法里""阳儒阴法"的状况愈演愈烈。王道与霸道之争，基本上没有跳出皇权至上的框架。同时，董仲舒所谓"圣人之性、中民之性、斗筲之性"的性三品说和三纲五常说，推动了集权化与等级制之间的结合与互动，中国社会与政治越来越走向"公天下"与"家天下"的分裂，前者成为招牌和幌子；后者成为实际和本质。

综上所述，道家哲学为中国道统奠基的"公天下"价值观，始终延伸，但趋向弱化。道统在今天具有发掘和改造的基础与潜质，但总体上需要坚守与弘扬的是道家政治哲学理念，这也是与依法治国先进理念融合的重要基点。

"无自而不可"：自由与必然

胡适先生在阐释自由主义时，有一番相当精湛的论述：

> "自由"在中国古文里的意思是："由于自己"，就是不由于外力，是"自己做主"。在欧洲文字里，"自由"含有"解放"之意，是从外力裁制之下解放出来，才能"自己做主"。在中国古代思想里，"自由"就等于"自然"，"自然"是"自己如此"，"自由"是"由于自己"，都有不囿于外力拘束的意思。[①]

---

① 胡适：《容忍与自由——胡适演讲录》，载胡适《自由主义》，京华出版社，2006，第155页。

著名学者、哲学家叶秀山也说过：

> 中国老、庄的"自由"观，并不与"自然"对立；其实，在老、庄思想中，"自然"就是"自由"，"自由"也就是"自然"。"自然"，就是"自如"，即"自己如此"，亦即"自由"。"自由"和"自然"本是统一的、同一的。①

自然与自由的关系，是哲学思维中需要认真对待的、非常有意义的问题。自而然之，自己如此，一切事物在系统中自行运作而实现本性的伸展，当然是自由，而且是最本质的自由。我们认为，自然是本质的自由，不仅是一个重要的命题，更是一个重要的视角，对我们更为深化、更为全面地认识自由至关重要。

（一）自然即本质的自由：自由与自然

斯宾诺莎认为："民主制通过限制政府中主要的行政长官的权力（力量）的大小，而仿效了社会产生之前的自然状态。在自然状态中，人的类型在共有性世代交替过程中，存在自然的突变或异型，而这种自然的突变或异型构成了其力量（权力）大小上的突变或异型的基础，并且这种自然的突变或异型本身现实地表现了实体的结构的连接与并列方式，一个人没有足够的力量（权力）统治这种自然状态：君主制就是隐蔽的贵族制。用政治的术语来说，自然状态中的异型或变异正是人的天生不平等的前提条件。但这并不意味着一个人（或少数人）有权利统治其他人。既然'权利'等同于'力量'（权力），而且任何单个人的力量（权力）都不足以统治别人（并以符合自身的最大利益的方式来自我保存），因而从政治角度看，自然状态的重要特征是其种类的多样性，而并非某个人优越于其他人。"② "人类的类型的多样性决不可被压制，正如实

---

① 叶秀山：《漫谈庄子的自由观》，见陈鼓应主编《道家文化研究》第八辑，上海古籍出版社，1995，第138页。
② 列奥·施特劳斯、约瑟夫·克罗波西主编《政治哲学史》，李洪润等译，法律出版社，2010，第466页。

体本身的属性不可被压制。个人的欲求必须在整体本身的制度和立法结构中得到反映,否则,社会成员就不会接受自己的意志与国家的意志的等同一致。而民主政体——或者可称为在其结构中忠实地保留了人的类型差别的各类型人的综合体——就是模仿自然状态。但模仿并非完全等同,我们可以说,民主制把自然状态理性化了,也就是说它使自然状态的重要特征时期种类的多样性中所固有的东西实现出来。自然状态种类型的多样化包含着某种内在合理的不平等,这有别于野蛮的不平等或者说体力的不平等。"[1]《政治哲学史》的作者评价斯宾诺莎的主张时说:"个人服从这一自由的政治制度,而自由的政治制度也使个人成为真正的自由个人。"[2] 此观点与斯宾诺莎是有一定呼应的,是洛克的自然法思想。洛克也认为,自然法从内容上与人的理性的本性是相符合的。在洛克看来,宇宙中的一切事物,都要遵循一定的与其本性相符合的法则或存在方式。

我们说过,斯宾诺莎是与老子最为相通、思想最为接近的西方哲学家之一。"道法自然"这一出于老子的言简意赅的伟大思想,在斯宾诺莎那里得以展开论述。综合老子、斯宾诺莎、洛克等哲学家的看法,自然即自由的思想可以概括为三层意思:第一,自然的自由表现为任何系统的自主运行,自主运行本身实现秩序,包括规律的有序、等级的有序和差异的有序。第二,自然状态的自由体现为多样性,而这种多样性和人的多样性是一致的,人类社会的民主制是一种自由的政治制度,是自然状态理性化的体现。第三,自然的自由体现在自然组织中的事物不违背自身的本性,法则是与其本性相适宜的。因而,一切法律制度必须保证个人的自由,必须符合人的自由的本性。

从本质上来说,道法自然,即道法自由。老子这一哲学思想是其政治思想的基础。因此,老子多次表达了这样一种思想:大自然当中一切事物运行都是自行的,道作为基本规律是在事物自行运行中而发挥作用的,因而是不有、不恃、不宰的。人类社会的统治者应当是遵循道的,"无为无不为"正是这种自由政治思想的生动表述。无为,即管理者、统治者从本质上不应强制、

---

[1] 列澳·施特劳斯、约瑟夫·克罗波西主编《政治哲学史》,李洪润等译,第467页。
[2] 列澳·施特劳斯、约瑟夫·克罗波西主编《政治哲学史》,李洪润等译,第467页。

宰制、干涉、独裁；无不为，即民众自宾、自化，在自由的生产生活中走向秩序与发展。

（二）"天有六极五常"：自由与必然

1974年获诺贝尔经济学奖的当代西方著名经济学家、政治哲学家哈耶克，极力推崇"自生自发秩序"。哈耶克所说的"秩序"有两种，一种是"长成的秩序"，另一种是"做成的秩序"。前者乃是自动自发、由事物内部产生的秩序，即"自我生成的秩序"、"自我组织的秩序"或"人的合作的扩展秩序"[①]；后者则是人为创制或建构的秩序，因此也可以说是由事物外部的力量赋予的秩序。关于自发的秩序，其有序性是非意图的、非人为设计的结果。在这样的秩序中，构成有序性的各种要素遵循某些规则而与环境互动；同时为不同的人实现各自目的提供了有助益的条件，允许每个人按照自己的理想目标去追求。哈耶克正是在这样的社会考察的基础上推出自己自由价值观，认为自由的价值，就在于能够为未经有意识设计的东西提供生长的机会；而自由社会的积极意义，也在于在很大程度上依靠自由生长出来的制度。

哈耶克关于秩序的划分，为我们理解自由与必然的关系提供了非常重要的启发。人类社会需要秩序，而人类是有主观能动性的。就像人类可以掌握一定的自然现象中的具体规律一样，人类完全可以而且有必要掌握社会发展运行中某些具有因果关系的具体规律，构建一定的秩序，这就是"做成的秩序"。这样的秩序当然需要人为的设计、制定、推行和调整。其特点在于根据具体的需要、针对具体的情况、达到具体的目的。相比而言，这种秩序毕竟是简单的。正如哈耶克指出，人类依然需要不为特定目的服务的、抽象的、复杂的秩序，而这种秩序来自"长成的秩序"，也就是自然而然形成的秩序，无论是宇宙自然、生物世界还是人类社会，只要有系统运行，就一定有相应秩序的自然形成，其特点是超越人的认知和掌控能力，抽象而高度复杂。在这里，哈耶克的思路，与道家哲学认识论的思路是一致的，那就是认定社会系统也是高度复杂的，而人类的理性认知能力是有局限性的。他非常清醒地认为，"长成的秩序"

[①] 参见哈耶克《自由秩序原理》，邓正来译，三联书店，1997，第7页。

的复杂性来自整个秩序所有元素的高度互动、相互调整，远非人类理性所能理解和掌握。正是基于人类的设计或计划都无法完全掌控的复杂性和变化性，哈耶克坚定地在经济学意义上强调市场经济和自由主义；也正是基于同样的理由，他也坚定地强调社会学意义上的"长成的秩序"。这就像大自然中的结晶、天体之间的秩序、生物有机体以及生物圈的构成一样。将哈耶克极力反对政府通过特定的法律或政策改变市场经济及市民社会的运作机制，与老子说的"无为而无不为""自宾""自化"等加以比较，可以发现其内在的一致性。

哈耶克经济自由主义影响超越了经济领域，给人们的启发是深刻的。自由和必然的统一，在于自然过程中功能的统一。因此，哈耶克一方面以不可终极认知的复杂性、多元性，来强调社会自身成长性给我们的启示，强调一切人为而"做成的秩序"应以不损害和破坏"成长的秩序"为前提；另一方面，则以系统各级要素的多样性、自发性，来强调个人权利和利益追求的合理性，指出社会本身绝不是一个具有思想和人格的责任承担者，这种"人格化"的结果实际上将对必然性的解释与操纵的权力让渡给了那些有权力的机构或个人，而这才是导致"必然性变异"的最危险的异化力量。当所谓"社会共同体"的利益凌驾于个人权益之上的时候，孕育于社会运行中的必然与作为社会基本主体个人的自由，将遭到双重的丧失。

必然性存在于自然性、自发性、自组织性之中，而不在于任何人为掌握的规律、制订的方案、宣称的主义之中。人们对必然性的态度，是敬畏与谦卑，是时刻警惕以自己掌握的具体规律的"必然"去取代更大的必然。海德格尔将世界看作"存在者总体的关系"，所有人与事物的关系、人与人的关系、所有事物在这些关系总体中所显示出来的意义，复杂而抽象地构成了世界。这种完全不同于萨特等存在论的哲学，是对于将主体与客体分离开来的传统哲学的极为给力的挑战。所有将世界划分成主体与客体、主体又被规定为意识的哲学，实际上是将人排除在世界之外的哲学。而人无论怎样聪明、无论怎样"特殊"，其实一开始就融汇于、存在于世界之中。当人极为聪明理智地发挥自己认知能力和创造性的时候，其实是一种非本真存在，这是有必要的、具有一定合理性的。但是，这毕竟不是本真存在。而"先行存在"的"此在"，才是本真的存在，而此在，本质上不仅仅是人的展开状态，还是世界的展开状态。时间，是此在的整体性，也被分为本真的时间与非本真的时间，而本真的时间性在于历史性，作为时间确定的形式，历史性就是"作为在世的存在生存着的存在者"①。

道家哲学另一位大师庄子，是著名的中国古典自由主义者，魏晋时期追求自由的文人们从他那里接受了许多熏陶。正是庄子，用充满浪漫色彩的文学性语言阐述了天道必然与人类自由的关系。如《庄子·天运》：

天其运乎？地其处乎？日月其争于所乎？孰主张是？孰维纲是？孰居无事推而行是？意者其有机缄而不得已邪？意者其运转而不能自止邪？云者为雨乎？雨者为云乎？孰隆施是？孰居无事淫乐而劝是？风起北方，一西一东，上彷徨，孰嘘吸是？孰居无事而披拂是？敢问何故？巫咸袑曰："来！吾语女。天有六极五常，帝王顺之则治，逆之则凶。九洛之事，治成德备，监照下土，天下戴之，此谓上皇。"

在大自然的天地之间，在日月、云雨等的运动变化之中，昭示了"六极五常"，实际上是指大自然自主运行中的调整机制和秩序化功能。而我们的自由，正是在顺应这种自然的作为之中。

还是在这篇《天运》中，庄子借老子之口对孔子说，

老子曰："幸矣，子之不遇治世之君！夫六经，先王之陈迹也，岂其所以迹哉！今子之所言，犹迹也。夫迹，履之所出，而迹岂履哉！夫白鶂之相视，眸子不运而风化；虫，雄鸣于上风，雌应于下风而风化。类自为雌雄，故风化。性不可易，命不可变，时不可止，道不可壅。苟得于道，无自而不可；失焉者，无自而可。"孔子不出三月，复见，曰："丘得之矣。乌鹊孺，鱼傅沫，细要者化，有弟而兄啼。久矣夫，丘不与化为人！不与化为人，安能化人。"老子曰："可，丘得之矣！"

---

① 海德格尔：《存在与时间》，陈嘉映译，三联书店，2000，第439页。

大意是，老子说："幸运啊，你不曾遇到过治世的国君！六经，乃是先王留下的陈旧遗迹，哪里是先王遗迹的本原！如今你所发表的言论，仅仅是足迹；足迹是脚步走出来的，然而足迹哪里是原本的脚步呢？白鹖相互而视，眼珠子不动便相诱而孕；虫，雄的在上风鸣叫，雌的在下风相应之后诱发交配而孕。同类动物分为雌雄两性，所以能够交配繁衍。本性不可改变，天命不可变更，时光不会停留，大道不会壅塞。如果能得道，则无往而不通；失道者，则处处受阻。"孔子三月闭门不出，再次见到老子说："我得道了。乌鸦、喜鹊在巢里交尾孵化，鱼儿借助水里的泡沫生育，蜜蜂自化而生，生下弟弟，哥哥就常常啼哭。长期以来，我未能与自然造化交相融合，思想未能受到自然造化的化育，又怎能教化他别人呢！"老子说："可以了，孔丘得道了！"

所谓："夫六经，先王之陈迹也，岂其所以迹哉！今子之所言，犹迹也。夫迹，履之所出，而迹岂履哉！"庄子这里已经明显地触及了海德格尔关于"非本真存在"与"本真存在"的区别，触及了人类行为（哪怕是先王的）及其成就的"存在"与作为"此在"的"先行存在"的关系。——迹岂履哉！存在岂先行存在！本真存在岂非本真存在！

所谓"苟得于道，无自而不可；失焉者，无自而可"，庄子借老子之口说出的这句话堪称经典。其深刻含义在于：自然之道的化育之功，其中的作用机制带有不以人的意志为转移的必然性，能够理解并顺应这样的自然之道，便使自身也融入了、获得了无所不可、无所不为的自由。

在接受海德格尔思想的基础上，伽达默尔进一步提出"效果历史"的概念："真正的历史对象根本不是对象，而是自己和他者的统一体，或一种关系，在这种关系中同时存在着历史的实在和历史领会的实在。一种名副其实的释义学必须在领会本身中显示历史的实在性。因此我把所需要的这样一种东西称之为'效果历史'。领会按其本性乃是一种效果历史事件。"[①] 我们理解伽达默尔的本意，只有历史显示的实在性，而不是任何人的释义，才是历史昭示的必然性之所在。因为任何人在领会历史时，难以避免自身对意义和真理的预期，

[①] 伽达默尔：《真理与方法》上册，洪汉译，上海译文出版社，1992，第384~385页，转引自张汝伦《现代西方哲学十五讲》，北京大学出版社，2003，第364页。

但是领会视域的开放性，决定了不同视域的交织。人们不可能抛弃前人视域的"成见"，也不可能独自地坚守自己的视域，而是自身的视域与他者的视域，以及传统的视域不断整合的过程。这其实就是"领会之道"。也就是说，"效果历史"，就是历史意义与价值整合并昭示的历史，而这种整合的过程也包括了任何历史理解者在开放视域和交流中的整合——将历史的理解者融汇于、整合于效果历史之中。这里，我们自然地想起了老子的话："执古之道，以御今之有，能知古始，是谓道纪。"[1]

自然在于系统的自主，自主性与自由性有着极大的重合与相通。系统运行的自主性体现在排除外来强制性、宰制性、统驭性干扰，因而获得了自由。对于社会来说，社会不可能完全任凭社会系统的自主运行，因为社会的自主性不可能获得完全的自如，因而需要一定的组织、管理，需要社会权力，体现为国家、政府、法治等。但是，所有这些统治，应当以社会自主运行中产生的需要和趋向为基准，并归根结底应当以大道运行的价值为遵循的依据。这是一切制度都必须保障自由的原因。

社会归根结底由个人组成，个人是社会构成的最基本的原子成分。而个人是一个自然体，是自然产生的基本系统，因而其最基本的发展动力、协调机制，也就是说个人最基本的人格完善、需要满足、价值实现，在于其自然性的自主性。因此，社会自由归根结底是要体现和保障个人自由。社会组织和机制之所以必须保障公共性，即在于必须保障个人成为公共的社会成员，即成为公民。只有当个人在基本属性上属于公共社会而不属于任何个人或组织时，才能够摆脱任何强制、宰制、统驭性干扰，而实现个人自我系统的自主性，也就是自然本质所决定的自由性。

（三）从"游世"到"游心"：精神自由

魏晋时期盛行玄学，当时的文人雅士无不推崇和喜爱《庄子》中的《逍遥游》。"逍遥"的意思，无非是悠闲地漫步。但是在庄子笔下，那举翅万里的鲲鹏，赋予"逍遥"一词无拘无束、潇洒奔放、自由浩荡的意境。"若夫乘天

---

[1]《老子》第一四章。

地之正，而御六气之辩，以游无穷者，彼且恶乎待哉！故曰：至人无己，神人无功，圣人无名。"① 无论是"鲦鱼出游从容，是鱼之乐也"②，还是"孔子观于吕梁，县水三十仞，流沫四十里，鼋鼍鱼鳖之所不能游也。见一丈夫游之，以为有苦而欲死也。使弟子并流而拯之。数百步而出，被发行歌而游于塘下。孔子从而问焉，曰：'吾以子为鬼，察子则人也。请问蹈水有道乎？'曰：'亡，吾无道。吾始乎故，长乎性，成乎命。与齐俱入，与汩偕出，从水之道而不为私焉。此吾所以蹈之也'"③；无论是"游刃有余"的庖丁解牛④，还是"游方之外者"与"游方之内者"⑤：都是在讲人的自由。

关于精神自由，黑格尔有一句名言："自由是对必然的认识。"我们知道，自由本身由环境的自由和主体的自由两部分组成；进一步分析主体的自由又由行为的自由（包括言论的自由）和精神的自由两部分组成。对于个体自由来说，作为自由主体的个人首先要实现精神的自由。在黑格尔看来，精神自由的实质，是对必然的认识。当一个人的精神活动与自然中的必然相一致的时候，才是真正意义上的自由。黑格尔的思想是很精到的，因为毕竟在一定程度上捕捉到了"道法自然"的机理。但是，这种过于理性的分析毕竟是远远不够的，精神自由还必然蕴含了"对必然的认识"的超越。任何人认识到必然之后是否自由，还必须从道家哲学的视角来考量：自由意志是否生成和自由精神是否实现。

或许，庄子的"庖丁解牛"，与黑格尔的说法十分接近，但是游刃有余的庖丁，已经不仅仅是"对必然的认识"，而是有一种超越，这种超越表现在：对必然的认识已经无足轻重，而是在对牛刀的运用和牛的骨骼机理之间的自然而然的交融，操刀已经不仅仅是对牛的骨骼机理及刀锋作用或操刀技术等的认识，还有潜意识整合使技术由于"动力定型"而熟能生巧。此时，也许可以达到行为自由，而如果达到精神自由，更有一种精神上的率真潇洒而出神入

---

① 《庄子·逍遥游》。
② 《庄子·秋水》。
③ 《庄子·达生》。
④ 《庄子·养生主》。
⑤ 《庄子·大宗师》。

化。就像钢琴艺术大师的演奏已不仅仅是由于千锤百炼而达到技艺上的炉火纯青，更有审美观照和艺术情趣以及整个精神世界在键盘上驰骋跳荡而生成、涌现的风韵，生命之曲与天籁之音融合为一。这里仅仅是举例，我们并不是为了说明精神自由一定要有某种领域的技能或学识为基础，而恰恰是为了说明：所有"从水之道"①的自由已经深深地嵌入、影响人的性情与人格，其中，核心思想依然是顺应天地之道，在"乘天地之正，而御六气之辩"的过程中获得自由。如果抽象地讲，精神自由的实质，是心灵中无限对一切有限的超越。

所以，庄子曰："胞有重阆，心有天游。室无空虚，则妇姑勃溪；心无天游，则六凿相攘。大林丘山之善于人也，亦神者不胜。"② 内心的"天游"，才能使行为上的"游世"成为可能。正如陈鼓应指出："庄子所谓游心，乃是对宇宙事物做一种根源性的把握，从而达致一种和谐、恬淡、无限及自然的境界。在庄子看来，'游心'就是心灵的自由活动，而心灵的自由其实就是过体'道'的生活，即体'道'之自由性、无限性及整体性。总而言之，庄子的'游心'就是无限地扩展生命的内涵，提升'小我'而为'宇宙我'。"③ 陈鼓应先生的见解是符合道家哲学本意的。

什么是"天游"呢？不是说心灵像天马行空一般上下游弋，而是指思想上的悟道，生活中的体道，行为上的寻道，达到一定境界就是一种超越。良好的心理状态，一定是冲破社会万象在心灵上引起的冲突与困惑，冲破生活中一切羁绊造成的狭隘，冲破种种局部的、暂时的利害关系造成的障碍，正所谓"至人无己，神人无功，圣人无名"，让心灵的自主性、自然性与天道的无限性之间和谐起来，进入真正的精神自由。正如《庄子·田子方》借用老子的话所表达的意思："孔子曰：'请问游是。'老聃曰：'夫得是至美至乐也。得至美而游乎至乐，谓之至人。'"对于能够品享至美至乐之自由的"至人"来说，至美至乐关键不在于修来，而在于心道本身就是自然，在于心道自然与天道自然之间的统一："孔子曰：'夫子德配天地，而犹假至言以修心。古之君子，孰能说焉？'老聃曰：'不然。夫水之于汋也无为，而才自然矣。至人之于德也不

---

① 《庄子·达生》。
② 《庄子·外物》。
③ 陈鼓应：《老庄新论》，上海古籍出版社，1992，第231页。

修，而物不能离焉，若天之自高，地之自厚，日月之自明，夫何修焉？'"一个"自"字，道出了"天游""神游"之精神自由的真谛。

即使是具有主观意识的人，其精神系统，在一定意义上，也是一个自然、自主、自行运作的系统。同时，人的精神系统永远是宇宙—自然整体系统中的子系统。尽管人是有主观意识的，而且人的自我意识比任何其他生命体都更加自觉，达到了"对意识有意识"的极为发达的程度。但是，人类最容易被自己这种"万物之灵"的意识能力迷惑，从而忘记了、忽略了自身精神系统的"道性"；忘记了、忽略了人的精神系统与自然系统之间和谐与统一的"自然性"。正因为人的精神系统极为复杂、极为精湛，所以任何人都不可能完全了解和掌控自己精神世界。所以，心灵的循道，从来就是人的自身修养极为重要的、终生的课题。比如，被称为"冰山主体"的人的潜意识，实际上即是非人为的、主观意识难以操控的自然而然的个人精神系统。所以，精神自由与自然即自由是相通的。精神自由的真谛，在于人的主观意识（显意识）与潜意识是互相顺应、互相协助、互相激发的，而不是互相操控、互相干扰、互相阻碍的。——这是人的心灵世界的"无为无不为"。

"百姓皆谓我自然"：民本与民主

如果我们指出，老子的政治思想当中已经包括了政治民主的倾向，可能会有许多人不同意。这里，我们想提出一些论辩。民主，是一个非常综合的，由多元要素组成的概念。加拿大政治学家麦克弗森认为："民主这个词对不同的人有不同的意义，已经变得很不清楚。它甚至有看起来彼此相反的意义。"[①]

只要我们不是仅仅从制度设计和组织形式的角度，而是从包括价值取向在内的多元的角度来看待民主，就应当承认，政治民主有一个发展、演变、成熟、提升的过程。我们无须从现代民主制，甚至理想民主制的角度出发要求老子。

[①] C.B.Macpherson(1972,2)，转引自李晨阳《道与西方的相遇——中西比较哲学重要问题研究》，中国人民大学出版社，2005，第170页。

一般来说，雅典民主制被看作早期民主制的发端。但是，雅典民主制不仅大大缩小了"民众"的范围，其社会性、广泛性有极大缺陷，而且用今天的话来说，有"多数人暴政"的嫌疑。但是，我们还是应当将雅典民主制看作世界民主政治早期的雏形，因为它在选举、权力诞生与运行机制上已经表现出民主价值取向。托克维尔在《美国的民主》一书中不仅有对民主的推崇和赞誉，还有不仅仅对美国，而且对民主政治本身的弊端与恶果入木三分的批评甚至揭露。直到今天，谁又能说民主政治在哪个国家的发展比较完善呢？用发展的眼光来看，我们完全有理由确认，作为中国中轴时期哲学思想最高成就的老子道家思想，已经萌生了追求民主的政治思想要素。

当代著名政治学家、民主理论家罗伯特·达尔论述了现代民主的四大渊源：一是希腊民主制中的直接民主与城邦自治等思想理念；二是罗马与中世纪、文艺复兴时期意大利城市国家的共和主义，其核心要旨是抵制君主及教会所宣称的"天生统治权利"，而"自治"，则是"文艺复兴时期共和主义的第一重要主张"；三是代议制政府的理论与实践；四是平等思想。达尔是将视野完全放在西方的，这也难怪，几乎所有政治思想家在谈论民主起源或发展史的时候，都会不自觉地采用这样的西方眼光。但是，达尔的论述至少说明两点：一是民主起源是多元的，而不是由一点而发源、扩散的；二是民主是一步一步发展起来的。由此看来，民主作为人类政治文明，是不可能仅仅光顾西方世界，却在东方世界包括中国大地上嫩芽青株都发育不出来。我们完全承认，中国历史上的皇权统治、思想禁锢以及社会发展的相对封闭，使民主政治受到严重的压抑或扭曲。但是，就像春秋战国百家争鸣、思想繁荣时期在各个文化领域出现的伟大思想成果一样，这个时期的中国政治思想领域的成果也是极多的。

除了前面提到过的天下为公思想与民主思想不仅完全兼容，而且是民主思想重要前提，中国的民本思想与民主思想绝非格格不入。众所周知，孔孟尤其是孟子有着强烈而深刻的民本思想追求，并且进行了相当充分、精彩的阐述。而儒家民本思想，以及此后两千多年各式各样的民本思想的种种表现形态，从根本上来说是深受道家哲学影响的。

老子说:"为天下谷,常德乃足,复归于朴。朴散则为器,圣人用之则为官长,故大制不割。"①

意思是:甘为天下的川谷,永恒的"德"才得以充分发挥,从而恢复到纯真朴实的状态。真朴的"道"得以发扬光大,则成大器,圣人由此而成为百官之长,即掌握权力者。所以根本的政治制度是浑然天成的,而不是割裂的。

老子之所以对"仁""礼""法"等评价不高,是因为以道观之,那些都包含了太多的人为因素,而天下大道是自然而然、浑然天成的组织功能的体现,政治制度也不例外。我们认为,民主制度不是像有些政治学者所说的是人为创制、人为设计或主观追求的产物,从根本上来说它是社会发展的自然而然的结晶。其深厚的根源在于民众的需要,在社会生活中自发形成。因而,民本思想,是一种返璞归真、承认民众和社会自组织功能为政治制度的基础的思想。

老子说:"太上,下知有之。其次,亲而誉之。其次,畏之。其次,侮之。信不足,焉有不信焉。悠兮其贵言。功成事遂,百姓皆谓我自然。"② 意思是:最好的君王,民众仅仅知道而已;其次的亲近、赞颂之;再次的惧怕之;再次的侮慢之。君王没有诚信,民众就不信任他。所以君王施政发令应慎重、自重。这样,成就事业,事情顺利,百姓都说我们自由。联系我们前面讲到的自然与自由的关系,"百姓皆谓我自然"完全可以读作"百姓皆谓我自由"。太上的表现,要以民众的眼光来评价,民众对待太上的态度,是太上自律的依据。而更为根本的思想在于,太上要充分尊重和倚重民众的意愿和生产生活的实践。民众的意愿和生产生活的实践,就是人类社会的自然。可以说,"道法自然"在政治思想上,就是"君法民众""制法社会"。

老子说:"道常无为,而无不为,侯王若能守之,万物将自化。化而欲作,吾将镇之以无名之朴。无名之朴,夫亦将无欲。不欲以静,天下将自定。"③ 所谓"不欲以静",是以道对统治者的制约。历史上凡不受制约的权力必会走向专制、腐败,其中重要原因在于统治者欲望的膨胀。在老子看来,统治者的

---

① 《老子》第二八章。
② 《老子》第一七章。
③ 《老子》第三七章。

欲望是天下治理、政治生活中一切弊端产生的根源，后人所谓"上有所好，下必甚焉"，也是这个道理。而只要制约了统治者，天下自然而然地变化发展，一定会趋向于人间正道。

与以后孟子以民为本的思想有所不同的是，老子的以民为本，是从以道为本出发的，是以道为本的本体论在政治思想中的体现，两者是一致的。老子关于社会政治的学说是本体论政治哲学，这是我们在理解道家哲学的时候需要坚持的一个基本判断。正因为如此，老子一定会将以道为本落实在、体现在以民为本上。他说：

> 圣人无常心，以百姓心为心。①

当一个思想家在论述政治系统时，对掌握权力的统治者的特殊意志予以否认，当然也就否认了其特殊利益。根据民众的、百姓的意志、愿望和需要来施政，这不是民主思想倾向吗？即使是现代民主，也一定离不开这样的核心要旨。民主政治的利益表达、民意调查、言论自由、权力监督等，离不开对不同利益集团、不同社会阶层、不同宗教意识等社会成员广泛民意的了解、尊重和采纳。民意对统治者、治理者的检验，即是道的检验，符合民意方真正符合天道。所以老子强调："是以欲上民，必以言下之；欲先民，必以身后之。是以圣人处上而民不重，处前而民不害，是以天下乐推而不厌。以其不争，故天下莫能与之争。"② 包括权力本身在内的力量、权威、地位、信誉等，来自人民的认同、推举和拥戴。

老子说：

> 故贵以贱为本，高以下为基。是以侯王自谓孤寡不谷。此非以贱为本邪？③

---

① 《老子》第四九章。
② 《老子》第六六章。
③ 《老子》第三九章。

"贵以贱为本，高以下为基"，国家、政权、政府的存在以人民的利益为根基，所以身居高位、大权在握的统治者，须要将自己位置摆正，摆在"孤""寡"的位置。这样的主张，与万事万物以生发、根源为本的思想是一致的。而整体政治系统，以人民为本。所以我们认为，老子的政治哲学，是从根本上论证了民主政治的必然性、合理性。就在这段话前面，老子的原话是："昔之得一者，天得一以清，地得一以宁，神得一以灵，谷得一以盈，万物得一以生，侯王得一以为天下贞。其致之。天无以清将恐裂，地无以宁将恐发，神无以灵将恐歇，谷无以盈将恐竭，万物无以生将恐灭，侯王无以贵高将恐蹶。"政治系统，说到底是人民生产生活创造实践的整体系统的子系统，人道系统与天道系统的本质结构是一致的，这才是大道的、整体的、浑然的"一"。故而，以民为本，即以道为本。

我们不能同意将民本主义与民主主义看成格格不入的，甚至对立的思想体系的看法。现代民主政治与民本思想不仅密切相关，而且以民本思想为其发展的基础性阶段。比如19世纪法国著名历史学家、政治思想家托克维尔在深入考察研究"自由平等""尊重权利""尊崇法制""主权分享""均势制衡"等原则对美国政治制度的影响的基础上，在其名著《论美国的民主》中指出："民主的法制一般趋向于照顾大多数人的利益，因为它来自公民之中的多数。公民之中的多数虽然可能犯错误，但它没有与自己对立的利益。贵族的法制与此相反，它趋向于使少数人垄断财富和权力。因此，一般可以认为民主立法的目的比贵族立法的目的更有利于人类。"[1] 这是托克维尔比较了美国革命与法国大革命之后得出的结论。正是由于他看到了"在这里，民主原则得到自由成长，并在同民情的一并前进中和平地发展成为法律"[2]，因而强调"法律只要不以民情为基础，就总要处于不稳定的状态。民情是一个民族的唯一的坚强耐久的力量"[3]。尽管美国在一定程度上移植了英国光荣革命之后的一些制度，但美国民主与英国民主有很大的不同，托克维尔所说的社情、民情自然而然发展出民主机制的过程是明显的。杰斐逊、富兰克林、汉密尔顿等人的选择、斗

---

[1] 托克维尔:《论美国的民主》上卷，董果良译，商务印书馆，1996，第261页。
[2] 托克维尔:《论美国的民主》上卷，第15页。
[3] 托克维尔:《论美国的民主》上卷，第156页。

争起了很大作用,但他们本质上是顺从天意民心的。"我信主耶稣基督,他至善无比,他的教训乃是无上的圣道"。(富兰克林)

在西方政治制度、政治思想历史上,落实和体现民主本质的程序、规则、体制等受到更多的实际关注,包括政治创制在内的制度文明,逐渐走向发达完备。比如亚里士多德对整体类型的划分,比如孟德斯鸠、洛克等人对三权分立的阐述,比如潘恩、密尔等人对代议制政府的系统研究……著名日裔美籍学者弗朗西斯·福山将现代民主概括为四个层次。

第一是意识形态,即"对与民主体制以及它们所支持的市场体系的是对或者是错的规范性的信念"。

第二是社会体制,包括"宪法、法律体系,政党系统,市场机制,等等"。

第三是市民社会,即"与政府机构分离开的、作为民主的政治体制的基础的,自发地形成的社会结构方面"。

第四是文化,包括"家庭结构,宗教,道德观念,民族意识,文明礼貌和特殊的历史传统,等等"。[1] 尽管福山是在非常宽泛的意义上来概括民主政治的,但依然可以看出,规范、法律、机制等程序性、制度性建设占据很大比重。

中国在这些方面需要向西方学习,但问题在于,民主在中国绝不是没有根基、没有思想土壤的。民本主义就是民主在中国发展的水之源、木之本。西方民主制度在规范和机制建设上并不完美,或许永远难以尽善尽美,但无论东方还是西方,都需要不断追求,不断改进,因为民主是天下大道,是天意民心。

"大道至简":权力制约

2015年3月5日,李克强总理在作政府工作报告时提到"大道至简,有权不可任性",不仅获得场内热烈掌声,而且网上好评如潮。这一现象至少说明:顶层与民众,思想理念都在与时俱进,而且朝野有所沟通,可以为之

---

[1] Francis Fukuyama(1995a),7~14.转引自李晨阳《道与西方的相遇——中西比较哲学重要问题研究》,第171页。

点赞。

"大道至简",国人耳熟能详,应当说在中国传统文化中确有一席之地。但是,若要究其出处,并非易事。搜索一下,许多人给出的出处有点"任性",比如不少人说出自《道德经》,但这些朋友很可能并未真正读过《老子》(《道德经》)。还有的人列举了不少书目,里面都有提到"大道至简",但只是引用或引申,非出处也。多少靠点谱的,是《周易·系辞》:"乾以易知,坤以简能;易则易知,简则易从;易知则有亲,易从则有功;有亲则可久,有功则可大;可久则贤人之德,可大则贤人之业。易简而天下之理得矣。天下之理得,而成位乎其中矣。"里面也没有"大道至简"的原话,然而,所谓"易",有简易、变易、不易多重含义,说《易经》中蕴含了"大道至简"的思想,是可以的。

有记载说达·芬奇说过这样一句话(也有的认为是达·芬奇的老师、文艺复兴早期佛罗伦萨的著名艺术家安德烈亚·韦罗基奥说的):"Simplicity is the ultimate sophistication."这句话如果稍微拐点弯儿翻译成"大道至简",应当属于意译。如此看来,"大道至简",有点人类共同价值的意思。

还是回到中国传统文化,无论后人如何提炼或归纳出来,但如果说"大道至简"思想渊源出自老子,应当是不会错的。在《老子》(《道德经》)当中,"大道"这个词儿多次出现,而且,老子是讲道的,"道"虽然自古有之,但作为哲学概念被提出来,老子是第一位。而且,"大道至简"更为准确和深刻的理解,也应当从老子那里发掘。

不过,对于这个"简"字,可不能做"简单化"理解,不是今天理解的"简单"那么简单。因为《老子》开篇就说"道可道,非常道",道不是那么容易把握和表述的。而且,老子多次讲"玄而又玄""谷神不死,是谓玄牝""众妙之门"……可见,道是非常玄奥、神秘的,因而无比深刻。深刻到什么程度? 超越了人们认知能力和表达能力,就连老子自己,也是勉勉强强为之取个名:道;而且勉为其难地给个形容词:大。于是"大道"或"天道",作为一个影响深远的概念就产生了。

那么,为什么说"大道至简"的思想,蕴含于道家哲学之中呢?

看看老子的话:"为学日益,为道日损。损之又损,以至于无为,无为而无不为。"对学习来说，是日益增进的；对悟道、循道来说，却是日益减损的。而且"损之又损"，当然是越来越"简化"了。简化到什么程度？"以至于无为"，很清楚，老子思想的核心是"无为"，引申一点，就是"道法自然"。所以，这个"简"，是针对"为"而言的。

人们对老子的"无为"，做出解释的太多了，其中也就包括了误读、误解，比如将"无为"解释成消极的无所作为而进行批判否定。怎样正确理解"无为"呢？核心是"道法自然"。

早在道家哲学重要著作之一的《淮南子》中，就对"无为"做出这样的解释："所谓无为者，不先物为也；所谓无不为者，因物之所为"。其实就是说，要"道法自然"。再如，李约瑟先生就相当中肯地将"无为"解为"不违反自然而为"，他还援引了希波利图斯给魔鬼下的定义"抗拒宇宙过程的人"，继而对《管子》的话十分感冒："其功顺天者，天助之；其功逆天者，天违之。"

"大道至简"还包括多重意思，比如"不争"的意思："夫唯不争，故天下莫能与之争"；比如谦和的意思："不自见故明，不自是故彰，不自伐故有功，不自矜故长"；比如简朴的意思："为天下谷，常德乃足，复归于朴"；比如返璞归真的意思："反者道之动""归根""复归于无物""乃复至于大顺""配天""复归于无极""复归于朴""知其雄，守其雌，为天下溪。为天下溪，常德不离，复归于婴儿"；比如关于美的意思："朴素而天下莫能与之争美"（庄子）；比如反异化的意思："载营魄抱一，能无离乎？专气致柔，能婴儿乎？"……别小看婴儿，虽然他很幼稚很简朴，但孕育着无限生机。

其实"大道至简"，的确是"至简"的韵味无穷。

"大道至简，有权不可任性"，这一提法将传统文化精华与时代需要和社会现实结合起来，并赋予新的含义，在理论上有所创新。但，将道与权力问题联系起来，又深切地符合道家哲学的本意。可以说，道家哲学关于权力制约的思想，为深化改革提供了源远流长、寓意丰厚的哲学依据。

从道家哲学来看，制约权力的思想是丰富厚重的。对道家哲学很有研究的刘笑敢先生说：

"无为"不是对"有为"的简单否定，而是辩证的否定、补充和提高。

比如，我们制定法律，似乎是"有为"，似乎是对"无为"的否定，然而实际上，我们所享受的法律所带来的利益不是法律本身，而是法律所造成的整体的秩序与和谐，是无须终日在监督之下的自由，是政府得以在法律框架内"无为"的好处。法律是"有之以为利"，大多数人在大多数情况下不必担惊受怕则是"无之以为用"。法律之"利"带来的是保障自由空间之"用"，是"有为"之利带来的"无为"之用。法律之"有"本身并不是法律的目的，法律所追求的是在法律之上、无须法律干预的自由空间。老子讲"有"、"无"的真意和深刻性正在于这更高更普遍的层次上，是砥砺人类之思维，充实人类之智慧的利器。①

这样的解读是很精到的。老子在二千五百年前说，"我无为而民自化，我好静而民自正，我无事而民自富，我无欲而民自朴"②，充分阐释了权力与社会、民众的关系。权力不要肆意妄为，不要任性而为，不要折腾而为，不要事无巨细管控宰制而为，不要私欲横流，社会的自组织功能、民众的创造力才能充分发挥，这绝不是消极无为和无政府主义。既然有上，就是有政府、有权力，而权力之为必须有限度、有制约。权力域和社会域之间的关系，是一种对称、和谐的关系。正如老子说的"有无相生，难易相成，长短相形，高下相倾，音声相和，前后相随"。这样才能达到阴阳平衡。然而，在这样的关系中，最容易打破平衡的是掌权者一方。因为权力是强大的、滋长的、人为的。正如意识和潜意识之间的平衡最容易被意识一方打破，因而人的修炼需要守静、需要返璞归真一样，权力一方的制约是实现平衡的主要方面。现代社会，制约权力的关键，就在于权力在宪法、法律的框架内运行。因此，"敬畏宪法""敬畏法律"，是"有权不可任性"的要旨，是"大道至简"的题中应有之义。而简政放权、大幅削减行政审批，是政府机构改革极为重要的举措。

老子早就发出告诫："将欲取天下而为之，吾见其不得已。天下神器，不

---

① 刘笑敢：《老子古今》，第169页。
② 《老子》第五七章。

可为也。为者败之，执者失之。故物或行或随，或嘘或吹，或强或羸，或挫或隳。是以圣人去甚，去奢，去泰。"① 意思是：统治者夺取天下的欲望和按自己的意志治理，终究是要失败的，因为治理天下的"神器"不在于主观意志和任意而为。天下事物，是主动还是被动，是消极还是积极，是强胜还是挫败，是巩固还是毁损，不是凭主观意志可以主宰的。急功近利者终会失败；任意而为将失去天下。因此圣人应当消除奢侈享乐的欲望、避免自高自大而走极端。——这简直是"有权不可任性"的古代经典版本！不仅针对"奢""泰"，而且针对"甚"，针对自以为是、任意妄为、追求政绩、主观意志等我们需要痛下改革之刀的种种弊端。

大道，即天道，以宇宙间万事万物运行变化发展中昭示人们的"玄机"为参照系。今天中国要全面建成小康社会，并不是仅仅达到几项经济指标就算实现目标，所谓"全面"，包括平衡、和谐、顺畅、公正。老子曰："天之道，其犹张弓与！高者抑之，下者举之，有余者损之，不足者补之"；"天之道，利而不害"……"大道至简"中遵循天道的思想，对于今天关注和改善民生来说，"现实意义"非凡！

至简与至繁，一步之遥却互相转换。这正是"大制不割""大巧若拙""大象无形""大音希声""行不言之教""其中有精，其中有信"……的玄妙。或许有人会说：这样来解读，是牵强附会地"赋予"古代思想家并未包含的意思。这一说法是错误的。第一，所谓"博大精深"就被包含在"大道至简"之中，正如尼采说老子道家思想像一口水井，可以从中源源不断地汲取智慧；第二，"道法自然"这一境界极高的哲学思想，本来就具有广泛的启迪意义；第三，古人观点虽言简意赅，但提供了思维框架与体系、提供了思想资源，我们当然应当在新的时代对其"创造性转化"。

"执大象，天下往"：大国治理与外交

老子是"向后看"的典型代表，不仅看到"小国寡民"，而且看到上古

---

① 《老子》第二九章。

社会。况且，秦朝统一的大国、汉武帝时期版图辽阔的大国，以及后来历朝历代中华大帝国，老子并没有看到。即使他饱览史籍而熟知三代，那时的版图也相当有限。但是，老子并不排斥大国，而且对大国治理、大国外交颇有见解。与其说，这是一种"超前预见"，不如说是一种以道观天下的远见卓识。

人类组织自从有了国家形态之后，国家间的关系如果高度抽象地概括一下，可以说有两大线索：一是对抗与冲突；二是交流与合作。这样过于抽象的概括，就容易有失准确。稍微准确一点的表述应当是：一是用丛林原则来解释的国家关系，包括表现为国土、资源、市场以及种种利益、民族、宗教、意识形态之争的战争、争端，也包括种种谈判、博弈等明争暗斗。这一条线索，往往被看作国家间关系的基本线索，因为我们的一切教科书中，乃至一切社会科学研究中，对此问题的回答几乎都是肯定的。建立在丛林原则基点上的话语多如牛毛，无孔不入。然而，老子的大国治理与外交理念，却是沿着另一条线索：所谓"以道莅天下"，就是说国家发展和国家关系，最根本的是遵循人间正道、天下大道，其中包括以价值准则、价值理念为核心的软实力的比较、互动与交融。诚如许纪霖先生指出："列文森指出：在古代中国，早期的'国'是一个权力体，与此相比较，天下则是一个价值体。作为价值体的天下，乃是一套文明的价值以及相应的典章制度。顾炎武有'亡国亡天下'之说，国不过是王朝的权力秩序，但天下乃是放之四海而皆准的文明秩序，不仅适用于一朝一国，而且是永恒的、绝对的和普世的，国家可亡，但天下不能亡，否则将人人相食，成为霍布斯式的丛林世界。"[1]

显而易见，两条线索都有道理，都是"客观规律"的反映。但是，哪一条线索更为基本、更为实质呢？可以说，这是一个如何认识人类自己的问题，是一个重要的世界观、方法论问题，是一个深刻的哲学问题。

道家在国家治理和外交方面的思想，依然是道法自然、无为而治等思想的延伸，是道家哲学的运用，我们可以从以下几个方面来理解。

---

[1] 许纪霖：《新天下主义：重建中国的内外秩序》，《知识分子论丛》第13辑，上海人民出版社，2015。

（一）"治大国若烹小鲜"

《老子》中明确针对"大国"问题的，当然是第六〇章："治大国若烹小鲜"。正如陈鼓应、白溪指出："老子认为，天道是自然无为的，人道是天道在社会政治领域的落实，是对天道的效法，因而也应是自然无为的。然而统治者们却违背了自然无为的原则，肆意地扩张一己的私欲和野心，导致了社会的危机和人民的苦难。'无为而治'的主张，就是对这种违背天道的'有为'政治的反思和纠正。"[①] 参照三国魏玄学家王弼注，"若烹小鲜"的意思是："不扰也。躁则多害，静则全真。故其国弥大而其主弥静。然后乃能广得众心矣。"老子用"烹小鲜"来喻比大国治理，是相当生动形象的。如果烹鱼者翻来翻去，小鲜只能被搞得一团糟，这哪里是"治"，分明是"扰"。大国治理者往往急功近利，将主观任意当作有所作为，这其实是一种"躁"。与王弼所提出的"其国弥大而其主弥静"恰恰相反，历史上太多的例子往往是"其国弥大而其主弥躁"。尤其是那些好大喜功的君主，或那些有一定功绩之后主观自信过度膨胀的帝王，更是以躁而带来多害，离"静则全真"的境界差之千里。

以史为鉴，可以知兴替。以阶级斗争为纲，阶级斗争天天讲、月月讲、年年讲，战天斗地，大炼钢铁，围海造田，三面红旗，大干快上放卫星，深翻土地，聚家并屯，跑步进入共产主义，刮"共产风"，公社化，大食堂……直到"文化大革命"，各种形式的全民总动员、大搞运动、大搞折腾，一波未平，一波又起。这样的历史阶段，给我们留下了极为惨痛的教训。在深刻的意义上，依法治国，依宪治国，就是反对折腾，反对主观任意，反对急躁冒进，而追求和谐平稳、持续发展的治国之道。经济上，中共十八大以来提出经济新常态，在一定意义上也是追求平稳的、和谐的、持久的、健康的、更长远的发展。平稳才有利于持续，和谐才有利于健康。

（二）"以道莅天下"

将治大国与烹小鲜联系起来，一种轻松、潇洒、举重若轻、气度非凡的政

[①] 陈鼓应、白溪：《老子评传》，第221页。

治家形象历历在目。历史证明，这种胸怀是非常重要的。大国治理者必须具备开阔的眼界，必须具备高远、博大的思维空间。大国，乃疆域之大、人口数量之大等多元因素的统称，其复杂程度非小国可比。但大国一切硬件要素之大，更需要转化成精神要素、软件要素之大，转化成大国气度、大国风范、大国境界、大国责任与承担，才能称其为名副其实的大国。道家哲学，以天道思维的眼光和境界而形成自己的优势，其大国治理和外交理念的特色与"大"有着天然的亲和力、缘构力。

治大国者是系统、战略、全局、宏观的把握者，即所谓"站得高，看得远"。所谓"思维空间"是由思维的高度、广度、深度构成的无形的精神空间，在道家哲学看来，这是一种以天观天、观悟天道的眼界，必然表现为"以道莅天下"的境界。也就是说，烹小鲜的举重若轻，是一种能力，而这种能力首先体现在对道的把握、领悟、参透和遵循。若非审时度势，高屋建瓴，高瞻远瞩，是无法做到的。

如果真正能够信任天道，把握社会之道，就会"有如神助"。老子说："以道莅天下，其鬼不神。非其鬼不神，其神不伤人；非其神不伤人，圣人亦不伤人。夫两不相伤，故德交归焉。"① 老子究竟信不信神？对此学术界曾经激烈争论。从老子有关论述来看，他似乎在信与不信之间。但归根结底，老子是无神论者。他所说的"神得一以灵"，指的是自然造化的"神功"；他所说的"谷神"，指的是天道本体的"神奇"；他所说的"象帝"，指的是"渊兮似万物之宗""湛兮似或存"的"神秘"。在老子那里，人格之神，是一种比喻性的想象、抽象。正如老子在论述大国治理时所说"以道莅天下，其鬼不神。非其鬼不神，其神不伤人"，此处的鬼神并非实有，而是一种喻指，其深刻含义在于：大国统治者能够以道莅天下，那么造化神功将相助而不相伤。从而达到鬼神不伤、圣人不伤，这一高远的境界。

（三）"修之于天下，其德乃普"

"爱民治国，能无知乎？"（《老子》第一〇章）"圣人处无为之事，行不言

---

① 《老子》第六〇章。

之教。"(《老子》第二章)"无为"并非被动保守地无所作为,反而是基于不妄为而达到"无不为",也就是更大、更高的"有为"。所以:"为无为,则无不治。"(《老子》第三章)"无为而无不为。"(《老子》第四八章)

怎样通过无为而达到无不为呢?

关键在于,大国治理首先要坚守的,是价值治理,是坚持符合根本价值的天下大道,使大国治理的制度、战略、方策等体现出来的人间之道与天道昭示的价值方向保持一致。这是道家政治哲学当中非常重要的、最基本的思想原理。我们说过,道家哲学,在很大程度上是一种基于价值理性的价值哲学,从价值和价值取向的角度理解天道昭示,是其核心真谛之一。

> 善建者不拔,善抱者不脱,子孙以祭祀不辍。修之于身,其德乃真;修之于家,其德乃余;修之于乡,其德乃长;修之于国,其德乃丰;修之于天下,其德乃普。故以身观身,以家观家,以乡观乡,以国观国,以天下观天下。吾何以知天下然哉?以此。①

从"以天下观天下""吾何以知天下"来看,老子这一段话也涉及大国政治,或者说涉及从人生修养到大国政治。《老子探义》作者王淮将"建"和"抱"分别释义为"建德""抱道"。可见,老子这里依然在强调天道、玄德,强调的是一种终极的、超越的、共同的价值。修之于身、修之于家、修之于乡、修之于国、修之于天下的道德,是贯穿一致的,并不因天下之大、大国之复杂而发生变化。天下大事,需要各种"兵来将挡,水来土掩"的临时举措,需要不断审时度势、具体情况具体分析的调整,但是始终需要坚持的,是遵循大道,是承接历史趋势和未来子孙后代根本需要的宏观战略意识。任何统治者或统治集团决策的英明和意志的强大,都必须在这样总体价值观照之中,方能根基深厚,持续发展。

关于家国关系,中国历史上历来偏重于以家为国、以国为家的理解,或曰"家国同构",这样的理解或许更符合儒学思维,但毕竟过于狭窄。我们

---

① 《老子》第五四章。

认为，家国关系上更为重要的，是价值的贯穿性。管子所说："以家为乡，乡不可为也。以乡为国，国不可为也。以国为天下，天下不可为也。"如果按照狭窄的理解，似乎管子所说的"以家为家，以乡为乡，以国为国，以天下为天下"仅仅是一种推论，仅仅在强调家、乡、国、天下之间的相同性、相通性。但管子显然有着更为高远的思考，此段话紧接着就提到："毋曰不同生，远者不听；毋曰不同乡，远者不行；毋曰不同国，远者不从。如地如天，何私何亲？如月如日，唯君之节！"① 这里的意思很明白："不要因为不同姓，就不听别人的意见；不要因为不同乡，就不采纳别人的建议；不要因为不同国，就听从别人的主张。就像苍天大地，有什么偏私偏爱呢？就像日月之光普照万物，才算得上君主的气节。管子所强调的，也是价值的贯穿性、统一性，所以他的结论是："惟有道者，能备患于未形也，故祸不萌。"

《大学》中阐述的"大学之道"："古之欲明明德于天下者，先治其国；欲治其国者，先齐其家；欲齐其家者，先修其身；欲修其身者，先正其心；欲正其心者，先诚其意；欲诚其意者，先致其知；致知在格物。物格而后知至，知至而后意诚，意诚而后心正，心正而后身修；修而后家齐，家齐而后国治，国治而后天下平。"即众所周知的格物、致知、正心、诚意、修身、齐家、治国、平天下，亦应作如是解，方为高远境界。老子的另一段话，强化、加深了我们的理解："治人事天莫若啬。夫唯啬，是谓早服。早服谓之重积德，重积德则无不克，无不克则莫知其极，莫知其极，可以有国。有国之母，可以长久。是谓深根固柢，长生久视之道。"②

（四）"天下之交，天下之牝"

如果说老子在两千多年以前，就有关于"软实力"的思考，似乎显得牵强。但是，下面这段话不得不让我们认为，老子的思想至少对我们今天大国外交、软实力外交有着深刻的启发意义：

> 执大象，天下往；往而不害，安平太。乐与饵，过客止。道之出口，

---

① 《管子·牧民》。
② 《老子》第五九章。

淡乎其无味，视之不足见，听之不足闻，用之不足既。①

意思是：掌握大道，便赢得天下人的向往、投靠。天下人与其往来而不互相妨害，从而和平安泰。音乐和美食，另往来者驻足。道的表述，平淡而无味儿，道之无形难以尽观，道之无声难以至闻，但可以取之不尽，用之不竭。这令我们想起老子说："上善若水，水利万物而不争，故几于道。"基于此，老子在大国外交的问题上明确主张："大国者下流。天下之交，天下之牝。牝常以静胜牡，以静为下。故大国以下小国，则取小国；小国以下大国，则取大国。故或下以取，或下而取。大国不过欲兼畜人，小国不过欲入事人，夫两者各得所欲，大者宜为下。"② 这里的"取"，既有"取胜"的意思，也有"赢得"的意思，但并非战胜，更非夺得，而是以正义、谦卑、得道而实现的影响力、凝聚力。

抽象地审视历史，人类文明经历了蒙昧时代、宗教时代、权势时代、经济时代、科技时代，很有希望并有必要走进价值时代。每个时代都有相应的文明中轴。今天看来，治大国不仅需要注重硬实力，更需要注重软实力。20世纪末，美国哈佛大学肯尼迪政府学院教授约瑟夫·奈在《外交政策》杂志上发表"Soft Power"一文，提出"软实力"的概念。后来他总结道，国家的软实力主要来自三种资源：文化（在能对他国产生吸引力的地方起作用）、政治价值观（当这个国家在国内外努力实践这些价值观时）及外交政策（当政策需被认为合法且具有道德威信时）。之后世界上就软实力的构成有种种争论，但概括起来，软实力本质上是基于普遍认同的价值观的实现而产生的精神力量。以此观之，老子"执大象，天下往"的思想，具有强烈的现实意义。孟夫子对此心领神会，他的话比起当代国内外关于硬实力与软实力的比较问题洋洋大观的论述毫不逊色："域民不以封疆之界，固国不以山溪之险，威天下不以兵革之利。得道者多助，失道者寡助。寡助之至，亲戚畔之。多助之至，天下顺之。"③

我们知道，老子一贯主张"柔弱胜刚强"："天下莫柔弱于水，而攻坚强者莫

---

① 《老子》第三五章。
② 《老子》第六一章。
③ 《孟子·公孙丑下》。

之能胜，其无以易之。弱之胜强，柔之胜刚，天下莫不知，莫能行。"① "人之生也柔弱，其死也坚强。万物草木之生也柔脆，其死也枯槁。故坚强者死之徒，柔弱者生之徒。是以兵强则不胜，木强则兵。强大处下，柔弱处上。"② 这里，蕴含了老子所擅长的辩证思维：生机和潜能往往孕育于柔弱之中，"专气致柔，能婴儿乎？"③ 衰老颓势常常隐藏于强壮之内，"物壮则老，谓之不道，不道早已"④。宋绍年先生指出："一个国家、一个民族、一个企业，都有自己的文化。文化具有原生性，是无形的，是国力和生命力的体现。现在要振兴中国的传统文化，也是基于这样的认识。从文化里面会生发出各种制度，制度是有形的。现在的企业管理有一种倾向，就是追求尽可能地把管理细化，细化为刚性的制度。但是用老子'柔弱胜刚强'的思想来分析这个问题，就会发现完全制度化的管理，也就意味着企业的完全僵化，它的活力和生命就会丧失掉。特别是那些缺乏文化底蕴的刚性制度，将会使企业丧失对外部环境的适应能力，逐渐走向衰败。一个有活力的、有生命力的事物一定是柔软的、富有弹性的，如果是坚强或者僵硬到一点都不能变通的地步，那就意味着它已经死亡了。"⑤ "天下之交，天下之牝"，软实力的比较、竞争、交流、互融，应该是大国之交的重要内涵。

2014年12月30日，中共中央政治局就提高国家文化软实力研究进行第十二次集体学习。习近平强调，要注重塑造我国的国家形象，重点展示中国历史底蕴深厚、各民族多元一体、文化多样和谐的文明大国形象，政治清明、经济发展、文化繁荣、社会稳定、人民团结、山河秀美的东方大国形象，坚持和平发展、促进共同发展、维护国际公平正义、为人类做出贡献的负责任大国形象，对外更加开放、更加具有亲和力、充满希望、充满活力的社会主义大国形象。⑥

---

① 《老子》第七八章。
② 《老子》第七六章。
③ 《老子》第一〇章。
④ 《老子》第五五章。
⑤ 宋绍年：《中国道家思想的当代解读》，载《城江论丛》2016 年第 1 辑，社会科学文献出版社，第 15 页。
⑥ 新华网，http://news.xinhuanet.com/politics/2013-12/31/c_118788013.htm，最后访问日期：2013年 12 月 31 日。

第九章
"有余以奉天下"——平等思想追求

平等问题，是人类思想史上最引人瞩目、争论最为激烈持久的问题之一。古今中外的思想家，从各种不同的角度对平等问题予以探讨，使关于平等的学说异彩纷呈。如果将目光瞄向道家哲学，会发现这里有着独树一帜的平等思想。与道家哲学中的其他思想资源一样，越是与现当代人类发展状况相联系，越是可以领略其珍贵的思想价值和深刻的启发意义。

"生而不有"：天道平等

无论是西方的哲学还是中国的哲学，都有思想家力图将对平等问题的思考与本体论联系起来，从本体论当中寻求平等的依据。从中国哲学来看，如果《礼记》确实反映了孔子思想的话，可知孔子在哲学上的思想是接近，但未达到道本论的"天本论"；《礼记》中关于理想社会的描述是孔子思想高度的代表："大道之行也，天下为公，选贤与能，讲信修睦。故人不独亲其亲，不独子其子；使老有所终，壮有所用，幼有所长，鳏寡、孤独、废疾者皆有所养；男有分，女有归。货，恶其弃于地也，不必藏于己。力，恶其不出于身也，不必为己。"[①] 孔子后来的论述却很难说同样出于"大道运行"的境界，但"有国有家者，不患寡而患不均，不患贫而患不安，盖均无贫，和无寡，安

---

① 《礼记·礼运》。

无倾"①，以及"博施济众""泛爱众""均无贫"的主张，都长久地保持了影响力度。从墨子的"王道平平"，到清初唐子的"天地之道故平，平则万物各得其所"②，都可以看到"道本论"的影子。同为儒家的孟子，虽然笃信并宣扬天命观，但他在哲学上其实是属于"心本论"的。他所说的"圣人与我同"③"尧舜与人同耳"④"人皆可以为尧舜"⑤，从人的本性的角度追求人与人之间的平等。明代李贽受佛学与王阳明心学的影响，也是从心本论来论述平等的："天下宁有人外之佛，佛外之人乎。"⑥

西方哲学一般认为，平等是正义的核心概念，正义的实现，离不开对平等的追求。例如，柏拉图对自然意义上的平等是否认的，但在《理想国》中提出：社会中统治者、护国者和生产者这三个阶级应该各司其职、各尽其责、分工互助，同时各得其所，这样就能实现正义。但正因为需要所有的人都能够有自知之明、需要发挥自己的潜能，所以必须教育平等、男女平等。亚里士多德对平等思想的阐述相当系统，他提出公民人格平等，并将平等作为衡量政体的标准之一。亚里士多德眼中的不正义也为两类：一是违法，二是不均。而公正则相应地就是守法和平等。作为正义的平等又分为"数量相等"和"比值相等"，前者指各人所得的均等；后者指根据各人价值不同而在分配上与之相称。我们可以将前者称为"均等的平等"，将后者称为"对等的平等"。

一些古希腊的智者，比如安提丰、吕科弗隆、阿尔基达马等，以及后来斯多葛学派的代表人物，将有神论和自然法结合在一起，"按照自然法则，人类生而平等"（乌尔比安）和"人都是神的儿子"，都是平等思想的前提。比如法学家弗洛伦提努斯尖锐指出"一个人被迫成为另一个人财产"的奴隶法是同自然法背道而驰的。马尔库斯·奥勒留认为，我们不应该说"我是一个雅典人"或"我是一个罗马人"，而应该说"我是一个宇宙公民"。出于"宇宙公民"这样的理念，作为帝国皇帝的奥勒留，在其治下尝试赋予公民以同等地

---

① 《论语·季氏》。
② （清）唐甄：《潜书》。
③ 《孟子·告子上》。
④ 《孟子·离娄下》。
⑤ 《孟子·告子下》。
⑥ （明）李贽：《答周西岩书》，《焚书》卷一。

位。这种努力由于其后任者的继承，大多数罗马行省的公民在公元前200年左右获得公民权。

中世纪以神学家面貌出现的哲学家们，将神创的平等看作"上帝的话语"，将公平正义的绝对性与永恒性归结于上帝的神性，因而公平正义是超越人类俗世的价值理念。在奥古斯丁那里，公平正义与和平幸福一样，将在"上帝之城"中实现。自然法的思想、宇宙公民的思想、神创平等的思想，都是相当精湛的本体论思维，极大地提高了平等的价值地位。

启蒙思想家以"天赋人权"的思想论证自由与平等，在文艺复兴的基础上，从人性解放和人的价值的视角看待平等。格劳秀斯将平等权解释为自然权利，霍布斯将自然状态的平等与自我存在意义上的自由结合起来，力图追求每个人都有平等的自由，人在社会状态下的平等与人在自然状态下的平等是一致的。洛克进一步提出，平等状态就是自然状态，人们的自然权利来自于自然状态的平等，因而人类在社会生活中，只应当承认并维系经济领域的差序性，但必须争取政治领域的平等性。孟德斯鸠一方面从权利的角度论证"民主的平等"；另一方面从权力的角度论证"共和的平等"。

如何看待启蒙思想家对于平等问题的思考呢？我们认为，无论是天赋人权，还是自然状态的平等，都更加突出了人的价值，这对于打破中世纪异化的宗教势力对人性的压抑、实现人的解放是有积极意义的。但是，从哲学上来看，神本论和人本论各有优劣，很难说谁更高一筹。况且，我们对文艺复兴当中人的价值升腾的思想解放，应该重新审视。文艺复兴之后，弘扬人的价值与尊严的价值观从开始的积极、进步的价值取向，逐渐向消极转化，甚至演进到后来人类以自我为中心。这说明哲学本体论上的探讨如果不能真正到位，归根结底一定会误导人类。而文艺复兴在思想领域中的局限性，充分体现了否定神本论哲学的两面性，也体现了西方哲学中自古以来"以人为本"的思想渊源。这一点，在中国早期思想传统中也有着相当厚重的基础。研究道家哲学颇有功力的白奚先生总结道：儒家的人类中心论突出地表现在"人者天地之心"、"惟人万物之灵"和"天地之性人为贵"三个命题上，从而确立了人贵于万物这一根深蒂固的传统思想观念。

正如白奚先生指出："在先秦的各家学说中，惟独道家持有与众不同的看法。根据老子奠定的'道'的理念,'大道'对万物一视同仁;……儒道两家对于人在天地之间的不同定位,反映了中国古代哲学处理人与自然的关系的两种不同态度。"的确如此,先秦道家已经做到超越人的视角,超越人类社会,将审视平等的思维提升到"天道"的高度——平等不仅是天道的本质属性,而且是天道所所昭示的重要价值,在人类需要遵循的价值体系中占有重要地位。

我们来看道本论哲学基础上的平等思想:

> 道生之,德畜之,物形之,势成之。是以万物莫不尊道而贵德。道之尊,德之贵,夫莫之命而常自然。故道生之,德畜之:长之、育之、亭之、毒之、养之、覆之。生而不有,为而不恃,长而不宰,是谓玄德。①

道与万物是一种平等的关系,道绝不以任何理由、任何方式凌驾于万物之上。道,化育了万物;德,将道化育的功能畜留在事物之中。所以,道与德是尊贵的。但是,这样的尊贵完全在于其品质的尊贵、其昭示的价值的尊贵。这样的尊贵,恰恰在于道与德"夫莫之命而常自然"。道与德之所以赢得"万物尊道而贵德"的地位,恰恰是因为其"生而不有,为而不恃,长而不宰"。

如果我们将道本论的平等观与神本论比较一下,就会清楚地看到:上帝与天道虽然有许多共同之处,但区别非常明显:道,不但没有人格化、神格化,而且绝不高高在上,绝不凌驾于世界,也绝不将包括人在内的宇宙任何事物看成下属、臣民、儿子等而进行指点与教诲。其是蕴含于、作用于、隐身于万物之中,无形无迹,恍兮惚兮,有无比巨大的化育之功而平淡无奇,有无比尊贵的品德却藏而不露,甚至"善利万物而不争,处众人之所恶"。因此,这是一种民主的平等,是一种谦逊的平等,是一种大智慧的平等。对待自然万象,人类实在需要如此的平等观,尤其是当代,更是需要以如此的平等观来纠正人类在自然面前的傲慢、自大与狂妄。而这样的平等观用于社会,就是一种尊重人民、信赖人民、依靠人民的平等。

---

① 《老子》第五一章。

"天道无亲"：万物平等

如果我们将道本论的平等观与西方的天本论（自然法则、天赋人权等）比较一下，便可以清楚地看到：自然法则、天赋人权的思想与天道平等虽然有更多的共同之处，但依然有很重要的区别。在西方启蒙思想家那里，人与人之间的平等来自于自然法则所规定的本性，以及人与人之间的相似性。古希腊著名哲学家安提丰就认为：根据自然，我们大家在各方面都是平等的，并且无论是蛮族人，还是希腊人，都是如此。在自然法则表述上最负盛名、对罗马法产生重大影响的西塞罗认为，正因为自然法没有对任何人有差异的规定，所以"不管对人做怎样的界定，他必定也对所有的人适用。这一点充分证明，人类不存在任何差异"[1]。他在《共和国》一书中论证了真正的法律与自然和谐一致，正因为自然的恩泽惠及于所有的人、自然的法则播撒于所有的人，所以人类立法不得企图背离、毁损、废弃自然法。西塞罗的论述是很精彩的，但精彩的自然法思想用于平等观的时候，没有超出人与人之间的平等。尽管我们探讨平等问题，在极大程度上要归结于人与人之间的平等，我们的哲学视野却需要道家哲学式的超越。

西方思想家关于平等的论述可谓极为丰硕。卢梭写下《论人类不平等的起源和基础》，认为平等的社会应当靠社会契约和人民主权来保障。在《社会契约论》中，卢梭有一段名言："至于平等，这个名词绝不是指权力与财富的程度应当绝对相等，而是说，就权力而言，则它应当不能成为任何暴力，并且只有凭职位和法律才能加以行使；就财富而言，则没有一个公民可以富得足以购买另一个人，也没有一个公民穷得不得不出卖自身。"[2] 其实，卢梭的《爱弥尔》一书开头的话是很深刻的："从造物者手中出来时，一切都是好的；到了人的手里，一切都变质了。"如果卢梭一直坚持用这样的哲学思维来看待平等问题，他的见解或许会有更为持久的思想价值。然而，卢梭对如何实现平等开

---

[1] 西塞罗：《论共和国论法律》，中国政法大学出版社，1997，第194~195页。
[2] 卢梭：《社会契约论》，何兆武译，商务印书馆，2003，第66页。

出的药方是激进的,他主张个人应当放弃自然状态的空间,通过一种无保留的"转让"把自己的权利全部奉献给社会共同体,以换取自己所丧失的一切东西的等价物和保全自己权利的力量。

康德认为自然界一切事物的运动都遵循"绝对命令",而当一个人"只按照你同时认为也能成为普遍规律的准则去行动"时,是有理性的,本身就是目的而不是手段,因而所有的人都应当获得平等的对待和尊重:"每个人都享有天赋的平等,这是他不受别人约束的权利,但同时,这种权利并大于人们可以彼此约束的权利。"①

美国《独立宣言》宣称"我们认为这些真理是不言而喻的:人人生而平等",体现了杰弗逊关于人民平等权是一项宪法原则的理念,也蕴含着潘恩的思想:公民权利的平等要靠政治与法律来保障和调节,但其依据在于天赋权利的平等。

总之,人与人之间的平等,是西方思想家毕生的思考与追求,在社会实践中也曾经取得了巨大的成就,我们应当给予充分的肯定和高度的评价。但是,平等问题的复杂艰深,需要我们在哲学上的进一步超越。道家哲学关于包括人类在内的万物平等的思想,给我们以深刻的启发,历史已经越来越清晰地标明:这样的哲学思维是不容忽视的。

老子明确地认为,在"天之道"看来,在天地之间,万事万物之间的关系是平等的。他宣称:"天地不仁,以万物为刍狗;圣人不仁,以百姓为刍狗"②"天道无亲"③。老子将"天地不仁"搬出来论证"圣人不仁",如果与儒家相比较,实在是显得"无情无义""不近人情"。众所周知,儒家是主张仁政的,并且以仁义道德为出发点要求君上施行"仁政"。但是,孔子的"仁者爱人",其实是有前提的,那就是有人施仁、施爱,有人受仁、受爱。而"主体"恰恰是在不平等社会格局中的为上者。也就是说,仁政,是有人对百姓进行施恩、关爱、惠顾。这样的前提,在儒家那里是相当明显的,所谓"君君臣臣父父子子""亲亲尊尊长长",所谓"子为父隐""臣为君隐"……"仁

---

① 康德:《法的形而上学原理——权利的科学》,沈叔平译,商务印书馆,2005,第50页。
② 《老子》第五章。
③ 《老子》第七十九章。

者爱人"的确是人类之间的最高价值,尤其是"己欲立而立人,己欲达而达人""己所不欲,勿施于人",是一种"由己及人"的很高的境界。既然"由己及人",当然也就体现了一种平等——每个人与他人之间的平等。问题是,这是一种从情感上、观念上的平等,也就是说依然是主体对客体的态度上、愿望上的平等。但是,主体是谁呢?不是别人,正是在社会现实中身居高位、掌握权力、处于优势的人,也就是在不平等基础上的"仁爱"。孔子的这种思想是十分明显的。孔子所赞赏和推崇的现实制度是"周礼",也就是周公所创立的等级鲜明的礼乐制度。"人而不仁,如礼何?人而不仁,如乐何?"那么反过来就是:人如果仁了,就不会礼崩乐坏。但是百姓对君王诸侯等的"仁爱"有用吗?周朝王室衰微、大权旁落、诸侯纷争,与百姓何干?而上层的君王诸侯之间如果"仁爱",或者他们对百姓"仁爱",维护的依然是礼乐制度。可见孔子的"仁爱"也好,"仁政"也罢,是和礼乐制度捆绑在一起的,是想通过"仁"维护不平等的。再来看孔子关于"刑不上大夫,礼不下庶人"的解释:

> 冉有问于孔子曰:"先王制法,使刑不上于大夫,礼不下于庶人,然则大夫犯罪,不可以加刑,庶人之行事,不可以治于礼乎?"孔子曰:"不然,凡治君子以礼御其心,所以属之以廉耻之节也,故古之大夫,其有坐不廉污秽而退放者,不谓之不廉污秽而退放,则曰簠簋不饬;有坐淫乱男女无别者,不谓之淫乱男女无别,则曰帷幕不修也;有坐罔上不忠者,不谓之罔上不忠,则曰臣节未著;有坐罢软不胜任者,不谓之罢软不胜任,则曰下官不职;有坐干国之纪者,不谓之干国之纪,则曰行事不请。此五者,大夫既自定有罪名矣,而犹不忍斥,然正以呼之也,既而为之讳,所以愧耻之,是故大夫之罪,其在五刑之域者,闻而谴发,则白冠厘缨,盘水加剑,造乎阙而自请罪,君不使有司执缚牵掣而加之也。其有大罪者,闻命则北面再拜,跪而自裁,君不使人捽引而刑杀。曰:'子大夫自取之耳,吾遇子有礼矣,以刑不上大夫而大夫亦不失其罪者,教使然也。'所谓'礼不下庶人'者,以庶人遽其事而不能充礼,故不责之以备礼也。"①

---

① 《孔子家语·五刑解第三十》。

这段话的意思很明显：孔子对于大夫以上的统治者"网开一面"，认为他们知书达理，靠羞耻之心来自觉遵纪守法，轻罪靠他们自觉自醒、重罪靠他们自裁；而对庶民，孔子则认为他们不懂礼数，所以不能以礼来规范和要求他们。可谓用心良苦。但是维护不平等的等级制度始终是孔子心目中不可动摇的信念。结合儒家主张的上智下愚不移、男尊女卑等，更可以看清所谓"仁爱"，是基于不平等，甚至是维护不平等的。集中代表这种思想主张的一句话就是："克己复礼为仁。"比如孟子虽然不断地强调君仁臣忠、父慈子孝、兄友弟恭，强调"君之视臣如手足，则臣视君如腹心；君之视臣犬马，则臣视君如国人；君之视臣如土芥，则臣视君如寇雠"[①]，然而在社会实践中，"仁爱""孝道""忠恕"，很容易演变成"君要臣死，臣不得不死；父要子亡，子不得不亡"。

道家哲学认为，平等就是平等。如果社会分成主子与奴隶、君主与臣民，就像印度的种姓制度、中国的等级礼乐，以及贫富贵贱、士农工商、上层下层，一部分人高居于众人之上，整个社会层次分明、等级森严，那么任何仁爱、忠孝、恩惠等都不能实现社会的公平合理。甚至，越是不公正、不合理，越是需要仁义、礼仪那一套，越是需要遮掩、粉饰和费劲地"协调"、规范和掌控。人类社会，必须和天道运行的原理相一致。也正因如此，道家哲学所强调的平等，既不是"民不患寡而患不均"的平均主义，也不是不讲差异的绝对平等，而是"一切对一切有价值"的主体资格的平等。

从哲学上来说，道家哲学所揭示的平等观在于：对平等问题探讨和追求，绝不能以人类的社会关系为认知蓝本，而必须以自然天道为价值依据。

老子也是主张"慈善"的，所以老子的三宝之一便是"慈"。然而，而正如刘军宁先生指出：老子给仁慈留的位置不是在政体层面上的，而是在民间的日常中。仁，顾名思义，是两个人之间，或者是私人之间的事情。不能把私人的私情任意转换成个人与天道之间的事情。政府的职责是依据天道维持正义。这种正义有时可能有冷酷无情之嫌。但是，如果把人情和天理法条混在一起，就没有正义了。以人情办案，谁可怜就判谁赢，这样还有正义可言了吗？面对

---

① 《孟子·离娄下》。

无情的天道与政体，人与人之间是有情的。正是人与人之间的仁慈之心，我们才要努力设法摆脱弱肉强食。所以，尊奉天道的政体应该大力鼓励民间的慈善。这样才又有正义，又有仁爱慈善。①

道家哲学的平等观，与其自然天道本体论是一以贯之的。正如王弼注曰："天地任自然，无为无造，万物自相治理，故不仁也。"② 苏辙《老子解》中也说："天地无私，而听万物之自然。"这样的思想，有着重要的现代意义和现实意义。平等，必须包括人与自然万物的平等，人类与自然万物有差异，但不能因此而否定人类与自然万物在价值上的平等。这一点，和人与人之间有差异，但不能否认人与人之间价值平等、主体资格平等是一样的，在理论抽象的意义上应该保持一致。庄子进一步发挥"以道观之，物无贵贱"③ 的思想，我们可以将其看作对人类中心观念、以人为本偏见的深刻批评。这样一种"古老"的观念，具有"现代"的，甚至"超现代"的振聋发聩的启发意义，值得人们充分理解和反思。不是人类高于、特殊于自然万物之上；而是人类置身于、包含于自然万物之中。任何将人类特殊于宇宙一自然系统万事万物的价值观，归根结底是不可取的。人类不能、不应该高居于除人类以外的一切事物之上，不能、不应该有"以人为本"的特权。在人的价值与人类社会中其他价值的比较中，人的价值最高；但在人类在与自然万物的关系上，就要清醒地看到"以人为本"的局限性，要本着"以本为人"的理念，尊重宇宙自然与万事万物的平等价值。这样的哲学理念，与当今世界资源匮乏、生态破坏、生物灭绝的残酷现实的警示是高度一致的，应当充分地纳入现代生态文明体系中。

尤其重要的是，价值观在人的心理人格修养中具有极为重要的地位。将人的价值特殊于、凌驾于万物之上的价值观念，一定会潜移默化地在人格塑造中发挥作用。对待自然、对待生态、对待生命、对待万物的傲慢与狂妄，不可能不对平等意识产生影响。"人类与自然关系的失衡，是人类自身理性被傲慢、狂热所取代的反映。当人类可以将工具理性运用于所有科学领域而取得

---

① 参见刘军宁《天堂茶话·之五》，http://www.360doc.com/content/10/0331/11/251039_21004524.shtml。
② 王弼:《老子注》第五章。
③ 《庄子·秋水》。

令古人震惊的伟大进展的时候,却导致当代人与子孙后代在资源享用上严重的不公平,造成生态链条的断裂和残缺,引起人类基本生存环境难以为继的严重危机。人类精神世界整体上的价值偏误愈演愈烈,人类敬畏、崇拜、遵循、信仰的对象几乎完全挪移到人类自身。我们不得不警觉:在'人的价值'的旗帜下,功利、物质、工具、权力……等等价值实际上'篡夺'了统治地位。生态的异化和人的异化,发生了合谋与同步。"[1]

"高者抑之,下者举之":系统和谐的平等

平等,素来被人们看作正义的重要的、核心的内涵,公平、公正、正义都离不开平等。早在古希腊,先哲就以宇宙论的原则论证正义。英国哲学家罗素在《西方哲学史》中介绍说:"在哲学开始以前,希腊人就对宇宙有了一种理论,或者说感情,这种理论或感情可以称之为宗教的或伦理的。按照这种理论,每个人或每件事物都有着他的或它的规定地位与规定职务。但这并不是取决于宙斯的谕令,因为宙斯本人也要服从这种统御着万物的法令。这种理论是和运命或必然的观念联系在一起的。它特别被人强调地运用于天体。但是凡有生气的地方,便有一种趋势要突破正义的界限,因此就产生了斗争。有一种非人世的、超奥林匹克的法则在惩罚着放肆,并且不断地在恢复着侵犯者所想要破坏的那种永恒的秩序。"[2] 罗素的这番话,提出一个很重要的观点:"凡有生气的地方,便有一种趋势要突破正义的界限,因此就产生了斗争。"我们完全可以套用这句话来说:"凡有生气的地方,便有一种趋势要打破平等,因此就产生了斗争。"当然,在我们套用这句话的时候,也就暗含了一个前提:肯定了宇宙—自然本身总体上是平衡的。这一点,对我们理解道家哲学的平等观十分重要。

罗素说的希腊人对宇宙的那种理论或感情,其实并不局限于哲学开始以前,也并不一定仅仅是宗教的、伦理的、感情的。苏格拉底前的哲学家们,已

---

[1] 刘在平:《生态文明的哲学思辨》,载《珠江论丛》2013年第1辑,社会科学文献出版社,第15页。
[2] 罗素:《西方哲学史》上卷,何兆武、李约瑟译,商务印书馆,1963,第154页。

经理性地将正义观建立在宇宙论的基点上。阿那克西曼德认为：在宇宙万物的运行与演化中，所有的元素都有一定的比例，而所有的元素都要扩大自己所占有的比例。但存在一种必然性或者自然规律，不断地通过校正的功能而维护着总体的平衡。他认为，万物所由之而生的东西，万物消灭后复归于它，这是命运规定了的，因为万物按照时间的秩序，为它们彼此间的不正义而互相补偿。赫拉克利特将斗争看成正义的体现，但他也认为斗争必然会局限于一定的范围和限度之内，从而不会打破万物之间的和谐与平衡。"太阳不越出它的限度，否则那些爱林尼神（正义之神的女使）就会把它找出来。"[1] 毕达哥拉斯用数的和谐来解释宇宙的秩序与机理，在宣称数是独立于物之外的实质、是万物的本原的基点上，认为数的和谐决定了万物的和谐，认为数的结构决定了正义和美。恩培多克勒则认为，爱是世界上元素的混合的力量；恨是元素的分离的力量。爱与恨两种力量的相互作用达成了宇宙万物的动态中的平衡。

再来看一下老子论平等：

> 天之道，其犹张弓与！高者抑之，下者举之；有余者损之，不足者补之。天之道，损有余而补不足。人之道则不然，损不足以奉有余。孰能有余以奉天下？唯有道者。[2]

从以上观点我们很清楚地看到，东西方的先贤，不约而同地将寻求平等依据的目光瞄向自然宇宙，这不是偶然的。科学尚不发达的时代，反而是形而上思维极为活跃、十分深刻的时代，东西方跨越时空而遥相呼应的"轴心时代"时期的伟大思想，今天愈益熠熠生辉。

有人评价苏格拉底"把哲学从天上带到了人间"。苏格拉底是以"知识即美德"作为自己的理论前提的，正义是美德之一，故而是人的知识和智慧。于是，正义从宇宙法则降为人的主观意识与观念。这里，有着人本论，以至于心本论的影子。柏拉图关于人们各司其职、各守其位就是正义，是依据他的"理

---

[1] 北京大学哲学系外国哲学史教研室编史教研室编《古希腊罗马哲学》，商务印书馆，1961，第28页。
[2] 《老子》第七七章。

型说"的，是一种理本论。柏拉图依然坚持认为理想国中的正义，是一种无法证明的超验的实在。超验的理想国是人间社会的原型或样板，在理想状态下，人们各司其职去做真正的事情，本身就是正义。亚里士多德的本体论十分复杂，既有神本论的因素，又有早期物本论的影子，他的"四因说"又与中国的道本论有着某种耦合关系。而他关于人们各取所得、各取应得就是正义的观念，是从人与人的关系、人与社会的关系的角度看问题的。但是，亚里士多德毕竟承担了由古希腊早期形而上正义观向苏格拉底后思辨理性正义观转化中承上启下的重任。他提出，正义有相对正义和绝对正义之分。相对正义是约定的正义、法律上的正义，亦即酝酿并形成于人类社会的正义。但它将会因时因地不同而发生变化，因而是相对的。绝对的正义是自然的正义、普遍的正义，其原则和效力是普遍而永恒的，因而是绝对的。绝对正义与相对正义的划分，体现了亚里士多德思想一贯的广博与杂糅，以及他的整合力，其中已经为以后的自然法思想奠定了基础。这说明西塞罗所谓苏格拉底之后哲学"从天上带到人间"的说法很不确切，而且中国的老子和西方早期先哲们在平等问题上所达到的思想高度，后人无法否定，而且也是绕不过去的。

哲学史通常认为，以自然—宇宙秩序来论证正义的古希腊早期的正义观，远离人类社会的现实，所以是空泛而不能发挥实际作用的。这样的偏见已经被今天严酷的现实证明是偏狭有害的，严重地破坏了宇宙秩序和人类与自然的和谐。不仅使整个人类偏离了更为基本的正义，而且这种偏离造成的集体人格缺陷还戕害了社会正义。与宇宙正义不能保持一致的人类的"社会正义"，归根结底是难以真正实现的。

虽然我们不能简单地用宇宙正义代替社会正义而放弃对于人类社会本身正义的探讨，但必须坚持宇宙正义是社会正义的价值引导和宏观的、战略的理性依据；必须坚持宇宙正义与社会正义根本的、内在的一致性。否则，哲学已不成其为哲学，而成为非哲学的"实用科学"，是不足以承担思考与探求正义、平等问题的重任的。

"天之道，损有余而补不足""孰能有余以奉天下？唯有道者"——如果仅仅从字面上理解，老子似乎是在讲"分配的平等"，是在"不足"和"有余"之间寻求平均。但是，诚如我们一再指出，老子是形而上思维的哲学大家，他以简捷、朴素的预言道出深刻的宇宙价值启迪:"有余以奉天下"是一种宏观的、抽象的形而上哲学思维,是以我们所知道的最为宏观、终极系统的平衡机制的昭示来宣称平等价值的最高依据。道家哲学本体论是一种"道本论",即功能机制本体论。这种自然而然的自发组织、调控、创造的无可否认、毋庸置疑的伟大功能机制,必然包括了系统总体上的趋向平衡、趋向和谐。这正是道家哲学本体论与道家哲学平等观内在地、深刻地统一的思想精髓。

"天下将自定":动态自衡的平等

近现代,随着科学的发展和研究手段的多元化,关于平等的研究呈现两个方向:一是研究越来越深入、具体,并且越来越贴近制度层面和操作层面;二是距离宇宙秩序、自然法则的形而上思维越来越遥远。第一个方向,需要充分肯定其对社会现实的理论价值,一些国家和地区的确迈出了追求平等的切实的步伐,趋向平等成为社会进步的重要标志之一。但同时,由于第二个方向的作用,理论探索的局限性越来越明显,理论自洽方面按下葫芦起了瓢,回答纷繁复杂的现实问题的理论力度捉襟见肘,社会上某些方面的不平等有扩大的趋势。

在现代平等理论庞杂胶着的状态中,罗尔斯的《正义论》以独特的视角和系统思考的理论深度异军突起,产生了很大影响。这里,我们仅将道家哲学平等观与罗尔斯的平等学说作以比较。

第一,罗尔斯平等理论中一个引人注目的提法,就是"无知之幕"。他实际上是想通过"无知之幕"的假设为自己的思考寻求一个抽象的理论前提:假设在如何对待每个人的权利、如何分配每个人的利益、如何确立每个人的社会定位时,应当将所有人聚集到一个幕后,每个人都不知道自己幕布拉开以后的地位、待遇和角色,也就是将所有人"前提归零"。由于每个人都既不能依据原先的不平等,也无法预知将来如何,于是共同协商决策就可以保证每个参与者都被作为平等的社会成员来对待,从而确立客观公正的原则。他似乎还需要再加上一条假设的前提,那就是幕后参与者在价值观上也是一致的,但这几乎是不可能的。罗尔斯用心良苦,我们却可以从他的设想中发现一个问题,那就是他在寻求"原初状态"。其实,所谓归零的原初状态只能是一种假设,由于缺乏现实可能性,因而只在论证上有一定意义,但也表现出极大的局限性。如果罗尔斯的思路进入动态的自然状态,或曰无论是自然界还是社会界的"自然而然""自而然之"的状态,会更有利于深化和表述他的思想:即使在人类社会运行之中,不平等问题也会影响系统的常态,这样在进行解决平等问题的决策与制度设计等时,才会获取可靠的依据。

第二,罗尔斯批判了边沁的功利主义的平等观,尖锐指出其"目的论"理论依据的弊端。功利主义认为,追求功利就是追求幸福快乐。罗尔斯则指出:幸福和快乐无法计算和权衡,因而根本无法在此基点上追求平等。社会功利主义者认为,社会应当以追求最大多数人的最大幸福为目的,强调为了增加社会和集团多数人的利益,可以牺牲个人利益或少数人利益。罗尔斯则明确指出:为了一些人分享更大利益而剥夺另一些人的自由绝非正义,因为社会的每一个成员都具有一种基于正义或自然权利的不可侵犯性。功利主义认为,个人为了自己的长远利益而放弃某些暂时利益是合理的,所以社会亦可遵循"同样的"原则,社会的选择原则应该是个人选择原则的扩大。罗尔斯针锋相对地指出,这是忽略了个体的分殊性和多元性,并且没有把人们认同的东西看作正义的基础。可见,罗尔斯的正义论,在一定程度上是以契约论为基础的。

应当说,罗尔斯对功利主义的批判相当深刻,也相当必要。但需要指出的是,罗尔斯反对将幸福和快乐作为衡量是否平等的指标,那么以什么为指标呢?其实一切衡量平等的指标都是不靠谱的。比如报酬、比如利益分配、比如职务或地位等,也就是说,平等问题一旦有了"衡量指标",就一定会出现另一种意义上的不平等。正如黑格尔指出:"平等是理智的抽象同一性,反思着的思维从一般平庸的理智在遭遇到统一对某种差别的关系时,首先就想到这一点。在这里,平等只能是抽象的人本身的平等,正因为如此,所以关于占有的一切——它是这种不平等的基地——是属于抽象的人的平等之外的。"[1] "其实特殊性就是不平等所在之处,在这里,平等倒反是不法了"。[2]

---

[1] 黑格尔:《法哲学原理》,范扬、张正泰译,商务印书馆,1961,第57~58页。
[2] 黑格尔:《法哲学原理》,范扬、张正泰译,第57~58页。

罗尔斯的思想受到各种批评，这些批评可以这样概括：一旦提升一下看问题的角度，就会发现罗尔斯难以解决的悖论。比如诺齐克就认为：不平等是不可解决的，任何平等的分配最终都将导致不平等；不平等并不意味着不公正，而平等也不是在任何情况下都是公正的；人们希望纠正不平等，但对不平等的纠正不能得到合理的证明。又比如社群主义的代表人物桑德尔批评道：罗尔斯的观点颠倒了个人与社群的关系，只有从社群或善的角度才能够界定个人或权利；由于普遍的善在社会中的物化形式是公共利益，所以，公共利益优先于个人权利。罗尔斯之后，关于平等问题的探讨和争论愈益激烈、深化。德沃金提出"资源平等"理论；罗默提出"不可转移资源"和"可转移资源"的划分；阿玛蒂亚·森提出"能力平等"理论；托克维尔提出与自由和谐统一的平等才是真正的平等；勒鲁基于"平等在理想与现实之间巨大差异"而批判虚伪性的平等观，米瑟斯提出"程序主义的法律平等论"；艾德勒提出"多元平等"的思想主张；萨托利将平等看作一种"抗议性理想"……怪不得博登海默说，平等"乃是一个具有多种不同含义的多形概念"①。

我们认为，罗尔斯的《正义论》之所以引起强烈反响，一个重要原因是其关于平等的思考具有重要的启示意义。罗尔斯最可贵之处，在于他以深刻的思考面对难以解决的矛盾。尤其是他提出的两个正义的原则。第一个原则：每个人对所有人所拥有的最广泛平等的基本自由体系相容的类似自由体系都应有一种平等的权利。第二个原则：社会的和经济的不平等应这样安排，使它们：①在与正义的储存原则一致的情况下，适合于最少受惠者的最大利益；②在机会公平平等的条件下职务和地位向所有人开放。第一个原则可以被概括为"平等自由原则"。第二个原则可以被概括为"机会的公平平等原则和差别原则的结合"。在此基础上，罗尔斯还提出两个优先原则：一是自由优先于平等；二是机会公平平等原则优先于差别原则。

如果可以将罗尔斯的思考与批评者的意见综合一下，给我们的重要启示就是：平等问题仅仅在政治学、社会学领域中探讨是有局限的，一定要引入哲学

---

① 埃德加·博登海默：《法理学——法律哲学与法律方法》，中国政法大学出版社，1999，第226页。

思考。平等问题，需要从更为宏观、更为高远的视角来考察，需要放在平衡—非平衡—新的平衡的框架中来把握。平等问题，说到底是一个社会系统各要素之间的动态平衡问题，绝对的、恒定的、单项视角或指标的平等，不仅是难以实现的，而且也是不利于社会和谐与发展的。

正如我们在考察道家哲学关于本体论、宇宙论有关内容时所了解到的，动态自我平衡是宇宙—自然系统的本质规律，也是万物运行、发展、变化的基本法则。从宏观到微观，从宇宙到万物，自然而然趋向平衡，或曰"天道自衡"，是天道自组织、自调控、自发展运行机制的一项重要特征，也可以说是"自平衡"。自平衡是大到宇宙、小到微生物一切系统运行的基本规律之一，只要系统在运行，就一定会在系统内部矛盾运动、系统与环境的关系上不断寻求趋向平衡。非平衡是变化与发展的需要，但非平衡状态不能长期、严重地打破总体平衡，并且必然以各种方式"返回"平衡态。所以老子说"反者道之动"。

老子所说的"道常无为而无不为，侯王若能守之，万物将自化"；"不欲以静，天下将自定。"[1] "昔之得一者，天得一以清，地得一以宁，神得一以灵，谷得一以盈，万物得一以生，侯王得一以为天下贞"[2] 等，都是在论述"自平衡"。"化而欲作"[3]，"天无以清将恐裂，地无以宁将恐发，神无以灵将恐歇；谷无以盈将恐竭；万物无以生将恐灭；侯王无以贵高将恐蹶"[4] 等，都是在论述突破、异化。"吾将镇之以无名之朴"[5]；"载营魄抱一，能无离乎？"[6] "孰能浊以静之徐清？孰能安以久动之徐生？保此道者不欲盈"[7]；"夫物芸芸，各复归其根。归根曰静，是谓复命。复命曰常，知常曰明"[8] 等，都是在论述返回平衡、趋向平衡。平衡会在运行中被打破，但新的运行必然趋向新的平衡。长期不能"守中"，会使变化发展中必然出现的暂时的、局部的、较低程度的

---

[1] 《老子》第三七章。
[2] 《老子》第三九章。
[3] 《老子》第三七章。
[4] 《老子》第三九章。
[5] 《老子》第三七章。
[6] 《老子》第一〇章。
[7] 《老子》第一五章。
[8] 《老子》第一六章。

非平衡态扩大,从而导致断裂(裂)、衰败(蹶)、溃蜕(发)、停滞(歇)、毁亡(竭)、灭绝(灭)等严重的"系统事故"或"系统灾难"。综合老子道家哲学中关于系统总体平衡的思想,可以看到这并不是一种绝对的、静止的、僵化的平衡,而是一种动态的、循环的、调控的、自化的平衡。

概括起来,系统内部、系统之间、系统与环境的平衡可以看成三种状态,或曰三个阶段:一是原生平衡阶段,二是非平衡阶段,三是复归平衡阶段。所以,老子是有一种"循环论"的:"独立不改,周行而不殆""大曰逝,逝曰远,远曰反""万物并作,吾以观其复"……不仅仅是指周而复始的天体自转与公转、四季轮回、昼夜交替等,而且指"化作"过程,而所有这些可以看作"得一"。当加入人的因素之后,情况要复杂得多。但是,如果我们高度概括一下,也可以说:自我与社会、人与人、社会结构、社会与自然之间的平衡也可以看作三个阶段:原生平衡阶段,非平衡阶段,复归平衡阶段。但是这第三个阶段更加明显地表现为"超越性复归",也就是人为因素在第二、第三阶段的作用既包括"自化",也包括"人化",或称为"文化"。所谓"化而欲作",是说人化最容易出现异化,不仅加速了发展,也加速了平衡的打破。所以人为的发展要时刻结合于、依托于自化过程。更重要的是:能否进入第三阶段。个人与社会冲突,通过其社会化过程进入新的、更高阶段的平衡,是一种超越。历史上"治—乱—治"的循环如果中断,就会陷入社会解体或暴力冲突。但如果通过变革走向新的"治",也是一种超越。当我们将目光瞄向人与自然,将视野扩展到整个人类文明史时,就会看到:能否走向超越性的新的平衡——更高境界的人与自然的和谐,这是人类总体上面临的严峻的考验。而一个国家,在追求进步与发展过程中难免出现非平衡状况,比如资本聚集、贫富悬殊、权力膨胀、生态破坏……必须通过变革,"以有余奉天下",从而进入新的、更高阶段的平衡。用老子的话说:"塞其兑,闭其门,挫其锐;解其分,和其光,同其尘,是谓玄同。"① "玄同",不同于人为设计的"理想国"、"乌托邦"、"太阳城"、"上帝之城"、康有为的"大同",而是基于自化——自平衡机制的"道同"。平等的逐渐发展,是势所必至,天意使然。这种发展具有

---

① 《老子》第五六章。

的主要特征是:"它是普遍的和持久的,它每时每刻都能摆脱人力的阻挠,所有的事和所有的人都在帮助它前进。"①

在社会系统中,人为的体制、制度建设应当从总体上尊重社会自组织功能,给社会一定的发展空间。"从历史上看,很少有前现代的国家会在日常生活的管理上设计出一套统一的、普适性的制度。大多数制度都是在生活中慢慢衍生而出的,如中国传统社会的家族制度。……进入现代社会以后,在崇尚市场自由主义的国家,一方面是按照自由主义原则把国家对社会生活的管理缩小到最低限度,另一方面则是各种普适性法规的出台,用以协调民族国家范围内的各种社会关系,同时还自发生长出各种民间组织,对局部的社会生活进行组织和管理。"② 同时以种种保障性机制制约权力、财富、权利、利益、机会、自由等问题上的差异的无限扩大,让自由、民主、公正、正义、平等多元价值都得以伸张,让各种价值取向之间的矛盾冲突限制在一定范围以内,谁也不可以取代谁,谁也不可以以任何价值追求的名义而损害其他价值。同时,在审时度势、与时俱进中,通过具体的政策、措施的设计与实践进行宏观治理和微观调控。

---

① 这里引用的托克维尔的言论,均可参见托克维尔《论美国的民主》,董果良译,商务印书馆,1988。
② 金太军、姚虎:《国家认同:全球化视野下的结构性分析》,《中国社会科学》2014年第6期,第17~18页。

第十章
"至美而游乎至乐"——审美之道

老子说:"天下皆知美之为美,斯恶已;皆知善之为善,斯不善已。"①
这句话应怎样今译呢?

比较常见的译法是:"当天下人都知道美是美的时候,关于丑陋的观念就产生了;天下人都知道善是善的时候,关于不善的观念就产生了。"这样今译愿望很好,煞费苦心,但比较牵强,给老子的原话增添了自己的意思。一个"斯"字,即不产生"产生",也不产生"观念"。更重要的是,老子的有些话虽然聱牙难懂,但仍需要捕捉其思想内涵。

我们以为,今译应当是:"以天下人都知道的美为美,则是丑陋的;以天下人都知道的善为善,则是不善的"。之所以用"则是"这个词,包含了"转化"的意思,即美将转化为丑恶;善将转化为不善。原因在于,老子随后用了一个"故"字,紧接着就讲"有无相生,难易相成,长短相较,高下相倾,音声相和,前后相随。"相成、相较、相倾、相和、相随等,充分体现了辩证转化关系是复杂的。

这里,与刘笑敢先生对老子原话的解说,是接近的:"第三个正面的意思则是说大家皆以一种美为美,这种情况是丑陋的;大家皆以一种善的形式为善,这种风气恰恰是不善的。大家趋之若鹜的盲从是对美的毁灭,对伪善和假善而售奸的开始。"②

---
① 《老子》第二章。
② 刘笑敢:《老子古今》,第112页。

老子的意思是：美与丑相辅相成，而人们很容易以丑为美。真正的美、真正的善，像"常道"一样，大美无形、大美无状，缥缈恍惚，不可能彰显于"天下皆知"的表面和浅层。

美，在于自然心道

虽然老子与康德一在东方、一在西方，两者约距离两千年，但当康德提出并论述纯粹理性的时候，两位思想家之间便产生了某种感应和互补。我们认为，老子的道之为道，作为"自而然之"（自行而成为之；自生成、自组织、自选择、自发展而成为之）的法则，在宇宙万物、人类社会、人的意识之间是贯穿的。因此，道，在人的意识部分，十分接近康德那里的精神的固有结构，即不依赖于经验的、先于经验的真理的内在必然性，是人的精神活动自然而然的方式。反过来说，康德所认定的精神活动先于经验而"有它们自身的明晰性和确定性"的纯粹理性，在某种意义上，十分接近老子的道在精神领域的体现——即心道。①

因而，就让我们看一看康德。

感觉只是耳、鼻、口、舌、目等感觉器官对外界刺激的反应，而感觉到的事物千姿百态、混乱繁杂，通过传入神经而进入大脑，凭什么就变得井然有序、条理清楚呢？凭什么可以产生理念呢？凭什么通过筛选而淘汰无用信息，将"散民"整合成为组织健全的"军队"呢？正如叔本华所说："康德的最大功绩，就在于他把现象从物自体中区分了出来。"对康德唯心主义的批判，其实让他蒙受了不白之冤，因为他并不否定物体及外在世界的存在，但他所强调的是人们的感觉并不可靠。外在世界和物体刺激人的感官而形成感觉之后，只有靠一种"心灵的模式"——一种先验的理性所进行的选择与整合，即能够进行"先验推论"的纯粹理性，才能完成向"先验逻辑的飞跃"。

---

① 但是，也不能抹杀康德与老子的重要区别。康德的纯粹理性独立于经验理性，强调先天综合判断，提出二律背反，客观上为形而上学留下余地，这些思想与老子道家是相近的，因而是可以相融的。但其不可避免地走向二元论，与道家"其中有精，其中有信"，事物浑然一体的思想相左。而且，纯粹理性、先验理性与道家本体论的自然而然、缘构生成的思想也有重要区别。

按照康德的说法，从客观物质世界那里得到的表象、现象，以及由此而形成的感觉，对于认识事物本身及其本质规律远远不够。那么，对于审美呢？

这里，我们不得不涉及一个非常基本的，但是非常艰难的问题：什么是美？

美是身心之道整体运行、整合过程中，在人的感官接受外界刺激基础上达成的感觉、情感、理性等意识系统通畅、和谐的精神领略；美的本质是人的全部意识系统的内在精神自由、愉悦的心理体验。

关于美的定义，这里不准备展开思辨论证，但有必要就以下几点适当阐述。

第一，美之结构是主观与客观的统一，美是审美主体与审美客体相贯通时，由审美主体完成的精神领略。人的精神、意识层面是美的归宿。客观世界是美之源，但是当人的意识层面、精神世界构筑起审美机制，美才有了"生命"，有了灵性，一切审美对象才有了美的光泽。

第二，客观世界对人的感官刺激以及引起的反应，仅仅提供了审美基础，但既不能完成美的构建，也不能完成审美过程。因此，美是人的意识系统的整体反应。格式塔心理学（完形心理学）经过实验研究所揭示的人的心理活动的系统性、完整性，为理解美和审美奠定了基础。现代社会，了解和领会格式塔心理学，将有助于深化人们对于美的定义或本质的理解。人的意识系统的整体调动、贯穿、整合才成就了美，或用中国先哲的话说，叫作"中和为美"。

第三，以往认为美只针对感觉的说法、认为美只针对情感的说法，或美是通过感觉而抵达情感的说法，都是偏颇的。没有理智的参与，或者说没有任何一个环节的参与，都会使信息的刺激和调动发生梗阻、扭曲、偏狭，也就不可能在精神世界里实现畅通。没有畅通就没有和谐，没有和谐就没有真正的审美领略。刺激兴奋与快感，距离审美领略尚有很大距离，内在精神自由的压抑或变形，不是美。用马斯洛的话说，"审美需要"没有得到满足。

第四，理智包括认知和思维。每个人认识水平、思维水平可能有高有低，但他的理智一定会参与审美，只不过其审美情趣和审美感悟的水平不同。低水平的审美，感官刺激作用占据很大比重，这正是老子所说的"天下皆知"的美，审美的境界低，距离美的本质尚远。人的包括审美在内的精神活动是一个完形、一个整体。整体不是部分的、元素的简单相加。各部分、各元素，或曰心理活动各个环节整合而出的整体结构或整体关系的状况，决定了审美水平，因而不同审美主体的审美水平会有很大差异。

综上所述，审美过程是"道"，是心灵之道的综合作用在体验层面的呈现。

于是，当我们回到康德的时候，发现他所强调的先验的"心灵模式"是很精彩的。只不过，我们必须指出的是：第一，这种先验的模式，一定会因人而异；第二，所谓"先验"，不可能是天生的，而是道的运行而形成的。所以，与其说是一种"先验的模式"，不如说是一种"先验的机制"。我们认为这两条，是道家哲学与康德哲学的根本区别。康德有一句出自其名著《实践理性批判》，后来镌刻在他的墓碑上的名言："有两种东西，我对它们的思考越是深沉和持久，它们在我心灵中唤起的惊奇和敬畏就会日新月异，不断增长，这就是我头上的星空和心中的道德定律。"这两种不断唤起他惊奇与敬畏的事物，是随着他的思考而不断增长的。人们心中的美，也只能在"先验功能机制"的整合、筛选、沉淀、提升之中"日新月异，不断增长"。

黑格尔超越康德的地方，在于他着眼于人类所创造的艺术而探讨美的本质。这是有道理的，因为即使是一次对湖面涟漪的审美欣赏，也是黑格尔所说的"自然物对心情的契合"。也就是说，人的主观情趣在涟漪之中"创造"了美，审美眼光完全不同的人，感受到的美也会大异其趣，甚至不能排除有人从湖面涟漪感受到褶皱的丑陋。当然，道家哲学无法赞同黑格尔对于自然之美的贬抑，他所说的"自然美是不完美的美，根本缺陷在于理念被物质的材料束缚"，其实，束缚的缺陷来自人感官的局限，自然美中的朴素恰恰蕴含了更高境界的美。但黑格尔所说"美是理念的感性显现"，是一语中的美学名言。将理念加入审美机制，承认理念与感性的有机统一，高出许多美学论。但是，这句话还是有将理念与感性截然分开之嫌，如果说美是通过感觉、感性抵达理性、理念，甚至经过循环，在所有环节和谐畅通基础上而以体验的方式呈现，或曰心灵之道在体验层面的呈现，似乎更贴近美的本质。

关于审美心理机制，需要接受格式塔心理学的理念。格式塔心理学的哲学思想支撑可前溯康德、后承胡塞尔的现象学。以往的美学定义，没有突破构造主义心理学、行为主义心理学、皮亚杰发生认识论等局限，基本上是在"刺激—反应"的框架内做文章。中国美学家李泽厚先生已关注到格式塔心理学，朱光潜先生已追问到"有机体"。朱光潜先生引用大诗人歌德的话来阐述美的本质:"人是一个整体,一个多方面的、内在联系着的各种能力的同一体,这种单一的杂多。"笔者读歌德,总觉得他虽为诗人,但其哲学思想相当精辟、深邃。精神世界可简约、抽象划分为三个环节:感觉、情感、理智。王阳明说得好:美在心中,美本乎天,集在于人。我们认为:感觉主要决定美的强弱,比如刺激的强度与敏感度、感受力。情感是审美之流,主要决定美的浓淡、宽窄。美总是要转化为情感领略,激起情感涟漪。理智是审美之主导,主要决定美之深浅、雅俗、庄谐等。其实也可以说,理智引导着审美情趣的价值,主导着审美的方向,决定着审美的档次。最终,审美主要落实在情感上,成为一种愉悦、畅通、自由的情感体验和精神境界。但是,这绝不是仅仅由情感完成的,而是整体精神系统有机运行成果在情感层面的体现。

我们说,三者是有机的、互动的、统一的、贯穿的。对于这样的美学理念来说,心理学支撑必不可少。格式塔心理学代表人物韦特海默,针对西方科学"将复杂的东西破成元素"的方法提出批评。他认为将感觉、意象、感情、意志、动作等一大堆的元素,以及与这些元素有关的定律等拼凑的"科学结论"不足以研究心理学。格式塔学派提出"整体大于部分相加之和"的思想,对于理解美的本质尤其重要。对于美,人们所需要的不是在人的任何一种心理元素、任何一个心理环节上"停下来"考察,也不是将所有分别考察的简单相加,而是整体的、统一的研究。同时,是对各元素、各环节互动而总体运行中"诞生""涌现"的"附加"功能的研究,甚至包括这种互动作用的循环过程的研究。也就是说,任何一种元素、任何一个环节,在其承担自身功能的同时,也在承担"总体性"功能。而这种"总体性"功能,只在总体性系统中有机地发挥作用,所以只有在总体性把握之中才能发现。格式塔心理学代表人物勒温关于"心理场"的观点对此做了很好的揭示。他认为,一个人就是一个"场",人的心理现象甚至人的行为,都是由场决定的。人的心理场又可以叫作"心理生活空间",对于心理现象的探讨应当考虑到场的统一联系和统一作用。格式塔心理学认为每一种心理现象都是一个"被分离的整体",就是说任何心理现象都是心理场的整体作用的局部折射,而不是某一心理现象单独发挥作用,然后再影响到整个心理。当然,这里顺便指出:"心理生活空间"的概括,依然有局限性，勒温如果生活在当代，受到时间哲学的启示，即在他的"心理场"中有效地增加时间维，将会使格式塔心理学更上一层楼。

正因为如此，所以老子对通过感官的感觉，甚至对知觉在审美中的作用都不予以充分的信任和肯定。他说"载营魄抱一，能无离乎？"（《老子》第一〇章）即包括了不为感官所左右的意思。他又说"五色令人目盲，五音令人耳聋，五味令人口爽，驰骋畋猎令人心发狂，难得之货令人行妨。是以圣人为腹不为目，故去彼取此。"（《老子》第一二章）进一步明确地否定了仅靠感觉审美的机理，甚至认为那是对美的扭曲、对审美的干扰。所谓"为腹不为目"，意思很明显：审美靠整体精神系统，而不能靠仅仅来自感官的感觉。对传统美学做出重要贡献、产生深远影响的庄子说："失性有五：一曰五色乱目，使目不明；二曰五声乱耳，使耳不聪；三曰五臭薰鼻，困惾中颡；四曰五味浊口，使口厉爽；五曰趣舍滑心，使性飞扬，皆生之害也。"（《庄子·天地》）同样是在说沉溺于耳闻目睹的声色气味等等，不仅无益于审美，而且伤神害体。"大音希声，大象无形。"（《老子》第四一章）——这是老子在论道，当然也是在论美。因为，审美也是一种循道、悟道。

美之本质与道之本体

自古以来，关于美学本质的探讨，与哲学本体论思维密切相关。对于哲学本体论的理解，直接影响到对于美的本质的理解。从古希腊到近代，西方古典美学肇始于柏拉图，他关于美的本质在于形式的思想，与其理念论的哲学本体论是高度一致的。在柏拉图那里，形式也分为内形式与外形式，内形式是观念形态的形式，是美的本源和本质；外形式是自然万物的外形，是美的存在状态的规定。但无论内形式还是外形式，美的本质是区别于美的事物的"美的本身"，万事万物中的美，与理念一样存在于所有事物的"背后"。美的阳光与理念之光同样来自于"洞穴"之外，通常人们所面对的所谓的美的事物，不过是洞外之光的投影。人所创造的艺术，主要是对于美的模仿，高雅精湛的艺术珍品，无非是模仿的模仿，是得到了美本身——美的本质之光的照耀和赋予。柏拉图的形式之美，其实就是理念之美。但是，正如他的理念论或形相论在巴门尼德和赫拉克利特之间难以抉择一样,这样的美学思考很难解决永恒不变和变动不息之间的悖论。这正是亚里士多德认为自己老师的哲学很"麻烦"的原因之一。

亚里士多德虽然对柏拉图多有批评,总体上是以模仿是所有艺术样式的共同属性的说法呼应和强化了"美在形式"的思想。但是,亚里士多德对柏拉图的超越,使他关于美和艺术的探讨成为西方古典美学思想史上的第一座高峰。他将事物变化发展的原因归纳为"四因说"系统结构:形式因、质料因、动力因、目的因。他十分"美学地"发现以毕达哥拉斯为首的一些哲学家,指出提琴演奏中音符间的关系,对应着琴弦不同位置的不同比率,从而总结出质性差异会是数的差异所导致的。而整个天体就是一列音阶,数的元素便是万物的元素。亚里士多德宣称他们的研究是在探讨宇宙的形式因。在突出形式因的同时,亚里士多德的贡献在于他强调美的"整一性"。这种整一性,一是在于"四因"之间的联系和不可分割。二是在于有机整体之中内在的比例关系,构成秩序、匀称、和谐、统一等形式美。因此亚里士多德的形式之美与柏拉图完全不同,他认为美不是理念,美存在于具体的美的事物之中,美首先取决于客观事物的属性,这主要就是体积的大小适中和各组成部分之间有机的和谐统一。三是在于美与善的结合,以及感性的美与理性的美、自然之美与艺术创造之美的沟通。

中世纪的主流文化是基督教文化,美学在充满神学色彩的哲学思考中延伸,普罗提诺、奥古斯丁、托马斯·阿奎那等,基本上没有超越柏拉图和亚里士多德。一般认为作为独立学科而诞生的美学,始于德国的哲学家鲍姆加登,他于1750年出版的《美学》(Aesthetics),成为标志性著作。

西方古典美学第二座高峰应当归功于黑格尔,如前所述,他的"美是理念的感性显现"的论断,虽然出自于"绝对精神"的本体论思考,但对美的结构的整体性、审美机制的统一性做出了重要贡献。

美,是蕴含于自然界的天道本体与渗透于精神世界的心灵之道的贯通。庄子说:"天下有常然。常然者,曲者不以钩,直者不以绳,圆者不以规,方者不以矩,附离不以胶漆,约束不以纆索。故天下诱然皆生,而不知其所以生;同焉皆得,而不知其所以得。"[①] 这里的"常然"即自然天道。也就是说,天

---

① 《庄子·骈拇》。

下万物所呈现的青山秀水、大漠浩瀚、长河落日、雪域风光……一切美不胜收的景观,皆出自于自然、孕育于造化。就此,庄子进一步阐发道:"若夫不刻意而高,无仁义而修,无功名而治,无江海而闲,不道引而寿,无不忘也,无不有也,澹然无极而众美从之。"① 所谓"众美从之",无非是说天地自然才是美的源泉、美的造化。

庄子还构思了孔子与老聃的一番对话:

> 孔子见老聃,……曰:"丘也眩与,其信然与?向者先生形体掘若槁木,似遗物离人而立于独也。"老聃曰:"吾游心于物之初。"
>
> 孔子曰:"何谓邪?"曰:"心困焉而不能知,口辟焉而不能言,尝为汝议乎其将。至阴肃肃,至阳赫赫;肃肃出乎天,赫赫出乎地;两者交通成和而物生焉,或为之纪而莫见其形。消息满虚,一晦一明,日改月化,日有所为,而莫见其功。生有所乎萌,死有所乎归,始终相反乎无端而莫知乎其所穷。非是也,且孰为之宗!"
>
> 孔子曰:"请问游是"。老聃曰:"夫得是,至美至乐也,得至美而游乎至乐,谓之至人。"(《庄子·田子方》)

庄子所描述的,是道家哲学所认定的审美方式,其实是一种"悟道审美"。达到至美、至乐的境界,是对于万物变化中自然之道的深刻领悟。或许,这是一种过于理想化的审美追求,令人难以企及。但是,这正是美的价值得以成立并影响人的精神世界的深刻原因,当然也正是人们审美追求的正道。爱因斯坦在物理学研究中的体会,成为道家"悟道审美"思想的呼应与印证。当爱因斯坦接到纽约犹太教堂牧师戈尔茨坦海底电报上的问题"你信仰上帝吗?"他立即回电:"我信仰斯宾诺莎的那个在事物的有秩序的和谐中显示出来的上帝,而不信仰那个同人类的命运行为有牵连的上帝。"② 我们知道,斯宾诺莎以"上帝即自然"的思想与传统的"上帝本体论"区别开来,实际上是与道家

---

① 《庄子·刻意》。
② 《爱因斯坦文集》第一卷,第243页。

哲学同处于"道本体"哲学体系的。在斯宾诺莎那里,上帝的力量就是自然造化的功能,上帝之神,在自然的统一系统、万物的基质之中不断实现和谐、秩序。于是,毫不奇怪,在以科学理性为指导从事物理学研究的过程中,爱因斯坦胸中升起的,是具有强烈宗教情感色彩的审美情怀。爱因斯坦坦言:"我自己只满足于生命的永恒的奥秘,满足于观察现存世界的神奇的结构,窥见它的一鳞半爪,并且以诚挚的努力去领悟在自然中显示出来的那个理性的一个部分,即使只是其极小的一部分,我也就心满意足了。"[①] 同样的体会在另一位科学家彭加勒那里亦得到表述:"科学家研究自然,并非因为它有用处,他研究它,是因为他喜欢它,他之所以喜欢它,是因为它是美的。如果自然不美,它就不值得了解;如果自然不值得了解,生活也就毫无意义。"[②]

毫不奇怪,的确有一些以科学理性孜孜以求探索自然的成就斐然的科学家,同时也是审美价值理性的大师,也是以包括情感在内的身心整体而对于自然造化的神奇、奥妙心领神会的审美主体。他们的精神世界很能说明问题,因为他们对人类理性智慧和"众妙之门"之间的巨大反差体会深切。于是,他们对自然造化、"万物并作"的伟大功能的敬仰更加虔诚,对于审美需要的满足更为充分,因而更容易领略庄子所说的"至美""至乐"。

"玄览":从思维到审美

老子讲"玄览""玄观",庄子讲"心斋""心游""游心"。西汉河上公《老子章句》曰:"心居玄冥之处,览知万物,故谓之玄览。"唐人成玄英的《〈庄子·逍遥游〉疏》曰:"返照明乎心智,玄览辩乎物境。"正如我们在道家哲学认识论有关内容中指出的,这种"玄览"式的心灵观照,是一种整体性、模糊性、感应性、体悟性思维或认知方式。

中国艺术美学是深受老子道家哲学影响的,所谓得鱼忘筌,得意忘言,超

[①] 〔德〕海伦·杜斯卡等编《爱因斯坦谈人生》,世界知识出版社,1984,第44页,转引自罗发海、程民治的《"道"与现代物理学》,安徽大学出版社,2006,第121页。
[②] 引自李醒民《彭加勒科学方法论的特色》,《哲学研究》1984年第5期,转引自转引自罗发海、程民治的《"道"与现代物理学》,第121页。

以象外，得其环中等，审美与悟道是一致的。老子说："视之不见名曰夷，听之不闻名曰希，搏之不得名曰微。此三者不可致诘，故混而为一。"①

现代心理学、脑科学研究，已经充分关注到人类大脑中模糊思维的结构性根据。无论是"左右脑优势互补说"，还是"大脑神经回路说"，都承认人脑"两半球"之间存在各种连合体，其中胼胝体有两亿条神经纤维"束"，与其他连合体共同沟通两半脑，以每秒40亿次神经冲动超高速地进行信息交流，使"两半球"优势得以互补。美国人类学家卡尔·萨根甚至认为："人类的文明就是胼胝体的功能。"② 美国学者麦克林（Mclean）提出三个脑层次的理论：第一层（最外层）是新皮质，出现于尼人到智人的进化阶段，其功能主要是人脑的智力、想象力、辨别力和计算力等；第二层是新皮质下边的缘脑，属于哺乳动物的遗传部位，其功能主要是控制调节人的情感；第三层是缘脑内部的"爬行动物脑"，属于爬行动物遗传部位，调控人的一些体能的、无意识的行为。

尽管德国冯特开创的构造主义心理学、美国詹姆斯开创的功能主义心理学依然长盛不衰，指导着具有实证主义特色的实验研究，但弗洛伊德精神分析学说的冲击力是巨大的。在弗洛伊德的潜意识学说诞生之后，人们开始关注欲望本能的"本我"部位。但是，包括弗洛伊德弟子在内的众多后学，对弗氏的潜意识学说提出批评，指出其过于夸大本能欲望，尤其是性本能在潜意识中、在人的心理动力结构中的作用。我们认为，所谓潜意识，就是心道。就是显意识觉察缺位时（比如睡眠）人以神经系统为主的整体身心系统自主运行中的意识功能。梦，是观察潜意识的窗口，是因为潜意识的意识功能在运行、整合过程中一旦被意识"捕捉"，也就是被朦胧地意识到，就会发现自己在做梦，或在清醒时可以回忆起一定的梦境。梦是潜意识运行与整合过程中意识功能在意识中一定程度的显现。梦，既可能是意境的、情节的，也可能是思考的、理性的，甚至是以灵感为载体的智慧成果。弗洛伊德之后的关于梦的实验研究取得很大进展，其中哈佛医学院神经心理学家霍布森提出：梦的本质是对脑的随机神经活动的主观体验，比如做一道算术题时，我们的精神高度集中，思维是线

---

① 《老子》第一四章。
② 卡尔·萨根：《伊甸园的飞龙》，吕柱、王志勇译，河北人民出版社，1980，第154页。

性的、清晰的。当我们从清醒状态进入到恍惚状态，最终到做梦，精神活动逐渐趋向散漫、全局化与意象化。在梦里，我们进行最散漫的联想。也有人提到，梦是人的认知功能在自动组织中的发挥。可以断定，脑科学、神经科学中关于潜意识的研究成果，与道家哲学心灵之道的学说，是趋向一致和相融的，而不是趋向对立与分裂的。

这里论及潜意识，意在探讨玄览式思维是重要的审美方式。回忆、预感、向往、憧憬、沉湎、恐怖、想象、灵感，是梦作为潜意识运行机制的主要功能结构。《红楼梦》可以有多种多样的解读，鲁迅说《红楼梦》："单是命意，就因读者的眼光而有种种：经学家看见《易》，道学家看见淫，才子看见缠绵，革命家看见排满，流言家看见宫闱秘事。"一部红楼，解读当然不止这些。无论"贾雨村"还是"甄士隐"，无论刻画了怎样栩栩如生的人物、细致入微的情节，领略这部伟大作品的美学价值终靠玄览，这正是曹雪芹将自己的鸿篇巨制冠以一个"梦"字的玄妙之处。

符号美学的重要代表人物美国学者苏珊·朗格，将许多门类的艺术创作等同于梦的产生机理，实际上是受到弗洛伊德潜意识理论的深刻启发。弗洛伊德认为，艺术创作就像入梦，与现实若即若离，以幻想出于现实，又以幻象疏离和超越现实，创作者通过作品表现自己的梦境幻想，欣赏者通过置身于作品幻象之中而释放自己的梦境幻想。苏珊·朗格不仅认为梦是艺术创作素材和灵感的重要来源，而且从以下两个方面论证了梦与艺术的关系：一是做梦者总是居于梦境的中心，作为创作者或作为鉴赏者而进入"梦境"的人，其实是在幻象中托付主体的人，因而这种主体与艺术的关系即是做梦者的"在场"。二是强调幻象在艺术创造中的整体性，甚至认定幻象是艺术作品中情感形式的载体，梦幻的半抽象性、朦胧性，充分表现了艺术作品中各种要素得以整合、共同烘托出来的整体美感，而且恰恰符合审美者情感的感受方式。苏珊·朗格对中国唐朝诗人韦应物的《赋得暮雨送李胄》十分欣赏："楚江微雨里，建业暮钟时。漠漠帆来重，冥冥鸟去迟。海门深不见，浦树远含滋。相送情无限，沾襟比散丝。"整首诗连同读者的心情似乎都被蒙蒙细雨濡湿。似真似幻，亦真亦幻，是艺术幻象审美价值的突出代表。我们可以从书画、诗词、小说、散文、音乐、舞蹈……各种体裁的艺术中领略梦幻之美，梦幻之美使许多艺术门类提升了审美价值，日常生活也因梦幻之美而泛出无限的审美情趣。

梦幻是一种对思维和认知的疏离和超越，是生命的体验，也是美的贯穿，实际上是人的精神世界各个环节、要素的贯穿。重要的是，在苏珊·朗格看来，符号与情感之间没有不可跨越的鸿沟，人的整个心灵，包括人类的感觉、知觉、概念、理性、知识，在审美情怀中不过是构成了"情感帝国的疆域"。

梦幻之美是玄览统观式思维方式、审美方式的产物。在道家哲学看来，审美是玄览思维在情感层面的凸显，因而中国美学始终强调意象。庄子说："筌者所以在鱼，得鱼而忘筌；蹄者所以在兔，得兔而忘蹄；言者所以在意，得意而忘言。"① 深得道家哲学神韵的魏晋文学，追求"微言尽意""妙象尽意"。"'微言''清言'常体现为玄言诗，而荀勖、顾恺之的人物画、阮籍的吟啸、嵇康的琴曲、王羲之的书法等等，都可说是穷理尽性的'妙象'。"② 刘勰《文心雕龙·神思篇》中说："登山则情满于山，观海则意溢于海，我才之多少，将与风云而并驱矣。"这令人联想到中国艺术美学所主张的"物我两忘"。《庄子·齐物论》云："昔者庄周梦为胡（蝴）蝶，栩栩然胡（蝴）蝶也，自喻适志与，不知周也。俄然觉，则蘧蘧然周也。不知周之梦为胡（蝴）蝶与，胡（蝴）蝶之梦为周与？"这样的境界中，已经实现超越现实、超越经验、超越主客观分离的内在精神自由。正如有学者指出："'意象'之'意'既可以是儒家标榜的'圣人之意'或'性与天道'，又可以是道家崇尚的至道或真一，可见'意象'理论不仅贯通诸经，而且兼综儒道。再考虑它沟通艺术与哲理的情况，那么对它成为中国人在文艺创作、哲学思考和生活修养中广泛使用的思维方式这一点，就不会感到惊讶了。"③

"朴素而天下莫能与之争美"

脍炙人口的"东施效颦"典故，出自于庄子《天运》，这个成语往往可

---

① 《庄子·外物》。
② 王葆玹：《论意象思维》，载张岱年、成中英等《中国思维偏向》，中国社会科学出版社，1991，第69页。
③ 王葆玹：《论意象思维》，载张岱年、成中英等《中国思维偏向》，第73页。

以让我们联想到"矫揉造作""扭捏作态""邯郸学步"……其表层的意思是批评拙劣的模仿而失去自身的美;其深层的意思是:大美在于自然、朴素之美。

道家的美学思想,以朴素之美为美的最高境界,这与其"道法自然"的哲学本体论思想是高度一致的。朴素,即是美和艺术的无为;自然而然的大道运行,既是本真的存在,也是美的本质存在。美的形而上终极价值,在于对人的感官刺激反应和世俗利欲的双重超越,因而,在审美和艺术上必将体现于对人为匠心、人为造作、人为修饰的返璞归真式的超越。庄子说,"朴素而天下莫能与之争美"(《庄子·天道》),从美的本质出发来确定美的最高标准。

老子说:"见素抱朴"(《老子》第一九章);"敦兮其若朴"(《老子》第一五章);"常德乃足,复归于朴""朴散则为器"(《老子》第二八章);"道常无名,朴虽小,天下莫能臣也"(《老子》第三二章);"化而欲作,吾将镇之以无名之朴"(《老子》第三七章)"我无欲而民自朴"(《老子》第五七章)。在老子看来,朴素是水的静态,是婴儿状态,是大自然的原生态,是天道运行而对人类所造就的充满生机的初始状态。对个人来说,是见素抱朴、少私寡欲、大巧若拙的本真状态。庄子说:"夫虚静、恬淡、寂漠、无为者,万物之本也。"(《庄子·天道》)所谓"虚静、恬淡、寂漠、无为",与朴素、朴实、质朴的意思是相通的。对于老庄追求守静守朴、返璞归真的思想,自古以来就不乏误读误解,近现代更有人批评道家哲学追求倒退、停滞,反对进步与发展。以宇宙万物本真状态和本质存在为依据的思想,与停滞倒退或进步发展问题根本不在同一维度,或者说本体论思考与发展观问题根本不是同一视角下的思维。人类的任何作为、创造、发展,都需要有本体论的依据,有价值体系的参照,有更为本质、长远、持续、恒久的进步与发展的标度。否则,人的私念和欲望、感官把握现象造成的真理遮蔽、短期行为或急功近利带来的思维偏狭、从众心理与洗脑灌输相结合造成的整个群体或时代的严重误区……会造成进步中大踏步地倒退,发展中更为惨重的异化,增长中无法偿还、永难弥补的代价。在美学和艺术视界之中,本真的美一定是通达人内心之道的、和谐畅通的、有永恒性精神自由价值的、以情感带动整个心灵世界的、在传承和传播之中经得起检验的精神财富。

朴素之美是美的最高境界,至少可以从以下几个方面理解。

第一,美的底蕴之共性与形式之特性之间,深层地内在统一。任何作用于感官的形式美成为统治的、一元的、统一的美,便立即由于其世俗性异化而转美为丑。嵇康出于"凡是当求自然之性"(《嵇康集·声无哀乐论》)的认知,将宇宙结构及其运化之功称为"自然之和",自然之秩序是"大顺";自然之声音是"大美",进而提出"越名教而任自然"的命题。自然之美本是千姿百态的,"世上没有完全相同的两片树叶";同是崇山峻岭,四大名山各异其趣;同是江河万里,长江、黄河迥然不同;同是鲜花盛开,牡丹、芍药各显其姿……在艺术中,模仿中的创造性依赖于创造者的视角与理解,即使是虚构、联想、夸张等艺术手法的充分运用和交错,也难以避免人为因素的局限性。传播性对鉴赏视野有所制约,鉴赏性对创造思维有所弱化,创造性对自然无限有所局限。就像最优秀的摄影家也是对美景的发现与撷取,即使是一般人所难以发现的特殊镜头也是对自然的一种捕捉定格。人们可以从作品中通过联想而"扩增"其审美价值,但这已经包括了基于"知觉恒常性"的返璞归真。任何人从特定审美对象那里"升华"出的审美感悟与想象,都不可避免地包括向自然无限性的"还原"。

第二,与道家哲学颇有呼应相融之处的海德格尔哲学认为,真理的本质在于遮蔽与无蔽之间,或者说在于显与隐之间。原初的本质存在,既在于遮蔽,也在于敞开。但是,澄明本身也可以造成遮蔽,甚至在澄明那里会造成"遮蔽事实本身亦被遮蔽"的双重遮蔽。真理,高贵而偶然地存在于、出现于遮蔽和无蔽对敞开领域的争夺之中。在海德格尔的"显隐说"中,有一种思考特别值得重视:已经争得敞开领域而澄明的真理,往往由于理性之光和言说、传播的双重局限性而遭遇双重遮蔽。反而,被"神秘遗忘"的、处于遮蔽中的"非真理",是尚未解蔽的无蔽者。于是,海德格尔赞赏赫拉克利特所说:"自然善于隐匿自己",但更加推崇老子所说"有生于无""静为躁君""知其白,守其黑",强调"知其显,守其隐"。正因为如此,海德格尔将艺术之美,定义为无蔽性真理的一种呈现方式。有中国学者甚至这样认为：海德格尔所说的神明，就是"浑然一体的质朴自然"[①]。海德格尔的这种思考深刻揭示了美与真这两种价值之间的内在联系，也充分肯定了处于显与隐交界边缘的自然状态是美的存在方式，是"原初"存在涌现、生成运动的临界状态。自然，是美敞开与遮蔽、在场与隐匿之间的中和状态，无论是美的被遮蔽与自行涌现，还是鉴赏者（观看者）的远距离与在场，无论是敞开状态，还是"隐"的整体性蕴含与"显"的澄明光亮，都处于交织、和谐之中。于是，海德格尔非常欣赏荷尔德林的诗句"人，诗意地栖居在大地上"——"如果人生纯属劳累，人就会仰天而问：难道我如此艰辛也要甘于生存？是的。只要善良和纯真尚与人心相伴，他就会欣喜地用神性来度量自己。神模糊难测不可感知？还是像天空那样清澄明净一望而知？我宁愿相信后者。神是人的尺度。充满劳绩，但人诗意地栖居在这片大地上。我要说，就连璀璨的星空也比不上人的纯洁，人是神性的形象。"就在"模糊难测"和"一望而知"之间，人的神性的形象是最美的，而这种最美的形象，是纯洁的。

　　第三，美的本源与宇宙本体的一致性决定了：人们所感悟到的美，是自然天道的美的恩惠与馈赠，而人的审美鉴赏力是自然天道的美的感召与启发。所以美的深处，即美的终极价值，在于人的身心感悟系统与自然天道系统之间的一致性和相通性。于是，美的创造和审美，都依赖于审美者内心的朴素，即摆脱了或超越了社会生活所带来的奢华、伪饰之弊的人性本真。大自然之美，是模仿不尽的，如果以自然本身为艺术创造的"底稿"，任何后天修饰或创造都以不毁损天趣为宗旨，因为至美是自而然之的，审美是纯真心灵对自然之美本身的领悟；或者说是自然之美与纯真心灵之间的互通与共鸣。在艺术创造和审美的实践中，无数事实说明：人工的建筑尽管可以鳞次栉比，人为的装饰尽管可以使其金碧辉煌，但如果可以还原为原生态的话，会发现原来"巧夺天工"还是逊色于"鬼斧神工"。庄子说："天地有大美而不言"，即是说自然朴素之美是美的标本、美的源泉、美的底蕴。庄子将美之声分为天籁、地籁、人籁。天籁是最自然的声音，经虚孔发音而"演奏"。"夫天籁者，吹万不同，而使

[①] 靳希平：《海德格尔早期思想研究》，上海人民出版社，1995，第316页。

其自己者也,咸其自取,怒者其谁邪!"① 庄子在《天道篇》中还提到"天乐":"夫明白于天地之德者,此之谓大本大宗,与天和者也;所以均调天下,与人和者也。与人和者,谓之人乐;与天和者,谓之天乐。"所谓天籁、天乐,完全排除了政教、礼治等附加的元素,而欣赏者也完全排除了世俗欲望与功利尺度,是自然与心灵之间的通畅交融,是天人合一的淳朴至美。

---

① 《庄子·齐物论》。

第十一章
"人法道"——人生之道

人生哲学是始终贯穿于中国哲学史的一条主线。道家人生哲学,以丰富的人生哲理智慧,为这条线索奠定了生动博大、独具特色的基调。道家人生哲学的最大特点,就是从天道的高度出发,为人类从本质上认识自己提供基本的前提,为人生价值确定方向,为人的内心追求提供理想人格,为人的生活道路的选择和精神境界的提升提供参照,为人与人的关系及为人处世提供伦理道德的依据和坐标,为珍爱生命、提升生命质量提供修身养性的要则。"从老子的人生哲学同道论的关系来看,是要从宇宙观的高度,来确定人生追求的价值和目标以及与此相应的生活态度;而从其人生哲学同社会政治学说的关系来看,则是以这种符合大道的人生理想与生活态度来协调人际关系,消解社会矛盾,以保证无为而治这一政治目标的实现。"[①] 或者可以将其基本特征概括为:追求天道—人道—心道之间的贯通与统一。

"上善若水":人性本善

在老子那里,道与德是统一的,然而却在不同层次上展开。玄德的依据在于天道,而天道的价值昭示必然落实于玄德。道德论,离不开人性论。对于人性,或曰人的本性的基本认知,在中外哲学一切主要的体系那里都占有重要地位。"人性论,关于人的本性的学问,则一直为哲学界所研讨。这是因为哲学

[①] 陈鼓应、白奚:《老子评传》,第245页。

归根结底就是要解决人的生存与发展问题。"[1] 善恶之辨，东西方哲学几千年来莫衷一是，各执其理。但是，道家与众不同的突出特点，在于超越人道而讲人性，即从天道而论人性。

（一）性恶论的审视

美国前任总统乔治·布什的一段话在中国曾经流传甚广："人类千万年的历史，最为珍贵的不是令人炫目的科技，不是浩瀚的大师们的经典著作，不是政客们天花乱坠的演讲，而是实现了对统治者的驯服，实现了把他们关在笼子里的梦想。因为只有驯服了他们，把他们关起来，才不会害人。我现在就是站在笼子里向你们讲话。"这段话精彩之处在于，布什以总统身份重申了"把权力关进笼子里"的政治哲理。中共十八大之后，习近平总书记强调"把权力关进笼子里"更是好评如潮。关键在于，众多评论者认为，这种思想背后的哲学，无疑是"性恶论"。

的确，众多建立在东西方哲学比较基础上的观点认为：中国传统哲学以性善论为主，因而导向"耻"文化，进而导向"德治"；西方哲学以性恶论为主，因而导向"罪"文化，进而导向"法治"。而现代社会区别于传统社会的重要标志之一，即在于走向法治社会。于是乎，哲学上的性恶论似乎成为主流共识。许多人认为：民主政治的核心在于制约权力，原因在于统治者是人，而人性本恶，因而制约权力即是制约人性之恶。这样的观点和思路可以找到一系列政治学说的支撑，比如《美国百科全书》对"民主"一词解释说："对于民主的信心根本不以人性的善良为依据，……民主确实也作过不少愚蠢的决定。但是，如果这类错误不被较为健全、较为见多识广的民主行动所纠正，而求助于独裁者或超凡的领袖时，往往就会导致灾难性的后果。"这样的定义，得到西方哲学史上不少理论的支持。

但是，正如本书前面章节所论述的，道家哲学是主张权力制约的，但并非以人性恶的哲学为支撑，大道至简的思想，或曰权力制约的主张，与人性恶哲学之间没有必然联系。纵观中外哲学史，这一点需要认真地梳理清楚。

---

[1] 许抗生:《当代新道家》，社会科学文献出版社，2013，第210页。

亚里士多德在《政治学》中说过："谁说应该由法律遂行其统治，这就有如说，唯独神明和理智可以行使统治，至于谁说应该让一个个人来统治，这就在政治中混入了兽性的因素。"洛克在其《政府论》中也说过："谁认为绝对的权力能纯洁人们的气质和纠正人性的劣根性，只要读一下当代或其他任何时代的历史，就会相信适得其反。"但是，对统治者或掌权者的不信任，并不等同于对人性本质的彻底质疑。制约权力，所针对的恰恰是人性的异化，是"绝对的权力导致绝对的腐败"，这里高度警惕的是权力，尤其是不受制约的权力，可以使人性中恶的一面得以张扬或膨胀。无论是亚里士多德的"兽性的因素"还是洛克的"人性的劣根性"，都不是关于人性本质的哲学论证，而是人性中本质异化的现实经验性透视。事实上，所有性恶论者都不否认人性具有善恶两面，正如性善论者也不否认这一点一样。在哲学上，善恶之争，仅仅是关于人性之善与恶那一面更为基本、更为本质之争。

西方法治思想史上，不仅有契约法，还有自然法。自然法在前，契约法在后，而且两者有着密切的、转换的关系。霍布斯以自然状态来解释国家起源，认为国家是人们为了遵守自然法而订立契约所形成的。在他看来，罗马教皇是魔王、僧侣是群鬼，但他的政治主张恰恰不是民主制，而是君主专制。马基雅维利揭露人性丑恶，毫不掩饰对统治者丑陋的揭露，但他也恰恰是为统治者的不择手段、专制残暴提供理论支撑。从人性之恶，到国家意志，再到统治秩序，这样一条逻辑线索总体上不是民主政治逻辑架构的构成。民主政治的思想资源主要是天赋人权、人人生而平等、个体权利自由等，而这些本质上是对人性善的信任。

这是一条不应该忽略和错看的思想史逻辑线索：人性恶哲学。这一哲学是为专制政治而绝不是为民主政治提供理论支撑的。中国法家也是如此：中国性恶论兴盛起来，其实是近代以来中国传统文化受到重创之后的事情。诸子百家之后两千多年的思想史上，"人之初，性本善"是主流。但是，也有例外，荀子就是著名的性恶论者，并且专门写了《性恶》，其中论道："人之性恶，其善者伪也。今人之性，生而有好利焉，顺是，故争夺生而辞让亡焉；生而有疾恶焉，顺是，故残贼生而忠信亡焉；生而有耳目之欲，有好声色焉，顺是，故淫乱生而礼义文理亡焉。然则从人之性，顺人之情，必出于争夺，合于犯分乱理而归于暴,故必将有师法之化,礼义之道,然后出于辞让,合于文理,而归于治。用此观之,然则人之性恶明矣。"[1] 荀子之后的法家,张扬了性恶论,同时也一再推行了一切围绕皇权统治的法、术、势那一套。中外思想史充分说明:人性本恶论与专制集权主张才是一脉相通的!

当然,西方民主政治非常重要的思想来源之一,是基督教和上帝。"上帝"是一个抽象,我们所说的政治思想资源在一定程度上是对抽象的具体。而在基督教原始教义中,人性善恶兼备,仔细研究,更根本一点地追究,倒是性善论在深处。理解这一点,主要是要看到神性和人性之间关系。《罗马书》中说:"我做的事,自己也不知道。我所愿意的事,我没有常做;我所恨恶的事,我倒去做""如果我做的是自己不愿意做的事,那么,做这些事的,就不再是我,而是常在我身上的罪做的"。尽管亚当、夏娃有原罪,但那是他们的肉身的罪孽,并非内心愿望,并非本真的自我。按照《圣经》的说法,神在创造人类的时候,乃是照着自己的形象和样式,为了让人的生命和一切来彰显神、代表神。因此,"原创"的人类并没有罪的问题,罪是撒旦的破坏和引诱带来的,这就是恶的来源。罪就像毒药,进到人心里面,导致堕落。因此,有了神创的前提,才可能有基督的拯救,才可能有忏悔的自我救赎。可见,说基督教是人性恶的哲学,只是解读路径之一,而这样的解读并没有把握真谛。

(二)与众不同的道家性善论

明确提出性善论的孟子说:"人性之善也,犹水之就下也,人无有不善,水无有不下。"[2] 这句话明显与老子的话有亲缘关系:"上善若水。水善利万物而不争,处众人之所恶,故几于道。"[3] 孟子对人性善的论证也是比较充分的:"人之所以异于禽兽者几希,庶民去之,君子存之。"上善若水,孟子之后的儒家主流人物大都接过了"性善论"的大旗(荀子是个例外),宋儒朱熹区分了天命之性与气质之性,认为天命之性是"无有不善"的理。明代大儒王阳明则

---

[1] 《荀子·性恶》。
[2] 《孟子·告子上》。
[3] 《老子》第八章。

说："性无不善，则心之本体，本无不正也。"①

尽管从孔孟到王阳明，都尽量追求从根本上论证人性本善，但毕竟始终回旋在人本论、心本论的框架之中。而道家哲学，是道本论。道为本体，在本质上是关系本体基础上的功能本体。因而，即使讲人的本性，也会超越人本身，人的本性归根结底是由天道规定的。人道、心道，归根结底与天道是一致的。许抗生先生很客观地介绍了儒家的人性论的视角和方法："事物之间的区别就在于不同的理，所以这种理就叫作'分理'（即特殊之理不同于他物之理）。可见，人性就是人之区别于一般动物的那些特殊的性质。简言之，人性就是人区别于动物的各种特性的总和与概括。"② 这样的见解很有道理，问题在于，既然"人性是人区别于动物的各种特性的总和与概括"，那么，善与恶的问题，并非全面总和与概括的问题，而是从一个侧面、一个特定视角对人性的考察与认识。就像我们说地球环境和谐，适合生命诞生，这是地球区别于其他星球的一个重要特性，但并非总和与概括。人性也是如此，人性之善恶（按照儒家所说，人性善）只是人类区别于其他生物的一个重要特性，而非总和与概括。

更为重要的是，道家哲学关于人性善恶的问题，不是，或不仅仅是从人与其他动物的区别，即人本身的特征来认识的，而是从整体——天道——对人的制约影响来考察的。既包括人与整个自然体系之间关系及其所处的位置，也包括人与人社会关系的规定。这是道家哲学一个极为重要的方法论。道家哲学关于人性本善的思维，与天道思维是高度一致的。

这里，需要辨析一下何为善。何为恶。

通常而言，人们讲利他为善，利己为恶。或者说，利他而不利己为善，利己而不利他为恶。然而，这仅只是功利主义的视角，而不是价值哲学的思考，因而只能解释现象而不能把握本质。佛家小乘、大乘、密乘里讲的各有不同。小乘讲为世俗、暂时利益而为是恶，为解脱世俗、追求寂静涅槃而为是善。大乘讲为自己而为是恶，为他人、众生而为是善。密乘讲为清净圆满而为是善，否则是恶。之所以儒道释易于融合，就在于佛家思想与中国传统哲学有许多

---

① 王阳明：《大学问》。
② 许抗生：《当代新道家》，第211页。

相通相近之处。我们可以注意一下：小乘与心道相近；大乘与儒家或人道相近；密乘则与天道或道家相近。道家是讲"惟道是从""道法自然"的，所以在道家看来，善恶的标准在于是否追求清静无为、自然和谐，正所谓"善行无辙迹，善言无瑕谪"①"天之道，利而不害"②。"上善若水"，虽然是一种喻指，但集中体现了老子以道为本的善恶观。具体到人的善恶之辨：凡有利于系统自然而然和谐运行、自整合、自发展、自创造之道则为善，反之则为恶。正因为人之本性的缘构在于自然之道，或者说人之本性不是人为的产物，而是天道、人道、心道相统一的"因道而成"，所以人之本性在一个特定的侧面——善与恶的层面，只能是善。这又是因为"渊兮似万物之宗"的道，以及道之"上善"，不可能不作用于并制约着人之本性。所谓"居善地，心善渊，与善仁，言善信，正善治，事善能，动善时"③，无不与"夫唯不争，故无尤"密切相关。也就是说，前面所有那些居之善、心之善、与之善、言之善、正之善、动之善等，都是受到天道的规定与制约使然。老子关于善心、善行、善言、善事、善政的认定无不与道法自然的思想高度一致。这是中国版"轴心时代"当中，超越视野的生动体现：人性不仅仅不由人本身、人类社会本身、人类文明本身确定，还要由包括时间维度在内的自然天道来决定。④ 张松如、邵汉明指出："与儒家不同，道家主要是通过揭示人与物（自然）的统一与联系来高扬人作为类的存在意义与价值的。"⑤ 老子所说的"道大，天大，地大，王亦大。域中有四大，而王居其一焉"⑥，以及庄子"齐物我"的思想，不是一种对人的贬低，而是一种实在的提升；不是对人之本性的忽视，而是一种深刻的回归，因而，才可以将对于人的价值的认定、对于人性本善的认定，建立在坚实的基点上。

正因为老子对世俗所谓的"善"不予认同，对世俗的判断善恶的标准不予

---

① 《老子》第二七章。
② 《老子》第八一章。
③ 《老子》第八章。
④ 本书多次提到时间，但都没有展开论述。时间哲学，或曰"时间之道"，容另文专论。但笔者在这里想强调一下：加入时间维，关注并深刻理解东西方（尤其是东方古代、西方现代以及两者的呼应与互融的）时间哲学，是理解人性问题的重要的视域拓展。
⑤ 张松如、邵汉明：《道家哲学》，第108页。
⑥ 《老子》第二五章。

认同，所以他说"俗人昭昭，我独昏昏；俗人察察，我独闷闷"[①]，这并不是对善恶采取浑然不察的态度，实际上，老子一贯将善恶问题与美丑、是非问题紧密相连，具有鲜明的"坚持原则"的立场和态度。实际上，老子的昏昏也好，闷闷也罢，是一种超然的不屑，不愿意落入俗套而不明不白地妄论善恶，因为天下"皆知善之为善，斯不善已"[②]。于是乎，"上士闻道，勤而行之；中士闻道，若存若亡；下士闻道，大笑之，不笑不足以为道。故建言有之：明道若昧，进道若退，夷道若纇。上德若谷……广德若不足，建德若偷，质真若渝"[③]。所以说，老子的确因有一种超然性而显得十分清高，但恰恰彰显了超越世俗的向善、扬善精神取向，这样的超越性，是对上善、至善、循道贵德之善比常人更为深刻而坚定的追求。

（三）善恶之辨与人性本质

我们说道家哲学主张性善论，是从对以道为本这一理念的深刻理解出发的。由此我们看到：在善恶之辨莫衷一是的言论丛林中，道家哲学因高屋建瓴而独树一帜。如果不是这种超越性的视角，善恶之辨是很难得出结论的。

性恶论者经常用动物本性"超出"人性而展开论证，但是动物本性就一定是恶吗？优胜劣汰并非恶胜善汰，甚至并非强胜弱汰，否则恐龙不会灭绝，兔子、绵羊早就应该绝迹。优胜劣汰的核心恰恰在于"适者生存"，也就是与自然生态保持和谐者生存，就此我们甚至可以说"善存恶汰"。具体到人的本性，人与许多强大、凶猛的动物相比其实是弱小的。多数哺乳动物一出生就可以奔跑觅食，而人类的婴儿只能在强烈的依赖性状态下接受父母的关爱和哺育。原始部落中的人面对洪水、蛮荒、野兽以及种种恶劣的环境和严峻的挑战，即使到了茹毛饮血、刀耕火种的时代，也必须在群体性力量之下才能生存。直到今天，人类需要解决的依然是：在人类之爱与合作中、在和平与发展中走向美好，还是在冲突与战争中、在环境持续恶化中走向灭亡。

爱因斯坦曾经给弗洛伊德写过一封信，就人类是否可以终结战争、赢得永

[①] 《老子》第二〇章。
[②] 《老子》第二章。
[③] 《老子》第四一章。

久和平的问题征求弗洛伊德的看法。弗洛伊德回信较长，基本上是一种悲观的结论。弗氏认为，冲突与战争出于人的死亡本能。尽管人有生的本能和死的本能，即爱欲本能和战争、杀戮、仇恨的本能，但后者似乎更为根本，而且弗氏将一切理想主义追求看作更大罪恶的掩饰甚至前兆。没有看到爱因斯坦就此有过回信或评论，但可以推测，曾经为理想主义和永久和平而奔走的爱因斯坦，对这样的回复是难以苟同的。弗洛伊德的回信，是其一贯思想的表述，其关于潜意识即是本能，进而是"本我"的基本构成的学说，无疑是性恶论的理论支撑，也是人之本性与动物本性内在一致论的理论支撑。尽管弗洛伊德因其深入的关于潜意识的研究，以及关于本我、自我、超我的精彩思想框架而在思想史上做出重大贡献，但其受到后人，包括其弟子的尖锐批判也是事出有因的。本能与人性完全不是一回事，本能无善恶，即使有善恶也无以证明人性之善恶。

在后弗洛伊德时代，马斯洛是一位极为重要的思想家。他针对将人与动物相比较的方法深刻指出，除了凶残动物之外的动物成千上万，而人类的近亲类人猿，尤其是黑猩猩，生物学上的遗传特性只能是向着更加倾向于合作、友谊和无私的方向发展，黑猩猩帮助伙伴、救助邻居、保护弱小，甚至与人建立友谊的举动是大量而主要的。针对自私即恶的观点，马斯洛指出必须区分健康的与不健康的自私，自尊自爱才能尊重和爱护别人。针对仇恨和侵犯行为是人的天性的说法，他指出这些行为主要是由文化带来的。虽然马斯洛认为性善和性恶都是有条件的，都不可能脱离后天的、社会环境的影响和塑造，但他承认从根本上来说人性为善。这就与弗洛伊德所认为的人类本能需要由文明来禁锢、本能却在冲破文明，以及人只能通过痛苦彷徨而摸索出路截然不同，也与认为人的本性完全由环境决定的极端的文化决定论严格区别开来。通过对于动机与人格、需要层次、人的潜能、自我实现等创造性研究，马斯洛深刻指出，只有成长的需要才更为突出地代表了人性。他认为："人性一直都在被低估。人性有更高的层次，它们如同我们的低层次人性一样，也是'类本能'，包括诸如以下各种需要：有意义的工作、担负责任、公平与公正、做值得做的事情并完成得很好等。"[①]

[①] 转引自露丝·考克斯《亚伯拉罕·马斯洛的丰硕成果》，载马斯洛《动机与人格》，许金声等译，中国人民大学出版社，2007，第325页。

马斯洛的思想学说与中国的道家哲学有许多不谋而合之处①，其得出人性善的基本结论，是毫不奇怪的。在方法论上，马斯洛指出："我们越来越清楚地看到，研究有缺陷、发育不全、不成熟和不健康的人只会产生残缺不全的心理学和哲学，而对于自我实现者的研究，必将为一个更具普遍意义的心理科学奠定基础。"② 我们有理由认为，这是对弗洛伊德学说最有力的批判之一。中国国内学者一般对马斯洛学说的认识停留在其"人本主义哲学"，或有人开始注意到其"超个人心理学"，但更值得注意的是马斯洛本人强烈地选择了具有更高境界和更开阔视野的"后人本主义"。他明确地表示："我认为第三势力的人本主义是一个过渡，是对更高级的第四心理学的准备，即超越个人的、超越人类的，以宇宙为中心而不是以人类需要为中心的、超越人性、同一性、自我实现等的心理学。"③ 完全可以说，马斯洛的思想与老子道家哲学之间一拍即合。

更为重要的是，马斯洛从心理学到哲学的思想发展，产生了使心理学从消极心理学向积极心理学转轨的里程碑式的重要影响。性善论不是否定人性之恶，更不是否定通过文化和法制建设而抑制、教化和改造人性之恶的必要性，但对于人性本善的基本认定，极为重要地为人类前途奠定了希望的基础，为扬善抑恶的可能性和必要性、为走向更高层次的人格境界、为人类信仰和理想追求提供了理论依据。荣格的"集体无意识"概念受到广泛认同，而对于人性之善的肯定性的基本判定，对于任何民族共同体来说，人性善是需要纳入潜意识的重要心理暗示，当然也应当是中国实现"中国梦"心灵之道的重要构成。

"上善若水。水善利万物而不争，处众人之所恶，故几于道。居善地，心善渊，与善仁，言善信，正善治，事善能，动善时。"④ 在这里，老子用水的秉性特征来喻指道，表达了其性善论的基本立场。天地不仁，万物不仁，水当

---

① 参见何群群、丁道群《马斯洛人本主义心理学与中国道家思想》，《心理学探新》2007年第1期，第9~13页。
② 马斯洛：《动机与人格》，许金声等译，第150页。
③ 马斯洛：《存在心理学探索》，转引自露丝·考克斯：《亚伯拉罕·马斯洛的丰硕成果》，载马斯洛《动机与人格》，许金声等译，第332页。
④ 《老子》第八章。

然也无所谓善与不善，但是从善恶的角度来观察、总结水所表现出的特征，进而论证"与善仁"的时候，老子所不屑的"仁"也搬出来了。可见，道家在坚持以道为本的基点上，对人性本善的基本认定是无疑的。

"行于大道"：为人之道

尽管老子从人与自然、人道与天道的一致性出发论证人性本善，但是他的思想大都落脚于人道，构成道家人生哲学的丰富内容。

（一）"常德不离"：以本为人

本书前面的章节中提到道家哲学是反对从人本身而寻求本体的，也提到道家哲学反对人类中心主义，因而可以概括出：道家哲学并不主张"以人为本"，而其一贯思想中始终在主张"以本为人"。"以本为人"，是道家哲学区别于儒家及许多（不是所有）哲学流派的一个鲜明特征。

以本为人，是因为道家哲学从根本上是认定人性本善的，而这样的人性，是由天道决定的，或者说是由天道、人道、心道一同决定的。正如下面即将提到，道家不认为利己、利他是区分善恶的标准，善恶之分是由天道决定的，道家哲学从来不承认在根本问题上，人道可以脱离天道而"另搞一套"。

哲学上善恶观，除了人性本善还是本恶的长期争论之外，在如何对待善恶的问题上还有其他不同的思想主张。无论性本善还是性本恶，人们都无法否认现实中人性既可能表现出善，也可能表现为恶。应该如何对待之？概括而言，异彩纷呈的学说中有三种观点是比较典型的：一是制度有效说；二是善恶平衡说；三是至善空幻说。

所谓制度有效说，意思是好的，但这种说法的主要观点认为性善论没有什么实践价值，通过文化、教育功能扬善是靠不住的，关键在于以制度抑恶。制度好，不仅有利于抑恶，也有利于引导人们向善；如果制度不好，对于善的弘扬或个人道德层面的善再多也无济于事。这种观点是相当有道理的，人类制度文明的建立与发展、完善，对社会道德风尚、人们的思想境界都具有重要影响。好的制度，有利于恶人变好；坏的制度，致使好人变坏。但是，这种观点的偏颇之处在于对人性本善的否认与不信任，进而对扬善的文化功能的贬低和忽视，对个体人格追求和道德修养作用的否定。孟子说："徒善不足以为政，徒法不能以自行。"① 德治与法治必须结合起来，才能相得益彰。扬善与抑恶不可偏废，这样才能在德治中强化法治，在法治中渗透德治。即使在制度不彰、法治落后的状况下，社会道德风尚和个人道德追求无疑也是极为重要的。更何况，任何制度都不可避免地需要不断改革与完善，此过程中，向善的价值追求和社会实践，才会提供制度变革的动力与保障。

所谓善恶平衡说，意思是善与恶的划分标准在于利他还是利己，由于利己具有合理性，因而实践中从社会层面到人格修养都应该追求善恶平衡。这种观点与道家哲学的根本分歧在于，道家哲学认为，利他与利己，并非区别善恶的标志。善与恶的本质区别在于是否有利于或趋向于和谐与平衡。恶，是一种破坏社会和谐与平衡的力量，是人的本性的异化。无论是犯罪行为还是危害他人的行为，或从大的方面说无论是世界大战还是严重的环境污染，都破坏了社会的平衡与和谐、人与自然的平衡与和谐。因此，从社会到个人，对扬善抑恶的追求，本身就是对平衡与和谐的追求。人类社会中有市场竞争，但市场竞争的核心不是利己，而是诚信、合作、有序。马克斯·韦伯在《新教伦理与资本主义精神》中首先就讲了这一层意思，进而，以上帝"神召""蒙召"的预定论和在世俗中追求神圣的"天职观"来论证宗教伦理在竞争中发挥的精神作用，从而论证了抑恶扬善才是有序竞争的真实内核。韦伯正是以这样的理念，来批判所谓禁欲主义的，同时也否认了依靠禁欲主义而不是宗教伦理维护竞争秩序。因此，有序竞争并非善恶平衡，而是抑恶扬善。

所谓至善空幻说，意思是对于超越世俗的至善的追求、对于理想人格和崇高境界的追求，是空幻而不切合实际的，是根本无法实现的，因而没有实践价值，甚至在实践中是有害的。这种说法颇有影响，也是形成"躲避崇高"思潮的重要因素之一。道家哲学是追求至善的，"上善若水""惟道是从"在人生哲学中体现为至上性、崇高性和超越性，我们在后面有关信仰的章节中将会论

---

① 《孟子·离娄上》。

及。司马迁在《史记·孔子世家》中说:"《诗》有之:'高山仰止,景行行止。'虽不能至,然心向往之。"这句话后人有不少解释,但已经引申为:即使不能完全做到,但人需要有很高的"景仰"的对象和精神的追求。古今中外一切人生哲学、价值哲学共同的精髓在于,不能用功利、实用的态度对待精神追求,不能用形而下思维对待价值目标,所谓"切合实际"无非是能够做到或实现,但这样的"标准"并不完全适用于信仰层面、价值层面。无论是社会、群体还是个体,人必须有至上性、神圣性、理想性、超越性的精神追求。当然,信仰体系或价值体系在行为准则和规范中一定会有所体现,但这些准则与规范,与法律、法规有着重大区别,其落实和普及主要不是靠强制,而是靠文化教育和舆论监督,靠潜移默化的精神影响和思想传播,靠形成社会风尚和文化氛围,靠内化为人们内心自觉的操守。正因为人的道德修养或理想信仰等精神世界的修炼与"潜意识之道"密切相关,所以一定离不开"超我"的引导和昭示。而这样的崇高,绝非"空幻",而是非常"实际"。在现实中,当神圣的存在和崇高的追求一旦失落、匮乏,个人或社会就一定会非常"实际"地失衡失范,甚至导致严重的社会断裂与溃败。在中国改革开放、经济增长的年代里,这样的教训是极为惨痛的。

从道家哲学的基本思想来看,道与德的关系是"道生之,德畜之",是本体与价值昭示的关系,常道与玄德高度一致。尊道必然崇德,因而,"常德不离"的人生,就是"行于大道"的人生,是"以本为人"的人生,这是道家人生哲学必然蕴含的真谛。

(二)"我独异于人":独立个性

一般认为,儒家侧重强调人的社会价值、群体价值,主张"克己复礼""己欲达而达人""己欲立而立人",是一种社会重于个人、群体重于个人的人生哲学;而道家则相反,是一种侧重于强调个人价值、独立个性的人生哲学。这样的比较颇有道理,但并不够全面、公正。

无疑,在中国传统思想史上,道家哲学在强调个人价值和个性追求方面是独树一帜的。冯友兰先生在《中国哲学简史》中,就将杨朱定位于"道家第一阶段",与隐者相提并论,并评论道:"道家是这样的人,他们退隐了,还要提出一个思想体系,赋予他们的行为以意义。"① 而意义就是"为我"和"轻物重生"。在"道家的发展"中,将老子的"及吾无身,吾有何患"和庄子的"齐生死,一物我"归结为"这也是'避'的一种形式;然而不是从社会到山林,而很像是从这个世界到另一个世界"。进而总结道:"我们可以说,先秦道家都是为我的"②。这里笔者想指出的是,冯友兰先生这样的概括,并没有抓住道家人生哲学的本质。

无论如何,在中国传统哲学中,个人价值的张扬是道家哲学的一大特色。"众人熙熙,如享太牢,如春登台。我独泊兮其未兆,如婴儿之未孩。累累兮若无所归。众人皆有余,而我独若遗,我愚人之心也哉!沌沌兮!俗人昭昭,我独昏昏;俗人察察,我独闷闷。澹兮其若海,飂兮若无止。众人皆有以,而我独顽似鄙。我独异于人,而贵食母。"③ 这样的表述,如果翻译成现代白话,不知道的人很可能以为出自西方自由主义者之口。在老子看来,无论是思想观念、看问题的视角,还是个性特征,只有独立于、迥异于众人,才是真正的遵循大道。那种如梦、如痴、如醉的状态,与众人清醒明达的状态形成鲜明对照,实际上却蕴含了"大智若愚""大醒若醉""大察若昏"的独立性和深刻性。就在这一段话中,老子提出"绝学无忧",诚如刘笑敢先生指出:"'我独泊兮其未兆;如婴儿之未孩。'这是经过大知大识之后的返朴归真,而不是普通的无知状态。'吾欲独异于人,而贵食母。'这说明老子的绝学无知是在对众人、对众人之学有了深切了解之后的自觉的疏离、轻视和超越。这是对根本原则的坚持,而不是没有目的的随波逐流,也不是提倡浑浑噩噩的无知无识。"④

"贵食母"是对前述的总结,也是理解这一段话的关键。王弼注曰:"食母,生之本也。人者皆弃生民之本,贵末饰之华,故曰我独欲异於人。"河上公注曰:"食,用也。母,道也。我独贵用道也。"陈鼓应先生的解释是:"贵食母:以守道为贵。'母',喻道。"总之,贵食母的意思是注重遵循大道。所以,老子对于个人价值、独立个性的追求是建立在遵循大道的基点上的,是与道家

---

① 冯友兰:《中国哲学简史》,第54页。
② 冯友兰:《中国哲学简史》,第58页。
③ 《老子》第二〇章。
④ 刘笑敢:《老子古今》上卷,第251页。

哲学一以贯之的思想高度一致的。这里需要澄清的是：道家是否忽略以至否认社会价值和群体价值呢？非也！在天道、人道、心道之间，道，一以贯之。道家强调个体的人生价值和个性追求，不可能是一种断裂、断档，只不过在将个人价值与天道直接联系时，超越了社会价值，但这并不是一种忽略或否定。比如庄子，追求齐物我，无非是天人合一，既不是否定了自我，也不是否定了人的社会价值。庄子刻意提出"无己""顺人"，这里的无己是强调齐物，是齐天的一种表述；这里的顺人也是强调循道而求和谐之善，是顺天的一种表述。这样，"无己""顺人"的思想，已经在更高的层次上抹去了与儒家注重社会价值思想主张的冲突，发生了深切的耦合。

故而，当代人生哲学的选择，或曰当代复兴传统文化而修补、振兴人伦纲纪的重任，应当儒道互补。以儒家补充道家在人际与社会关系上人生哲学具体论述之不足、不细；以道家提升儒家人生哲学总体境界之不高、不透。许抗生先生指出魏时的学者王弼"从本末体用视角重新审视了儒道两者的关系。他不再强调儒道两者的异时性，但其所谓并时性也不是并列关系，而是本末体用的关系，即道本儒末，认为道家的道德学说，是儒家人伦思想的基础，只有有了道家所倡导的人的朴实本性，才能真正地实现儒家的仁礼思想。……儒家的仁义礼敬的实现，离不开道家所倡导的无名无欲无争的朴实的人类自然本性，离开了人类这一朴实的自然本性，仁德就不能敦厚，行义就不能纯正，礼敬就会变得浮华虚伪，造成社会的纷争。"他进而呼吁："把儒道两者结合起来，把儒家的仁礼教化思想建立在道家所倡导的自然质朴的人性之上，以克服我们时代的文明危机和文明的异化现象。"[①] 许抗生先生的研究是很有见地的。"儒道互补"，本来就是中国传统文化中精彩的篇章之一，如今续写，正当其时，没有必要在儒道互相对立、互相抵牾的状态下徘徊太久。

（三）"圣人法天贵真"：理想人格

人格，既包括人的内在特质的倾向性表现，是其自主性和主观意识能力所决定的基本特征；又包括品格、规格、档次等意思，比如中国自古讲的"有耻

---

① 许抗生：《当代新道家》，第226页。

且格",这里的"格",就和社会的评价体系相关。所以,一个人的人格,一定会体现他的人生境界,体现他的道德水准。从这个意义上说,人格,是由内在与外在、自主性和社会性共同决定的。

先秦时代没有"人格"这个词儿,但今天看来,古代先哲关于理想人格的论述相当丰富、相当深刻。"不论是儒家、墨家,还是道家,都曾提出许多关于理想人格的精辟论述,他们无不幻想自己所设定的理想人格能够成为整个社会共同追求的人格范型,无不幻想以其理想人格去引领社会,改造社会,变无道无序社会为有道有序社会。"[①]

人生境界的追求是人格塑造与追求的内在基础,而道家哲学正是因为构想了极为高远的人生境界,从而设定了非常崇高的理想人格。冯友兰先生关于四种境界的论述,是出于对中国传统哲学通盘审视而做出的归纳,在国内外产生了广泛影响。而他所说的最高层次的"天地境界",其实就是道家哲学所构想和描述的"自然境界"。无可否认,对于这一最高境界最早进行充分论证的是道家老庄。老子与庄子是如出一辙的,但老子的境界说主要体现在其"复归于婴儿";庄子的境界说主要体现在其"乃入于寥天一",而两者的说法都统一在"道法自然""应之以自然""莫之为而常自然"。

社会现实往往会将崇高的理想境界击得粉碎,从而使关于崇高境界根本无法实现、不切实际、没有人性基础等说法有了充分依据;但是"道是无情却有情"的沧桑变迁又屡屡发出对崇高境界的强烈呼唤,甚至当代世界也频频敲响放弃崇高境界人类将自毁自灭的长鸣警钟。究竟是两千多年前道家的构想太过玄远、虚幻,还是实际生活中的人们太过狂妄和自负?如果深刻地反思历史、正视现实,就不可否认,"道法自然"不仅是一种哲理教诲,不仅是需要内化为主观追求的理念,也是充满现实性的必然选择。"道不远人"不仅是说道对人的亲和、亲近,也是说道对人的规范、制约甚至惩罚。

对于个人来说,超然的境界是提升生命价值的精神要素。人们对此,显然存在截然不同的看法,有人认为,老子那种"我独异于人"的精神追求,虽然高远,但流于玄幻、玄奥,在世人普遍达不到较高境界的社会背景下,是一种

[①] 张松如、邵汉明:《道家哲学》,第119页。

精神自虐、自讨苦吃。三国时魏国的李康写《运命论》，其中说："故木秀于林，风必摧之；堆出于岸，流必湍之；行高于人，众必非之。前鉴不远，覆车继轨。"活脱脱地为世代都有的那些卓尔不群、超然于世的人物画出了命运轨迹。然而，在人生哲学审视下，将其引申为描述性、批判性文字是一种积极理性，将其看作人生指导则是一种文化悲剧。对于魏晋风度、竹林七贤，也存在截然不同的评价。但历代文豪赞颂艳羡的声音，奔放着蕴含积极理性的激情："恭陪竹林宴，留醉与陶公。"（李白）"纶巾羽扇颠倒，又似竹林狂。"（辛弃疾）"七贤宁占竹，三品且饶松。"（李商隐）刘勰在《文心雕龙》中赞道，"及正始明道，诗杂仙心""清峻""遥深""飘忽俊佚，言无端涯"。我们无须在评价古代人物精神意境的时候，在政治的角度上停留太久。魏晋玄学中自我意识的觉醒和对精神自由的追求，一些主要代表人物猖狂潇洒、风流倜傥的情态，不仅在文学上造就了一座被称为"中国文艺复兴"的高峰，而且在精神文化历史上开一代新风，对后世产生了深远的影响。自由创造精神与高尚的精神境界之间，一定是有深刻关联的；人生的精神超脱和价值实现，与高尚的精神境界之间，也一定是不可截然分开的。将"道法自然"，或者说将冯友兰先生总结的"天地境界"纳入自身的精神构成，将庄子所发挥的"物化""无待""逍遥""乃入于寥天一"的境界追求纳入自己的精神世界，对任何时代的社会个体来说，都一定有利于身心健康。

从今天的语境来看，道家先哲是将高远意境的思考落实在理想人格的构思上的。老子的圣人，庄子的真人、至人、神人、大人、天人等，都是理想人格的形象化。这里，只是从儒道差异、儒道互补的意义上，对两者在人生哲学中理想人格的构想与设定进行一番比较，我们认为，这种比较不仅可以加深对于古代先哲理想人格追求的理解，而且很有现实意义。

1. 儒家的宏大志向与道家的无为不争

儒家倡导修身齐家治国平天下，这与历代大儒"内圣外王"总体人格塑造的构想是一致的。"内圣"，是指通过内在修养而达到圣人的思想品格；"外王"，是指通过社会实践而建功立业。因而，"忧国忧民""位卑未敢忘忧国""天下兴亡，匹夫有责"等思想在文化人格中长期浸润，产生了深远影响。与此对照鲜明的是，道家主张"圣人之道，为而不争"[1]，庄子说得更明白："夫圣人，……天下有道，则与物皆昌；天下无道，则修德就闲。千岁厌世，去而上仙，乘彼白云，至于帝乡。"[2] 历史上那些闲云野鹤式的人物，多是受道家影响。以上，是儒道两家最引人瞩目的差异或对立。这里指出三点：一是对儒家来说，"内圣"是需要外化的，"外王"以"内圣"为前提，而"内圣"达到的档次如何也需要在"外王"的实践层面得到检验。"古之欲明明德于天下者，先治其国；欲治其国者，先齐其家；欲齐其家者，先修其身；欲修其身者，先正其心；欲正其心者，先诚其意；欲诚其意者，先致其知，致知在格物。""物格而后知至，知至而后意诚，意诚而后心正，心正而后身修，身修而后家齐，家齐而后国治，国治而后天下平。"[3] 这里说得很明白，由内而外，以内为本，内外兼修。对道家来说，是否"外王"并不重要，是否达到圣人，不在于是否达到人为设定的社会标准，不在于是否成功、有没有实际效用。"圣人不行而知，不见而名，不为而成"，因为圣人遵循的是天道，所以其"名""成"等，都是自然而然得到的，而不是刻意作为和追求得来的。可见，在这一点上，儒道差异并非是主要的，相通与互补才是主要的。二是儒家推出许多励志名言"己欲立而立人，己欲达而达人"[4] "乐民之乐者，民亦乐其乐；忧民之忧者，民亦忧其忧。乐以天下，忧以天下，然而不王者，未之有也"[5]，充分体现了心系天下、志向宏大的人格诣趣。而道家推崇"是以圣人后其身而身先，外其身而身存。非以其无私邪？故能成其私"[6] "圣人终不为大，故能成其大"[7]。对照之下，两者的相通之处也是内在而难以否定的，因而范仲淹的名句"先天下之忧而忧，后天下之乐而乐"，很难说只来自孔孟，而无关乎老庄。三是儒家本身的内圣外王，也是内圣为主，外王为辅。从长远看，不合作式的超然、遁世，并非没有任何积极意义。当然，对于个人选择来

---

[1] 《老子》第八一章。
[2] 《庄子·天地》。
[3] 《礼记·大学》。
[4] 《论语·雍也》。
[5] 《孟子·梁惠王下》。
[6] 《老子》第七章。
[7] 《老子》第六三章。

说,批判性和参与性的社会实践,更有利于承担社会责任、实现个人价值。但同时,这样的行为方式与超脱性、空灵性的内心修养,也完全可以而且应该并行不悖;或者说,疾恶如仇,维护正义,革故鼎新,置身于社会变革前沿,也完全可以在心态上超脱飘逸,潇洒淡然,这才是更为可取的人格品质。

2. 儒家的孜孜以求与道家的为道日损

老子既讲"为道日损",也讲"为学日益",并非不劝学,只是追求大智若愚之境。当然,道家关于大巧若拙、大辩若讷的说法,甚至提出使民不智、不知等观点,与儒家学而时习之、三人行必有我师、学而不厌、温故而知新等的确大相径庭。实际上,区别在于认识论的根本不同。老子认为彻悟不会来自一般感知,人生大智慧在于更为深沉的整体性玄览、玄观而"以御今之有"。给老子冠以"反智"的罪名,是非常不适当的。关于这些,我们在本书认识论部分以及后面的章节里都有相关论述。这里需要展开的,还是老子的一段话:"绝学无忧。……众人熙熙,如享太牢,如春登台。我独泊兮其未兆,如婴儿之未孩。累累兮若无所归。众人皆有余,而我独若遗。我愚人之心也哉!俗人昭昭,我独昏昏;俗人察察,我独闷闷。澹兮其若海,飂兮若无止。众人皆有以,而我独顽似鄙。我独异于人,而贵食母。"[①] 做到如此独立于世、迥异于人的地步,怎么可以真的不学无术,怎么可以真的愚钝弱智呢?这可能吗?因此,对于这里的"绝学""愚人之心""昏昏""闷闷""独顽似鄙",还真的需要穿透字面的理解,从而抵达其"贵食母"的真髓。老子的这番言论,蕴含了尖刻、深邃的批判精神,锋芒所向,是一切荒诞低俗、坑人骗人的"知识""学问"。人的一生当中,所学、所历、所知,有多少是伪学,是垃圾,是鬼话连篇的谎言和被灌输、被利用的话语形态?老子所生活的年代,百家争鸣局面没有真正到来,而是争权夺势、尔虞我诈、云诡波谲的乱世,充斥于话语主流的"智",有多少彻悟的真知?有多少创造性智慧?有多少有利于人民和社会发展的学问?拨开种种华而不实、虚妄肤浅的话语阴霾,在最亲近自然的皇天后土上挣扎的民众那里才有朴实敦厚的劳作技能和智慧。"是以大丈夫

[①] 《老子》第二〇章。

处其厚，不居其薄；处其实，不居其华。故去彼取此。"① 这正是为道日损的本意。"路漫漫其修远兮，吾将上下而求索"，这样的过程，既包括探索真知灼见的"为学日益"，也包括摈弃糟粕垃圾的"为道日损"。历史上，那些卓越的科学家、思想家、文学家，无不有一种治学敬业的单纯，即使是一些百科全书式的、学识广博的人物，也一定有着为道日损、大道至简的人生选择，他们果断摈弃俗务的干扰，降低无谓的人际成本，排除虚华浮躁的需求和诱惑，以真朴而求厚重，以简约而达远博。总之，以儒家向学、劝学的积极进取与道家的大智若愚而实现儒道互补，是人格修炼的要则。

3. 儒家的知行合一与道家的道常无为

王阳明明确提出"知行合一"，其渊源在于早期儒家。孔子力倡"君子欲讷于言而敏于行"②。荀子主张"不闻不若闻之，闻之不若见之，见之不若知之，知之不若行之，学至于行而止矣"③。朱熹认为"知行常相须，如目无足不行，足无目不见。论先后，知为先；论轻重，行为重"④。王阳明对知与行的关系进行了更为深入的论证，使知行高度融合、统一的思想在人格修养的哲学中地位更为突出，产生了深刻影响。"知是行的主意，行是知的工夫；知是行之始，行是知之成"⑤ "知之真切笃实处，便是行；行之明觉精察处，便是知。若知时，其心不能真切笃实，则其知便不能明觉精察；不是知之时只要明觉精察，更不要真切笃实也。行之时，其心不能明觉精察，则其行便不能真切笃实；不是行之时只要真切笃实，更不要明觉精察也"。⑥ 儒家知行观可谓源远流长，一脉相承。在儒家看来，尽管知行统一，无知难行，无行难知，知与行互相推助，相辅相成，但是行重于知，行中有知、行可得知；而无行之知是未成之知。道家貌似与此相反，突出体现在"无为"思想中，所谓"道常无为"，相关的说法在老庄那里频频出现，这里不赘述。但是，"无为"并

---

① 《老子》第三八章。
② 《论语·里仁》。
③ 《荀子·儒效》。
④ 《朱子语类》卷九。
⑤ 王阳明:《传习录》。
⑥ 《王阳明全集·答友人问》。

非"无行",人总是要实践、行动的,但"行"要有方向,有境界,有所遵循。首先,无为的精髓在于不任性而为,从而才能无不为。道家强调的是充分意识到万事万物"自宾""自化"的功能作用,而人的一切作为则要不干扰、不破坏、不阻挠、不扭曲"万物将自化""天下将自正"的"道法自然"的过程。其次,"行"不可急功近利,不可张扬彰显,而是"处无为之事,行不言之教""生而不有,为而不恃,功成而弗居""果而勿矜,果而勿伐,果而勿骄",也是庄子所说的"处乎无响,行乎无方"[1]。最后,"行"要反对浮华而追求扎实、实在,"图难于其易,为大于其细。天下难事必作于易,天下大事必作于细"[2]"合抱之木,生于毫末;九层之台,起于累土;千里之行,始于足下"[3]。道家反对舍本求末,反对形式主义和急功近利,反对华而不实,与儒家知行合一的思想总体上是互补的,而这样的互补使传统文化中关于人格修炼的哲学更为平衡、完善。

4. 儒家的尊礼守节与道家的崇本息末

老子明确反对儒家仁义礼智信那一套,常常给予严厉的批判。以今天的眼光来看,并非全无道理。比如当时的世风日下、礼崩乐坏,周礼那一套在维护社会秩序中捉襟见肘;比如俗话所说"满口仁义道德,一肚子男盗女娼",比如鲁迅所说"我翻开历史一查,这历史没有年代,歪歪斜斜的每页上都写着'仁义道德'几个字。我横竖睡不着,仔细看了半夜,才从字缝里看出字来,满本都写着两个字是'吃人'!"[4] 如果真是撇开批判性眼光,儒道并非水火不容。但是,两者差异是十分明显的。差异的实质在于,道家不相信一切人为制定的道德准则和礼仪制度,一贯主张"崇本息末"。

这四个字,是王弼的概括。在魏晋玄学重要代表作《老子注》中,王弼认为"崇本息末"是老子学说的精髓,是修身为人、治理国家的根本。他阐发了老子的"见素""抱朴""少私""寡欲"等思想,认为"朴,真也。真散则百

---

[1] 《庄子·在宥》。
[2] 《老子》第六三章。
[3] 《老子》第六四章。
[4] 鲁迅:《狂人日记》。

行出，殊类生，若器也。圣人因其分散，故为之立官长，以善为师，不善为资，移风易俗，使复归于一也"①"守其母以存其子，崇本以举其末，则形名俱有而邪不生，大美配天而华不作。"实际上，王弼是在充分肯定道家立意更高的基点上，在一定程度上完成了儒道合流。不是不要仁德，但仁德不是根本，仁义礼智信这一套是道德建设和人格追求的具体指标，但仅仅靠这样的宣传教化是远远不够的，而需要尊道崇德，这才是根本。王弼对老子"故失道而后德，失德而后仁，失仁而后义，失义而后礼。夫礼者，忠信之薄而乱之首。前识者，道之华而愚之始。是以大丈夫处其厚不居其薄，处其实不居其华，故去彼取此"的解释颇有自己的创意："是以上德之人，唯道是用，不德其德，无执无用，故能有德而无不为。不求而得，不为而成，故虽有德而无德名也。下德求而得之，为而成之，则立善以治物，故德名有焉。求而得之，必有失焉。为而成之，必有败焉。善名生，则有不善应焉。"②明显看出，王弼在这里是从反对形式主义、反对华而不实的角度来理解老子的。他认为仅仅从形式上、名目上追求仁义礼节即是虚伪道德，甚至颇有预见地指出其危害："故虽德盛业大，富而有万物，犹各得其德，而未能自周也。故天不能为载，地不能为覆，人不能为赡万物。"③王弼并不反对"仁义可显，礼敬可彰"的效果，但"母不可远，本不可失。仁义，母之所生，非可以为母；形器，匠之所成，非可以为匠也。舍其母而用其子，弃其本而适其末，名则有所分，形则有所止。虽极其大，必有不周；虽盛其美，必有患忧"④。

一般来说，对于儒家道德思想体系中糟粕、弊端的批判来自两个方面。

一是泯灭个性自由和独立意志，比如孔子"非礼勿视，非礼勿听，非礼勿言，非礼勿动"⑤那一套戒律，就是将人格自由无情地捆绑束缚的典型代表，这时的"礼"已经成为从行为到精神的囚笼，无怪乎其思想体系很容易被统治者利用，为集权专制服务。"屈折礼乐以匡天下之形"，是庄子对儒家清规戒

---

① 王弼：《老子注》第二八章。
② 王弼：《老子注》第三八章。
③ 王弼：《老子注》第三八章。
④ 王弼：《老子注》第三八章。
⑤ 《论语·颜渊》。

律、繁文缛节的严厉抨击。"要以仁义礼乐等等一整套道德规范来约束人们的思想和行为,把人们的思想和行为限定在一个单一的呆板的模式之中,……按此种单一的模式生存生活,很难想象人们有什么人生价值与人生道路选择的自由,同时也不可能有什么思想和行为的真正自由。"[1]

二是其过分重视形式和人为制定的准则。越是有形的、有名的、具体的、实用的东西,越是容易被用来搞形式主义,当作幌子和招牌,从而走向异化,走向反面,因而需要返璞归真反对华而不实,需要崇本息末反对舍本求末,这是道家一贯坚持的思想要则。人格是一个人综合的精神要素在特征和格调上的体现,自觉意识的主观调控并非不起作用,但仅仅靠强制和急功近利是远远不够的,只能在长期修炼中被潜意识整合,在"心灵之道"内在、长期、迂回的作用下,由潜意识潜在作用于精神世界而逐渐构成。因而,人格修炼之功,不仅仅需要依照有形的、具体的规则而塑造,更需要内在的"道法自然"的过程,需要将自然与社会大道趋势的引导、核心价值体系的熏陶纳入身心运行机制,更为深沉内在地、扎实敦厚地提升。对于集体人格来说,有形的规范制度的制约作用是非常重要的,但一定要和文化传承、教育与环境的改善、与自然的和谐、社会交流的真诚公开透明、社会自组织和公民自我教育等非人为的、自然而然的作用机制结合起来。这正是我们今天需要从儒道互补意义上的传统文化中接受的重要启迪。

"修道而养寿":养生之道

司马迁在《史记·老子传》中说:"盖老子百有六十余岁,或言二百余岁,以其修道而养寿也。"这一说法可信吗?老子的具体年寿很难考证,但如果说老子是一位超过一般人的高寿者,应当是有可信度的。史学界相信,司马迁修史是言之有据的,更重要的是,自古中华养生以黄老之学为宗旨。其实,古代本来没有黄老并称的提法,战国时期才偶然出现学者将黄帝与老子相提并论,就连既推崇黄帝,也崇拜老子的庄子,也没有将黄帝、老子并举。"黄老之学"

---

[1] 张松如、邵汉明:《道家哲学》,第121页。

这一提法的诞生，是汉初的事。中医及传统文化中凡是关于养生的思想学说基本上以道家哲学为理论依据，而老子是创建道家哲学体系的鼻祖，对于道的理解至深至远。当他"联系实际"，将道运用于养生的时候，"修道"本身即是"养寿"，"养寿"本身即是"修道"。或可以说，其整个身心的运行，已经与"天下大道"融为一体。达到这样的境界，成就一位较为罕见的"超级寿星"，是可以想见的。

道家养生，是道家哲学在修身养性、延年益寿领域的运用。这样的哲学思想，长期以来衍生了许多具体的方法、方术，构成博大精深、如今在世界上影响广泛的养生之道。然而，道家一贯主张重本贵真，正如庄子所说"胜任法天贵真，不拘于俗""谨修而身，慎守其真，还以物与人"①。养生之道的内涵，是紧紧围绕着道家哲学基本思想原理的。

（一）生命健康的"无为而治"

"孔德之名，惟道是从。道之为物，惟恍惟惚。惚兮恍兮，其中有象；恍兮惚兮，其中有物。窈兮冥兮，其中有精；其精甚真，其中有信。"② 道不是物质，却包含物质。但是道又是"有生于无"，所以道的运作从前物质状态已然开始。道是任何事物系统运作中自组织、自调控的功能。这种功能的发挥，构成宇宙—自然系统的基本规律，所以老子说"执古之道，以御今之有，能知古始，是谓道纪。"③ 我们也可以说："执古之道，以御身心之有。"人的身体生理系统、心理系统以及整个身心系统，人的身心与自然环境、社会环境之间的关系等，都存在着自发运行、自然调控的作用机制和功能。正如老子所说"故从事于道者，道者同于道""同于道者，道亦乐得之。"④ 只不过，由于人的"主观人为"，由于人的"有为"，所以这样一种作用机制和功能不能像植物和许多动物一样充分运行。这被看作人的优势，但任何优势之中都有劣势，任何进化之中都难免异化，所以，养生的核心理念在于：回归并充分遵循人的身心

---

① 《庄子·渔父》。
② 《老子》第二一章。
③ 《老子》第一四章。
④ 《老子》第二三章。

系统自组织、自调整的功能，即遵循"道纪"。

人的一切欲望、智慧、知识、行为等，凡遵循道纪则为顺化，凡违背道纪便是异化。比如劳动是人天赋潜能与后天能力的发挥，也是顺化的运作，但过度便是异化。从劳动的过程到劳动的成果都可能由于异化而成为反过来压抑人、束缚人的力量。思维与智慧也是如此。人很可能成为自己智慧的奴婢，从而活成一个"假我"。所以老子说："为学日益，为道日损。损之又损，以至于无为。"① 他继而强调"无为而无不为"。可见为学日益是顺化；但所学知识，包括所有学到的纲常礼教等都可能是异化。为了遵循道纪，就需要返璞归真，需要回归真我，需要"日损"，以至于无为。异化的"有为"最终还是无所为，无为而返璞归真，才是顺化的有为的起点，最终将是无不为。所以一切批评老子"消极无为"者都错了，难道"无不为"还不够积极吗？

关键在于，"假我"（包括集体人格的"假我"以及人类的"假我"）的所谓"有为"，实质上是人的本质的异化，其结果终究是无所为。真我的身心系统本身就是宇宙—自然系统的一个子系统，所以，与宇宙—自然系统保持高度一致，使身心系统充分发挥"道"的功能，即是养生的大哲理。

为什么要么就是消极的无所作为，要么就是异化？难道不可以"修道而养寿"吗？所谓"修养"，主要就是循道，就是返真，就是反异化。这才是老子的本意。当然也是老子身体力行而达到的天人合一的境界，是老子成为超级寿星的真谛。

那么，顺化与异化之间，分界点在哪里？我们说儒家的"中庸"思想源于道家哲学、源于老子的"守中"，原因即在这里。道家的"守中""守常"，绝非消极避世，而是循道而为。一旦离道、背道、叛道，即须要无为。这其中，有一个区别的界限：何为循道？何为离经叛道？或者说：何为顺化？何为异化？答曰：界限在于是否和谐。欲望一旦成为纵欲、奢欲、贪婪，必打破身心的和谐，必打破人与社会、人与环境的和谐。知识一旦异化，必导致短期行为、急功近利、弄巧成拙、自以为是，贪天之功为己有，破坏自然却自以为是文明成就。劳动一旦异化，必导致压力、焦虑、浮躁、愤懑，或疲惫不堪等病

---

① 《老子》第四八章。

态……异化现象比比皆是。

从人的所欲、所思、所求、所为，到一切人为的"成果"，都可能反过来成为压抑人、束缚人、扭曲人的力量。从社会到自然，从物质世界到精神世界，种种异化力量使人的本质由善到恶，使人的心态由快乐到痛苦，使人的身心由健康到疾患。怪不得叔本华说人生就是痛苦，怪不得弗洛伊德说战争由死亡本质决定而难以避免，怪不得出现人类自取灭亡的种种悲观预言。

"中庸"，正是儒家继道家之后而提出的一种循道的具体要求。首先，是树立了一种"心灵标准"。孔子说："不怨天，不尤人，下学而上达，知我者其天乎！"① 又在《中庸》中说："正己而不求于人，则无怨，上不怨天，下不尤人。"所谓不怨天尤人的开阔胸怀，实际上就是"下学而上达"的一种和谐状态。进而，针对欲望，儒家又树立了一种"伦理标准"。《论语·述而》中说："饭疏食饮水，曲肱而枕之，乐亦在其中矣。不义而富且贵，于我如浮云。"其实，只要掌握了和谐这一标准，种种标准是相通的。因为，和谐，是万事万物系统发挥自组织、自调整功能的基本关系形态，是功能作用的量变形态。如水之静柔，如赤子之纯真。

古人云："非淡泊无以明志，非宁静无以致远。"② "明志"是消极吗？"致远"是消极吗？非但不消极，而且是一种高远博大、须终生追求的积极。然而，须淡泊方可以达到，须宁静方可以实现，蕴含了"无为而无不为"的哲理。

《庄子·天下篇》中说："关尹、老聃乎？古之博大真人哉！""博大真人"关尹，也是道家哲学的开拓者之一，对老子归隐的决定深为理解，深知老子一旦西行必是彻底地隐遁无形，但他对老子的思想更为尊崇和珍惜，故而力劝，甚至"挟扣"老子临行之前一定要写出文字。于是，才有了流传千古的《老子》(《道德经》)。读老子的文字，可以想见他并非完全处于"被迫"，毕竟倾注了心血，凝结了所思，以至于深刻博大得幽远玄奥，精练得近乎怪诞，优

---

① 《论语·宪问》。
② 诸葛亮:《诫子书》。

美得近乎浪漫。虽然夹杂着"道可道，非常道"的感叹、"知我者希"的无奈、"以自隐为无名"的清高，但毕竟透露出对后世知音的某种期待。

尔后，老子便西行而隐，或许是"修道而养寿"境界的开始。开始得多么潇洒飘逸，多么优雅高贵，以至于司马迁只能从史料甚至传说中一鳞半爪的信息推测老子的年龄。我们似乎看到一位鹤发童颜的历史老人、一位冷眼旁观、超凡脱俗的仙道，面对这期间的列国纷争、百家争鸣、烽烟遍地，甚至秦章汉律，时而笑而不语，时而摇头轻叹，而更多的时间是心如止水、静若处子。但我们相信，他定然还有渴盼、信任与展望的目光。或许，汉初的无为而治，能给他带来一丝慰藉，令他含笑于九泉吧？

现代科学研究表明：人的生理机能如果能够正常、和谐地运行，排除各种不良的环境影响和疾病干扰，人的年龄应当在 140~220 岁。当然，生物学和医学等现代科学在防治各种疾病、延缓衰老方面功不可没，而且潜力巨大。但是道家哲学与现代科学完全可以找到并行不悖的契合点。因为现代科学用于人类健康，归根结底是保障人的身心系统本身以及人与自然、社会之间的和谐。如果我们的眼光和胸襟更开阔一些，对于整个人类的"延年益寿"来说，核心理念也在于防止、排除和纠正种种异化，保障人与自然、人与社会、人与精神世界，以及三者之间的和谐，在于"道法自然"，彻底走出以异化为发展的误区。

老子说："玄德深矣，远矣，与物反矣，然后乃至大顺。"[①] 大顺者，和谐也。

（二）中医及养生的"道魂"

关于中医的争论经久不息，之所以值得关注，是因为这场争论实质上关系到不同思维方式的碰撞交锋。争论之中有一种缺憾，就是心理学视角的缺失。众所周知，心理学与哲学有着深刻的内在联系，心理学对人类思维方式的探讨已经大大地深化了人类对自身心理智能的认知，深化了人类对认识和发现事物发展变化规律的路径的把握。在心理学以及相关的认知科学、思维科学的近期

---

① 《老子》第六五章。

发展中，对中国道家哲学的关注成为引人注目的亮点。

与西方医学不同，中医与养生之道的关系极为密切，高度融合。而如前所述，养生之道的灵魂是道家哲学。"故阴阳四时者，万物之终始也，死生之本也，逆之则灾害生，从之则苛疾不起，是谓得道。"[①] 如何看待中医？中医是否应当取缔、或是否应当"去医验药"？从心理学与道家哲学结合的角度来审视这一问题，不仅是对中医的辩护，也是对中国养生之道背后的道家哲学理解的加深。

1. 中医与人的自我意识

被苏格拉底高度推崇的古希腊德尔菲神谕"认识你自己"，既是千古不朽的人生哲理，也是心理学真谛的鲜明昭示。人需要认识自己，当心理学指导人们将自我划分为"主体我"和"客体我"的时候，当一个人能够将"自我"当作自己认识的"客体"的时候，才产生了"认识你自己"心理姿态上的前提。认识自己，既需要将自己作为"自然我"，也需要将自己当成"社会我"，更需要将自己当成"心理我"（精神世界的我）。而中医，正是在这三者的结合上推进和发展了人类对自我的认识。

自我意识，并不是人类所独有，人类和一切生物的根本区别，在于"对意识的有意识"（关乎此，本书已有论述，此处不再赘述）。但是，一切其他高级动物的"自我意识"实在无法和人类的自我意识相提并论；同时，人类的自我意识是其"对意识有意识"的直接前提和重要构成。

西医主要是自然科学的一部分。在西医面前，一切患者是"非人"的客观自然，即科学审视和科学手段的对象。当然，即使在西方，好的医生也会与患者沟通，引导患者面对自我，好的医院会实现诊断师、药剂师、护理师、咨询师（心理）的整合。但是，西医的精髓是自然科学。中医严格说来不属于西方意义上的"医学"，实际上是在哲学意义上、在某种程度上带有宗教色彩的"人学"，人在中医面前不是科学审视、科学研究或科学手段的对象，而是被引导面对自己的、被进行主客体分割的活生生的人。一部《黄

[①]《素问·四气调神大论》。

帝内经》的满篇告诫，似乎要将每一位读者培养成中医医师或中医高手。按摩、拔罐、针灸、刮痧、食疗等许多"医疗手段"与日常生活没有严格区别。扁鹊自认"等而下之"，二哥"等而中之"，大哥才是"等而上之"。而妙手回春的扁鹊之所以如此认定，是认同大哥教人防患于未然，认同中医"认识自我"的精髓。

前面说过，"自然我""社会我""心理我"的"三我"统一构成完整的人，而西医基本上"三我去其二"，剩下的一个其实也没有"我"，而是纯生物性的人体系统。顺便说一下，目前中国流行的各种学说，从视野上来说是"三我去其一"，也就是说从放大的"三我"的意义上来看，各种思潮流派较多关注的是世态、生态，而很少关注心态。在中国，虽然心理学有了长足的发展和深化，但还严重缺乏运用心理学的精髓、心理学在哲学意义上的启示去审视公民群体的心态、群体人格的自我，以及个体运用心理学视角的自我认知，这也是造成社会价值失范、改革不到位、官本位流行、人格没有尊严、心理认同程度低或政治淡漠等的原因所在。

罗素在他的《变化中的世界的新希望》演讲中深刻指出，人永远沉溺在三种基本的冲突中：①与自然的冲突；②与其他人的冲突；③与自己的冲突。以研究"东方与西方哲学"而著称的休斯顿·史密斯高度赞同罗素的划分，并认为"这三种冲突大致上相当于人类的自然问题、社会问题与心理问题。留存至今的伟大文化传统也有三种——中国文化、印度文化和西方文化。如果我们考虑到每一种传统侧重于一个人类的基本问题，那么这有助于我们理解与阐明这三大传统的无与伦比的实质。一般来说，西方侧重于自然问题，中国侧重于社会问题，印度侧重于心理问题。"（休斯顿·史密斯：《东方与西方哲学》）史密斯的"一般来说"，或许是考虑到中国哲学也在相当大程度上关注心理问题，从儒家鼻祖到王阳明"心学"，以及儒道释能够在较短时间内高度融合，都说明面对人类心灵的自我意识，在中国传统文化中并非阙如。而中医之中，大量顽强地渗透了这样的哲学精神，这也是道家精神在中医和养生之道中的一个突出的渗透。中医学者刘力红认为："'心'是主体的，或者说是主观的意识，而'境'则是指客体的，或者是客观的环境。……产生于西方的近现代科学，是将其所有努力的90%以上放在对'境'的改变上，或者作为现代科学的老祖，他们相信'境'对'心'的绝对影响力。而作为东方的智者们，他们却将其所有努力的90%以上放在对'心'的改变上。"①

2.思维方式支撑的中医生命力

为中医辩护，绝不是反对西医，也不是贬低西医。西医虽然将人作为自然客体，却鲜明地体现了一种科学思维，构成了一种以科学实验、人体解剖学、生物化学、药理学、临床实践等为依据，以严谨的逻辑思维为支撑的科学体系。西医的分析、抽象、概括、推理、系统方法论等，是与一切西方自然科学发展相匹配、相互动的思维方式在医学中的应用与体现。尤其是西医不断升级的为患者确定病因、病情的检查手段，各种必要的手术，以及药理分析和药品检验，生动地体现了培根关于从对客观事实的研究中即经验中才能获得真正知识的思想。培根的经验归纳法和笛卡尔的理性演绎法，是西方逻辑思维的两个交相辉映的高峰，也是催生和推动现代科学发展的伟大哲学动因。西医是科学的医学，与西医相比，中医算不上严格意义上的科学，或者说中医和西医根本就没有在同一坐标上。

但是，西医的发展不可能，也不应该构成对中医的否定、抹杀、贬抑以及任何排斥。在这一点上，西方著名心理学家荣格有着很高远的见解。"在他看来，精神相对应于外部世界，是一种可以被系统地探究的内在宇宙。他相信，西方人已经采取了一种外向的态度，这一方面有助于我们获得前所未有的知识，并以此超越自然；但另一方面却让我们忽略或低估了内在生活的重要性。而东方的古代哲学体系就是在后一点上，以其浓厚的内倾性使西方人受益良多。"② 将目光瞄向东方，早在战国时期，《楚辞》的《远游》中已表现出强烈的个体生命意识和养生方法："餐六气而饮沆瀣兮，漱正阳而含朝霞，保神明之清澄兮，精气入而粗秽除。"庄子强调"保身""全生""养亲""尽年"，这才是"天道"；将"终其天年而不中道夭者"作为最高的智慧。应当说，这些哲学智慧是中医的思想渊源。中国古代先贤在一切观察手段比较落后的情况

---

① 刘力红：《思考中医：对自然与生命的时间解读》，广西师范大学出版社，2006，第474页。
② 克拉克：《东方启蒙：东西方思想的遭遇》，于闽梅、曾祥波译，上海人民出版社，2011，第227页。

下,"吾将上下而求索"地孜孜探求天地宇宙的结构,探求天地万物变化,用经验、类比、联想,更重要的是用整体感悟的认知方式来探求所有变化的征兆,探求人类的生死、繁衍与健康。打开中医的发展脉络,可以明显地看到整体思维、感悟思维、联想思维和类比思维。比如"天人合一"思想在中医中比比皆是,比如阴阳五行说在中医中全面贯穿。

西方科学思维以逻辑思维、分析思维、实证思维见长,这是中国传统文化、包括中医发展中的短项和缺陷。对此毋庸讳言。近现代以来中医与西医的遭遇和碰撞,应当是双方的幸运,而不应是任何一方的悲惨;应当是双方的相得益彰,而不应是任何一方的相形见绌。人类认识、发现、改变、创造世界的思维路径永远不可能单一,东方和西方的文明演进虽然都有滞缓甚至挫折和倒退,但是总体上都是进步取向占据主流。各种思维方式所代表的思维路径之间是互补关系而无所谓高下优劣。人类永远不可能对整体思维、感悟(包括体悟)思维、联想思维和类比思维弃之不用。美国著名物理学家卡普拉对老子"为学日益,为道日损"的理解十分耐人寻味,他认为"为学日益"是通常的研究过程,但是科学研究积累起来的"所有的思虑和概念"都需要通过直觉方式起作用,而"为道日损"正是强调一种直觉方式:"当理性的思维沉寂时,直觉的思维方式就会产生一种特别的知觉,以一种直接的方式去体验环境,而不经过概念性思维的清理。庄子说:'圣人之心静乎!天地之鉴也,万物之镜也。'(《庄子·天道》)与周围环境浑然一体的体验,是沉思状态的主要特点。在这种状态下,一切形式的割裂都停止了,消退为无差别的统一体。"[1]

同样是经验思维,实证、试验式的经验与中医体察、躬行的经验也是各有利弊。中医发展中,从"神农尝百草",到李时珍汇集临床经验而著成《本草纲目》,从望闻问切的诊断到针灸、拔罐、推拿、按摩、刮痧等治疗方法及各种养生功法,从经络穴位的认定到人体内脏和外部器官之间互动关系的觉察,无不是发现者或传承者千百次亲力亲为实践经验的总结。这样的尝试和验证关系,完全符合人类从感觉到知觉而形成感知的心理认知规律,完全符合心理学所揭示的条件反射、动力定性等人类智能或技能形成规律。中医理论是一种定

---

[1] 卡普拉:《物理学之"道"——近代物理学与东方神秘主义》,朱润生译,第22页。

性总结，即使用现代心理学眼光审视，其中辩证思维、系统思维等方法论的渗透也是无可否认的。物理学、化学、生物学、生物化学……直到DNA双螺旋分子生物链的研究等，依然有大量谜底没有揭开。但是，无论是东方还是西方的医学实践的脚步一刻也没有停止。如果一切都要经过科学实验的验证之后才能被证明是"科学的"，才能被证明是可以允许其存在或发展的，才能确定其功能的可靠性或认知价值，那么，历史的或现行的人类行为多半应该叫停，因为"科学依据"不足。例如，西医中方兴未艾，强烈指导人们行为的关于心理和生理相互影响的医学观点，就很难提供西方医学意义上的实验依据，但是大量临床经验及定性总结表明这一观点是正确的、具有巨大认知价值的。又例如，恩格斯曾经预言："终有一天我们可以用实验的方法把思维'归结'为脑子中的分子的和化学的运动。"[1] 这一天不仅遥遥无期，而且充满不确定性，那么在这一天没有到来之前，既然没有人可以放弃对大脑的使用，也就不可能放弃对用脑规律或思维规律的定性抽象与总结，不可能放弃人们对大脑的包括直觉体验在内的一切思维方式的考察与认知。

3. 自组织理论与中医

黄帝—老子—庄子基本上一脉相承，构成中国历史上道家思想源流。中医体系是道家思想主宰的体系，不仅是"人道"思想的直接承载，也是"天道"思想的间接反映。老子说："天地相合，以降甘露，民莫之令而自均。"（《老子》第三二章）所谓"清静无为"，充分尊重"道"的运作与引领。"人法地，地法天，天法道，道法自然。"（《老子》第二五章）应当指出，道家思想在较大程度上，与自组织理论的现代科学方法论耦合。

我们说过，人与动物的根本区别在于"对意识的有意识"。这是一个需要多层次论证的命题，这里需要强调两点：第一是人类自觉地意识到自己意识的地位和作用是"对意识的有意识"的重要体现；意识到意识的地位和作用的局限性更深刻地体现了"对意识的有意识"。第二是"对意识的有意识"，方可以意识到意识的延伸，即意识并非人类所独有，甚至非生物的万事万物也有一

---

[1] 《马克思恩格斯全集》第二〇卷，人民出版社，1971，第591页。

种"类意识",即凡从无序到有序的运动体系都会有一定的"方向性"。这一深刻的哲学思想是对达尔文进化学说、生命起源学说、人类起源学说、文明进化学说的重要发展。但是,这并不是虚空的臆想,而是有依据的假说,其依据即是自组织理论。

万事万物的系统既可能从有序走向无序,亦可能从无序走向有序,后者就是自组织理论研究的对象。中国古代典籍认定的开天辟地之前"混沌相连"(《白虎通·天地》),"太初者,气之始也;太素者,质之始也;气似质具而未相离,谓之混沌"(《易乾凿度》),"有天地然后有万物"、"易有太极,是生两仪,两仪生四象,四象生八卦"(《易经》)等,都认为事物是从无序到有序的。事物的有序性表现在许多方面,而中医至少刻意追求人体的时空序、功能序,并刻意追求时空序和功能序的统一。现代自组织理论认为,无序向有序的转化必须满足四个条件:第一是形成有序结构的系统必须是一个开放系统;第二是系统内部的运动必须经常处于非平衡状;第三是系统内部各子系统或要素之间的互动作用非线性;第四是系统从无序向有序明显表现在系统变化的起伏涨落,即动态的非稳定性。无疑,人体系统是符合这四个条件的系统。自组织机制的运行,是诸多要素复杂交织的人体系统无序与有序转换交替中,使健康有序成为主流的内在规律。而以道家思想为宗旨的中医,从宏观到微观充分尊重、调动、激发、维护自组织机制的运行。这正是我们应当充分肯定中医功能与价值的重要的方法论依据。

自组织理论与哲学上"道法自然"之间的相通是显而易见的。所谓自然,不仅仅是指今天所讲的"大自然"中的"自然",而是过程和作用机制,是自生、自宾、自化。中医追求"上工",即反对头痛医头、脚痛医脚,这不仅是一种整体观,而且是一种充分尊重人体自组织机制的理念;中医讲脉络,尤其是脉络之通,实际上是充分尊重机体通畅和谐的自主运行;中医追求调理,本质上是以各种医药手段打通系统自主运行的隔阂、障碍;中医主张"恬惔虚无,真气从之,精神内守,病安从来"[1],充分体现了对自组织、自运行系统的高度重视。有人从物理意义上理解"气",总是不得要领,"气"当然可以理解

---

[1] 《素问·天真论》。

为水谷精气、自然清气、"精微物质"等，但正如老子"其中有精，其中有物"中的关于"物"的抽象所指，实质上讲的是升降出入充分畅达的运行状态，以及与环境充分的能量交换。尤其是，中医讲究"君主之官"即心。"这个心，这个南方，火，是一个主宰，是整个身体的关键，健康也好，长寿也好，夭折也好都关系在这个心上、这个南方上。因此，病与不病，就要看这个心。"①但是，恰恰这个"君主之官"需要的不是人为，不是刻意，而是老子的"虚其心"，也就是中医的"恬淡虚无"。只有这个心，不急、不躁、不骄、不纵，做到老子说的"去甚，去奢，去泰"，才能"主明则下安，以此养生则寿，殁世不殆，以为天下则大昌"。反过来"主不明则十二官危，使道闭塞而不通，形乃大伤，以此养生则殃，以为天下者，其宗大危，戒之戒之"②！在这里，道家"无为无不为"的哲学思想再次得以生动的体现。

从更深层次来看，即使是关于意识产生的研究这一尖端领域，最新动向或主流动向也体现在"生成进路"的概括中。所谓生成进路是将以下观念统一起来：①生命都是主动地发生和维持自身的自治的行动者，由此它们也制定或产生它们自身的认知域。②神经系统是一个自治的动力系统……它主动地产生和维持它自身的一致和有意义的活动模式。③认知是情境和具身的行为中熟练技能的操作。④认知者的世界并不是一个表征在其脑内部的、预先规定的外部领域，而是一个由那个认知者的自治行动性与环境耦合的模式生成的关系域。⑤体验并不是一个副现象的附带问题，而是在任何对心智的理解中都处于中心地位，并需要用一个仔细的现象学方式来研究它。总之，"生成进路通过解释内在于生命和认知者的自治性而从根本上说明了自我性和主体性"③。直截了当地说，生成进路的理论新近萌发于新兴的心智科学，与自然科学中的自组织理论、西方哲学中现象学的某些基本观点有着明显的耦合、相融，与中国道家哲学"道法自然"的古老理念有着鲜明的呼应关系。

中医受到诟病，总体来说是不公正的。因为大量的批评已经是对中医的贬

---

① 刘力红：《思考中医：对自然与生命的时间解读》，第168页。
② 《素问·灵兰秘典论》。
③ 参见埃文·汤普森《生命中的心智：生物学、现象学和心智科学》，李恒威、李恒熙、徐燕译，第12页。

抑、排斥，甚至对中医的"科学依据"、思维体系、方法论支撑、功能价值等从根本上予以抹杀和否定。这些做法本身已经陷入严重的思维误区，从思维方式上看至少有以下几个致命的问题。第一是以单一思维方式取代多元思维方式或认知路径，前面已经论及，这里不再重复。第二是以极端对立的思维方式看待文化冲突。西医和中医分属于两种不同的文化体系，有着各自的文化背景和文化发展脉络。文化冲突的解决，绝不是有我无你、你死我活的"二元对立"，而是多元并立、交融互补。极端的"二元对立"思维不仅在对待中医问题上，而且在对待传统文化上，甚至在社会的政治、经济、社会等诸多领域都有表现，已经成为一种思维劣根性，危害至深。第三是"科学主义"。科学精神、科学态度和"科学主义"不是一回事，"科学主义"在线性与非线性、自然与人文、感性与理性、形象与抽象、连续与断裂、精确与模糊、解构与建构、对立与转化等多种哲学范畴问题上是极端、偏颇的。有人认为中国当下需要强调科学精神，还不是批判"科学主义"的时候，此话甚谬。中国当下恰恰是对诸多人类价值的"两面夹击"，比如科学精神遭遇的不仅是反智和反科学，也包括"科学主义"。鲁迅倡导"矫枉过正"的时代已经走远，目前需要的是"左冲右突""左右开弓"。

当然，中医自身的发展也是需要认真反思的，这些需要反思的问题是中医发展中的问题，而不应当看作中医本身所固有的问题。首先，应当坚定不移地走"中西结合"的道路，既不能以为中医比西医"有不可比拟的优越性"因而妄自尊大，拒绝向西医学习；也不能因什么"去医验药"而实际上采取取消主义。其次，中医必须打破门户之见，这是中医发展中一个突出而重要的问题。中医研究和工作者应当以更宽阔的胸襟，以更充分的交流，使中医成为一个开放、与时俱进的学术和实践体系。最后，中医必须坚持"继承是基础，创新是目的"的原则，当今的中医们需要认真扎实地从源远流长的中医传统、博大精深的中医典籍中汲取宝贵的营养，这样才能有深刻的而不是浮皮潦草的继承，也才能有真正的而不是浮躁虚夸的创新。

【专 论 篇】

第十二章
道家哲学与生态文明

从生态视角反思人类文明

生态环境是从生命和人类生存角度出发对自然环境的观照。但是，如果结合现代宇宙科学和哲学中的宇宙论，应当看到，哲学视角下的生态环境，并不仅仅是被包含于自然环境的系统。除了生物环境外，遥远的太空、宇宙天体等，都与人类生存相关，都是人类生存、活动的生态环境。在这一概念的实际运用中，生态环境的范围还可能更加广泛。人与自然的关系、人与人的关系等人们所创造并调控的制度环境、文化环境、政治环境等也可以并且有必要从生态学的角度加以审视，从而有社会生态、文化生态、政治生态等提法。所以生态环境只会比自然环境更加宽泛。因此，生态文明这一概念的形成，体现出人类理性思维的一种重要突破，表明在人类反思文明创造、发展的过程中，理性视角和价值观的一种重要转轨。

文明被定义为人类所创造的物质财富和精神财富的总和。但文明以文化为基础，文明是人类文化和某种文化发展到一定阶段的结晶。按照这种通常的定义，有意无意地忽略了生态。生态和文明是什么关系？生态文明可以被纳入文明结构中吗？

所谓"轴心时代"，是树立了超越视野的文明，超越视野使轴心时代获得了蓬勃的生机和持久的生命力，其中核心的灵魂，是价值的"终极超越"。但在这里，笔者并不想展开论述轴心时代的价值内核问题，而是简略地阐释一下轴心时代的"时间维度"问题。第一，轴心时代是"社会时间弯度"的产物,即雅斯贝尔斯所阐释的"轴心时代",构成了人类历史上几大轴心时代在时间上"不约而同"而展示的"共时性"。但这种共时性,与生态时间上的共时性又有一种"不约而同",即人类在前轴心时代时期,均遭受了巨大的"天灾",或者说很难断定具体原因的古文明灭绝的情况。几大轴心时代中终极价值的确立,无不蕴含了"生态时间"的深刻昭示。第二,轴心时代比起已经灭绝的古文明,似乎获得了一种时间上的永恒性,虽然是否"永恒"难以断定,因为至今人类文明是否永恒是没有得到验证的,但轴心时代的"非灭绝性"是由其可调整性、动态性、自我演化与发展性来展示其生命力,以及时间上的"长生久视"的。第三,轴心时代的辐射性,是一种时间上的弥散性。在爱因斯坦相对论中,时间弯度、时间变慢等富含哲学意蕴的物理学成果,已经使时间单向、时间匀速等传统理念受到很大冲击,"我们已经把社会时间界定为既产生时间又在时间中消逝的整体社会现象运动的集中与发散"[①]。在"社会时间"[②]中,由于人的观念形态与时间本质存在之间最为贯通与接近,因而对于人类历史产生重大影响的轴心时代,尤其是其中的核心理念——在时间上的弥散性,与宇宙时间的弥散性之间的关系,更值得研究和探讨。

关于轴心时代中,尤其是中国道家哲学中所曲折地蕴含的生态文明思想理念,本书前面章节多有涉及,这里不赘述。需要指出的是:当代社会提出生态文明,并将生态文明更为自觉地纳入人类文明结构,是轴心时代起源中已经发端的文明意识带有"回归"性的延伸与发展。

综观人类对自然环境的基本态度,以及基于这种态度所构成的人与自然的关系,可以大致划分为四个时期。

(一)敬畏与依赖

人类祖先的早期活动,在自然面前是被动的,伴随着对蛮荒、灾害、猛兽的抗争抵御,采集和狩猎长期是主要的生产方式。但是,生态文化表现在二个

---

① 乔治·古尔维奇:《社会时间的频谱》,朱红文等译,北京师范大学出版集团,2010,第28页。
② 这里的"社会时间",与古尔维奇所定义的"社会时间"不完全相同,更为广义、抽象。以道家哲学看来,更为强调社会时间与宇宙时间之间的贯通性。

方向：一是面对自然环境而表现出的选择智慧，比如各种尝试、游动与择地而居，进而形成对自然具有高度依赖性的生存经验；二是观察自然、模仿自然而产生的印记、符号，即语言的雏形；三是在大自然恩惠和凶险面前产生的强烈的崇拜与恐惧，即敬畏，由敬畏而产生的鬼神崇拜、自然崇拜，在一定程度上是宗教信仰的滥觞。因此，从一开始，生态环境就与人的活动高度渗透与互动，生态文化紧紧伴随着人类发展的脚步。

这一时期，人类认知能力的弱小和生产力的落后，导致愚昧中的严重自卑，这种自卑又强化了恐惧。罗素说："未开化的野蛮人同我们一样，在自然界的威力面前感到一种无能为力的压抑。……战栗的祈祷者心想：当他把最珍贵的东西无条件地献出来时，众神嗜血的欲望就会得到满足，它们也就不会再向人提出更多的要求了。"[1] 尽管罗素这段精彩的论述很有代表性，从许多著述中都可看到信仰源于恐惧的论断，但是，这样的断言显然是偏颇的。早期人类生存的一切基本需要，必须从自然得到满足。所以，面对大自然的神秘，人类既表现出恐惧，也充满感恩、崇拜和依赖，总之应当概括为敬畏。此时的人类，还是依偎在大自然怀抱中瑟瑟发抖的婴儿。

（二）自信与索取

农业革命的整个过程，城市革命和工业革命的早期，人类逐步加大对大自然的索取。这一时期人类与自然总体是和谐的，人类生产力还不具备更大的破坏力，大自然慷慨地馈赠人类丰厚的条件与资源。通过文艺复兴走出中世纪的西方社会，进一步在宗教改革中将教徒自身与上帝直接相连，打破了教皇权威的专制，在"人的解放"中昂起了"人的尊严和价值"的头颅。人类总体上走出自卑，走向高度自信。科学理性突飞猛进，唤醒人们对自身力量的充分认可。培根、笛卡尔等一批哲学家的学说为这种自信提供了理论支撑。举个例子，笛卡尔曾经非常自信地宣称："给我物质和运动，我将为你们构造出世界来。"

---

[1] 罗素：《罗素自选集》，商务印书馆，2006，第11页。

（三）傲慢与掠夺

在工业革命中，没有回报的索取，已经反映了人类文明内在的一种异化。一般认为，从第二次工业革命开始，尤其是从第三次工业革命中后期即 20 世纪中叶以来，人类与自然的分裂和对抗愈演愈烈。西方社会无所顾忌地撕裂上帝与自然关系，将人类工具理性、科技进步的巨大成就作为傲慢的资本，率先进行对自然过度的、破坏性的掠夺。

人类与自然关系的失衡，是人类自身理性被傲慢、狂热所取代的反映。人类可以将工具理性运用于所有科学领域而取得令古人震惊的伟大进展的同时，却导致当代人与子孙后代在资源享用上严重的不公平，造成生态链条的断裂和残缺，引发人类基本生存环境难以为继的严重危机。人类精神世界整体上的价值偏误愈演愈烈，人类敬畏、崇拜、遵循、信仰的对象几乎完全挪移到人类自身。我们不得不警觉：在"人的价值"的旗帜下，功利、物质、工具、权力……价值实际上"篡夺"了统治地位。生态的异化和人的异化，发生了合谋与同步。

（四）理性与文明

1866 年，"生态"这一概念出现在德国科学家海克尔所著的《生物体普通形态学》中，意指生物群落的生存状态、与生态环境的关系。当时这还是一个生物学的概念。作为一门学科的人类生态学，诞生于 20 世纪 20 年代。1935 年，英国学者坦斯勒提出"生态系统"的概念。从 20 世纪下半叶开始，对生态问题的关注逐渐升温。1972 年麻省理工学院教授丹尼斯·米都斯等人以震撼性的著作《增长的极限》，引发了广泛的讨论。同年，联合国首次"人类与环境会议"上通过了《人类环境宣言》。1983 年，联合国世界环境与发展委员会成立，四年后该委员会发布《我们共同的未来》的报告，"可持续发展"的概念被正式提出。就在同年，中国著名生态学家叶谦吉先生在《中国环境报》上发表《真正的文明时代才刚刚起步——叶谦吉教授呼吁开展生态文明建设》，文中提出并使用了"生态文明"这一概念，超出生物学、生态学领域，从哲学上对人类"获利于自然又还利于自然，改造自然又保护自然，人与自然之间必须保持和谐统一"的问题进行了深入思考。1995年美国作家罗伊·莫里森推出《生态民主》一书，将生态文明看作工业文明之后的文明形态。

20世纪后期，从人与生态关系角度反思人类文明的声音逐渐增多。然而，第四个时期的肇始和起步，是极为缓慢、艰难的，因为第三个时期的狂欢依然如日中天。但是，生态危机已经以种种方式为人类敲响警钟。"生态文明"的提出与追求，是人类工具理性与价值理性之间互动融合而实现的一场苏醒。

我们正处在第三时期和第四时期交替的时代。可以看出，生态文明迫使我们重新审视人类文明与进步的取向和历程。我们无意否认工具理性的智慧，无意贬抑工业革命、科技革命，以及如今如火如荼的信息革命带来的巨大进步，但也必须承认：文明阵容中不能缺少生态文明。文明历史必须经得起生态文明的检验。走向人与自然关系的第四时期，是人类自我拯救，持续发展，实质进步的必然选择。

将生态文明纳入文明结构

文明和生态的关系问题，是理解生态文明概念及其历史意义、实践意义的思维前提。按照传统思维，生态显然不属于文明，因为生态被错误地认为"外在于"人类的创造成果。对于人类的一切活动来说，生态环境是背景，是条件，是资源，当然也就是人类占有、利用、索取、改造的对象。也就是说，文明只是劳动、智慧和创造的结晶，而生态环境所发生的任何变化，包括人们对生态环境的认知，都并没有被接纳为"成果"。比如在劳动价值论提出者配第、亚当·斯密、大卫·李嘉图那里，凝结在一切产品中的价值是人的劳动，而并未认识到土地、矿物等资源在并未经由人的劳动作用之前就已经具有价值，而且是巨大的价值。当然，我们没必要苛求他们，因为生态价值的显露，的确经历了复杂漫长的过程。

对于文明的理解，歧义纷繁。但择其要者有三种：其一是发展阶段说，即认为文明是文化发展到一定阶段的产物，是在这一阶段或发展程度上文化成就的总合。当然，既可以指总体的人类文明，比如农业文明、工业文明、城市文明等；也可以指局部的、地区的文明，比如欧洲文明、地中海文明、边缘文明、次文明等等。这里需要指出：在人们头脑中，关于文明的理解实际上是严重偏重于物质财富和经济增长的。经济发展与科技进步，实际上成为衡量文明最重要的指标。其二是文化认同说，比如亨廷顿认为人类主要文明基本等同于伟大宗教，是一个"人们的认同范围"；布尔迪厄认为文明是一个"持续斗争的文化场"；基登斯认为文明是一个"权力的制度性调配体系"。其中，价值体系和制度选择是核心的两大因素。其三是精神档次说，即认为文明相对于野蛮和愚昧而言，是人类智慧与道德水平发展到一定阶段的产物。福泽谕吉在《文明论概略》中说："所谓文明是指人的身体安乐，道德高尚；或者指衣食富足，品质高贵而说的。文明就是指人的安乐和精神的进步。但是，人的安乐和精神的进步是依靠人的智德而取得的。因此归根结底，文明可以说是人类智德的进步。"[①] 人类文明结构不仅应当接纳生态文明，而且应当承认、尊重甚至关重要的地位。就此，我们至少应当有以下理性自觉。

第一，关于文明，将上述关于文明的三种思路综合起来，才能理解得更为全面。现在看来，历史上有一种十分奇特但发人深省的逻辑现象：在人类与生态关系的第一时期，第一种意义上的"文明"程度很低，但"达到"了一种不自觉的、淳朴的生态文明。在第二，尤其是第三时期，第一种意义上的"文明"，即人们通常所承认并赞颂的"文明"突飞猛进，在生态问题上却出现向野蛮、愚昧的倒退。这种吊诡的现象告诉我们：将生态文明纳入文明结构，才是文明的真正实现，才是真正的、可持续的、有利于人类永久福祉的文明。

第二，"生态文明"的提出和追求，本身就是文明进步的表现，而且是综合的、实质的文明的表现。历史和现实深刻表明：生态环境不仅仅是人类一切物质和精神创造的依托，而且是记录和载体。也就是说，人类如何对待生态环境，生态环境会相应地"回报"人类。在人类的婴幼儿时代，大自然既有慷慨的馈赠，又有暴烈的虐待，那是因为人类还没有深入地以创造性劳动"加入"生物圈系统，其影响微乎其微，但总体上，大自然对人类是哺育、滋养、恩惠的。人类改造自然的举动，自然环境在可以承受限度内，总是"以涌泉相

---

① 福泽谕吉：《文明论概略》，商务印书馆，1992，第33页。

报"的。而人类的破坏式掠夺，自然环境会被迫地、战略地、"秋后地"给予警戒和惩罚。生态环境是人类文明的一面镜子，对人类文明从本质到水平给予全面检验。当我们仅仅将理性运用于人类物质财富的增加、人类社会关系的调整、人类自身精神的提升的时候，无论怎样繁荣发达，无论怎样和谐、和睦、和平，无论怎样"有教养"、"高贵"、"高雅"、文质彬彬，只要对生态环境是野蛮的、残酷的、愚昧的，就一定会造成文明的失衡。如果思考再深一步，可以说，人类对待生态环境的任何不文明行为，都一定是人格残缺和低劣的反映，也一定是社会文化发展的陷阱，是人类精神提升的樊篱。

第三，我们今天提出"生态文明"，仅仅在提出概念、理性意识的苏醒的意义上是"文明的"，即仅仅符合前述关于文明的第三种思路：精神档次说。而且也仅仅是"停留在口头上"。当然，这一步是很重要的，是前提。从认知上将生态建设纳入文明结构，是一种理想和预期，也是一种深刻的思维转型和发展道路的转轨，甚至可以说是一种人类的自我拯救。实际的生态文明建设，虽然早已起步并取得了一定成就，但总体上是被动的、滞后的。至于价值体系和制度文化，至于通过实践而实现"生态环境的文明记载"，还远远没有达到文明。

我们说目前生态文明的提出，作为一种概念，仅仅对应于关于文明的第三种理解，绝不是说这一概念本身内涵就仅限于此，而是说，只有具备文明完备形态的生态文明，才是文明的充分的、合理的构成。

生态哲学的智慧整合

"文明"，本身就是一种文化发展成果的整合，故而"生态文明"，应当包括关于生态问题各种思想资源的发掘、反思与整合，这是生态文明建设中深刻的基础性工程。生态文明观念的产生，在某种意义上是人类理性在生态危机面前的一种"被动的醒悟"。但是，对于生态文明的思考源远流长，古今中外富有启发意义的思想十分丰富。今天的理性反思，一项重要的任务就是更加自觉地、系统地审视并整合这些思想财富，从而让生态哲学更加具有针对性、启发性和实践意义。

（一）生态哲学的本体论思维

担纲"哲学第一基本问题"的本体论，回应了自古至今人们寻求根本依据的追问，回答万事万物最根本的实在、最终的统一的问题。纷纭的事物、繁杂的万象，什么是最根本的实在？第二次工业革命以来的历史证明：本体论哲学直接关系到人类如何对待生态环境，从生态文明的角度理解本体论至关重要。

西方哲学中早期的本体论，主要是三大派：一是神创论；二是物质论；三是理型论。除普罗泰格拉"人是万物的尺度"之外（普氏的说法其实属于早期的怀疑主义），主观唯心主义的本体论思维从17世纪笛卡尔（但笛卡尔主张彻底的二元论）以后才逐渐兴盛，如笛卡尔的"我思故我在"，贝克莱的"存在就是被感知"，马赫的"物是感觉的复合"，叔本华的"世界是我的意志"；萨特的"存在先于本质"，尼采的"这是权力意志的世界"等。无独有偶，中国哲学中典型的主观唯心主义也是后发的，即便在被称为"中轴时期"的诸子百家时代也属罕见。直到宋明，陆九渊的"吾心便是宇宙，宇宙便是吾心"，王阳明的"心外无物，心外无事，心外无理"等，才作为一种哲学思想而进入哲学主流。我们不难发现，中国主观唯心哲学的产生早于西方，这与唐宋的发达不无关联。17世纪，西方文艺复兴、地理大发现、商业革命等均取得了巨大的成就。哲学不仅是理性的产物，往往也是心态的产物。尤其到了叔本华、尼采，"傲慢与偏见"在哲学中的端倪显而易见。从生态文明的角度，我们确有必要以更为冷静、深邃的目光，对于从"主体的意识"中确认本体的思维进行审视和批判。

或许会有人提出：孟子"万物皆备于我"是主观唯心命题。这是误解。原话出自《孟子·尽心上》："万物皆备于我矣。反身而诚，乐莫大焉。"其意是天已经将万物为我而备，我反身而真诚认知，是一种至高的快乐。心外有道，道可入心。而且，还要"强恕而行"，才是实现仁的境界的最近途径（"求仁莫近焉"）。这与先秦哲学主流是一致的：目大道而求本体。中国传统文化中生态和谐观，为生态文明提供了哲学基础。道家提出"道法自然"，儒家主张"天人合一"，《周易》中"厚德载物"，直到后来佛教传入中国后也在弘扬"善待万物"。中国历朝历代都有生态保护的相关律令。

在包括人类直接生存的生物圈在内的大自然中，一切事物的发展演化都有一定的自行运作的机制。中西方都有哲学家，将本体论的哲学目光瞄向这种被老子称为"自化"的功能体系。在中国，老子的道家哲学，以及中国哲学史上不断出现的关于道的"哲学道统"，深藏着生态智慧。西方哲学中的理念，往往指先于系统、高于系统的绝对理念。从柏拉图到康德的"先验理念"，再到后来的费希特、谢林、黑格尔的"绝对观念"，都是如此。直到胡塞尔，依然宣称欧洲哲学在"先验—超越"这条路上走得还不够远，还在追求"更高一层"的有序的根据和"纯粹的形式"。而中国哲学中的道，作为世界的本原，是系统自身的功能，在形态上与系统浑然一体，而在过程上与系统运行并行不悖。"挫其锐，解其纷，和其光，同其尘。湛兮似或存。"[①] 意思是掩藏锋芒，化解冲突纷乱，中和光辉，与万物浑然一体，道的精髓却深刻地发挥作用。尤其是道的自我运行内在地发挥作用，从不以自身的显形而成为主宰，"道生之，德畜之……生而不有，为而不恃，长而不宰，是谓玄德"[②]。也不会宣称已然定型，"无状之状"，"不自见故明"[③]。我们注意到：西方普罗提诺、奥古斯丁、阿奎那、斯宾诺莎等影响重大的哲学家，都提出上帝与自然高度一致的哲学思想。现代哲学的领军人物海德格尔，以及后现代哲学中建构主义哲学，都对中国道家哲学相当推崇。这理性智慧的动向需要引起我们更多的关注，从而为生态文明奠定更为厚重的哲学理论基础。

（二）生态哲学的认识论思维

人类区别于动物最根本的标志不在于意识，而在于"意识的自觉"，或曰"对意识的有意识""意识理性"。主要表现：一是对客观事物意识的自觉。许多动物对客观事物都有一定意识，但对这种意识本身不自觉。故而人类的采集、狩猎、择地而居等能够有变化、范围扩大，而不是像动物一样永远拘囿于"本能"。二是对自己的劳动或潜能意识的自觉，在不断地改变中体现创造性。经验的记载是这种意识自觉的充分证明，从而产生符号，演变为文字语言。因

---

① 《老子》第四章。
② 《老子》第五一章。
③ 《老子》第二二章。

而人的经验和知识是可以记载、积累、传播、传承的，这一点不仅深刻地区别了人与动物，而且使人与动物拉开了距离。三是对自身的自觉，即自我意识。而与黑猩猩等高级哺乳动物"自我意识"区别开来的是人类对自我的意识本身具有自觉意识，故而人类可以不断开发、利用、发展自己的智力。人类自我意识还突出地表现在调控、塑造和发展自身的心理与人格方面。

国外哲学认识论在心理学辅佐下有很大发展，本文无意对此展开。这里仅仅指出：上述三种意识理性必须是高度互动的。亦即：人类的一切文明创造，必须在人类自身发展上同步取得成果，必须体现为人类自身的精神文明。伊壁鸠鲁认为："最有意义的是关于自然的学说……一旦我们认识了万物的本性之后，我们就从迷信中得到解放……如果我们研究自然的要求，我们的品德将更完善。"[①] 我们不得不沉痛地指出：长期以来人类在对待生态环境问题上，实际上割裂了人类的自觉理性意识。可以这样表述：生态环境对人类理性意识的反馈作用需要通过三重门，即上述的三种意识理性，且均应畅通无阻。但基本上，我们的第一重门是打开的，第二重门是半掩的，第三重门是关闭的。生态文明对认识论的挑战在于：打开第二重门，即人类的一切实践活动必须经得起生态环境变化、生态效益的"实践检验"；打开第三重门，即人类的一切精神人格文明必须体现为对待生态环境的思想、态度、行为的文明。

（三）生态哲学的系统论思维

系统科学方法论进入哲学的历史虽然比较短暂，但得到了广泛传播和认同。生态文明的理念无疑为系统思维打开了崭新而宽阔的舞台，同时，也从系统思维那里获得了强劲的理论支撑。

第一，如果从生态、世态、心态这三大系统的关系来看，显然生态系统是总系统。这种一目了然的系统观察，却往往被急功近利、短期行为的惯性所遮蔽。人虽是万物之灵，但从系统哲学来看，人类社会永远是宇宙—自然环境系统的子系统。这是我们建设生态文明中哲学方法论所必须坚持的前提。

第二，人类社会系统永远不可能超然于、凌驾于总系统之上，也不可能特

[①]《马克思恩格斯全集》第四〇卷，人民出版社，1982，第173页。

殊于总系统之外。即是说，总体系统的要求，必然作用于人类社会系统。马克思认为，宇宙是由无数相互联系、相互依赖、相互制约、相互作用、相互转化的事物及运动过程构成的统一整体。恩格斯说："我们所接触到的整个自然界构成一个体系，即各种物体相联系的总体。而我们在这里所理解的物体，是指所有的物质存在，从星球到原子，甚至直到以太粒子……只要认识到宇宙是一个体系，是各种物体相联系的总体，就不能不得出这个结论。"[①] 子系统的任何"合理的""中心的"要求，都不能打破总体系统的和谐，不能严重、长期地影响到总体系统的正常运行。

第三，人类社会系统自身运行中的膨胀、组合、变革、演化，归根结底是宇宙—自然系统运行的伟大结晶。而人类的劳动、智慧和创造性，发挥了重要的作用。人类的繁衍发展，作为一个系统来观察的时候，必须承认其为了能不断地吐故纳新，必须持续地对其他相关系统实施吸纳、开发、利用的功用。正如一个生物个体需要呼吸、饮食一样。宇宙—自然系统的波动周期为人类的劳动创造提供了巨大的自由空间，但自由的无限性与方向轨道的制约性之间是辩证统一的。用老子的话说就是"人法地，地法天，天法道，道法自然"[②]。而从自然科学到社会科学的宏观视野都难以否认：自主能动程度越高的子系统，越容易走向异化。所以，"反者道之动"——我们往往需要通过克服异化的回归，来实现持续发展的大道运行。

（四）生态哲学的价值论思维

现代系统论的倡导者贝塔朗菲，在努力将自己的学说上升为哲学的时候，提出系统的方向性，或曰系统的目的性。但正因为与以往哲学中的"目的论"不同，于是有人将其称之为"预决性"。贝氏认为，任何系统的运行都有一种趋向、一定方向的有序性，这是一种孕育于各种偶然背后的必然。这种思想和中国道家哲学"道生一，一生二，二生三，三生万物""（道）可以为天下母""万物将自化"等相当接近。自然科学的研究表明，无论是宇宙还是地球生物圈，

[①] 《马克思恩格斯选集》第三卷，人民出版社，2012，第952页。
[②] 《老子》第二五章。

都体现出从无序到有序、从低级到高级、从简单到复杂的伟大演化变革。意义是什么？意义就是有方向性的功能作用（用老子的话来说，即是"道"）。而这恰恰是宇宙间万事万物的本质。

人以及人类，在自然界处于什么地位？与自然界是什么关系？对自然界应该抱有什么样的基本态度？人类发展的方向会不会出现总体性错误？人类做出了无数的选择，包括极为重大的、关系自身命运和自然环境前景的选择，这些选择需不需要、是否经得起从最大系统、全一格局出发进行的检验？人们不可能对最大系统、全一格局进行全面的掌握和清楚的认知，但可以通过哲学特有的思维方式去观照、理解那些指导性、规范性准则，而这些准则就是全一系统的启发和昭示。所以，价值至少是三个层次的意义体系：一是人的付出所创造的价值，二是满足人类需要的一切事物的价值，三是整体系统（哲学上的全一）所昭示的价值。

可以看出，前两个层次是我们通常所追求的价值，但毕竟是拘囿于人类中心主义框架之内的。这两个层次的价值是有意义的，被大量的价值哲学论证。而所有这些论证基于一种"价值相对主义"思维，即认为价值是主体对于对象的评价和认同，认同程度高、评价高，价值就高。那么主体是谁呢？当然是人，所以价值是针对人而言的，离开人就无所谓价值。我们之所以可以承认这两个层次的价值，是因为将"主体"看作抽象的、普遍的人，而不是社会分层中的任何群体，也不是未经抽象的任何阶层或个体。尽管价值观纷繁复杂，但价值主体仅仅是指抽象的人。在此基础上，就不可能排除对于人类世界来说的普世价值。但是，普世价值，如果仅仅以其对于人类社会的普遍性来确立，是远远不够的。普世价值，必须包括终极价值，终极价值必须是一种超越价值，不仅超越俗世，还要超越"全世"，归根结底是超越人类。轴心时代之所以经久不衰，是因为其在宗教和哲学的形而上追求中，抵达了超越人本论、心本论、物本论的本体，抵达了昭示和引导人类不断实现超越的精神境界。因此，轴心时代的价值内核是终极价值，绝不可能仅仅徘徊于"人的价值"和一切以人为主体而评价和认同的价值。任何群体、任何个人都需要价值引导，而人类整体难道就不需要吗？人类，从整体上，需要搞清楚自己在宇宙中、在自然中的地位，需要搞清楚自己与总体系统的关系，需要人类整体之外的价值坐标。

这正是生态文明必须纳入人类文明结构的根本原因。只有这样，人类对于价值，不仅仅是作为价值主体而接纳之、享用之，也不仅仅是为其创造和增值，更要作为义务主体去承担价值，遵循价值，信仰价值。这是道家价值哲学重要的价值所在，也是生态文明深刻的价值论依据。《尚书·舜典》对"文明"一词的解释是："经天纬地曰文，照临四方曰明。"精湛地道破了文明真谛，比当今许多关于"文明"的定义更具有崇高性和涵盖性。

人类，从实践和经验中、从科学探索中，可以掌握和运用子系统的规律为自己服务。但是，人类已经掌握的真理，并非"放之宇宙而皆准"，人类还会本着"知无涯"的态度去认识和掌握更多的真理。但人类对自身的理性能力、认知能力的局限性要不要予以承认？对未知世界，要不要本着"知有涯"的理性而保持敬畏谦恭？答案是肯定的。人们价值体系不能忽略自然生态的伟大功用，以及这种功用中的启发昭示。正如冯友兰先生将人生划分为四种境界：自然境界、功利境界、道德境界、天地境界。"天地境界的特征是：在此种境界中底人，其行为是'事天'底。在此种境界中底人，了解于社会的全之外，还有宇宙的全，人必于知有宇宙的全时，始能使其所得于人之所以为人者尽量发展，始能尽性。在此种境界中底人，有完全的高一层的觉解。此即是说，他已完全知性，因其已知天。他已知天，所以他知人不但是社会的全的一部分，而并且是宇宙的全的一部分。不但对于社会，人应当有贡献；即对宇宙，人亦应有贡献。"[①] 生态文明，包括文明的全部要素和至高价值，不仅是人类劳动创造的深刻记载，而且是人类发展方向的引导和昭示。

（五）生态哲学的实践论思维

马克思主义认为，实践是认识之源。但"实践检验"，包括整体观照生态系统的任何变化与启示。从生态文明的角度出发，可以看到："实践检验"往往是一个长期的过程，在此过程中，具体的"检验结果"给出的"真理"有可能是一种谬误。越是按照这样的"真理"激昂奋进，就越可能狂奔在歧途。所以恩格斯说："我们不要过分陶醉于我们人类对自然界的胜利。对于每一次这

---

① 冯友兰：《新原人》，转引自谢遐龄选编《冯友兰文选》，第134页。

样的胜利，自然界都对我们进行报复。每一次胜利，起初确实取得了我们预期的结果，但是往后和再往后却发生完全不同的、出乎预料的影响，常常把最初的结果又消除了。"①

在生态文明的警示下，人类的实践一定要上升到包括生态哲学在内的哲学思维层面，尤其是本体论、认识论、系统论、价值论的哲学启迪，不可或缺。一场战争，胜负就是实践检验；一次试验，成败就是实践检验；一项政策，利弊就是实践检验。但是，人类与自然的关系，是系统检验、宏观检验、长期检验。在检验没有完成的时候，我们不是无所作为，止步不前，而是在继续实践中需要遵循价值的指引，需要谦恭敬畏的信仰，需要对未来和子孙后代负责的超前预测。生态文明对社会实践的启迪至少包括：第一，当不计生态条件与成本而寻求效益和发展时，增长、福利价值最终不会实现。只要经济增长就会带来繁荣与幸福的观念，大量消费可以促进经济发展的观念，仅以国民生产总值或人均收入值来衡量生产力发展水平的观念等，均应在生态、协调、平衡发展价值面前重新受到审视。第二，生态价值具有超国界性，任何不符合生态价值的国家利益、民族利益都会大打折扣。成书于 20 世纪 80 年代的《权力与正义》提出："假如我们接受'政府的职责就是保护本国国家利益'这一观点，那么，保护全球利益又是谁的职责呢？全球利益是一致的吗？"② 第三，生态价值具有超现实性、超时代性。生态文明以其系统性和整体性，以其思维时空扩展的明显色彩，为人类价值追求提出了更深刻的挑战。

道家哲学中珍贵的反异化思想

中国传统文化和哲学史上有一个十分奇特的现象：一方面，老子及其学说曾得到高度评价，甚至传播到海外之后，西方哲学家也对其倍加赞赏；但另一方面，老子哲学也受到许多诟病，更存在种种误读、误解。

如此待遇，虽然奇特，却并不奇怪。最主要的原因有：其一，老子是开创

---

① 《马克思恩格斯选集》第三卷，人民出版社，2012，第998页。
② 西奥多·哥伦比斯、杰姆斯·沃尔夫：《权力与正义》，华夏出版社，1990，第121页。

一派哲学的大家，其本体论思维与古今中外哲学家的思维或貌合神离，或神似貌异，或交错分殊，但总体上看可以说卓尔不群，独树一帜。其二，老子将目光瞄向终极探求，一切论述全部在终极探求的基点上次递展开，诚如柳诒徵先生所说："是则吾国形而上之哲学实自老子开之，亦可曰一元哲学实自老子开之。"① 后来的学者，只要不能从终极思维意义上去解读老子，哪怕偏离一分，也会对其原意得出截然不同的理解。其三，老子是春秋末、战国初的思想家，其所处时代，派系纷呈，"百家争鸣"的时代尚未到来，亦未形成后来许多"约定俗成"的成见，故而老子在表述上有一种无所顾忌的"单纯"，即无须考虑后人会如何误解自己。而老子本来也未希望人们能够充分理解他，在"知我者希"的感叹中直言不讳。以至于后来有人深以为老子"荒诞不经"。况且，老子一旦成言，便隐形晦迹，再无任何阐释或辩解，一任解读者"言人人殊"。

在众多的对于老子的误读、误解中，最需要辩驳澄清的，就有"无为"这一提法。由于对"无为"的误读误解，以至于对老子学说中一些原意的理解出现错误。这里仅举一例，比如本人很尊敬的吕思勉先生在解读"无为"的时候说：

《老子》书又主张无为。无为两字的意义，每为后人所误解为驯化。《礼记·杂记》：子曰："张而不弛，文武不能也。弛而不张，文武不为也。"此系就农业立说。言弛而不张，虽文武亦不能使种子变化而成谷物。贾谊《谏放民私铸书》："奸钱日多，五谷不为"，正是此义。野蛮部族往往好慕效文明，而其慕效文明，往往牺牲了多数人的幸福。（一）因社会组织，随之变迁。（二）因在上的人，务于淫奢，因此而刻剥其下。所以有一种反动的思想，劝在上的人，不要领导着在下的人变化。在下的人，"化而欲作"，还该"镇之以无名之朴"。这正和现今人因噎废食，拒绝物质文明一样。②

---

① 柳诒徵、吕思勉：《文化十六讲》，中国友谊出版公司，2009，第25页。
② 柳诒徵、吕思勉：《文化十六讲》，第265~266页。

非常遗憾！老子的原意，与吕思勉先生的解读恰恰相反。

老子所信任的，是人民的"自宾""自化"。所以强调"在上的人"应当"无为"。老子说得很清楚："是以圣人去甚，去奢，去泰"①"圣人无常心，以百姓心为心"②"我无为而民自化，我好静而民自正，我无事而民自富，我无欲而民自朴"③。将着眼于人民的自化、自正、自富，说成是代表"在上的人"的"反动的思想"，说成是"拒绝物质文明"，这样的误读是比较严重的。其实，老子的意思很明显：既反对统治者的骄奢淫逸，又强调依靠人民群众自主的力量追求发展变化。

如果不引入异化概念，是很难深刻理解老子和道家哲学的。虽然二千五百多年前的老子不可能明确提出异化概念，但他显然从辩证思维出发，深刻地涉及、意识到异化问题。五千言的《老子》中，批判异化的言论和反对异化的观点比比皆是。"重为轻根，静为躁君""虽有荣观，燕处超然"④"知其雄，守其雌"⑤等，充分反映出老子对异化现象的高度关注。而"物壮则老，是谓不道，不道早已""果而勿矜，果而勿伐，果而勿骄"的警示，"知足不辱，知止不殆，可以长久"的提醒，"生而不有，为而不恃，长而不宰"的告诫，在今天看来依然可以作为反异化的至理名言，其思想内涵值得我们认真理解和充分发掘。

老子说："为学日益，为道日损。损之又损，以至于无为。"⑥所谓"为学日益"，无疑是积极进取的，岂不是与"为道日损"相矛盾？这里，老子对以往人们的"有为"是极不信任的。在所谓"有为"之中，人们非常容易忽略、忘记，以至于背弃天道，以主观意志取代了一切事物系统运行中的基本规律。严格地说，人们是有理性的，任何作为只要有一定的理性抉择，就有可能在一定程度上遵循客观规律，从而取得一定的成果，获取一定的利益。但是，也正因为如此，人们特别容易以掌握了某种局部的规律、子规律而自以为是、盲目

---

① 《老子》第二九章。
② 《老子》第四九章。
③ 《老子》第五七章。
④ 《老子》第二六章。
⑤ 《老子》第二八章。
⑥ 《老子》第四八章。

自信；特别容易由顺化而走向异化，并对异化洋洋自得，以异化为伟大成就。同时，老子还认为："祸兮福之所倚，福兮祸之所伏。"① 由帝王制定的纲常礼教、法律规范等，初始时或许有"替天行道"的依据，但一旦异化，便成为束缚人、压迫人的藩篱。

以法家为例：法家杰出的开拓性人物管仲，应该说是联接道家与法家的中介人物。管仲说："疑今者，察之古；不知来者，视之往。万事之生也，异趣而同归，古今一也。"② 与老子"执古之道，以御今之有"的思路相通。所以管子素被认为"其学与老子同原"。后世许多学者，也多有法家源于道家的看法。然而，后来管子说："法者民之父母也。法者，天下之至道也，圣君之实用也。法之制民也，犹陶之于埴，冶之于金也。君臣上下贵贱皆从法，此之谓大治。"③ 此时的管仲，已经偏离道之"玄德"，从实用主义"经验总结"出发，走到了法的异化的边缘。后来韩非、李斯等治秦，进一步走向极端。秦国富国强兵，一统天下的"成就"，印证了法家思想和治国之道在一定阶段、一定程度上和一定范围内遵循规律的功能，但那是局部的子规律，并且很快走向异化。而异化之后的法家主张，依然被历代统治者视为"成功经验"而奉为圭臬，以至百代行秦之政法。可以说，中国历史上的严刑峻法以及皇权专制，在很大程度上是法家思想异化的产物，总体上发挥了压迫人民、剥夺人民福祉、禁锢科学文化、束缚社会发展的负面功能。

儒家的"君君臣臣父父子子"以及纲常礼教等，也有同样的情况。周礼及周之前的礼，体现了华夏文明独特的发展道路，在一定阶段、一定程度上和一定范围内遵循规律，但那是也局部的、暂时的子规律，后来的异化也是非常严重的。儒家思想体系中，始终有源自道家或发展道家的终极思维成果，即符合总规律的思想主张，因而不能一概否定。道与儒的关系与道与法的关系不同。但只要认真剥离，可以看到其与道家的一个根本区别：道家主张"生而不有，为而不恃，长而不宰"；而儒家则不同，儒家在西汉"独尊儒术"之后，其至尊地位很难避免其中某些思想主张的异化。

---

① 《老子》第五八章。
② 管子：《山高篇》。
③ 管子：《法法篇》。

我们说儒家、法家思想学说当中都有符合一定历史需要、符合总规律要求的内容，尤其是儒家思想，更有可以纳入人类先进文明和现代价值体系的思想精华，但是也都有走向异化的思想主张。中国历史上，儒与法思想中的异化部分在成为糟粕和意识形态绳索，甚至成为社会弊端的思想渊薮之后，依然受到许多人的尊崇，作为少数统治者的利器而发挥作用。老子极富远见地预见到："大道废，有仁义"[①]"失道而后德，失德而后仁，失仁而后义，失义而后礼。夫礼者，忠信之薄而乱之首"。[②] 这里，老子实际上是在论述价值层次的递减。正是针对这种情况，老子指出"为道日损，损之又损，以至于无为"，继而提出"无为而无不为"。老子的思路是清晰而且精湛的：从"反向递增"（有为）返回（"反者道之动"）到最高价值、核心价值（无为），然后在正向价值引导下追求发展（无不为）。

老子所说的"有为"，指的是人们违背客观规律，或者以次级规律取代总体规律、以子系统运行需要取代母系统运行需要的状况。这样的状况，难以避免地会导致一种以人为成果的异化取代系统运行的自化，并且在自以为是、执迷不悟的基础上不断推进和强化人为成果，使异化愈益严重的状态。这是一种个人、群体、人类都极易进入而难以自拔的状态。人不仅容易因理性的偏狭、对所取得成果的骄傲而进入这种状态，而且容易被非理性的潜意识引入这种状态，即人的本能和欲望在后天失落其天然性而走向奢望与贪婪——欲望的异化。在偏离终极价值的情况下，人的心理动力不是沿着更高的、符合人的价值的需要层次而攀升。人的心理动力绝非仅仅是弗洛伊德所说的欲望、本能，而应当是马斯洛所说的心理需要。马斯洛的"需要说"，是对弗洛伊德的"欲望说"的纠正与超越。但是，弗洛伊德对人的潜意识当中性本能、生存本能、死亡本能的揭示是很精彩的。只不过，恶是善的异化。异化的本能在盗取"人性"的名义之后，以"天然"的姿态而充当动力，实际上已是人性的异化。"化而欲作"成为相当普遍的现象。

这正是老子所言指并反对的"有为"。

[①]《老子》第一八章。
[②]《老子》第三八章。

老子所说的"无为",是一种回归状态,所谓返璞归真,即是向人性的回归。"居善地,心善渊,与善仁,言善信,正善治,事善能,动善时。"[①] 所谓"载营魄抱一,能无离乎?专气致柔,能婴儿乎?"[②] 所谓"损之又损,以至于无为",都是指这样一种状态。这是一种充分尊重、信任、依托、遵循总体性根本规律("是谓玄德")以及系统运行中自组织、自调控、自发展功能的状态。在这种状态下,人是谦虚的,是敬畏的,是清醒的。同时,这是一种依托状态,是对万象生机的依托;是一种顺应状态,是对天下大势(总体规律与趋势)的顺应;是一种真诚状态,是对于大道运行、核心价值的真诚。因而,这也是一种蓄势待发、朝气蓬勃的状态。在宇宙—自然系统面前,人类永远有着无法彻底认知、彻底了解、彻底掌握的未知与神秘,尽管人类可以而且应该永远去探求、去开拓、去创造,但同时也需要和必须永远保持一种谦卑与敬畏。人类不是自身的创造者,人类是先于人类、高于人类的创造力的成果和子女。伟大的创造力,在西方被说成上帝或人格化的神,但老子认为是道。"有物混成,先天地生,寂兮寥兮,独立不改,周行而不殆,可以为天下母。"[③] 总之,人类必须有谦卑和敬畏的对象,这样才有利于人类在宇宙—自然系统中准确定位。而"无为"状态,正是一种承认自己正确定位的谦虚与清醒的状态,是真正坦荡而开阔的状态,是与道相协调的状态,因而是未被修饰、未被污染、未被扭曲的初始状态、本真状态,是"无不为"真正的始发点和坚实的基地。

老子的所谓"无不为",是一种超越状态,是一种价值引领并实现价值的追求、创造、进取状态,是在依托和尊重总规律,并与总规律保持和谐基础上,人类改造和利用自然系统、改造和完善社会系统、改造和发展精神系统的状态。这样一种超越状态的核心,即是对价值的追求与实现。道家哲学不仅是本体哲学,还是系统哲学,同时也是价值哲学。"明白四达""上善若水""其中有精,其精甚真,其中有信""为腹不为目""能知古始,是为道纪""蔽而新成""知常曰明""孔德之容,惟道是从""圣人抱一,为天下式"……无不体现出老子对价值的高度重视。《道德经》本身即是一部人类早期的价值体系

---

① 《老子》第八章。
② 《老子》第一〇章。
③ 《老子》第二五章。

宣言。

因而，在利益实现和价值实现的关系上，应该追求两者统一。如果一旦发生冲突，必是利益追求的异化。无为是从异化的返回，无不为是价值实现引领下利益实现的持续。在工具理性和价值理性的关系上，追求两者的协调。如果一旦冲突，必是工具理性的异化，无为是对异化的反思和从异化的回归，无不为是价值理性引领下工具理性的发挥。同时，"无不为"是一种健康、和谐、有保障的发展状态，是统一协调的系统正向运行状态。正如老子所说："昔之得一者，天得一以清，地得一以宁，神得一以灵，谷得一以盈，万物得一以生，侯王得一以为天下贞。"① 这种系统运行，自然是"无不为"的。其中"神得一以灵"其实是突出强调了"无不为"的神奇功效，甚至是奇迹的创造。"谷得一以盈"充分体现了人类劳作获得丰硕成果的"无不为"。尤其重要的是，如若不能循道，或者是反向价值的"有为"，后果是严重的："天无以清将恐裂；地无以宁将恐发；神无以灵将恐歇；谷无以盈将恐竭；万物无以生将恐灭；侯王无以正将恐蹶。"这还哪里谈得上什么"有为"呢？21世纪，世界上许多国家意识到环境污染（天无以清将恐裂）、灾害频仍（地无以宁将恐发）、资源匮乏（谷无以盈将恐竭）、生物灭绝（万物无以生将恐灭）、精神危机（神无以灵将恐歇）、恐怖主义和权力腐败（侯王无以正将恐蹶）……给人类带来的严重威胁。如果说老子是古代的环保主义者，是当今环保主义哲学依据的提供者，是毫不为过的。因此，"无不为"的状态，用今天的话说，是和谐发展、平衡发展、科学发展、可持续发展的状态。

柳诒徵先生说："（老子）其教人以无为，非谓绝无所作为也，扫除一切人类后起之知识情欲，然后可以从根本用功。故曰：'为学日益，为道日损，损之又损，以至于无为。'其下即承之曰'无为而无不为。'盖世人日沉溺于后起之知识情欲，不能见此甚精、甚真、甚信之本原，虽自觉无所不知、无所不能，实则如同梦呓。"② 综上所述，老子的"无为"，不是消极、倒退、保守、绝对的无为。尽管老子在多处从不同角度论述和强调了"无为"，但对其思想

---

① 《老子》第三九章。
② 柳诒徵、吕思勉：《文化十六讲》，第25页。

准确完整的表述则应当是"无为而无不为"。这是一种大有为、真有为，是科学理性的有为，是价值引导的有为，是避免异化与祸患的有为，是为子孙后代和人类生存环境负责的有为。因而是依托本原，遵循最基本、最深刻的规律而运作系统的、整体的、平衡的、持续恒久的有为。

这里对老子"无为"思想的"现代语境解读"是不是一种现代性的硬性改造呢？是不是脱离了、拔高了老子愿意呢？不是的。的确，老子的思想与表述，与现代语境之间，跨度很大，不仅由于二千五百年的遥远时空、截然不同的时代背景，还由于人类思维方式和表述方式发生了巨大变化，更由于道家哲学本身的发展在历史上缺乏延续性，甚至被断裂化、边缘化，这为用现代语境和新思维来表述和解读老子思想增加了难度。但是，正是由于年代久远带来的种种障碍，才更需要一种直抵其深刻、核心思想的穿透性。

第十三章
道——中华民族珍贵的信仰资源

米兰·昆德拉久负盛名的《不能承受的生命之轻》暗示了这样的哲理：如果生命失去了绝对意义，将变得没有依凭与支撑，会像随风飞舞的羽毛那样失重飘浮。对于社会，当价值体系失落或崩溃，真假难辨，美丑颠倒，善恶不分，鱼龙混杂，社会失去选择的依据和判断的准则，人的生命失去精神的依托，这是一种无意义内涵的"轻"，然而心灵无法承受外部世界和内部世界的种种重压。——精神生命在困惑、焦虑、惊悸、抑郁中变成没有意义内涵的"不可承受之轻"。

信仰问题是人类共同的问题。美国历史作家威尔·杜兰特将中古文明称为"信仰的时代"。如果放进"蒙昧时代—宗教时代—理性时代—权势时代—经济时代—科技时代—信息时代（数字化时代）"的总体框架，杜兰特的信仰时代或许是指宗教时代。而在他看来，中古结束之后人类开启并进入的是"理性时代"。有学者基于这样的大历史观指出，每个时代都有一个文明中轴。而"理性时代"，是工具理性充分发挥和张扬的时代。随着后现代哲学中建构主义哲学的兴起，越来越多的人开始反思启蒙运动、科技革命、全球化中的经济增长和国际关系，甚至反思现代化理念以至整个人类的走向。

中国改革开放起步不久，就有人呼吁关注信仰危机。近年来，中国社会价值坍落、信仰匮乏、诚信缺失、道德沦丧的现象愈演愈烈。不仅思想界学者忧心如焚，而且各界人士和广大民众也感同身受。考察中国的信仰问题，不仅需要观照现当代的世界背景，而且有着强烈的本土原因与特色。信仰危机不仅仅是精神、宗教、哲学领域的问题，而且与文化、教育、经济、社会、政治，以及制度与法律等各个领域都有着深刻广泛的互动关系。

什么是信仰

究竟什么是信仰？当代中国，信仰问题从实践到理论都存在着很大的混乱。理论界的乱，不仅不能为中国民众信仰问题找到出路、指点迷津，反而起到消极的作用。有人干脆宣称信仰取消论："信仰意味着把一生交给可望而不可即的空洞理想，而我只需要一系列实在的目标。"如果这种说法只是一种主张，那么也有人试图从理论上对信仰来个"釜底抽薪"。

"信仰"（faith）就是"trust in the absence of evidence"，就是"在没有证据的情况下给以信任"，或者说，在一个事物未被证明正确的情况下，将其当真。被信仰的东西叫作"教条"或"信条"（doctrine）。信仰使doctrines保持一成不变。就因为"没有证据，就不能保证其正确性。换句话说，就完全有可能把错误的东西当真。许多宗教的核心信条都是没有证据或错误的"，于是断定"信仰是认识世界的一种方法或methodology，是被证明错误的一种方法。科学家多持唯物主义观（materialism），他们反对"信仰"，提倡"怀疑主义"或skepticism。他们认识世界依据的是证据，而不是信仰。他们会对事物做"假说"（hypothesis）或推想，但他们知道这种假说有可能是错的。如果有证据证明其错了，他们就抛弃这种假说。

这样的说法既有土生土长的因素，也有来自国外的影响。极力主张科学哲学、拒斥形而上的逻辑实证主义哲学家卡尔纳普就认为，形而上学表述了某种在全部经验之上或之外的东西的知识，比如表述了事物真实本质的知识、表述了自在之物、绝对这一级诸如此类的东西的知识，但这些命题都不是可证实的，也就使这些命题失去了任何意义。他还基于此而宣称："形而上学的危险在于它的欺骗性，它给人们以知识的假象，却并不具有任何知识性，这就是我们所以反对形而上学的理由。"① 这种"拒斥",不仅拒斥了他们所理解的形而上学,而且在很大程度上拒斥了哲学,进而拒斥了人类信仰。一切被人们所"科学地证实"了的知识,哪里还有超越性、终极性和神圣性?还值得信仰吗?无论是人类以外的天体宇宙、自然万物,还是人类社会的悠久历史、繁杂万象,或是人类心灵的精神世界、意识文化,不能够被"科学地证实"的有多少?即使是人类"实践经验"的总结,应当保持"维特根斯坦式的沉默"②的又有多少?有的学者在对宗教存在严重偏见的基点上,根据历史上笃信宗教是主要信仰形式、某些宗教信仰也的确对人类文明发展起到过巨大的消极作用的状况,认为宗教信仰是虚幻的、迷信的,是违背社会发展客观规律、与科学精神背道而驰、水火不容的。这是对宗教本质和宗教历史的以偏概全。

康德曾试图给出信仰的定义:"对于某一判断,如果主观上坚持其正确性,而在客观上没有充分证据予以证明,这种判断就是信仰。"③ 英国大不列颠百科全书给出这样的定义:信仰是在无充分的理智认知而保证一个命题为真实性的情况下,予以接受或同意的一种心理状态。值得注意的是,上述两个定义,都有一个共同点,就是所信仰的对象的正确性、真实性都是没有充分依据的、没有被充分证实的,或者没有充分理智认知的。尽管如此,却被信仰者接受或同意。无论如何,这两个定义都抓住了信仰的一个突出的特征:与科学实证无关。

美国著名学者丹尼尔·贝尔有一段话,虽然是描述宗教的,但由于这段话主要是概括宗教的信仰功能,所以可以作为我们理解什么是信仰这一问题的重要参考:"宗教是人类意识的一个组成部分,是对生存'总秩序'及其模式的认知追求;是对建立仪式并使得那些概念神圣化的情感渴求;是与别人建立联系,或同一套将要对自我确立超验反应的意义发生关系的基本需要;以及当人面对痛苦和死亡的定局时必不可少的生存观念。"④

---

① Rudolf Carnap, *Philosophy and Logical Syntax* (London: Kegan Paul, 1935), p.27, 转引自夏基松《现代西方哲学》,上海人民出版社,2006,第143页。
② 维特根斯坦在其《逻辑哲学论》中宣称:"一个人对于不能谈的事情就应当沉默。"
③ 转引自周文华、王公晓《论科学与信仰的和谐发展》,《广东社会科学》2012年第4期。
④ 丹尼尔·贝尔:《资本主义文化矛盾》,赵一凡、蒲隆、任晓晋译,三联书店,1989,第221页。

从本体论来说，信仰指向天地万物产生、存在、发展的根本原因和根本依据。哲学上本体论提供了信仰的对象，是因为世界上万事万物背后抽象的、不依赖于现实世界的本真所在，才构成我们终极探求的答案。这种探求指向"无限""终极"的同时，还指向"统一"。如罗蒂所说"自希腊时代以来，西方思想家们一直在寻求一套统一的观念，……这套观念可被用于证明或批评个人行为和生活以及社会习俗和制度，还可为人们提供一个进行个人道德思考和社会政治思考的框架"。"它成为这样一个文化领域，在这里人们可以脚踏根基……从而可以发现其生命的意义。"[1] 这样的框架或体系，在很大程度上构成信仰的理论形态。亚里士多德所说的"寻求最高原因的基本原理"[2]；黑格尔所说的"要这样来理解那个理念，使得多种多样的现实，能被引导到这个作为共相的理念上面，并且通过它而被规定在这个统一性里而被认识"[3]，都在一定程度上揭示了形而上学的思维旨趣，尤其是美国科学哲学家瓦托夫斯基所说："不管是古典形式还是现代形式的形而上学思想，其驱动都在于力图把各种事物综合成一个整体，提供出一种统一的图景或框架，使我们经验中的事物多样性能够在这个框架内依据某些普遍原理而得到解释，或可以被解释为某种普遍本质或过程的各种表现。"[4] 形而上学还有一个重要的思维指向，就是探求事物的本源、本真。比如道家的天道，虽然有鲜明的整体论思维特色，但还有重要的本体论思维特色，即追求根本起源及根本依据。因而可以说，本体论思维在很大程度上是关于信仰的哲学思维。

从认识论来说，信仰是形而上思维对未知世界感悟认知而产生的尊崇与敬畏。"形而上者谓之道，形而下者谓之器"。形而下是针对我们可感知、可验证、可掌握利用的具体规律，而形而上是针对世界背后的原因，是解决"元认知"的思维，是探求本源、终极、根本的思维。或曰是"一种不断探索理性认知以外世界的理性，一种不断追求情感体验之外的情感，一种不断超越艺术形象以外而领略的艺术"。爱因斯坦说，造诣高深的科学家对科学怀有一种"宗

---

[1] 理查·罗蒂：《哲学和自然之镜》，李幼蒸译，三联书店，1987，第1~2页。
[2] 亚里士多德：《形而上学》，吴寿彭译，商务印书馆，1959，第56页。
[3] 黑格尔：《哲学史讲演录》第二卷，贺麟、王太庆译，商务印书馆，1960，第385页。
[4] 瓦托夫斯基：《科学思想的概念基础》，范岱年等译，求实出版社，1989，第19页。

教感情",这种"宗教感情所采取的形式是对自然规律的和谐所感到的狂喜的惊奇,因为这种和谐显示出这样一种高超的理性,同它相比,人类一切有系统的思想和行动都只是它的一种微不足道的反映。只要他能够从自私欲望的束缚中摆脱出来,这种感情就成了他生活和工作的指导原则"[1]。也可以说形而上思维是一种承认人类理性局限性的更高的理性,是一种对人类认知能力有限性即"知有涯"的认可,因而形而上思维的成果体现为接受尚未认知、永远不可认知的世界的启迪,并对其保持谦卑和敬畏。信仰的起源,正在于人类对未知世界神奇功能和神秘启示的敬畏。虽然人类认知范围不断扩大、认知能力不断提升,但信仰的基本特征不会因此改变,改变了就无所谓信仰。形而上思维永远是人类理性思维方式的重要构成,那种"拒斥形而上"的所谓"理性",本身就是否认理性局限性的非理性。

从价值论来说,信仰是对人类必然产生的精神性心理需求的回应,是对人类寻求精神寄托与生命意义问题的追求、思考、领悟、解答、信奉。人以及人类的情感和理性之间的冲突是痛苦的重要根源,而只有超越性意识才能使之达到统一。人以及人类与自然的冲突是深刻的矛盾,只有终极性的理念才能使之协调,使人类得到引导。人以及人类"知无涯"与"知有涯"之间的矛盾,或者说自然、社会、心灵世界无边的神秘与人类认知能力之间的矛盾,是遮蔽、搅扰人类意识的永远的困惑,是人类自卑或狂躁的深层原因,只有深刻的价值体系才能抑制人类的变态而确立适当的定位。可以说,信仰问题,本质上就是价值问题。信仰的树立本身不仅是一种价值选择和价值树立,而且还要经过价值的检验。

信仰对生命来说是意义的追求,对精神来说是境界和寄托,对情感来说是情操和格调,对人类来说是价值选择的引导。

信仰是信仰者自我定位和树立理想的根本参照和依据。

信仰是信仰者选择困惑中引导方向的价值体系。

信仰是信仰者满足精神需要的根本的心理动力。

信仰是信仰者实现精神寄托、找到生命意义的人生境界。

---

[1] 《爱因斯坦文集》第一卷。

信仰是信仰者依循神圣权威对行为的规范与制约。

我们从本体论、认识论、价值论三个层面论证了什么是信仰，而许多哲学家殚精竭虑地追求三者的统一。信仰问题实在是复杂，信仰现象和人们对信仰的理解，包括学者关于信仰的阐释，实在是混乱。比如有人信奉了某种宗教是不是就有了信仰。有人有了明确的目标决心从事一种事业并做出成就，是否就有了信仰。有人信奉自由主义、有人信奉社会进化论，是否分别有了信仰。穆斯林的什叶派和逊尼派打得不可开交，是否分别都有信仰。……类似的疑问可以列出一大长串。因此，关于什么是信仰的问题没那么简单，还必须做出一种概括，就是将信仰划分出"广义的信仰"和"狭义的信仰"，这种划分十分必要。这种划分是基于这样的概括：从前面的讨论中我们可以看出，信仰的要素与特征可以高度概括地分为两个方面：第一是信仰者方面；第二是信仰对象方面。第一方面，主要是信仰者无条件地信奉、敬畏、遵循、寄托于一定对象；第二方面，则是这个对象应当具有价值内涵，而这样的内涵具有超越性、终极性、普适性。这样的概括并不全面，但很有必要。符合第一方面特征的"信仰"是大量的、普遍的；同时符合两个方面特征的则很少，而且需要人们孜孜以求。我们说前者为广义的信仰；后者为狭义的信仰。狭义的信仰才是真正的、符合"真信仰精神"的信仰，严格说来，广义的信仰涵盖面虽然很大，却只能说是一种"信仰现象"。从中我们也可以看出，狭义的信仰是完美的理想的信仰，的确需要孜孜以求，需要"路漫漫其修远兮，吾将上下而求索"。狭义信仰的追求、建立和传播之路，荆棘丛生，崎岖坎坷。但是，我们必须追求这样的信仰。对一个人来说，关系到人的潜能的发挥，关系到生命的意义和境界；对群体来说，关系到群体力量的凝聚和发展的走向；对人类来说，关系到人类整体的命运和前途。但是，社会充满矛盾，心灵充满冲突，信仰问题既是对人类从根本上的拯救，也是对人类意识和心灵最严峻的考验。

有了这样的概括，相信下面的讨论会容易一些。

对信仰现象的多视角考察

前面一节讨论"什么是信仰"，可以看出狭义信仰是有严格界定的，其内在于人的主要是精神追求与境界，其外在于人的表现主要是观念形态，但真正称得上信仰的观念，应当以崇高的、至上的价值体系为内核。但是，在现实生活中，人们对信仰的理解实在是千姿百态，包括学术领域关于信仰的界定也是五花八门。有人将某种事业追求当作信仰，比如"话剧是我的信仰""写作是我的信仰"等；有人将爱情当作信仰，甚至将爱的对象当作信仰；有人将金钱、地位、名利、成功等具体目标当作信仰；有人从实用和功利的角度出发将对某种信条的信奉当作信仰……。于是，我们必须指出：对于"广义的信仰"的认可，是一种妥协，是出于进一步研究和梳理的需要。而梳理纷纭斑驳的"信仰现象"，无疑很有必要，但难度极大。或许，从以下几个方面进行辨析，可获提纲挈领之效。

（一）众神与信仰

信仰的起源孕育于古代文明的"众神崇拜"之中。罗素说："未开化的野蛮人同我们一样，在自然界的威力面前感到一种无能为力的压抑。但是在野蛮人的内心中却没有什么比得上权力更令他崇敬。他宁愿在众神之前匍匐拜倒，而不反躬自问：他们是否值得顶礼膜拜。悲惨而又令人恐怖的是，为了安抚多疑善妒的众神，人类经受了多么漫长的残忍痛苦的历史和长时间的自我贬低、自我牺牲。战栗的祈祷者心想：当他把最珍贵的东西无条件地献出来时，众神嗜血的欲望就会得到满足，它们也就不会再向人提出更多的要求了。"[1] 按照罗素的说法，对众神的原始崇拜，是原始社会早期、中期野蛮人面对大自然自卑和恐惧的精神产物。但是，这样的描述并不能作为信仰起源的依据。更重要的是，野蛮人对大自然的畏惧，畏惧中有一种感恩；畏惧中也有一种依赖和信任。这才是信仰的真正起源，其中除了恐惧之外，还包含了信仰所必备的敬畏、信奉、依赖等心理要素，因而称其为"众神崇拜"是适当的。人类在面对自然时高度敬畏，敬畏得充满恐惧；在面对自己力量时非常谦卑，谦卑得相当自虐。但是，人类的祖先从总体上来说，并没有在惧怕、恐惧中逃避，而是对敬畏的对象加以想象，甚至进行种种类比，从而从图腾、众神和偶像中找到了

---

[1] 罗素：《罗素自选集》，第11页。

一种信心，一种希望，一种寄托，一种动力。惧怕充分说明人类自身的力量是弱小的，而人类智慧和理性的苏醒与成长是艰苦、漫长的，如果不是这种"众神崇拜"的力量，不足以支撑人类的祖先去抵御洪荒、灾难、雷电、野兽，去承受和战胜那无边的磨难。因此，随着人类文明的发展，众神崇拜由于缺乏理性，缺乏人类主体性的支撑，迅速地走向弱化与边缘。但它毕竟在一定程度上符合人的心理需要信仰的某些特征，因而很难说在哪一天销声匿迹。但是，众神崇拜的原始性，表现为一种严重的局限性，即尚没有经历价值理性对终极价值的超越性探求。因此必须指出，轴心时代超越视野的诞生，在很大程度上就是对原始崇拜、众神崇拜的突破，而被突破的崇拜现象在文明演化进程中的蜕化与没落也是不可避免的。当然，直到今天，我们仍可以从世界各地许多文化中发现，众神崇拜不仅仅是考古发现的遗迹，而且是活化石一般活生生的遗风，甚至在现代社会、高度发达的城镇乡村，也会带着种种神秘主义迷信色彩而潜行蔓延。

（二）宗教与信仰

尽管宗教信仰与原始崇拜、众神崇拜有着精神脐带的关系，而且在如今许多处于边缘化、地方化、风俗化的宗教信仰中，依然保留许多原始崇拜的痕迹，但是，宗教信仰已经在文明化过程中具备了自己完备的特征。那些规模庞大、信徒众多、历史悠久的世界性宗教，已经充盈了创立者、传播者、阐释者和弘扬者的哲学思考。宗教信仰是原始崇拜、民俗民风、社会文化、理性思考的综合的精神创造。我们不能简单地一言以蔽之曰"宗教是麻痹人民的精神鸦片"。应当看到宗教是人类信仰大厦的主要外在形式之一，在历史上为支撑人们的信仰发挥了主力军的作用。但是，根据前面对信仰的界定，我们认为不能认为一切宗教的内容和形式都可以当之无愧地纳入"宗教信仰"这一旗帜下。对宗教的繁杂，休斯顿·史密斯说得很温柔："这是多么奇特的情谊啊！在各地区的神的追寻者，以自己独到的方式向一切生命之神大声地呼唤。从上天那里听起来会像什么呢？像是疯人院，或者是不同旋律融合在奇异而不可思议的和谐中？是有一种信仰在主唱，抑或由各分部来重唱和轮唱，再一起汇成和声？"实际上，宗教如果是一块精神沃土，生长于其上的植物既有根深叶茂的参天巨木，也有毒汁四溅的杂蔓黑藤。但是，正如休斯顿·史密斯所说："在人类历史的进程中，坏的音乐创造出来的可能性和好的是一样的多，但是我们却不能期望音乐欣赏课程上给予了他们同等的注意。时间乃是最重要的因素，我们假定只有最好的才得到眷顾。"我们更要赞赏这位《人的宗教》的作者明智的选择："这本书是在谈价值！"① 对于宗教在人类文明中的积极意义，历史学家和哲学家给以充分的肯定，比如汤因比认为："我在这里所说的宗教，指的是对人生的态度，在这种意义上，鼓舞人们战胜人生中各种艰难的信念，这也就是，宗教对于有关宇宙的神秘性和人在中间发挥作用的艰难性这一根本问题上，给我们所提供的精神上的满意答案；并在人类生存中给予实际的教训规诫，由此鼓舞人们去战胜人生征途上的困难。"②

宗教信仰有一个不断发展的过程，这种过程至今依然没有完成。各宗教体系的建立都难免倚重一定的思想，而教义中的非理性成分容易引起歧义和冲突。宗教神灵的人格化，在一定程度上影响信仰的超越性。但是，宗教的弊端主要是宗教本质的异化，休斯顿·史密斯对宗教的见解是相当精辟的："世界各宗教在神学和形而上学中所揭示的真理，乃是受到启发的。至于机构组织——却是另外一回事了。由于机构是由本身内在有缺陷的人组成的，也因之就是由善与恶所组成。"③ 宗教裁判所、教会组织的专制、赎罪券、十字军东征等④，之所以严重扭曲、偏离了宗教超越视野的核心价值，正是"宗教和人搅在一起"的结果，而最突出的"恶性世俗化"，是宗教组织与机构的权力不能以超越性区别于世俗权力，权力异化与人性恶捆绑起来，是宗教恶性异化的最危险的"内部敌人"。于是，宗教本身的变革与发展，成为历史上一道醒目的文明景观。仍以基督教为例，中世纪的奥古斯丁用"赞同的思想"来解释信

---

① 休斯顿·史密斯：《人的宗教》，刘安云译，海南出版社，2013，第4页。
② 《展望二十一世纪——汤因比与池田大作对话录》，国际文化出版公司，1985，第363页。
③ 休斯顿·史密斯：《人的宗教》，刘安云译，第5页。
④ 对于宗教历史上不光彩的，甚至黑暗的记录，既可以从宗教发展中的阶段性或局限性来认识，又可以从宗教理念的异化来认识。两者不可偏废。中世纪宗教劣迹，从上述的第二个视角审视更为重要。宗教与权力捆绑是世俗化异化的重要体现，从时间哲学上可看作"第一时间序列"与低层次时间序列的合并，因而严重削弱了超越性视野。同时，新近研究中越来越多学者指出，宗教劣迹不能掩盖中世纪的哲学之光，也不能过分干扰对中世纪总体的审视。

仰，用永恒的理念来解释上帝超越性的"光照"。奥古斯丁说："我们应该相信有智力的心灵的本质是这样构成的，以至于它凭借一种独一无二的、无形的光芒，看见在自然的秩序中它所从属的智慧实体，犹如肉体的眼睛在这有形的光芒中看见周围的事物。"[1] 这里关于上帝的思想与后来的斯宾诺莎已经相当接近。中世纪的另一位思想大师托马斯·阿奎那认为，信仰的秘密是"天启神学的题目"，进而指出关于圣父、圣子、圣灵三位一体的神秘性不只是知识和理解的问题，而是信仰的问题。[2] 这里虽然是知识和信仰的划分，然而间接地对政教分离有深刻的影响。所谓"上帝的归上帝，恺撒的归恺撒"成为西方从观念到实践的重要传统。17 世纪以来产生过重要影响，并在西方哲学史上占有重要地位的斯宾诺莎，坚持上帝与自然的同一性，他在论证上帝是唯一实体的同时，宣称我们必须做的事，就是用上帝的眼光审视事物整体的、必然的自然图式，并"根据永恒"来加以理解。

从资本主义高速发展的精神层面来看，其既有西方特有的传统理性主义的延伸，也有宗教权威受到严重打击之后新的理性主义的张扬，但是经过宗教改革[3]之后的宗教信仰占有重要比重。马克斯·韦伯在其名著《新教伦理与资本主义精神》中，在列举理性化的经济生活、理性化的技术、理性化的科学研究、理性化的军事训练、理性化的法律和行政机关的同时，强调了"理性化的神秘观照"。——这里当然指的是宗教改革以后的基督教。他对加尔文宗的评价是："对绝对有依据的规范的信仰，绝对的预定论和上帝的彻底的超验性——将这三者结合起来就其本身意义来讲是伟大的天才的产物。"[4] 在《新教伦理与资本主义精神》中，马克斯·韦伯充分肯定了宗教信仰在维护资本主义市场经济体系中的秩序、诚信、职业精神等方面不可替代的重要作用。

一般认为，宗教信仰和理性是对立的。然而正是马克斯·韦伯，对价值理

---

[1] 安东尼·肯尼：《牛津西方哲学史》，吉林出版集团有限责任公司，2010，第 181 页。
[2] 安东尼·肯尼：《牛津西方哲学史》，第 193 页。
[3] 路德宗教改革，反对大一统教会，实际上是"超越视野纯粹化"，即反异化；加尔文宗教改革主张"上帝的选民与上帝订约"，直接影响到契约精神的进一步确立。这里需要再次指出：宗教信仰与哲学信仰是交织的，而宗教信仰的发展，包括历史变迁中对于超越视野的不断追问，是根据社会反馈而不断更新追求，但在很大程度上也是对超越视野的坚守与纯化。
[4] 马克斯·韦伯：《新教伦理与资本主义精神》，于晓、陈维纲等译，三联书店，1987，第 97 页。

性和工具理性进行了划分。从一个角度来看是理性，从另一个角度来看，可能就是非理性。从人类发展的历史来看，坚持两者尖锐对立或二者必择其一的观点，是非常不明智的。宗教信仰是价值理性的重要体现方式。以此来看，我们对宗教的地位和本质应该有全新的认识。当今世界，基督教虽然分为多个大的教派，但在世界上拥有大约21.4亿信徒，集中分布在欧洲、美洲和大洋洲，在亚洲、非洲也在迅速发展。

需要进一步指出的是：宗教改革实际上有两项极为重要、并行不悖的任务：一是前面刚刚提到的超越视野的坚守与纯化，二是超越视野的兼容性和开放性。第二项任务的完成，非常重要。比如古希腊文明和希伯来文明两者的终极价值是截然不同的，但两者可以适度兼容。所谓"适度兼容"，意思是两者在精神理念上互相汲取、印证，而绝不是谁将谁彻底融化、合二为一；两者在地位上并行不悖，而不是某一方独断专行；两者在功能上相互制约、相得益彰，而不是严重冲突。我们可以看到，在基督教发展历史上，从古希腊和古希伯来文明中分别衍生、演化出来的认知理性和基督教之间，正是这样一种关系。

（三）道德与信仰

道德的范围很广。从传统文化、风俗民情，到社会舆论、国家教化等。但道德与信仰的关系主要从三个层面上体现：一是宗教信仰中的伦理规范、戒条；二是带有地方化、自治化色彩的民间宗教、祖先崇拜、宗族家法、民约行规等；三是关于道德的思想学说体系。第一个层面，实际上是宗教与道德的交叉部位。有人说中国从历史上就是没有宗教的国家，这是很不确切的。道教具备了宗教的比较完备的基本特征，佛教传入中国以后也有宗教意义上的发展。道教和佛教在中国底层社会的实际影响与传播，是广泛深刻的。只不过，中国宗教的独立发展，在历史上受到政治权力的抑制或利用，没有形成过西方历史上那种政教分离的格局，因而宗教文化总体上是弱化的。第二个层面，在中国主要就是儒家思想体系。儒学虽然是传统文化中的主流或主干，但也同样存在受到政治权力压抑和利用的严重问题。道德哲学，在儒学中占有极大的比重，有人认为，儒学就是道德哲学、中国传统政治文化总体框架就是道德维系的家国同构。

考察道德与信仰之间高度密切的关系，在中国有突出的意义。因为在中国，除了儒家传统以外，道德与信仰关系的第二个层面，即带有俗文化色彩的祖先崇拜、社会风俗、宗族家法、民约行规等，在"体制外"的社会生活中发挥了相当重要的作用。其来源主要是历史遗传和约定俗成，当然也包括主流学说（儒道释）一定程度的渗透。杨百揆先生认为："中国主流雅文化，也就是人们常说的'传统文化'，一般只对中国古代'四民'（士农工商）中的士影响较大，对帝王亲贵和官员也有些影响，对农、工、商及五行八作其他人几乎没有什么影响。（不被视为主流的阴阳家学说，倒是对社会各阶层都有影响。）而民间俗文化对社会各种人都有重大影响，对大多数人的影响是决定性的。"[①] 这样的观察和结论是很有道理的。孔孟之道、道教，以及传入中国后的佛教等，通过各种渠道会有一定渗透，但渗透了也会变形。而主要是生存文化、民俗文化、宗法文化、行帮文化以及形形色色的民间文化在发挥作用，为绝大多数底层民众提供了崇拜的偶像、信奉的准则、价值的依据、行为的规范，使得道德体系当中带有一定信仰色彩的成分。

正因为如此，中国传统社会道德与信仰的关系相当复杂：一方面，道德在很大程度上充当了信仰，发挥了信仰体系在某些侧面的功能；另一方面，如果承认"道德信仰"的概念，从理论上来说是实际上一种"妥协"，即作为一种社会现象的"道德信仰"，很难从学理上符合我们关于信仰的界定。然而，对这种现象的分析，却对于梳理道德与信仰的关系很有意义。从积极方面来说，第一是"道德信仰"的传承性和延伸性很强。中国老百姓偶像很多，玉皇大帝、祖先祖宗、雷公电母、王母娘娘、观音菩萨、关帝爷、灶王爷、龙王爷……以及各种各样的神灵或权威。所有这些直到今天依然在发挥作用。第二是在现实生活中能够发挥实际的功能作用，比如有了敬畏的对象，就有了行为的惩戒。葛剑雄先生在谈到中国信仰问题时说："'文化大革命'后，我去北岳恒山。我很奇怪怎么北岳大帝没被撤掉。什么道理呢？因为山高，北京红卫兵走走都不高兴上去了，结果本地一个小学教师带了学生上去，那个菩萨是铜的，没有砸

[①] 杨百揆：《雅文化　俗文化　根文化》，《学习博览》2008年第3期，第42页。

坏。这个老师，下山时就提不起腿来了，一年不到就死了。从此再不敢去动这个庙宇。这就成为敬畏了，不需要什么理论。还有下18层地狱，阎罗王。很多传说，来世做牛做马，投胎投的（得）不好。另外也可以解释很多，比如人家命好我这个命不好，肯定前世做了什么坏事，今世不修修来世，这个来世不是什么灵魂纯洁，不是升天堂，而是再转世投胎的时候投得好一点，否则投胎做牛做马。"① 第三是不同的道德信条中也有一些共性的、相通的价值核心，比如恶有恶报、善有善报，比如前生来世因果相依，等等。

但是，我们毕竟是在宽泛的、"妥协的"意义上来观察"道德信仰"，并对其积极意义给予肯定的。从消极意义上来说，其局限性是很明显的。首先是分散性，由于没有上升为统一的宗教或价值体系，故而很难形成大规模的凝聚力。所谓中国人"一盘散沙"，与"道德信仰"的分散有密切关系。其次是缺乏神圣性、崇高性和超越性，受到世俗功利的严重束缚。道德偶像很难成为精神寄托和境界提升的依据，却往往被用来满足实际需要。比如有一次，笔者走进一家餐馆，这里的老板或是图个大吉大利，或是为了招徕生意，将餐馆里搞出了浓浓的"宗教氛围"。老板自我介绍说："在我这里就餐尽管放心，我是个有信仰的人，决不会坑蒙拐骗！"环顾四周，既有"土地爷保土富贵平安，财神爷保财兴旺发达"的对联，也有弥勒佛、观音菩萨的塑像，关帝老爷的图像，还有一点香火缭绕。仔细一听，还播放着基督教教堂里的音乐。老板好像是一位多神崇拜者，问他究竟信的是什么教，老板说"我信的是佛教，不过哪一路神仙我都不敢得罪，哪一路神仙都是我的偶像，我是看明白了，是个神就能保佑我。"诸神所保佑的，是老板的生意和财路，太实用了。但这位老板在中国是很有代表性的。比如信奉灶王爷的人会念念有词"上天言好事，下界保平安"，拜王母娘娘的人追求多子多福。汉代焦延寿的《易林》中就说："稷为尧使，西见王母。拜请百福，赐我善子。引船牵头，虽物无忧。王母善祷，祸不成灾。"再次就是"道德信仰"，缺乏稳定性，其价值准则是易变的。以往的道德，到后来可能被视为不道德。今天的不道德，某一天也可能成为道德，比如女性违背了节烈、贞节、三从四德，传统社会看作大逆不道，今天则看作女性解放。

---

① 葛剑雄：《中国人信仰什么？》，http://www.ftchinese.com/story/001036297/?print=y。

关于中国的"道德信仰"现象，应该讲得再深入一些。春秋战国时期诸子百家共同营造中国版的轴心时代。而我们认为，道家哲学所抵达的思想高度，突出地显示了中国版轴心时代的超越视野和对终极价值的追求，并使之长期发挥一定引领作用，但势单力薄的道家先哲因受到种种制约而无法完成道家成为文化主流的任务。与道家有档次高下之别的儒家道德体系和法家权术思想，在实际需要层面获得更多机缘。也可以看作第一时间序列的高远、长程作用，与低层次时间序列之间未能贯通。西汉以后儒家的独尊，与家国同构、大一统社会结构形成互推互动；政教合一的格局使儒家超越视野与权力捆绑更为紧密，"明儒暗法""儒表法里"的实际政治运作进一步弱化了儒家超越视野。政治权力层面的禁锢与社会层面"道德信仰"的繁杂，使中国传统社会总体上处于真信仰精神匮乏的状态。

（四）政治与信仰

从前面我们关于什么是信仰的界定来看，政治信仰也需要一套政治思想体系，比如各种"主义"，其中包括对这套思想体系的哲学论证。当政治思想体系中的哲学思维抵达超越视野的高度，或曰某种主义、某种政治思想流派的政治哲学，有了终极价值的支撑时，政治信仰是可以成立的。然而，我们通常所说的"政治信仰"，很可能属于"广义的信仰"的范畴，对此，我们需要作出必要的辨析。

如同宗教的异化中，一旦教会等人为的组织机构世俗权力化，就很容易在权力发生异化时导致自身发生恶性异化。信仰层面的超越视野，当然应当而且可以对社会的政治生活施加影响，甚至为政治权力的合法性、正当性提供重要的思想依据，其影响和指导作用的一个重要侧面，就是从理论和精神层面规定权力合法性、正当性的同时，也保持对政治权力的监督和制约的关系。但是，信仰不可以直接纳入政治本身的结构，不可以成为政治的附庸和工具，尽管信仰是思想的、宣传的、精神的工具。举个例子：一位德高望重的教授教出的学生当官了、掌权了，用高薪聘请教授当自己的秘书，如果这个老师当了秘书，学生依然尊称他为"老师"，教授的名气和地位依然存在，他们之间在外界看来依然保持着"师生关系"。但实际上，这位教授难以避免地会发生"老师的异化",他不再是教学生、指导并监督制约学生的老师,他的思想理论学说知识等都开始为做官的学生作注释、做宣传,他的身份和作用显然发生了质的变化。就像中国古代的"帝师""幕僚""师爷""太子傅"等,本质上并不是老师,而是臣子。中国历史上,先秦结束后,尤其是西汉汉武帝之后,儒家与皇权的关系,已经基本上成为这样的关系。而这样的情况古今中外是很多的,也就是说,与政治捆绑在一起、成为政治工具的思想或价值体系,只能是政治上的"广义的信仰",用另一个词来表述,就是意识形态。有利于文明和谐、发展、进步的社会是政教分离,是一定要有一部分思想学说、精神领域与政治保持距离,信仰永远不能"纳入"政治和权力系统,否则,任何信仰体系就不可能是文明的光泽、民众的福音。

同时,政治哲学中超越视野异化,往往表现在强制性和独断性方面。信仰被人们接受,与信仰的本质密切相关,即人们发自内心的信奉尊崇,并且信仰对象在积累沉淀、比较筛选、教化传播中得到人们的认同。所以,以任何强权强制灌输与推行信仰,也容易发生异化。价值体系如果没有任何兼容性,以独断性、排他性保持自己独尊地位,也容易发生异化。而构成政治信仰意识形态化的一个特点就是:有一个偶像化、神圣化了的现世人物作为崇拜对象。中国的皇权崇拜,是比较典型的古代的政治信仰。中国皇帝用"天意"来解释自己的统治合法性,自称"天子"。但这个"天",与道家哲学"天道"的天,完全不是一回事。天最大,天意就是来自皇帝和大臣的解释:"普天之下莫非王土;率土之滨莫非王臣。"所以中国不可能出现政教分离,不可能再出一个与皇帝分庭抗礼的教皇。一旦把政治人物神像化,把政治信念神圣化,把世俗权力神权化,政治信仰就成为意识形态。

(五)科学与信仰

易中天说:"什么是信仰?信仰是对超自然、超世俗之存在的坚定不移的相信。比如相信某个科学真理,它是自然规律不能叫信仰;或者相信某一个道德信条,这是社会行为规范,也不能叫信仰。"[①] 这样的认识是很精到的。

---

① 易中天:《中国人信仰实用主义》,http://cul.qq.com/a/20140131/003512.htm。

科学与信仰的关系，实在是比较混乱的问题。既有许多人坚持认为只有科学的、被证明的才是可以被信奉的真理，所以主张"科学信仰"，或者主张逐渐以"科学信仰"来取代传统的信仰；也有许多人认为信仰中无科学、没有被实证的真理的支撑，所以主张取消信仰。严格说来，科学不是信仰的对象，所谓"科学信仰"是一个伪命题。这里，需要梳理一下科学与信仰的关系。

第一，科学是人类理性智慧的运用及其成果。但是科学发展靠实证、验证、逻辑分析，永远在掌握局部的、子系统的规律。超越性的、终极价值的探求，并非科学的长项或优势。所以，斯宾格勒说，每种物理学的背后都有它的宗教精神。爱因斯坦说，科学没有宗教是瞎子，宗教没有科学是跛子。科学背负着宗教精神才能站得高，看得远。斯宾格勒是著名的历史哲学家；爱因斯坦是具有哲学精神的大科学家，他们两位都看到了科学不能取代、不能否定信仰，两者虽不是一回事，却有互动关系，信仰对科学具有永恒的引领作用。

第二，科学可以使宗教信仰更加真纯、深刻、高远。有人说"科学前进一步，宗教退后一步"——这种说法非常表面化。其实，应当是"科学前进一步，宗教提升一步"。原因在于，宗教本身往往出现异化垃圾，以对世俗权力和金钱的追求冒充神圣，借用简单类比和粗劣的想象、迷信、揣测，塞入宗教教义、教规，或挂着宗教的羊头卖庸俗低劣的狗肉，宗教精神被降档或扭曲。科学发展使这些货色得以荡涤和清除，让宗教信仰在较大程度上回归到整体感悟和超验理性的高档次、高境界上来。但是，科学对宗教信仰等信仰资源、信仰对象的"验证作用"，不是取消和替代，因为科学即使前进得再多、再远，也不可能穷尽人类对宇宙自然、人类社会、精神世界的认知和理解，形而下永远不可能驱逐和替代形而上。

第三，科学理性本身是有局限性的。关于人类理性智慧具有"无限"潜能的断言，其实是一种带有前提的预测，前提就是人类思维与时空共存。但是，这个前提实际上是不存在的。人类思维虽然具有积累、传播、共享的特征，但思维毕竟以独立的个人大脑进行，人类永远只能以"有限"对"无限"。客观世界是可知的，但永远是不可全知、不可尽知、不可穷知的！康德关于"四大悖论"的表述，实际上是精彩地论证了人类理性思维的局限性问题。所以，从根本上来说，"科学信仰"是不成立的。社会科学，也只能掌握局部的、子系统的规律，指导人们在具体领域的社会实践。无论是微观还是宏观，社会科学提供的成果可以是决策和行为的依据，但绝不是信仰的对象。因为，科学包括社会科学，不具备信仰体系所必然具备的根本特征：崇高性、神圣性、至上性、超越性和超验性。

第四，正因为科学是工具理性的产物，而信仰是价值理性的成果，所以，两者不能互相取代。作为工具理性的科学，是一把双刃剑。一旦将科学作为信仰，也就是将工具理性、局部认知作为总体绝对真理，就会使其负能量得以施展，将社会引向歧路。正如弗罗姆曾经发出这样的感叹：开始于19世纪的某些东西在20世纪继续得以发展，速度之快、规模之大都是空前的。现代工业体系的成长，正在导致越来越多的生产，增加愈来愈明显的消费倾向。人类已经成为一个物资的搜集者和使用者。越来越多的人对生活的中心体验就是"我拥有，我使用"，而"我是谁"的感悟则越来越少。手段——换句话说，就是物资福利、生产，以及商品的生产——统统成为目标。早在20世纪30年代爱因斯坦就尖锐地指出："在战争时期，应用科学给了人们相互毒害和相互残杀的手段，在和平时期，科学使我们生活匆忙和不安定。它没有使我们从必须完成的单调的劳动中得到多大程度的解放，反而使人成为机器的奴隶；人们绝大部分是一天到晚厌倦地工作着，他们在劳动中毫无乐趣，而且经常提心吊胆，唯恐失去他们一点点可怜的收入。"① 科学是人类充分发挥理性智慧和创造力的领域，但科学成果是为人类服务的，而不是用来被崇拜、被信仰的，反而是需要人类用信仰来保持高度警惕的。科学永远是有局限的，信仰对象在超验价值体系那里。

古代先哲将形而上与形而下分开，是一种大智慧。反而当今之世由于科学的飞速发展以及科学主义的盛行，将信仰与科学混为一谈的错误视角与言论大行其道。所谓"科学信仰""信仰科学化""科学地对待信仰"等提法不仅混乱，而且有害。信仰和科学不是一回事，混为一谈不仅在哲学上是形而上与形而下、价值理性与工具理性的混淆扭曲，现实中一定会直接或间接地造成贬低信仰、取消信仰的情况。树立科学精神与加强信仰建设两者都没有错，但正如

---

① 《爱因斯坦文集》第三卷，许良英等编译，第179页。

科学与信仰不是一回事、科学本身不能成为信仰对象一样，两者应该是在双行道而不是单行道上的分别运行，绝不能互相混淆，互相抵消，互相替代，从而实现并行不悖。

（六）哲学与信仰

哲学以整体观照和系统思维、辩证思维等高于科学的思维方式把握世界，提供理论化、系统化的世界观，是价值理性追求的思维途径，既包括对人类经验、科学等工具理性成果进行抽象审视的方法论体系；也包括对未知领域进行形而上思维从而接受启迪昭示的形而上思维体系。自古以来，人们一直都在坚持通过哲学追求"第一原理"，追求终极价值，追求天下大道，追求全真、本真。

哲学与科学不同，哲学在本质上不是一门依靠实证、试验等科学方法的学问。但是，哲学并不拒绝科学，并且会将科学、实践经验等纳入自己总结、审视、思辨的框架之中，不断丰富、校正自己的思想内容和思维成果。同时，哲学在追求"第一原理""终极价值""规律背后的规律"的形而上思维中，将宇宙—自然的生态系统、人类社会的世态系统、精神世界的心态系统纳入视野，并且在三者相互作用、相互关系的意义上进行总体思考。相对于科学来说，哲学更加高屋建瓴、得心应手地发挥价值理性的威力，对人类的生命、宗教、道德、政治、法律、艺术以及社会生活给予启迪与引导。哲学似乎远离现实，却"实际而现实"地给人们提供大智慧，内在而根本地启发人们的思维，提升人们的精神境界。

必须指出的是：哲学家当然需要创造性思维，但其创造性思维的核心在于：对天道、人道、心道所昭示的真理的研究、探讨、总结、揭示和阐述。任何博大的体系、精辟的表述、优美的文字，都可以体现创造性。但哲学的创造性和科学的创造性之间，是有区别的。由于哲学家的视野、立场、方法不同，因此，哲学形成许多流派，不同的哲学家之间有不同的思想体系，甚至有不同的理论、对立的观点。随着历史的发展，也会形成雅斯贝尔斯所说的"时代的精神"。坚守精神化与去精神化，始终是哲学史上的深刻对立。中世纪之后的人类哲学，去精神化的取向一度走红升温，宣称上帝死亡不仅是对宗教低潮的助推，也是对去精神化的认可。正如雅斯贝尔斯所说："世界的这种非精神化，并非由个人无信仰所致，而是那个如今已导向虚无的精神发展的可能后果之一。"雅氏进一步指出："在几千年的人类历史以及史前史中任何神都未能为人做的事情，人已经为自己做了。人很自然地想要通过他的这些成就来探明存在的本质，直到他惊恐万分地从他为自己造成的空虚中退缩回来时为止。"①

梁启超认为："有许多学说，常因时代之变迁而减少其价值""有许多学说，不因时代之变迁，而减少其价值。譬如不患寡而患不均，不患贫而患不安；利用厚生，量入为出；养人之欲，给人之求，都不含时代性，亦不含地方性"。他认为，儒家哲学中内圣外王的外王部分，含有时代性的居多；内圣的全部及外王的一小部分，绝对不含时代性。中国道与术，道的部分含时代性的甚少；术的方面，"虽有一部分含时代性，还有一部分不含时代性"②。哲学中所谓不含时代性、地方性的内容，即是共同价值。我们非常赞赏梁启超先生这样一种视角，是因为古今中外的哲学思想无论如何源远流长，博大精深，其实都可以划分出含有与不含有时代性、局部性、地方性的内容。甚至可以说，哲学从本质上就是对终极价值、共同价值、永恒价值的追求与探寻。经哲学从天道、人道、心道中发现、阐释、论证并弘扬的价值体系，无论以思想体系还是宗教思想体现出来，都应当纳入人们的信仰体系。

道家哲学与中国的信仰前景

如前所述，信仰是人类的一种精神需要，无论对个人还是社会，无论对人生境界、生命意义，还是价值选择、道德规范，都提供了重要精神依据。中国社会信仰匮乏的情况，反映了时代精神盲目、缺乏价值支撑，将会进一步带来社会低层次运行，是需要引起高度重视的。1995年，中国社会科学院"转型时期伦理道德建设的难点与对策"课题组在广东、江苏、河南和陕西四省份就"转型时期的社会伦理道德"进行了一次比较广泛的问卷调查。统计结果，"有

---

① 雅斯贝尔斯:《时代的精神状况》，王德峰译，上海译文出版社，2008，第17~18页。
② 梁启超:《儒家哲学》，北京大学出版社，2010，第16页。

信仰"者为 28.1%，明确表示"没有信仰"者为 36.09%。如果将"曾有过信仰"视为目前没有信仰，则这个数字达到 58.33%。另有相关课题组在 2011 年 1~4 月对 800 名大学生进行了抽样问卷调查，结果显示：对"'90 后'大学生信仰最倾向于什么"这一问题的回答，选择"实用主义"的占 31.88%，选择"个人主义"的占 20.13%，选择"功利主义"的占 19.13%，选择"共产主义"的占 2.63%。在"大学四年的主要追求目标是什么"的选择中，"提高个人素养""学习了解更多的知识""为了就业"这 3 个回答分别占 27.63%、24.75%、20.75%，"为了科学"占 9.38%。这两组调查数据，在一定程度上说明，在民众中、在青年大学生中，信仰匮乏是相当普遍的现象。况且，在"有信仰"的部分中，停留在"广义的信仰"的也占有很大的比重。我们说过，真信仰精神体现在不断追求中，那么自觉追求信仰而具有一定"真信仰精神"者有有多少呢？在现实的社会生活中，人们早已感受到信仰缺失成为一种趋势。

中国传统文化振兴与信仰建设，这两种需要是有内在联系的。那么，中国传统文化中，有没有信仰资源呢？回答是肯定的。如果有，主要在哪里呢？回答是：道家哲学。下面笔者结合中国信仰建设的需要，作以必要的分析。

（一）"万物之奥"：信仰的神圣性

2012 年 11 月，媒体曝光了湖南娄底天籁寺前任住持圆通法师的腐败案，令人震惊。天籁寺是娄底名刹，圆通不仅是住持，而且是娄底市佛教协会首任会长、娄底市政协常委。圆通大张旗鼓地与"小三"举行婚礼。经调查，圆通因挪用资金罪、职务侵占罪、抽逃出资罪、重婚罪而获刑。虽然，这种腐败只是佛教界的个例，佛教界对这些现象有反对、抗争，但局级、处级、科级和尚，一些地方的寺庙上市、挂牌、拿股份等现象，实在"惊世骇俗"。类似的现象，可以称之为一种"具有中国特色的宗教世俗化"。

与世俗化相对应的是神圣性，这是信仰必备的基本特征之一。就是在日常生活中，我们也需要神圣性，为什么将高等学府称为"殿堂"，为什么将医生护士称为"白衣天使"，为什么将教育事业称为"神圣的事业"？神圣性，是人类心灵永恒的需要，任何事物没有神圣性，便不足以让人们发自内心地对其产生敬畏之心。文化史专家威尔·杜兰特说："宗教是人类最有趣的行为方式之一，因为它是人类生命的最终诠释，也是对抗死亡的唯一利器""基督教为了迎合这些需要，找出了一套博大而庄严的观念：天地的创造与人类的罪性；童女圣母与受难的神；不死的灵魂注定面临'最后的审判'，或被咒跌入万劫不复的地狱，或透过教会的圣礼，领受救世主代死之恩典，而蒙拯救，承受永福。就在这包括万象的远景中，大部分的基督徒受到鼓舞，且寻得了他们的意义。中世纪信仰最大的恩赐，即予人以信心，让他们相信正义终必伸张，而恶虽一时得逞，终将为善的取胜所净化。"① 中国道家哲学虽然没有明确的拯救与永福、审判与地狱的承诺，其关于天地创造的论述、关于万象本源的解释却是大量的。天道，是完备的神圣体系，在老子那里，本真的存在无疑是神圣的存在。不仅大量关于圣人的表述，表达了理想人格的神圣性，而且关于"万物玄奥""玄而又玄""众妙之门""玄德深矣"等的论述，深刻地触动了玄妙、神秘、深奥与神圣的关系，那是一种对于世俗的超越性、超脱性，从而抵达至上性。

如果承认并主张"神圣性"，岂不是在倡导"神性"？这不是有神论的翻版吗？其实，信仰哲学的研究使笔者深深认识到：神圣性和神性，是完全不同的两个概念，当然，两者有联系，也就是说神圣性不可能完全排除神性。但需要指出的是，对神性的肯定，并非落入有神论。有神论还是无神论，是一个科学问题，无神论被科学证实，或正在、继续被证实，但并不等于可以否定"神性"。即使是批判有神论，也不能彻底否定有神论所宣扬的神性思想。因为，以科学为依据的无神论对神仙、鬼神、鬼魂的证伪，所对应的应当是批判神权、迷信和具体的鬼神崇拜，但科学并没有，也不可能实现对神秘、神奇、神圣的证伪，那不是科学的任务。正像我们对神话传说可以否定其具体情节而不能否定其蕴含的"历史的真实""抽象的真实"一样，对包括鬼神崇拜在内的一切信仰现象，可以否定其形而下内容，而不能完全否定其形而上价值思维。信仰存在与必要性的重要依据之一，在于一切事物本质存在、终极存在必然是"神圣的存在"。人的"神性"存在的必要性，是无可否认的。神性、人性、鬼性大致上对应了弗洛伊德的"超我、自我、本我"。否定神性，鬼性就会像

---

① 威尔·杜兰特：《信仰的时代》，台湾幼狮文化译，华夏出版社，2010，第767页。

老鼠一样无孔不入地钻行,从而使人丧失人性。所谓人的神性,即是人性的超越性和神圣性,包括人的精神世界的灵感、潜意识自主整合以及这一切与神圣存在之间的一致性。这种一致性,既表现为向神圣崇高的提升,也表现为向本真存在的回归。这正是道家哲学所深刻揭示的哲理,也是世界上许多哲学流派所蕴含的深刻哲理。

(二)"谷神不死":信仰的恒久性

汉代董仲舒说"道之大原出于天,天不变,道亦不变"[①],其意虽有众多解释,但与老子"谷神不死""道乃久"等思想是有渊源关系的。老子说:"有物混成,先天地生,寂兮寥兮,独立不改,周行而不殆,可以为天下母。"[②]道具有恒久性,这又是信仰资源必备的重要特征之一。从宇宙自然到社会万象,可以说风云激荡,变幻无穷。但是,人们之所以信奉、尊崇一定的对象,是因为这个对象一定是超然于一般变化而具备变中之不变、万变不离其宗的特性的。《周易》充满了关于变化的哲学智慧,"穷则变,变则通,通则久"。希腊哲学家赫拉克利特的名言"人不能两次踏进同一条河流""太阳每天都是新的",生动地阐释了他"一切皆流,无物常住"的思想。然而,变和不变是一种辩证关系,但通常人们解释这一辩证关系时都局限于:在一定阶段事物会表现为相对静止,这是一种相对于变的不变。因而"天不变,道亦不变"屡屡受到从这样的角度出发的批判。但是,道,是从更高的意义上、形而上意义上的思维成果,比如我们完全可以追问"一切皆流,一切皆变"这一条本身会不会变?答案应当是否定的,因为如果这一条也会变,就等于说这一条根本不成立。从某种意义上来说,道之不变,"独立而不改",正是对"一切皆变"之永恒性、不变性的肯定。也正是在这样的意义上,尼采"上帝死了"这样一种宣称,从哲学上来说只能是伪命题,爱因斯坦所信奉的"斯宾诺莎的上帝"不仅不会死,而且本身就在"周行而不殆"之中不断获得"新生"。从而,一切现世的、没有超出常人之生死的"偶像",是不应被当成信仰对象的。当斯宾

---

① 《汉书·董仲舒传》。
② 《老子》,第二五章。

诺莎将上帝转化为自然的时候，包含了一种更为深刻的信仰对象的人格化向永恒的转化，而这样的转化在老子那里一开始就完成了："天地尚不可长久，何况人乎？"，天地不可长久，道却必然长久，因此"人法地，地法天，天法道"方能"长生久视"。正因为"自然"不是静止状态，而是功能状态、过程状态，因而是不可断裂、终止的状态，"道法自然"中必然包括了对本体、本真的永恒性的哲学认定。

道家本体论哲学所揭示的"谷神不死""道乃久"的信仰对象的永恒性，是人类终极追求理性意识的深刻体现。其现实的启迪在于：我们对待传统中的精华，尤其是对待具有终极思考意义的思想精华，对待中华民族赖以寄托精神信仰的宝贵资源，不能采取断裂性、革命性、彻底否定的姿态。对于任何没有"经过科学证实"的信仰资源，均冠之以"封建糟粕""封建迷信"而批倒、批臭，或者一概贴上时过境迁、陈旧没落的封条而打入冷宫，都会对中国人的精神世界造成严重戕害。对个人来说，信仰本身就是在有限中对无限的仰望和追求，就是自身存在与终极存在之间关系的协调。存在不是一个固化静止的事实，也不是自然性的生命存活，而是在有限中对无限的向往和追求。积极理解海德格尔的"向死而生"，就应当有两重含义：一是意识到死亡造成的自身局限性，在死亡到来之前的"此在"中发掘提升生命的意义；二是在这种发掘、筹划生命过程中接受终极价值的指引，从而超越自身局限性。所以"向死而生"不是"朝死而生"，而是"超死而生"，是在追求无限与超越意义上的"置之死地而后生"。

（三）"微妙玄通"：信仰的非功利性

中国的基督徒越来越多，已经超过7000万。但相当多的信徒都抱着非常现实功利的目的，为了结婚，为了过生日，为了看病，为了发财，为了聚会，为了娱乐，为了得到主的各种具体的关照和恩典，甚至有的只是为了一顿免费午餐。中国人那种"平时不烧香，临时抱佛脚"的心态在这种实用主义式的基督教信仰中得到体现。当然不只是基督教，比如烧香拜佛以求大富大贵，多子多福；甚至有人刚刚买了股票、彩票，或打麻将也赶紧去进香；追求立竿见影的"显灵"。观音菩萨、玉皇大帝、如来佛、土地爷、灶王爷、关老爷、妈祖、祖宗的祠堂排位……近年来出现将毛主席、周总理以及"老一辈革命家"当作神灵偶像的现象，还有的将马云当财神爷，不一而足。更有甚者，是一些官员为了升官发财而跪拜菩萨，其实如果真有神仙显灵的话，他们的做法恰恰是会招致惩罚。

科学不是信仰，但科学与信仰的关系十分微妙，其中一项就是科学为信仰证伪，当科学证伪了人格化崇拜偶像存在的时候，恰恰是促使信仰向价值偶像、象征偶像提升的步骤。道家哲学所认定的信仰体系是价值体系，贪官想要官运亨通，或乞求神灵护佑其腐败行为不暴露，是逆天违道、背道而驰的。"执大象，天下往；往而不害，安平太。乐与饵，过客止。道之出口，淡乎其无味，视之不足见，听之不足闻，用之不足既。"① 这是老子的话，执大象，天下往，遵循天道正是一种有信仰的价值追求，绝非工具主义、实用主义。往而不害，安平太，用之不足既，都体现了冯友兰概括的"无用之用"，是用之不竭之大用。在本书关于价值论、价值理性的章节里，有比较多的相关论述，此处不再赘述。

（四）"长而不宰"：信仰的非强制性

美国社会心理学大师级人物奥尔波特说："在社会心理学这个领域已经写出的著作当中，最有影响者，也许要算勒庞的《乌合之众》了。"在《乌合之众》中，勒庞描述了群体暴力可怕而残暴的破坏力，在从社会心理学角度探讨这种群体残暴的原因时，作者说："一个人如果只崇拜某个神，他还算不上有虔诚的信仰，只有当他把自己的一切思想资源、一切资源、一切自愿的服从行为、发自肺腑的幻想热情，全部奉献给一项事业或一个人，将其作为自己全部思想和行动的目标与准绳时，才能够说他是个虔诚的人。……当聚集在一起的人受到某种信念的激励时，在他们中间也会发现这两个特点。恐怖统治时代的雅阁宾党人，骨子里就像宗教法庭时代的天主教徒一样虔诚，他们残暴的激情也有着同样的来源。"② 只要稍加分析就可以看出，勒庞所追究的群体暴

---

① 《老子》第三五章。
② 古斯塔夫·勒庞:《乌合之众》第一卷第四章，冯克利译，中央编译出版社，2014，第46页。

力的心理原因，不是真正的信仰，而是恐怖统治、思想统治背景下的非理性盲目崇拜。信仰的本质，是非强制灌输，与舆论一律和洗脑、思想宰制必须严格区别开来。历史上，集权专制和群体暴政看起来是相反的，实际上是高度一致的，包括宗教在内的任何信仰形式一旦与世俗权力结合而使自身具备了主宰、支配、控制人们言行的功能，便已经完成了严重的异化，早已背离了信仰体系的本质。中国道家哲学极具预见性和穿透力地指出，道从来都不是强制和主宰的力量："衣养万物而不为主，可名于小；万物归焉而不为主，可名为大。"（《老子》第三四章）"道生之，德畜之，物形之，势成之。是以万物莫不尊道而贵德。道之尊，德之贵，夫莫之命而常自然。故道生之，德畜之；长之、育之、亭之、毒之、养之、覆之。生而不有，为而不恃，长而不宰，是谓玄德。"（《老子》第五一章）道，也从来都不靠强力灌输和洗脑宣传："无有入于无间，吾是以知无为之有益。不言之教，无为之益，天下希及之。"（《老子》第四三章）道，从来都尊重和遵循无为无不为的"自然律"："道常无为，而无不为，侯王若能守之，万物将自化。化而欲作，吾将镇之以无名之朴。无名之朴，夫亦将无欲。不欲以静，天下将自定。"（《老子》第三七章）"清静为天下正。"（《老子》第四五章）

庄子借老子之口说："使道而可献，则人莫不献之于其君；使道而可进，则人莫不进之于其亲；使道而可以告人，则人莫不告其兄弟；使道而可以与人，则人莫不与其子孙。然而不可者，无它也，中无主而不止，外无正而不行。由中出者，不受于外，圣人不出；由外入者，无主于中，圣人不隐。"[①]这段话的大意是："如果道可以用来进献，那就没有谁不把它奉献给君王；如果道可以用来奉送，那就没有谁不把它奉送给双亲；如果道可以告诉别人，那就没有谁不将其告诉兄弟；如果道可以遗传，那就没有谁不传给子孙。然而这些都是不可能的，原因就在于，心中不领悟和确信，就不能留住道。没有相应的、正常的外部环境，道也不能运行。内心领悟了但别人接受不了，圣人便不会传授。或者从外界获得道的传入，但并没有真正领悟和确信，圣人也不会深藏于心。"精神信仰重在领悟于心，也在于营造人们领悟、接受和信奉的社会

---

① 《庄子·天运》。

环境。信仰可以影响人们的思维与言行，但绝不是直接支配，更不是强行宰制。一切伪信仰则反其道而行之，权力崇拜便是其中突出的一种。

在中国的现实生活中，信仰指向权力的现象是不可否认的。人们对财富、名声、情色、虚荣等的痴迷和追求，是欲望的表现。对权力的追求，也是一种欲望，可以叫作权力欲。但是，我们这里说的不是一般的欲望追求的问题，而是崇拜、敬仰、畏惧、向往的问题。权力崇拜是中国传统文化当中一项非常悠久、顽固的内容，但是现代社会，尤其是改革开放以来，权力崇拜不仅依然突出，而且成为愈演愈烈的一种社会现象。权力是对社会进行组织管理和服务的必要的支配力和影响力，相对于其他影响力而言，其突出特点有两条：一是可以不顾被支配、被影响对象的反对；二是以暴力为后盾。这两条都集中反映了人与人之间关系的强制性和不对等性。权力是需要的，但是权力也是社会系统中最容易异化的部位，因而需要"关在笼子里"，需要种种有效的制约。在中国信仰建设的道路上，权力崇拜、权力文化是严重的精神障碍。

以上择其要者，谈及道家哲学对中国信仰建设和信仰前景的思想启迪。其实，这方面的内容是很丰富的，本书许多章节中的内容都可以从这个角度去理解。比如道家主张精神自由，而信仰一定是自由选择的结果，无论是群体还是个人，心灵之道的自主整合方能筛选、沉淀出基本认同的价值体系，而信仰归根结底是由经得起历史检验、经得起文明筛选的价值体系所支撑的。比如道家主张抱一为天下式、载营魄抱一、万物之宗，是在论道，也是在论信仰。信仰不能泛化，所谓多元化是指渠道与形式，但价值的终极追求、至上性和核心性都决定了信仰在根本上是趋同的。当然，这样的趋同，是一种比较筛选沉淀的长程时间演化，并立、碰撞与交融的文明互动与人为的、世俗的冲突完全不是一回事。一些打着信仰旗号的宗教战争，实际上是舍本逐末，是背离宗教信仰追求终极价值的宗旨意趣的。比如道家提出"象帝之先"，一贯主张大象无形、大音希声等，其信仰思想是反对具象化的，现世个人偶像化或终极偶像的现世人格化，都容易导致信仰扭曲。我们应当反对"偶像的黄昏""偶像破坏论"，但也必须反对偶像现世化、偶像的具象世俗化等。总之，深入发掘道家哲学，让中国传统文化中信仰资源得以新生，光华重现，对于信仰大厦的建立意义非凡。

道家哲学与"偶像破坏论"

陈独秀曾经说:"世界上真实有用的东西,自然应该尊重,应该崇拜;倘若本来是件无用的东西,只因人尊重他,崇拜他,才算得有用,这班骗人的偶像倘不破坏,岂不教人永远上当么?"他得出结论:"凡是无用而受人尊重的,都是废物,都算是偶像,都应该破坏!"这些惊世骇俗的语言,出自陈先生一篇文章,题目就叫《偶像破坏论》。

虽然陈独秀先生活跃于中国的政治舞台上,那种激昂慷慨挑战传统的姿态与革命话语很相称,但他的话怎么听都和尼采"上帝死了""重估一切价值""偶像的黄昏"等观点有点遥相呼应。比如他说:"一切宗教,都是一种骗人的偶像,阿弥陀佛是骗人的;耶和华上帝也是骗人的;一切宗教家所尊重的崇拜的神佛仙鬼,都是无用的骗人的偶像,都应该破坏!"

的确,陈独秀话音未落,破坏偶像的力量风起云涌。但,又有许多新的偶像在世界舞台上升降沉浮,生生灭灭。其中不乏非常"有用"而且功名显赫、独霸天下、万民崇拜的偶像。然而,偶像之破与立,真的只能用"有用"与否来评定吗?"是非成败转头空,青山依旧在,几度夕阳红。"历史是神秘的,对于任何人宣称的历史规律、历史定论等轻易不肯认账。比如,陈独秀先生以"有用"与否来评判偶像是否应该打到、破坏的论断,在睿智的历史老人面前,就显得很不靠谱。

古往今来,凡立得住的、经得起沧桑变迁、风云激荡的偶像,恰恰不是"有用"的,甚至不是"确定证明"的。这事太奇怪!比如当今世界上20亿基督徒没有像信仰上帝那样去信仰那些拿出"确切证明"的科学真理的科学家,以及科学真理本身,反而为数不少的成就斐然的大科学家却虔诚地信仰上帝。那些"被实践证明"确实有很大作用的发明家、科学家、建筑师、工程师……甚至包括那些功绩昭昭的军事统帅、国家元首……哪一个在偶像的位置上长期占据一席之地?哪一个可以与耶和华、释迦牟尼分庭抗礼?爱因斯坦的成就对世界的影响深刻而巨大,其著名的质能转化公式以及狭义相对论催生了原子能、核武器。但是爱因斯坦不仅没有被视为偶像,反而他自己言之凿凿地宣称:

"在我们经验之外,隐藏着为我们心灵所不可企及的东西,它的美和崇高只能间接地、通过微弱的反光抵达我们,感受到这些,就是宗教。只是在这意义上,我才是个有宗教感情的人。满怀惊异地预感和寻求这种神秘,谦恭地在心灵上把我存在的庄严结构的黯淡摹本,对我来说,已是足够的了。"

爱因斯坦所说的那种心灵不可企及的美和崇高的东西"有用"吗?心灵都不可企及,又怎能验证?不能被科学地验证的东西,怎么有用?真可算是陈独秀先生所说的"无用而受人尊重"的"废物"。但是,这样的"无用"又无可验证的偶像,在人类文明史上长期地受到众多人的信仰,以至于当代世界信徒空前多。而且,当陈独秀先生等以巨大的热情和迫切的愿望学习西方德先生、赛先生的时候,发现其现代化动力结构中始终奏响着"新教伦理与资本主义精神"的旋律。

这里针对了陈独秀先生的话,只是因为他说的比较典型。其实,认真审视中国"五四"时期第一次"思想解放"以及其后百年思想风云,陈独秀式的偶像观、信仰观实在是不计其数。直至今天,依然并且与日俱增地充塞于人们的精神世界。当我们将目光集中于制度改革的时候,发现信仰的坍塌和道德的沦丧更令人忧心如焚。甚至应该严重质疑的是:"五四"时期骑着白马遨游中国的风度翩翩的德先生和赛先生,手里挥舞的都是双刃剑!重审我们的偶像观和信仰观,重审我们精神世界中的哲学理念,已经成为绝不亚于制度变革的严峻课题。

能够确切地证明的科学,又可以由于人的主观作为而带来效益,就是有用。军事理论从战争实践中总结出来,军事将领用之打了胜仗——有用。每个人的常识经验,在生活中屡试不爽,甚至可以举一反三——有用。但所有这些,可以作为偶像吗?不作为偶像还好,一旦作为偶像,就发生可怕的变异。不光自然科学,任何"社会科学",任何理论、定理、主义,任何惊世骇俗、指点江山、谈古论今、博大精深的巨著宏论、思想体系,都只可能发现了、阐述了局部的、阶段性的、子规律的"真理"。凡是这些在一定条件下有用的,都一定不是信仰的。你非要将其作为偶像,非要对其冠以"放之四海而皆准",那就一定会发生变异,甚而成为灾难的发端。

有一种情况除外,讲的是人生境界之类、审美之类,讲的是遵循的价值,不是教你怎么做,而是告诫你不能做什么,也就是阐述敬畏的对象的——这些主要在哲学,包括宗教哲学,但这些本身也不是偶像,而是关于偶像的探求。但是,这些东西从来难以得到验证,跟科学没关系,反而经常被科学说成反科学。而且,经常是神乎乎的、形而上学的、超越现世的,甚至是超越了人类逻辑推理和各种实践检验手段的,往往成为偶像和信仰的依据。

原因何在?原因就在于:许多"无用",有着"无用之用"!有用的是拿来用的,不是拿来偶像的;偶像的是拿来偶像的,不是拿来用的。所以"恺撒的归恺撒,上帝的归上帝"。

该问题被搞得如一团乱麻,因为总有人拿科学当哲学,在哲学中只认形而下,不认形而上,拿低俗哲学蹚浑水。"形而上者谓之道,形而下者谓之器",深刻研究本体论的哲学一定离不开形而上哲学思维。好的哲学也谈逻辑思维、科学验证、工具理性,但那是为了区分什么是科学,什么是哲学,从而更深入地探讨世界本原和最高价值。坏的哲学也谈价值理性,也谈形而上,但那是为了无端地排除形而上,搞什么"去形而上",拿着鸡毛当令箭,拿科学当哲学。老子两千多年前就说玄觉、玄观、玄览,就是坚持形而上,坚持从我们无从验证、难以把握的神秘、未知领域去发现本真与启迪,在天道中领悟遵循、敬畏、信仰的对象。此乃"无用之用",因为"有生于无"。

人类需要有用的知识,需要经过实践检验、从经验中总结出来的理论,从而发挥主观能动性,以"万物之灵"的潜能和自信去改造世界。但是,这并非一切,并非最高,并非神圣。在人类尚且未知、难以把握的万事万物中,在玄奥神秘的大自然深处,有着人类难以企及的神奇的伟大功能。或者说,尽管人类可以凭着"知无涯"的智慧和追求,去扩展"知有涯"的边缘,但永远难以穷尽那"玄而又玄"的"众妙之门"。对此,应抱什么态度呢?一种态度是:基于人类所有成就——当然称得上伟大与辉煌——而狂妄,宣称自己是上帝,是神灵,是或终将是宇宙的主宰;另一种态度是:承认人类理性与智慧的局限性——包括潜能的局限性——而谦卑,而敬畏,谦卑地承认并虔诚地接受未知领域神奇功能的昭示和启迪。

明眼人一下就可以看出:关键问题就在于人类理性智慧是有限的还是无限的?所谓人类理性潜能无限性,充其量是一种美好愿望,因为谁心里都明白:

人类理性的无限性与时空的无限性根本无法统一。对人类自身理性潜能无限性所有自信而乐观的预测，恰恰是理性严重缺失的"成果"——任何人在任何时候，无论是个体还是群体，也无论怎样集中前人的智慧和成果，对理性的运用都不可能从时间的总体绵延出发，也都不可能从总体的空间运行出发，因而不可能同时运用"无限的潜能"。康德著名的"四大悖论"，更是深刻揭示了人类理性的有限性。所以康德说："有两件事物我愈思考愈觉神奇，心中也充满敬畏，那就是我头上的星空与我心中的道德准则，它向我印证：上帝在我头上，也在我心中。"

因此，人们任何时候面对终极系统，都只能是以有限对无限。这种对理性有限性的认知，包括了对理性无限性的无法证实的认可，从而无可置疑地包括了对于科学理性、实证主义没有力量包揽一切、包打天下的认可。而价值理性则是在承认理性有限性的前提下对终极系统无限性的尊崇，所以包括了对于价值理性形而上思维的认可。一切工具理性或科学手段都无法认定终极系统的有限，现代宇宙物理科学无法证明时间空间的端点或边界，无法认定万事万物产生的终极端点或"原构成""元构成""缘构成"的具体"科学机制"。包括万事万物在内的终极系统的无限与时空的无限是完全统一的，这正是"归一""合一""抱一为天下式"的含义。对无限充满崇敬，对无限中奥秘及其和谐运行与创造力的能量、功能充满敬畏，虔诚地接受其价值昭示；同时对自身有限性真诚地承认并形成谦卑，在价值昭示的指引下，在发挥自身创造力中不断追求和遵循与无限之间的和谐，这才是信仰的本质。而信仰追求、信仰建设、信仰维护中的一项重要使命，就是识别一切人类现世之中以有限否定无限、冒充无限、取代无限的理论和行为。

这里仅仅介绍一下，美国女科普作家伊丽莎白·科尔伯特，在另一位女学者蕾切尔·卡森《寂静的春天》出版50年之后推出的《大灭绝时代》。书中回顾了地球上由于地质灾难和气候变化造成的五次物种大灭绝，振聋发聩地提出，目前已经发生并处于现在进行时的第六次物种大灭绝，是人类主导地球之后的产物。在过去的2亿年中，平均大约每100年有90种脊椎动物灭绝，平均每27年有1种高等植物灭绝。然而，人类步入工业社会之后，鸟类和哺乳类动物灭绝的速度提高了1000倍！更为严重的是，地球上物种的灭绝和进化这种"最伟大的表演"已经难以为继,灭绝而无新生,灭绝而无进化。陈华文先生在评介《大灭绝时代》的文章中描述道:"今日之地球,在工业化和城镇化的进程中、在自然资源大规模开采中、在剧烈的人口增长中,地球已经不堪重负,越来越多的河流湖泊断流干枯,越来越多的树木被蛮横砍伐,沙漠每年都在扩大。第六次物种大灭绝时代,很难像前五次那样产生新的物种,地球生态系统远比想象的脆弱,当地球生态损害到一定程度时,是整个人类的灾难。"[1] 失去信仰的人类是失去敬畏和谦卑的人类,是失去自我约束的人类,因而必然是走向变态和疯狂的人类,同时也是走向灭亡的人类。

无限与有限之间有相对性关系,科学理性是人类有限理性及其发挥,可以认定其具有"无限的前景"。但是,第一,这种无限性归根结底是以"客观无限性"为前提的,如果没有"客观无限性","主观无限性"根本无以产生。第二,出于研究的需要,我们可以对"客观无限性"与"主观无限性"进行抽象划分,但必须承认:"主观无限性"在本质上是"客观无限性"的一种体现方式,或用老子的话来说是"母"与"子"的关系,永远要避免喧宾夺主和以子欺母现象的发生。第三,"主观无限性"相对于"客观无限性"永远是一种相对的有限。因此,人类永远需要敬畏与谦卑,需要信仰。如此,人类才能够在终极存在和终极追求的持续性中,有了基地和舞台。

关于资本主义在西方发展,或者说西方的"大国崛起",韦伯的解释是:一种在自由劳动下的理性的资本主义组织方式;现代科学以及以其为基础的技术的发展;法律和行政机关的理性结构。这三条也正是我们通常所理解的。但是,韦伯更重要的探讨往往被忽视了:所有这些理性行为,都处于宗教伦理观念的决定性影响之中。为什么经济最发达地区特别注重教会的变革与发展?为什么新教徒在企业和工商界异常活跃?为什么获取利益的动力是天职而恰恰不是享受的欲望?为什么"禁欲"和"天职"共同构筑了"至高之善"?为什么"为了上帝的荣耀"可以极大地激发勤俭、自制、自省、诚信、创新的精神?

冷静地考察"五四"以来中国人的精神世界,传统精神文化内核分崩离析

---

[1] 陈华文:《敬重大自然方有未来——评〈大灭绝时代〉》,《光明日报》2014年6月30日,第11版。

难以否认，而西方哲学思想的影响搅动也无可忽略。从哲学到历史、社会、政治等重大领域，对西方文艺复兴、宗教改革、启蒙运动等历史事件的解释是偏颇的，对这三项重大历史事件的局限性关注不够；同时对"中世纪黑暗"的评价是过分的，对西方中世纪不宜做出全面否定的评价与判断，需要从中发掘经得起历史检验的精神财富。仅仅从哲学上来看，培根也曾经宣称越是深入地研究科学，越是能论证神学，甚至认为"神圣的启示"和"内在的启发"是认识的更好的途径，这一点却更多的是被后来的批评者忽略了。笛卡尔"我思故我在"的确是二元论的，但其中论证上帝存在的某种视角需要辩证地理解。培根、笛卡尔的思想并非可以完全纳入科学主义，但经过"处理"之后，在很大程度上相当偏颇地为科学主义提供了理论依据。尼采的权力意志哲学，实际上深刻地影响了中国人的精神。鲁迅是一个尖刻的批判者，但他的问题在于与尼采之间的内在耦合。无论是进化论，还是强人意志、超人哲学，都在鲁迅那里文学地弘扬着。被称为"文化革命旗手"的鲁迅并不孤立，在"五四"之后的中国精神世界中，对中国自身传统的破坏和对西方思想的"拿来"同样地显现出急功近利倾向。权力意志和中国权力文化之间的结合，是值得我们高度警觉、深刻批判的，这是一项艰巨而迫切的思想任务。"人的因素第一"、"只要有了人，一切人间奇迹都可以创造出来"以及超人领袖、个人崇拜等在中国社会生活中长期发挥影响的理念，今天很需要从哲学上——尤其是从本体论和认识论上——进行认真的清理。

第十四章
"赤子之心"：阴柔与阳刚

老子说：

含德之厚，比于赤子。蜂虿虺蛇不螫，猛兽不据，攫鸟不搏。

骨弱筋柔而握固，未知牝牡之合而全作，精之至也。终日号而不嗄，和之至也。

知和曰常，知常曰明，益生曰祥，心使气曰强。

物壮则老，谓之不道，不道早已。①

意思是说：道德修养深厚，可以比作婴儿。毒虫不叮咬，猛兽不伤，凶鸟不击。筋骨柔弱，却握紧拳头。不懂得男女性交，小小的生殖器却会勃起，因为他的精力十分旺盛。整天哭号，声音却不嘶哑，因为他的通体极为和谐。

懂得和谐叫作恒常；懂得恒常叫作明智。延年益寿叫作祥瑞，心中气息贯通叫作强大。

若事物总是处于一种盛壮的状态就会走向衰老，可以说是不合于道，不合于道就会很快灭亡。

道，是万事万物从无序到有序、从无到有、从低级到高级的自组织、自运行、自选择、自发展的总体机制和规律，是万事万物自而然之的总体功能状态。德，是人充分尊重、依托、遵循道的思维模式与行为准则。道与德高度融

---

① 《老子》第五五章。

通，然而懂道仍须修德。

德与道的内在关系决定，有德者一定是充分理解并遵循"自然而然"的道的。所以，修养功底深厚的有德者，会进入一种纯净、本真的境界，其天真、纯真、本真程度堪与赤子相比。

老子在这里说得很清楚："含德之厚，比于赤子。"既然是"比"，婴儿是不是真的"蜂虿虺蛇不螫，猛兽不据，攫鸟不搏"已经不再重要。古人不可能了解许多现代科学知识，也不必要考究婴儿是不是有什么不良的遗传因素，或者孕期、产期、临产、接生过程中有什么不正常。老子所注重和强调的当然是婴儿那种生命初始的自然状态，而就在这没有经过后天影响、历练、修饰的"天然"的生命状态和"原版"的心灵世界中，却蕴藏着因柔静而纯真圣洁、因幼小而健康蓬勃、因稚嫩而孕育强劲的无限生机。这是生命没有被扭曲、没有被污染、没有被异化的与生俱来的高度和谐；是心灵没有焦躁、没有压力、没有顾忌的高度宁静。

我们读老子，难度在于他那简洁高深的至理名言，"联系实际"的时候往往觉得十分矛盾。老子是讲阴阳辩证的，可是似乎总是"阴柔有余，阳刚不足"。其实，这是一种误解。老子是讲阴阳辩证的，因而也必定是讲阳刚的。无论是"握固""全作"，还是"精之至也""心使气曰强"，不都是在讲阳刚吗？而且，老子讲的是恒常不衰而非短暂的阳刚。只不过，老子认为，阳刚之气来自阴柔。因为柔与刚相比，更加原初，更加博大，更加恒久，更具气势，更富潜质。所以老子特别将水和婴儿相提并论："知其雄，守其雌，为天下溪。为天下溪，常德不离，复归于婴儿。"[①] 我们通常所熟悉的刚柔相济，柔中有刚，以柔生刚，据柔取刚，以柔克刚等，恰恰是老子的思想在历史上演绎影响的反映。"柔之胜刚也，弱之胜强也，天下莫弗知也。"[②] 而我们熟悉的人生哲理中，保持童心、返老还童、童心未泯、鹤发童颜、返璞归真等，也都可以从老子"含德之厚，比于赤子""常德不离，复归于婴儿"的说法那里找到渊源。童心、童稚、童趣、童真、童颜等提法，无不包含着生机、健康、向上、朝气的意蕴。

---

① 《老子》第二八章。
② 《老子》第七八章。

道理很明显，老子不是要求人们退回婴儿，因为这是不可能的，就像所谓的老子主张"复古倒退"，也是不可能的。但是，无论是人生还是社会，"回归"都是一种大智慧。在一生之中，通过反思、调整，经常从精神状态上回归到赤子的纯真和宁静，才能保持一种生命勃发的状态，才能经常保持一种走向强大的盎然生机。大地在纯粹自然的状态下才是最有利于繁衍孕育生命的生态环境；食物纯天然的本色才符合健康需要；童心、童趣本身就是衡量一个人永葆青春的标志；好奇敏感的赤子情怀最有利于获得知识。

其实，"知雄守雌"是对矛盾的辩证解决，也是人生大智慧。社会竞争激烈甚至残酷，优胜劣汰的机制造成不进则退，难道不需要奋进拼搏吗？怎么能像个婴儿一样天真无邪呢？怎么能够"静若处子""复归于婴儿"呢？——如果这样来理解，只能说是一种偏狭的小智慧。

《易经》中说"天行健，君子以自强不息"，是教导人们自强不息，积极进取，顽强拼搏，奋发有为的。可是，恰恰是《易经》，向我们揭示了更深刻的道理。就拿"潜龙"和"亢龙"来说吧：

> 初九曰"潜龙勿用"，何谓也？子曰："龙德而隐者也。不易乎世，不成乎名。遁世无闷，不见是而无闷。乐则行之，忧则违之，确乎其不可拔，潜龙也。"

"潜龙"是被埋没于底层的人才，没有地位，默默无闻。但这种隐于世外的境况并不能使他苦闷烦躁、抑郁沉沦，而是眼见超然、心平气和。顺心的事就去做，违心的事就拒绝，内在人格品质坚不可摧。这才是真正的潜龙。

再看"亢龙"：

> 上九，亢龙有悔。
> 《象》曰："亢龙有悔"，盈不可久也。
> 上九曰"亢龙有悔"，何谓也？子曰："贵而无位，高而无民，贤人在下位而无辅，是以动而有悔也。"

处于全盛、亢进状态的龙将因灾祸而悔恨。

亢龙的鼎盛会向反面转化，不可能持久。

身价尊贵却在人们心中没有地位，居高而得不到民众的拥戴，下面有贤才而得不到他们诚心的辅佐，因而其所作所为将导致悔恨。

在拼搏的过程中，不可能一帆风顺，如果遇到逆境、遭受挫折，可以保持初始状态的心境吗？可以像潜龙一样超然、心平气和吗？在拼搏过程中，也可能顺达而获得一定的成功，可以避免自满自足、居功自傲、盛气凌人吗？可以得到人们由衷的敬重和支持吗？就像水可以激荡澎湃、波涛汹涌，但随时准备静归大地，回身河床，遇低谷而平静泰然，安之若素，有机会则或缓缓流淌，或奔流不息，或曲折婉转，或浪花轻歌。随时在泽被万物，滋养生机。正如老子言："上善若水。水善利万物而不争，处众人之所恶，故几于道。"如果说老子的话体现的是思想家的哲理，曾国藩的话则更像人生阅历的总结："若一面建功立业，外享大名，一面求田问舍，内图后实，二者皆有盈满之象，全无谦退之意，则断不能久。"这样的感触，可以看作对"物壮则老""不道早已"以及"亢龙有悔"的注解吧？

即使是在既不算低谷，也不抵峰巅的状态下，也应当张弛有度，退进权衡。更重要的是，要以低姿态，从开端处做起，要时刻以起点的意识，下实实在在的功夫。也可以再借用曾国藩的话"一味向平实处用功"。或者用老子的话来说，就是"是以圣人方而不割，廉而不刿，直而不肆，光而不耀"[①]"是以大丈夫处其厚，不居其薄；处其实，不居其华"[②]，不作表面光鲜、内里空洞的文章，不搞祸国殃民的豆腐渣工程，不为了自己荣耀和升迁而大搞形式主义的政绩工程。与此相联系，老子主张"合抱之木，生于毫末；九层之台，起于累土；千里之行，始于足下"[③]，只有不断地从平实、扎实、真实之处下功夫，才能从内心树立起从不满足、不断进取的意识。所以，一切指责老子的"无为"是消极、保守，责难老子教导人们轻易满足、故步自封的观点都

[①] 《老子》第五八章。
[②] 《老子》第三八章。
[③] 《老子》第六四章。

错了，错得离谱。那种"去甚，去奢，去泰"而达到内心平衡、心平气和的"满足"，与对人生价值不懈追求、永"不满足"之间，就不可以并行不悖吗？

上面的内容，属于老子和道家思想的大智慧。无论是社会上的处世哲学还是官场上的权术等，尽管可能接受道家的许多说法，但与老子大智慧哲学思想有着根本的区别。

第一，传统文化中的处世哲学缺乏哲学思维的终极性，因而缺乏人性追问的根本性和自然客观的真理性。只不过是陷入人际关系和社会现象层面的各种相对性、含混性的"诚恳表述"，最多涉及、吸收了经验中的实用性，但毕竟飘忽不定，常常令人步入一种左右为难、进退维谷的境地。左也有道理，右也有道理，需要"因地制宜"随时选择。这样的道德或"处世哲学"很难构成人们遵循的依据，更难以成为恒常而明确的行为准则。

第二，传统文化或流行文化中的一些处世哲学缺乏价值支撑，或曰基本不讲价值。许多处世之道或权术谋略等重在手段而不问目的，更不问手段的价值依据。离开道法自然，离开自然客观性而人为地、半空中抖出来的价值准则不可能是终极价值或共同价值，其中一些可能是终极价值的衍生、转化，一些可能是终极价值的扭曲、变形，更多的则与终极价值不可相提并论。

那么，老子是讲价值的吗？答案是肯定的，老子非常注重价值。

价值哲学是老子道家思想的极其重要的构成，这也是老子思想经两千多年而历久弥新的重要原因。老子不仅讲真，讲善，讲美，并且深刻鲜明地追求平等、自由、爱民、正义、和谐等直到今天以至未来始终占据人类文明核心地位的价值问题。今天人们关注、探讨、争论的普适价值问题，老子早在两千多年前，就有所思考，他的学说虽然言简意赅没有充分展开论述，但他以深刻的洞察力和独到的、高屋建瓴的视角，提出了具有重要启发性的命题和论断。这也正是老子高于孔子、道家博大于儒家的鲜明特征。

美国著名心理学家、人本主义哲学的开拓者马斯洛指出，人类需要生活在公正的社会里，人类在生活中应该体验美，正如我们每个人天生都具有对微量元素的需求一样，我们生来也有体现存在性价值的高级需求。与老子的"含德之厚，比于赤子"遥相呼应，他认为：从某种意义上看每一个新出生的婴儿都有可能成为一位柏拉图。每个孩子都有对美、真理、正义等高级价值的本能需求。

正因为如此，马斯洛也十分强调人格成长中的"道法自然"，十分注重"自我实现者"在成长和追求中，要保持和实现其"存在性"本真。"道家式的接受与肯定。这里的精髓是顺其自然。"[1] 马斯洛在1967年发表的《自我实现及其超越》中，明确表达了这样的观点："要倾听自己生命内在冲动的呼唤。"就是让自己的天性、潜能自发地显现出来，使之成为行动的最高法规。而不是倾听父母的教训，以及教会的、长老的或权威的、传统的声音。

在马斯洛看来，保持童真、童趣，不仅是人格健康的需要，也是创造力的需要。他们始终表现出一种孩子般的好奇心与兴趣感，"对体验虚怀若谷"，倾向于自发地表现自己，达到了"第二次天真"。"第二次天真"，可以说是对道家"赤子之心"主张的一种生动、富含辩证逻辑的表述。"自我实现者的创造性与儿童的创造性有许多相似的特征。幼小的儿童不知道什么文化禁忌，也不懂什么社会习俗，他们有什么说什么，想到什么做什么。……儿童们可以无拘无束地表现他们天生的创造性，自我实现者在一定程度上也是这样。……他们达到了'第二次天真'。"[2]

这里还需要指出的是，"含德之厚，比于赤子"，不仅是强弱问题，而且已经包括了本真、真诚的价值理念。马斯洛痛切地批判西方"性恶论"对人的本能的价值性否定，他认为："西方文化向来把本能看成是邪恶的、动物性的，有惧怕本能的传统，因而强调对它的压制、抵抗。这种文化传统体现到人的行为规范中去。个体一旦接受这些规范，就会压抑其脆弱的自我实现的潜能。例如，按照西方化传统来界定'男子气概，总是倾向于

---

[1] 马斯洛：《马斯洛人本哲学》，唐译编译，吉林出版集团有限责任公司，2013，第149页。
[2] 马斯洛：《马斯洛人本哲学》，唐译编译，第142页。

阻止男孩发展那些诸如同情、善良、亲切、温柔等缺乏'丈夫气'的特征，而这些特征恰恰是自我实现者所应具备的。"婴儿是真诚的，赤子是祥和的。这里，也正是后世追求"赤子之心"，即追求真诚、纯洁、祥和、善良之心的滥觞。

第十五章
是"反智主义"还是"大智若愚"

老子说:"古之善为道者,非以明民,将以愚之。民之难治,以其智多。故以智治国,国之贼;不以智治国,国之福。知此两者,亦稽式。常知稽式,是谓玄德。玄德深矣,远矣,与物反矣,然后乃至大顺。"[1] 意思是:自古善于遵循道的人,不使用统治者的意识形态去教化人民,而是让人民保持纯朴自然。人民之所以难以治理,乃是他们被过多地灌输意识的东西。所以用过多的意识的东西治国是国家的灾难;反之才是国家的福祉。知道这两条是一种基本原则,经常保持对此基本原则的认同,就是玄德。玄德深刻远达,是从被异化的事物返璞归真,然后达到顺应道法自然的境界。

很多人对老子这段话的理解存在错误,"反其道而解之"。有人认为老子是站在"贵族阶级"立场上为维护统治者的权力和利益服务。也有人认为老子这段话反映了他保守、落后的政治思想:反对文化知识的传播,反对教育,是一种反对社会进步的"愚民政策"。

如果从字面上理解,以上说法是有道理的。但是,正如对老子许多其他提法存在严重的误读、误解一样,对其思想学说的理解必须走出文字解读误区。这里的关键字两个:"智"与"愚"。

老子所说的"智",绝不是指科学理性、文化知识、创造智慧等我们现在所理解的"智"。在老子时代,他所面对的、所看到的是什么呢?尤其是统治者用来"治民"的精神领域的所有手段与工具是什么呢?——这个问题必须弄

---

[1] 《老子》第六五章。

清，弄清了才能真正理解老子所说的"智"。

生于陈而仕于周的老子，推出五千言的《老子》(《道德经》)应在春秋之末，或战国之初。可以说，老子的观察与思考，以至思想的成型和观点的提出，均在乱世。经过春秋争霸与兼并，所剩十几个诸侯国变本加厉地攻伐、吞并、争斗。司马光在《资治通鉴》中说："先王之礼于斯尽矣。或者以为当是之时，周室微弱，三晋强盛，虽欲勿许，其可得乎？是大不然！夫三晋虽强，苟不顾天下之诛而犯义侵礼，则不请于天子而自立矣。不请于天子而自立，则为悖逆之臣，天下苟有桓、文之君，必奉礼而征之。今请于天子而天子许之，是受天子之命而为诸侯也。谁得而讨之？故三晋之列于诸侯，非三晋之坏礼，乃天子自坏之也。"[①] 可见孔夫子后来顶礼膜拜的周礼，以及天下大义等，也是颇受诟病的。礼崩乐坏，纲溃常乱，可是统治者依然在形式上时刻不忘宣称并向人民灌输种种纲常礼教。老子是向当时中华大地整个精神王国发出诘难的思想家，他痛恨并蔑视华而不实、薄而失重、价值缺失、真诚荡然无存的精神状况，大声疾呼"大丈夫处其厚，不居其薄；处其实，不居其华"(《老子》第三八章)。在某种意义上，老子是历史上反对形式主义的第一人。

在老子所处的时代，所谓的"智"是什么呢？是中华先民创造早期文明的严重异化。关键在于，最核心的异化是公共权力的异化。如果《史记》等历史典籍所记载的远古时期、中华早期文明是可信的，远古大同的良辰美景并非虚妄。公共权力的出现，是大同社会中十分精美、令人赞叹的一个组成部分。五千年中华民族亘古悠悠地赞美和崇敬尧舜，绝不是偶然的。但是，公共权力在大禹之后走向反面，夏桀、商纣、周昭、周幽……强横暴虐，聚敛剥夺，争权夺势，骄奢淫逸。

封国之间战争不仅频繁，而且不断升级。封国内部经常陷入混乱，土地兼并与政权争夺愈演愈烈。周王朝所分封的170多个诸侯国，在春秋末期变成七个大国，这期间所发生的几乎所有政治事件，早已丧失了组织管理功能。几乎所有的政治家、军事家，那些大大小小的、在位时间或长或短的君主们以及政客们，总之在社会政治舞台上扮演各种角色并进行五花八门演出的人们，所

[①] 司马光：《资治通鉴》卷一。

发挥展示的知识、才能、策略、技巧、计谋、手段……早已丧失了值得继承、普及、传播、发扬的科学文化价值。当时，被雅斯贝尔斯称为"轴心时代"的诸子百家、思想争鸣的时代还没有真正到来。如果为老子的时代编撰一部知识大典，或百科全书，又有多少真正有价值的内容呢？一切围绕夺取政权、推翻政权、维护政权、以权谋利展开，又有多少"学问"是围绕着百姓生活、人民福祉、经济发展、文化繁荣展开的呢？这就是老子面对的"知识"，这就是老子看到的"智慧"！

另外，就在上层围绕权力而展开种种尔虞我诈、纵横捭阖、刀光剑影的斗争同时，人民群众在受到种种纷扰、压迫的情况下，依然保持着淳朴善良的本性，依然用辛勤的劳作和生存智慧坚守着伟大的创造，使生产力在曲折中不断发展。正是看到人民群众淳朴中的强健、厚重中的实在，老子才坚决反对用那些所谓的"知识""学问""智慧"等，反对用那些所谓的纲常礼教去对人民群众进行教化。在老子看来，那些都是华而不实的，是浅薄虚妄的，实际上只能导致真正的愚昧。

我们这样理解老子，是因为老子在本质上反对愚昧。老子说得很清楚："夫礼者，信之薄，而乱之首；前识者，道之华，而愚之始。是以大丈夫处其厚，不居其薄；处其实，不居其华，故去彼取此。"（《老子》第三八章）意思是：所谓的礼，是诚信匮乏的产物，是祸乱的缘由；所谓的先见，是道的虚华，是愚昧的肇始。所以大丈夫应当选择厚重、反对轻薄；应当实实在在、反对虚饰浮华。于是应当抛弃所谓的仁义礼智那一套，而坚持敦厚淳朴。——很明显，老子有自己独到的"愚智观"，而老子的愚智观不仅是极为深刻的，而且也是颇具预见性的，甚至至今依然具有强烈的现实意义。

只要我们读懂了老子的本意，就不难理解，在老子那里，将实质的智慧和虚假的智慧、表面的愚昧和真正的愚昧进行了划分。这样的划分，实在是有着深刻的意义。有了这样的划分，就有利于指导人们对人类的智慧进行必要的审视和价值判断。智慧和愚昧，与文明和野蛮、先进和落后的价值准则是一致的。"一生二，二生三，三生万物"，对于包括智慧问题在内的一切事物的审视都要归结到"一"，不能另搞一套，不能"双重标准"，不能打着追求智慧、反对愚蠢的旗号去做违背天道的事。真正的智慧，一定是符合真善美终极价值检验的，一定是孕育于广大人民的劳作中的，一定是实实在在地从事物质或精神活动的人创造的，一定是有利于人民福祉与安详的。而真正的智慧，必定符合事物的基本规律（大道）与核心价值（玄德），因而从根本上是质朴、淳朴、厚重、实在的。一切违背天道的所谓智慧，一切破坏和谐的所谓"文明成果"，一切只为统治者服务的知识教化、意识形态，无论怎样被捧得尊贵圆满、被吹得辉煌灿烂，也是虚幻的，而且越是矫饰、浮夸、强制教化推行，越是走向严重的文明异化，越可能导致真正的愚昧与祸患。于是在老子的"大音希声，大象无形""明道若昧，进道若退，夷道若纇"的基础上，有人提出"大智若愚"，颇解老子真意。再加上一条"大愚若智"，也同样是有道理的。

第十六章
"小国寡民"的核心是社会自治

如果不通观老子《道德经》的全文并领会其思想韵致，如果不能贯通把握"为无为""道法自然"天道思想的深刻内涵，老子的"小国寡民"就无可避免地成为一块靶子。人们有太多的理由迎头痛批，批它是乌托邦，是封闭、保守、倒退的主张。

老子有那么蠢吗？愚蠢到反进步、反文明、反交流、反开放的地步，而且反得既明确，又全面，言之凿凿，毫不掩饰。

> 小国寡民，使有什伯之器而不用，使民重死而不远徙。虽有舟舆，无所乘之；虽有甲兵，无所陈之；使民复结绳而用之。甘其食，美其服，安其居，乐其俗。邻国相望，鸡犬之声相闻，民至老死不相往来。（《老子》第八〇章）

"小国寡民"——反对集中、统一，反对城镇化以至城市文明。"有什伯之器而不用"——反对工具器械，反对科学技术，甚至反对发明创造。"虽有舟舆，无所乘之"——车船都不用，还要做什么？明显反对交通发展和社会交往与流动。"使人复结绳而用之"——反对数学和计算、计量、筹策，主张回到结绳记事之时，故而反智。"邻国相望，鸡犬之声相闻，民至老死不相往来"——主张回到封闭、隔绝的状态，反对互通有无、横向联系、文化交融……如果按照老子的主张，哪里还有现代科技、现代工业、现代交通通信，哪里还有市场流通、经济繁荣、全球化……？

如此说来，批判老子似乎真的有理由，甚至有理由将其看成中国传统文化中封闭、保守精神的总代表、总根源。但是，这是严重不公正的。因为这样的批判，是对老子思想原意的严重误读。第一，我们不能仅仅从字面上理解老子的意思，而必须捕捉探求老子思想内涵和核心主张。第二，我们不能用现代的眼光和标准来衡量两千多年前思想主张的"进步"或"倒退"。第三，我们不能脱离哲学层面，而仅仅从社会、政治层面来理解老子，尽管道家哲学包括政治哲学、论述政治与社会问题，但其思想理念牢牢立足于哲学。第四，我们不能脱离时代背景和历史状态来理解老子。否则，无非是延续印证了老子"下士闻道，大笑之"的苦涩预言，并且泯灭了道家哲学政治思想的熠熠之光。诚如刘笑敢先生指出："如果我们将老子的态度与他的整个思想体系联系起来看，问题就没有这样简单。老子着眼的主要不是个人的德性和选择，而是有着社会整体的观照和考虑。"①

什伯之器、舟舆、甲兵等，应当都是人类的器物成果，是人类运用智慧、发展技术、创造工具的结晶，无疑是进步的标志。但是，"祸兮福之所倚，福兮祸之所伏"（《老子》五八章），事情还有另一面。那就是：一切人类创造出来的技术工具和物质成就，都可能造成异化，给人类带来危害甚至祸患。这样的例子实在是不胜枚举，甚至往往是在表面的、短暂的"进步"当中，蕴含着内在的、长期的危害。然而，在中国几千年思想史上，能够从事物的"另一面"来进行思考的思想家，实在是凤毛麟角。其实，科学技术、器物工具，无论是其积极的作用还是异化的、消极的危害，都直到近现代，尤其是当代才得以充分展示，道家哲学以它独特的视角，以它充分尊重道法自然的哲学本体论哲学思维，在两千多年前就发出了振聋发聩的质疑的声音，实在是难能可贵。只要我们坚持准确地把握道家哲学最基本的思维立场，理解其最本质的哲学理念，就一定会认识到，以所谓"保守没落""复古倒退"来注解老子关于"小国寡民"的构想以及他反对"什伯之器"的言论，是肤浅而不得要领的（参见本书关于反异化的章节）。

正是在科技文明高度发达的西方国家，反思和批判西方科技文明的哲学家

---

① 刘笑敢：《老子古今》上卷，第755页。

屡见不鲜,后现代哲学在解构主义之后兴起的建构主义,在这方面的声音显得更加尖锐。这里仅举出西方哲学中的一例,比如卢梭在其著名的《论人类不平等的起源》中就说过:"我们大多的痛苦都是我们自己造成的,因此,只要我们保持大自然给我们安排的简朴的,有规律的和孤单的生活方式,这样的痛苦几乎可以避免。"这样的声音,和老子"使民复结绳而用之。甘其食,美其服,安其居,乐其俗。邻国相望,鸡犬之声相闻,民至老死不相往来"的思想不是遥相呼应的吗?其实,愈是新近的现代,这种反思愈是显现出其对于人类命运的重要。人类需要从整体上反思自己的道路。老子和卢梭的思考,都给我们以不可忽视的警示与启发。

至于"邻国相望,鸡犬之声相闻,民至老死不相往来",显然仍然是出于对自然本真的向往。对此,批评者认为是一种复古倒退的主张,但明显受到当时历史条件的制约,是一种难以实现的愿望,严重脱离了社会现实。老子在这里,忽略了邻国之间的互相往来,以至非邻国之间的交流,无论是民众的迁徙还是商业的流通,本身也是"自然",也是社会自组织机制作用的发挥。交往就会有矛盾冲突,但是对于生产和文化发展来讲,互动交流造成的交融互补、互通有无,以及互相促进,是积极进步的。一切人为因素之外、之上,自然而然、自而然之的作用关系是无可否认、不可阻挡的。

尽管如此,在这样的具体主张之上,应当统观《道德经》第八〇章,联系老子一贯的基本理念,我们应当看到其中内含的关于社会自治、民众自治的思想主张。"小国寡民"的追求,实际上包括了对地域性治理积极作用的充分认可。这一点,与后来,尤其是董仲舒所张扬的"大一统"主张是截然相反的。这里我们所发现并且非常需要肯定的,是老子反对人为地扩充权力统驭的范围,反对人为地构制大而全、大一统,不讲差异区别,抹杀地域独立性、民众自治性的思想观念。而审视整个中国通史,这又是弥足珍贵的深刻见解。

如果说老子的论述的确容易招致人们的批评,那么被称为黄老道家巨著之一的《管子》中一段相关论述,讲得就比较全面:"夫凡人之情,见利莫能勿就,见害莫能勿避。其商人通贾,倍道兼行,夜以续日,千里而不远者,利在前也。渔人之入海,海深万仞,就波逆流,乘危百里,宿夜不出者,利在水也。故利之所在，虽千仞之山，无所不上；深渊之下，无所不入焉。故善者势利之在，而民自美安，不推而往，不引而来，不烦不扰，而民自富。如鸟之覆卵，无形无声，而唯见其成。"① 这段话，涵盖了商人通贾、渔人入海等作为，将"善者势利之在"看作无为而治状态下的一种动力机制，更为生动地阐述了"民自美安，不推而往，不引而来，不烦不扰，而民自富。如鸟之覆卵，无形无声，而唯见其成"的自化过程。而史学家司马迁所说的，就更具有"现代色彩"，简直是道法自然的道家哲学和自由主义市场经济的对接："人各任其能，竭其力，以得所欲。故物贱之征贵，贵之征贱，各劝其业，乐其事，若水之趋下，日夜无休时，不召而自来，不求而民出之。岂非道之所符，而自然之验邪？"（司马迁：《史记·货殖列传》）

这正是老子"我无为而民自化，我好静而民自正，我无事而民自富，我无欲而民自朴"（《老子》第五七章）的衍生与延伸。老子对从天地万物到社会民众、自然秩序，自发调整、自行治理的能力是充分信任的，所以不厌其烦地反复论证：

"侯王若能守之，万物将自化。化而欲作，吾将镇之以无名之朴。无名之朴，夫亦将无欲。不欲以静，天下将自定。"（《老子》第三七章）

"道生之，德畜之，物形之，势成之。是以万物莫不尊道而贵德。道之尊，德之贵，夫莫之命而常自然。"（《老子》第五一章）

"民之难治，以其上之有为，是以难治。"（《老子》第七五章）

"功成事遂，百姓皆谓我自然。"（《老子》第一七章）

"道常无名，朴虽小，天下莫能臣。侯王若能守之，万物将自宾。天地相合以降甘露，民莫之令而自均。"（第三二章）

在并不算长的五千言《道德经》当中，自然、自化、自正、自宾、自均、自富、自朴……多次出现的"自"字及由其所组合成的词，始终在伸张着一个道理：从天地万物到大千社会，其发生、发展、运行归根结底不是任何外在力

---

① 《管子·禁藏》。

量所设计和创造的,而是在自行运作之中内在地、自发地、自然地实现的。人类虽然具有创造、改变、生产、统驭的能力,而且这种能力本身也是自然运行而产生的,但是人类一切能力归根结底是自然功能的结晶,不可能也不应当取代、忽视、虐待母系统,而必须在与母系统保持和谐一致的前提下才会始终发挥积极的作用,否则将导致异化,将导致人类给自己带来祸患。创造孕育了人类的宇宙自然并不会亲手毁灭人类,但人类自己在逆天违道中可能自取灭亡。人类社会运行作为一个复杂的系统,其复杂和神秘的程度非人类智力可以完全把握掌控,因而任何人间力量不可宣称宰制与严控,而应当充分地尊重、信任、依赖自然而然的大道运行。社会运行和民众社会生活中自发自然的力量,蕴含着动力与进步的功能机制,蕴含着调控与稳定的功能机制,蕴含着淘汰与选择的功能机制,蕴含着校正与协调的功能机制。因此,从长远来看,从哲学上最基本的本体论思想出发,人类社会的政治力量,一定要给地方自治、民众自治、社团自治等留下空间。

只要了解古今中外社会制度演进的历史就会看到,道家哲学这样一种政治思想,被许多民族国家的历史脚步验证,因而在追求政治现代化的政治实践中、在追求政治文明的先进思想体系中,自治问题占有重要地位。

老子所描绘并向往的社会,的确是一种"倒退",但并非向非文明的野蛮的倒退,反而是向人类的"原发"状态——本来的生活意义,或本质的生活的返回。"反者道之动",并非向自然经济的倒退,而是向自然而然的天然繁衍的"配天古之极"(《老子》第六八章)状态的复归。"归根曰静,是谓复命。复命曰常,知常曰明。不知常,妄作,凶。"(《老子》第一六章)在老子看来,人世间的生活,应当与天道所昭示的"恒""常"相一致。人的生存状态,应当与人的本质存在相一致,人的本质存在应当与天下万物的本质存在相一致。道家哲学,是一种本体论贯通的哲学,从不承认人的本质是特殊于本体的"本质",人的特质不是本质。

人类社会的演化发展,也有一种"大趋势",对这种"势"的遵循也是一种大化之流。但是,人类社会并非完全是自然演化的,往往是加入了人为因素的,而且人为因素越来越多。无论是那些设计者、组织者、掌权者,还是科学家、教育家、金融家,都在以自己的主观能动性影响社会变迁。有时,还会遇到极为强大的社会力量以不同方式扭转历史。而越是人为的、主观的因素发挥巨大的作用，越是容易出现异化。庞大的帝国是组织的异化，中世纪宗教裁判所是宗教的异化，极权专制是权力的异化，等等。人类越是发挥自己的力量去改造世界、改造社会、改造自己，越是难以避免地陷入异化。比如劳动异化、科学异化、资源异化、环境异化、城市异化、金钱异化……

老子所处的时代，列国纷争，当时中国版图上周朝已经开始在事实上分崩离析。与远古的自然经济或小农经济时代相比较，国家、政权、战争等，究竟是造福于民还是遗患于民？今天的历史学家，即使回到老子所处时代背景之中，恐怕也很难做出确定的回答。西方社会学家沃勒斯坦在《否思社会科学》一书中，指出人文、社会科学研究存在一个很大的问题，就是以今日民族国家作为考察社会、历史基本单位带来的误区；由于现代民族国家是19世纪才普遍形成的，在此之前，国家的意义完全不同。沃勒斯坦认为，这是一种限制，导致社会人文研究远离历史真相。[①] 两千多年过去了，我们可以说世界大国的形成有种种历史原因，也可以对国家大小之利弊进行见仁见智的评价，但无论如何，社会自治、民众自治的思想主张，却在纷繁复杂的中外历史长河的筛选沉淀中顽强地凸现出来，写在政治现代化、政府治理现代化追求的旗帜上。托克维尔认为："如果只有小国而无大国，人类无疑会更加自由和幸福。"[②] 这样的宣称已经是跨越二千多年与中国老子的遥相呼应。当然，大国的产生已经是历史，但在大国中寻求"小国寡民"的治理效果，则是必要的。至于是地方自治，还是社区自治、社团自治，具体方式是需要因地制宜的，但国家与政府权力的边界问题，实质上就是对社会自治功能的尊重、认可程度问题。"个人或是私营部门可以做的事情，政府就不应再插手；即便政府干预不可或缺，也应尽可能保持这种干预的局部化属性。"[③] 而美国的共和制度由于起源于乡镇和地方自治，联邦制是地方的自愿结合，所以兼具大国和小国的优点。按照联邦宪法的规定，法律未明确规定交由联邦处理的事项，均属于联邦自治范围，

---

① 参见伊曼纽尔·沃勒斯坦《否思社会科学——19世纪范式的局限》，三联书店，2008。
② 托克维尔：《论美国的民主》上卷，董果良译，商务印书馆，1997，第181页。
③ 彼得·D.希夫：《国家为什么会崩溃》，刘寅龙译，中信出版集团股份有限公司，2013，第241页。

因而各州实际上对联邦保持着一定的自主权。所以，美国虽然缺少强有力的中央政府，但依据联邦宪法，联邦法律不会因其不符合地方习俗而遭遇反抗。同时联邦司法机构也有足够的权威保证联邦宪法的实施；各州和地方，管辖地方又小到可以与人民直接接触，符合小国寡民的情况。因此，"联邦制度是最有利于人类繁荣和自由的强大组织形式之一"[①]。

---

① 托克维尔：《论美国的民主》上卷，董果良译，第191页。

第十七章
"道"与"术":深刻的价值分殊

近年养生之道兴盛,其势波澜壮阔。笔者看过一篇报道说,每天各种媒体健康养生的信息有上千条,不过内容参差不齐。近读《格言联璧》,对其中一段古训颇有所得。云:"士大夫当为天下养身,不当为天下惜身。省嗜欲,减思虑,戒忿怒,节饮食,此养身也。规利害,避劳怨,营窟宅,守妻子,此惜身也。养身者,啬而大;惜身者,膻而细。"最后这两句是概括,意思是养身者节俭而大度;惜身者庸俗而琐碎。

我的所得在于:养身为道,惜身为术。养身与惜身的区别,是道与术的区别。

一般理解,术应当是道的细化,道需要术的具体操作和落实。但这样一种过于理论化的理解不仅迂腐而且含混。道与术毕竟不同,术依道,或在得道、循道的前提下讲究术,二者或有统一的可能;但道与术从思维到实践往往是矛盾的,甚至是对立的。在这种情况下,应当弃术而依道。遗憾的是,人们在现实生活中,往往认为术现实,好操作,更重要的是对满足私欲有实际和快速的效果;而道太虚缈、太深奥,更重要的是离自己私利距离太远,甚至是对私欲的限制,于是就弃道而求术,为了术而离经叛道。

比如前面关于养身与惜身的古训,提到惜身"规利害,避劳怨,营窟宅,守妻子",这些的确容易实现实利、近利,又不怎么费力、费时。可是总体上来说,令人瞻前顾后,谨小慎微,蝇营狗苟,显然与真正的养生之道背道而驰。笔者总结的追求健康的四句话,与这惜身之术完全不同,倒是颇有得道领道的意味:"不怕苦,不怕累;又能吃,又能睡;既能伸,且能退;似没心,像没肺。"

本节从养生之道谈起，涉及养身与惜身的区别，尝试探讨道与术的关系。而实际上，从古至今，从宇宙万物到社会人生，大道运行，方术纵横，道与术的关系问题搞搞清楚，意义极其重要、深远。

万事万物只要构成系统，就有一套运行机制。在其运行中，就可以逐渐实现从混沌到有序、从低级到高级，甚至包括一些事物从无到有。也就是说，系统运行体现出方向性、"目的性"。而这种方向性、"目的性"，并非由人的意识决定，并非人为设计，而是系统自运行、自组织、自选择、自创生、自发展。这样的系统"功能"或规律，就是道。老子说："执古之道，以御今之有，以知古始，是谓道纪。"

可是中国自古以来，"术"的文化源远流长。许多人认为法家"正宗"地承继道家，这是对历史的谬误之见。诸子百家对道家都有承继，只是着重点不同而已。早期法家的确吸取了道家一些精华，但后来更多的是扭曲。

法家集大成者韩非讲究法、术、势。其中的"术"，逐渐演变为权术、法术、方术、心术。尤其是在中国漫长的历史长河中，历朝历代的权力舞台上，演出了一幕又一幕钩心斗角、尔虞我诈、纵横捭阖、阴险狡诈的争斗。治国之道往往被奸诈的权术充斥；用人之道往往被驭人、整人之术取代；处世之道往往被诡谲的心术扭曲。道，主张守雌，主张"上善若水"。"水善利万物而有静"。术，不是水，而是风，是唯恐万物和谐宁静的狂风，是破坏人间温暖的冷风，是令人防不胜防的阴风。道，追求"夫唯不争，故无尤"；术，导致"树欲静而风不止"，无孔不入地为权势而明争暗斗，为私利而巧取豪夺。任何人对术的追求和运用，一定会陷入危机，陷入纷争的漩涡，给其自身以及周围的人带来祸患。对于这一点，汉高祖的谋臣张良就看得很清楚。他虽然功高劳著，自己却总结说："我这个人狡黠多谋，这与道家倡导的无为思想不相符合。……我的后代看来算是不行了，因为我一生中作孽不少。"果然，其曾孙被抄家。

道与术是如此泾渭分明的吗？是的，正因为术，必须绞尽脑汁，所以其"主观人为"的特点极为突出，与道家"无为，无不为"正好相反，只能是"无不为，无为"。术，就其本身而言，没有客观规律的支撑，没有道法自然的依据，是工于心计的产物。而且从历史和现实来看，道与术往往是清清楚楚、实实在在的分道扬镳的。韩非不愧为一代英才贤相，但他过于相信自己的聪明，对历史的总结过于主观，因而给自己和秦国带来的祸患着实不浅。且看这位对"术"论述最多的法家人物如何讲"术"。在《内储说上七术》中，韩非提出"主之所用也七术"：一曰众端参观，也就是从多方面对臣子进行考察；二曰必罚明威，即必须以惩罚来实现君主的权威；三曰信赏尽能，即对尽职尽能的臣下要给予奖赏；四曰一听责下，即听取臣子的意见并监督他们；五曰疑诏诡使，就是说发出令人猜疑困惑的诏令，诡诈地遣使臣子；六曰挟知而问，就是说本来已经知道了，却佯装不知而问臣子；七曰倒言反事，就是说言不由衷地说反话、做与本来应该做的事相反的事，以此来考验臣子。

其实，韩非在这里是围绕着一个中心思想：有利于巩固君主的地位和统治。打开一部二十四史，可以看到许多君主对大臣就是这样做的，扑朔迷离，朝令夕改，忽左忽右，神秘莫测，让文臣武将丈二和尚摸不着头脑，如坠雾中，如履薄冰，惴惴不安。伴君不仅如伴虎，而且如伴狐、伴蛇、伴鬼。这些算什么"帝王之道"？充其量不过是御人之术。一些相对英明的君主，在其还算英明的阶段里，靠的绝不是这些雕虫小技。比如汉高祖之用张良、萧何、韩信，比如唐太宗之用房玄龄、魏徵、李靖、戴胄、王珪，比如成吉思汗之用耶律楚材，等等。秦始皇采用了韩非的馊主意，不仅韩非本人死于非命，而且秦朝后期奸臣当道，祸国殃民。用人之道，既然为道，至少有两层含义。其一，是道统，"大道之行也，天下为公"。替天行道的成分多一分，即皇权在总体为私性的前提下其"公共性"多体现一分，权力机制便可能优化一分。其二，是遵循尊臣爱民之道，即君主本身的意志少一分，而臣民智慧多发挥一分；君主"无为"一分，则臣民"无不为"一分。

历史证明：有利于君主的权位，并不等于人民的福祉和社会的长治久安。而且，两者往往是冲突的：越是追求权势的强大和牢固，越可能戕害社稷、祸害百姓。因为，道，是系统运行的客观需要；术，是主观人为、君主意志、帝王权势的需要。两者不在同一个价值层面上。最近读书，看到有贤达之士指出：道，是一种价值哲学。说得太好了！价值，是系统运行由低级到高级、由无序到有序的"目的"关系质；是社会系统由野蛮到文明、由落后到先进的"取向"关系质。遵循正向价值，就是循于道。这需要公共的、宏观的、系统的、战略的大智慧，而绝不是为一己之私殚精竭虑、机关算尽的小聪明。

中国历史上有相对的"开明君主"，因而不乏相对的"良朝盛世"，如文景之治、贞观之治、康乾盛世等，但这些朝代没有可持续性，也没有达到在当时所应达到的文明发展水平，其中潜伏了严峻的危机与祸端。而且，滞缓、徘徊、战乱、分裂、倒退的悲剧占据了中国历史上太久太久的年代。中国的内战太频繁、太残酷；民不聊生、饿殍遍野、家破人亡、政权腐败、官逼民反的现象太普遍、延续得太久。历朝历代、大小朝廷，都标榜"替天行道"，但实际上，整个帝制皇权的"道统"是有问题的，因为一家之天下、一姓之皇室、一私之制度，归根到底难以保持"天下为公"。法、术、势只讲权力，不讲价值；只讲权力的运用，不讲权力的性质；只讲权力的强与固，不讲权力的结构与制约，说来说去是小智慧。否则，中国就不会，也不应该在19世纪沦落到那样的贫困落后、积弱不振、饱受凌辱之境地。"大道之行也，天下为公。"——道，是基本规律所蕴含的价值，是万事万物自运行功能昭示的理念！

总是有人钦羡老谋深算、城府极深的人，嘲笑和鄙视坦荡无私、光明磊落的人，以为后者是幼稚、愚蠢的。但是中国历史上的王朝屡屡毁在奸雄手中。总是有些官员，乐此不疲地从传统文化中的诡诈权术吸取营养，以为这样可以向上爬，却最终落得身败名裂。大批落马的腐败分子，就是这种人。正如《红楼梦》中的那句话："机关算尽太聪明，反误了卿卿性命。"总是有人在人际关系上放弃真诚坦荡，追求阴暗的"处世哲学"，成为地地道道的小人。

"孔德之容，惟道是从"。领道、悟道、循道的人绝不翻云覆雨，将周围的人玩弄于股掌之中。老子有一句饱含至深哲理却很容易引起误读的话："绝圣弃智，而民利百倍"。道家经典，绝非反智慧、反科技、反知识，实在是因为，中国古来的"圣"与"智"，其实总结出来的都是为着争权夺势，为着实现统治、驾驭、宰制而具有"实用价值"的权谋之术。一部《资治通鉴》大道不多，诡道充盈。更有一些假"圣人"、伪"智者"，其实早已是匍匐于龙袍之下的犬儒。大哉老子，故而提出"绝圣弃智"，其实与"绝巧弃利"是一致的，主张抛弃那些林林总总、五花八门的谋术、诡术、诈术、妖术。大智若愚，大巧若拙，大圣若朴。"知常容，容乃公。公乃王，王乃天，天乃道，道乃久。没身不殆。"

新 论 篇

第十八章
当代新道家的崛起

孕育与开拓

早在20世纪30年代,哲学家谢扶雅在《田骈和驺衍——战国时齐道家底两派》一文中,便将驺衍等阴阳家对"道"的解释说成是当时的新道家。董光璧说"近人为区分先秦道家和秦汉黄老道家而把后者称之为'新道家'"[①]。冯友兰在1947年著的《中国哲学简史》中认为,"新道家"指的是公元3世纪、4世纪的"玄学"。今天的新道家,应该将历史上的"新道家"看作传统道家发展历史中的不同阶段。"新道家"这一命题的当代再现,应指近代以来中外思想家对传统道家的重新关注、探讨与发展。这一历程从明清之际已现端倪,但主要是19世纪中国受到外来思想冲击之后而发端。

明末清初的社会变迁与思想动荡,使顾炎武、黄宗羲等一批思想家声名鹊起。在道家明显宗教化、民间化的背景下,主张经子平等、对儒家礼法与名教颇具批判意识的傅山,以儒、道、释融合的眼光崇尚道家精神,对道家哲学进行了系统研究,从自然之道、无为之道、率天之道三个层面论道,并对老庄思想言论多有新的阐发。可以说,概览新道家近代以来的发展历程,傅山先生具有孕育和开创之功,打开了通向近现代新道家的大门。

魏源主要研究佛家,但对老子的著述多有研究。他在对道与佛的比较中认

---

① 董光璧:《当代新道家》,华夏出版社,1991,第1页。

为：老，明生；释，明死。老，用世；佛，出世。即认为道家是以关心现实人生与天下之事为重的。虽然魏源认为老子的思想与佛家的四大皆空相比较而言未能达到真空的境地，但承认老子思想为"中国上古之道"，是"明生""用世"的道理，视《老子》为治国安邦、经世致用的"救世之书"。

清末主张西学东渐的维新派重要代表人物严复，对老子思想的评论令人耳目一新，比如针对老子"常使民无知无欲""虚其心，实其腹；弱其志，强其骨"做出的解读："虚其心所以受道，实其腹所以为我，弱其志所以从理，而无所撄，强其骨所以自立而干事。"① 在其所著的《老子评点》中，第一次将老子思想与自由精神联系起来，提出："今日之治莫贵乎崇尚自由，自由则物各得其所，自致而天择之用，存其最宜，太平之盛可不期而自至。"② 甚至断言"黄老为民主治道"③"夫黄老之道，民主之国之所用也。故能'长而不宰'，'无为而无不为'。君主之国，未有能用黄老者也。汉之黄老，貌袭而取之耳。君主之利器，其惟儒术乎"④。严复多次强调：治国宜听民之自由、自化；治国宜顺自然，听其自由，不可多所干涉。深读老子，这样的新解并非牵强附会，而是得其精髓。

思想活跃、著书颇丰的梁启超，早期曾经尖锐地抨击老子，但在其欧洲游历之后，对老子评价发生巨大变化，宣称："我读了一部《老子》，就没有看见一句厌世的语。他若厌世，也不必著这五千言了。老子是一位最热心、热肠的人。说他厌世的，只看见'无为'两个字，把底下'无不为'三个字读漏了。"⑤ 并依据老子思想批判西方的"科学万能论"。关于"天之道，损有余而补不足"一章中的天道自然、天道平等观，他介绍了英国哲学家罗素对老子这一思想的欣赏，进而将老子学说与柏格森的思想相联系，提出老子思想中一个重要理念，就是用人类创造的本能来克服占有的本能。梁启超在《先秦政治思想史》《老子哲学》等著作中，既用佛家思想，也用西方思想理念和研究方法来研究老子，在近现代新道家中占有重要地位。

---

① 严复：《老子评点》第三章。
② 严复：《老子评点》第一八章。
③ 严复：《老子评点》第三章。
④ 严复：《老子评点》第一〇章。
⑤ 梁启超：《老子哲学》，《饮冰室合集·专集三五》，中华书局，1989，第22页。

胡适对老子的哲学思想比较推崇，他在《先秦名学史》中虽然首先将老子思想的主调定义为"破坏的和虚无主义的"，但随即指出老子哲学中有某种东西超出了偶像破坏和虚无主义，可能为后来的哲学家，特别是孔子建立他们的建设性体系提供了基础。在1959年发表的《中国哲学里的科学精神与方法》一文中，胡适将"无为无不为"看作老子自然主义宇宙观的中心观念，并认为自然主义与孔子的人本主义，构成了历史地位同等重要的两极。胡适以东西比较的视角和自由主义的立场，对老子"无为而治"的思想做出"创为一种革命的政治哲学"的评价。胡适不仅在诸多著作中多处介绍了道家思想，而且曾将重要的道家名著《淮南王书》作为见面礼送给蒋介石，此举源自他对书中政治思想有许多认同和赞赏。在他的《中国中古思想史长编》中，对《淮南王书》中"虚君的法治"、"充分地用众智众力"、"变法而不拘守故常"、"善否之情日陈于前而无所逆"（尊重民情舆论）、统治者与民众相互报施（权利义务对等）等思想做出详解和现代性诠释。①

从19世纪末到20世纪中叶，中国经历了动荡与探索的艰难历程。在古今中外各种思潮的涌动、交织、碰撞中，道家思想是一条顽强延伸的潜流，研究、发掘、转化、创新道家思想体系的学术行为始终在活跃。梁漱溟在《道家的自觉》中结合现代心理学、脑科学、印度瑜伽等，提出道家重在人的自身系统的通畅谐调，重在自返体认生命，从而可以在一般人都认为不可能的许多事情中取得自由。基于自己对道家的理解与评价，预见出道家复兴的前景。②一般认为，梁漱溟虽为"最后一名儒家"，但其《东西文化及其哲学》是新儒家的开山之作，而新儒家接受道家绝不比传统儒家接受道家更少，反而更多。在冯友兰中国哲学史研究中，对于"道，无名"和"无用之用"的阐述、对于"无为无不为"的理解、对于老子"愚"的解说、对于老与庄、道与佛、道与道教关系的讨论等新意迭出。新儒家代表人物之一熊十力虽然基于天人不二而力主"体用不二"，但对于人的精神世界做出"本心"与"习心"的划分，其思想来源于老子"为学日益，为道日损"和庄子"知止乎其所不知"，并做出

---

① 参见胡适《中国中古思想史长编》第五章，《淮南王书》，江苏文艺出版社，2013。
② 参见梁漱溟《道家的自觉》，载梁启超等《道家二十讲》，华夏出版社，2008。

颇具"新道家"意蕴的新解。新儒家另一位代表人物牟宗三从反对形式主义、反对以造作的条条框框束缚生命的自由的角度,来阐发老子"有生于无"和"无为"的思想,并且以自由自在、自己如此、精神独立来讲老子的自然。总之这一代学人以东西比较和融汇、古今观照与贯穿的视野和胸怀来研究道家,虽然没有刻意提出或追求"新道家",但的确为新道家的兴起拓开了通途。

金岳霖、方东美先生则更为系统、更为集中地研究了道家,而且多有建树。金岳霖以"曰式曰能""居式由能"来解释道,在哲学本体论上独树一帜,极具启发意义。他提出"适然"的新概念来深化对"道法自然"的理解,认为老子不是从万物数量总汇,更不是从人的无所作为来描述无为,而是从顺随自然、从对道的护卫持守来描述万物按其本然之性的生存变化。① 著作等身的方东美先生以"道体、道用、道相、道征"来解道,提出道家宇宙观表现出生命性、空灵性、道德性以及"丰盈外溢"的创生理论。他从多种视角研究道家,兼顾佛、儒和西学,富有创见地拓宽了道家研究的视野。② 金岳霖先生的《论道》、方东美先生的《原始儒家道家哲学》等著述,在视野的开拓性和建构的系统性上均有建树,应该看作新道家异军突起的重要标志。

兴起与创新

董光璧于20世纪90年代初发表《当代新道家兴起的时代背景》等论文,并出版专著《当代新道家》,明确打出了"当代新道家"的旗帜,以"建构世界文化新模式"的立意,以"在科学和技术的社会危机情势下,同新儒家思想一起并行发展"的眼光,为新道家及其发展做出定位:基于当代新科学的世界观,复兴道家思想而提倡以科学新成就为根据的贯通古今、契合东西的新文化观。当代新道家不仅是解决当代世界的文明危机的一条出路,也是重整中国传统文化的一个可取的方案。《当代新道家》提出并论证了道家思想的四种现代形式:"道实论""生成论""循环论""无为论"。③ 刘仲林评

---

① 参见金岳霖《论道》,《金岳霖全集》。
② 参见施宝国《方东美论道家思想》,巴蜀书社,2012。
③ 参见董光璧《当代新道家》,华夏出版社,1991。

价说:"在道实论中,董光璧从道的奥义、O号的创造、真空的研究几个方面研究了道的现代含义,认为在某种意义上'道'就像现代理学中的'量子场'。他从粒子的转化、宇宙的创生、定律的起源三个方面论析了道的生成论。在循环论中,他认为循环论的最高要求是建立宇宙循环图像。要使这个理想的宇宙循环图像是科学的,至少要有三个科学循环原理:即物质循环原理、能量循环原理和信息循环原理。在无为论中,他认为老子的'自然无为'思想就是要人们顺其自然,也就是说按规律办事。老子的无为思想在解决现代科学技术的社会危机中有重要意义,是现代科学人文主义的古典楷模。董光璧进一步认为,老子的怀疑与直觉结合的伟大思想不仅是发展科学的法宝,更是至善的指路明灯。"①

总体上看,当代新道家面临的挑战、机遇、重任和预留空间,比起其取得的成就显得大得多,与新儒家的总体格局尚有一定差距。但是,风生水起的当代新道家已然形成崛起之势,显示了视野开阔、思维新颖、视角多元、贯通古今、面对社会需要与时代呼唤的鲜明特色。其在国内外引起的关注愈来愈高,像老子所说的"专气致柔"的婴儿一样充满生机,预示着其广阔的前景。国内有评论认为:"在中国的现代化进程亟须扬弃传统文化以重塑适应时代和国情的现代文化大背景中,倡导当代新道家思想的研究与弘扬,对应于在海内外颇为流行并已成气候的现代新儒家思想,确有其独特的意义与优势,并可望成为一种贯通古今、契合东西的新文化观的生长点。"②

陈鼓应先生揭示出植根于道家传统中的批判意识,指出在历史上充当主流政治文化的儒家借助道家的批判智慧而得以延续发展。他认为,基于对"真"的追求而批判、反省世俗社会,是促进文化发展和社会进步不可缺少的因素。道本身就是人间秩序的象征,"道生法"更是主张基于大道而追求和促进秩序与价值。陈鼓应先生从批判意识、社会秩序学说、宇宙精神、生命意境四个层面对道家的研究,显然是带有鲜明时代特色的深化。刘笑敢先生对老子、庄子的研究全面而精细,在版本比较校勘、诠释分析基础上,以全球和时代的眼光

---

① 刘仲林:《二十一世纪中国哲学的孕育与突破》,《天津师大学报》1994年第6期,第23页。
② 胡新和:《从交融走向新生》,《哲学研究》1994年第6期,第77页。

深入进行了创新转化。基于对道家认知和思维方式的理解，提出针对人类认知能力有限性而整合假设、模糊、符号等现代思维科学成果。基于对道家理想和价值追求的理解，提出放弃单向直线式的发展观和单一目标的追求。其以"人文自然"诠释道家"自然"的思考，开启了理解道法自然的新视角。[①] 杨鹏对老子"道生法""有德司契，无德司彻。天道无亲，常与善人"[②] 的主张，结合《黄帝四经》中"法者，引得失以绳，而明曲直者也。故执道者，生法而弗敢犯也，法立而弗敢废也。故能自引以绳，然后见知天下而不惑矣"以及"道法家"管子、慎到、韩非的诸多论述，论证法的客观依据在于天道，深入探讨了自由、平等等价值原则的一致性。

全国老子道学文化研究会会长胡孚琛先生，以创建新道家的明确立意，从多角度全面深化并革新道家文化研究，包括对道教的研究，著书颇丰。他结合现代物理科学、宇宙科学、生命科学、信息科学等最新成果而释道，从东西对比、古今对比、哲学体系与宗教对比的多重角度有说服力地肯定道家的崇高地位："道学文化包括究天人之际的自然学说，察古今之变的历史学说，穷性命之源的生命学说，集中了自然、社会和人体生命的智慧，必将给21世纪的人类带来希望。"[③] 胡孚琛先生以参透原旨、深化理解、广撷参照、更新意境相统一的治学之道研究道家，给人以精湛的启发。比如道学在本体论上强调一个"生"字，在世界观上突出一个"化"字，在发展观上贵在一个"因"字，在系统关系上重在一个"和"字。以"生成论"和"构成论"的比较指出道家对科学发展的重要引导。以常意识、潜意识、元意识的分层揭示道教丹家"内丹之谜"的智慧。进而提出新道家的核心思想是建构一个模拟自然界或人体生命的自组织、自调节的最优的自动化系统，这个社会系统依乎天、地、人之道，无亲无疏，大公大慈，导人向善，是一种"万物将自化"[④] 的自然主义社会。胡孚琛先生说："新道学是革新的文化，前进的文化，通向未来的文化，世界大同的文化。新道学文化不仅是属于中国的，也是属于东方的，更是属于全世

---

① 参见刘笑敢《老子古今》。
② 《老子》第七九章。
③ 胡孚琛：《道学通论》，社会科学文献出版社，2009，第111页。
④ 《老子》第三七章。

界的。"① 这样的自信,体现了以丰富研究成果为支撑的理性前瞻。

对新道家发展做出贡献的学者还可以列出许多,虽然他们之间的视角和观点多元纷呈,但共同打造了新道家的振兴之"道",以及这条通途所展现的广阔前景。

---

① 胡孚琛:《道学通论》,第111页。

第十九章
大视域中的新道家热点

新道家的兴起已经成为一种世界性的文化现象，国际上对于道家的关注和研究渐成热潮。这并不是偶然的现象，由于道家思想的高屋建瓴以及穿透力量，东西文化和思维方式的差异不仅没有成为障碍，反而成为西方学界一旦发现道家，便惊喜与赞叹的原因。道家思想对于西方许多领域的诸多贡献，与研究老子与道家哲学的国际性升温，显现了同步性。这本身就是道家文化生成力、创造力、自发展特性与博大的包容精神的生动体现。道家在西方的影响以及世界性新道家热潮，主要体现在如下领域。

科学发展

西方一些做出重要成就的著名科学家，承认直接或间接受益于老子道家思想，这并非完全出于谦虚，也包括了科学研究在突破性进展的关键时刻与哲学精髓碰撞出智慧的欣然快慰。"看来现代物理学似乎在许多方面带来了古代哲学的回声。事实上，我们有时确实发现，古代世界的某一个学者思想中的一次灵感闪光，会在很晚以后的一个发现上渲染上一种惊人明亮的光辉。"[1] 荣获诺贝尔奖的日本著名物理学家汤川秀树自幼研读老庄，老庄思想激发了其想象力。他在基本粒子研究的深入阶段，尤其在不得不深入考虑这些粒子的背后到

---

[1] 汤川秀树：《创造力和直觉：一个物理学家对于东西方的考察》，周林东译，复旦大学出版社，1987，第145页。

底有什么东西的时候，发现分化的可能性和未分化的"混沌"，老庄的思想给了他重要启发。"1960年以后汤川秀树频谈道家思想的现代意义。他在1964年第一次提出'物理学之道'的概念，1968年他首次指出老子是两千多年前预见并批判今天人类文明缺陷的先知。"[①]

重大科学发现需要艰苦的研究和多元思维，在科学家取得的具有转折性意义的重大成就中，我们不能断言道家思想的直接影响因素有多少。但是，当人们发现其研究、思维过程和核心理论成果，与道家思想的内在耦合时，不得不对两千五百多年前伟大先哲的思想给予高度评价。这样的现象，对于科学本身和人类智慧的发展，有着极为深刻的意义。爱因斯坦对统一场的艰苦研究没有实质性进展，但这种努力的意义无可否认。美国物理学家卡普拉教授认为，量子场的概念包含在老子的道之中，道就是无和无形，场的概念包含在道和气的概念中。"卡普拉在其《物理学之"道"——近代物理学与东方神秘主义》中，对'道'，'气'和现代物理学中的'场'作了较细的概念比较，认为可以产生一切的'道'和'气'就像量子场。"[②] 李约瑟博士肯定地指出："在某意义上讲，道家的全部思想是一种力场的思想。一切思想都根据它们自己定位，不用任何指示，也不需要任何机械的强迫。"[③] 汤川秀树在基本粒子研究中提出"空域"的概念，并承认这一概念的提出是老庄哲学对其影响的一种表现："最近我又发现了庄子寓言的一种新的魅力。我通过把儵和忽看成某种类似基本粒子的东西而自得其乐。只要他们还在自由地乱窜，什么事情也不会发生，直到他们从南到北相遇于混沌之地，这时就会发生像基本粒子碰撞那样的一个事件。按照这一蕴涵着某种二元论的方式来看，就可以把混沌的无序状态看成把基本粒子包裹起来的时间和空间。在我看来，这样一种诠释是可能的。"[④] 德国物理学家，因其量子理论贡献而获诺贝尔奖的海森堡宣称："它表明在东方传统中的哲学思想与量子力学的哲学本质之间有着某种确定的联系。"[⑤]

---

① 董光璧：《当代新道家》，第21页。
② 董光璧：《当代新道家》，第89页。
③ 潘吉星主编《李约瑟文集》，辽宁科技出版社，1986，第130页。
④ 汤川秀树：《创造力和直觉：一个物理学家对于东西方的考察》，周林东译，第50页。
⑤ 卡普拉：《物理学之"道"——近代物理学与东方神秘主义》，朱润生译，第4页。

科学的每一步重要发展，都可能使哲学中的一部分原理遭遇败退；而使另一部分哲学受到关注和弘扬，道家哲学显然属于后者。而正是道家哲学，在向现代世界表达中国传统文化中的智慧高度，在许多人对形而上思维以至哲学的作用悲观失望时，证明并不断激发着哲学与科学之间良性互动的进程。科学界对道家的评价，无疑构成新道家兴起的福音。诚如董光璧先生指出："我确信重新发现道家具有地球船改变航向的历史意义。黄土文明与海洋文明的融合，有如黄颜色和蓝颜色调出绿色，将产生人与自然和谐的新的绿色文明。"[1]

哲学思维

康德关于四大悖论的论证与老子关于常道不可道、"道隐无名"以及庄子"知止乎其所不能知"的思想，有着很深的内在相通性，即对人类理性局限性的认可，这在哲学史上是一种难得的"遥远的知遇"。有人推测康德受到过老庄的启发，但很难考证。康德之后的黑格尔，曾经在《小逻辑》中论述过"纯有"，并提出"纯粹的'有'就是'无'"。他在《哲学史讲演录》中对道家有大段论述。仔细比较黑格尔的哲学著作与《老子》，很难否认黑格尔接受老子思想的浸染。谢林将道家看成"纯粹哲学的显现"，并将"道"解释为"存在的入口"（Pforte des Seins），也就是谢林所研究出来一种作为"存在源泉"的"纯粹的非——存在之物"，与老子的"众妙之门"相当切近。正是体会到自己思想与老子思想之间的某种关联，谢林在《天启哲学》中提出东西方世界"在同一个本应该被拓展为世界意识的意识中互相渗透着"[2]。当雅斯贝尔斯将老子作为"亚洲的形而上学家"来评论的时候，对于道，他做出这样的解说："穿透一切的无，达成一切的不可察觉的无为，产生一切的统一之力，对降临涉世的生命从彼岸之地渡向此岸之地的奠基一切的收存。"[3]

---

[1] 董光璧：《当代新道家》，第4页。
[2] 参见〔德〕R·艾尔伯菲特《德国哲学对老子的接受——通往"重演"的知识》，《世界哲学》2010年6期。
[3] 雅斯贝尔斯：《老子和龙树》（Lao-tse, Nagarjuna），München，1978，第18页。

特别值得提出的，是海德格尔的"老子情结"。海德格尔不仅在自己房间里挂上老子名言，而且尝试与中国学者共同翻译《老子》。海德格尔多次引用老子的格言，不仅心领神会，而且"海德格尔所迎面带来的并非老子，而只是他自己所寻求的东西"[1]。海氏说："此'道'能够是那为一切开出道路之道域。在它那里，我们才第一次能够思索什么是理性、精神、意义逻各斯这些词所真正切身地要说出的东西。很可能，在'道路'即'道'这个词中隐藏着思想者的说的全部秘密之所在（玄之又玄者），如果我们让这名称回返到它未被说出的状态，而且使此'让回返'本身可能的话。今天在方法的统治中存在的令人费解的力量可能并正是来自这样一个事实，即这些方法，不管其如何有效，也只是一个隐蔽着的巨大湍流的分支而已；此湍流驱动并造成一切，并作为此湍急之道为一切开出它们的路径。一切都是道。"[2]——海德格尔反过来对我们理解老子"大道氾兮，其可左右"等思想，又给予相当有力的启发。尤其是关于存在，海氏对古希腊哲学和中国的老子进行了双向的"重演"，克服了笛卡尔以来的主客分离。这是一种可贵的"文化间导向"，在差异中思考同一性而实现重大突破。

海德格尔的弟子、现象学家罗姆巴赫在其创建的"结构存在论"中，精彩地借助并发展了道家思想，他所提出的"共创"，就是在"整体现实关联的启航"中，发生于一个结构化了的总域（情势）里的一切位置和每个环节上，是创造之物的"自我触通"。在此基点上，其运用道家理念对人的行为的解释更有新意：不是自己去"行为"，而是让现实性完全通过自身来行为，是那作为"总域"的情势在道的意义上运作。于是人这个"自己"施行的就是"无为"。罗姆巴赫将这一点作为道家的最高德行概念。这无疑是一种相当精湛的、突破性的表述，不仅为我们理解老子的"无为无不为"打开了新的界面，也将为紧随海德格尔《存在于时间》之后而不断深化的时间哲学提供了思想契机。

---

[1] Pggeler:《中西方对话：海德格尔和老子》(*West-stliche Gesprche: Heidegger und Lao Tse*)，第31、412页。
[2] 海德格尔:《在通向语言的道路上》，转引自张祥龙《海德格尔思想与中国天道》，中国人民大学出版社，2011，第329页。

如果将科学哲学中异军突起的"新三论"比作盛开的艳丽花朵，那么，说道家哲学是催其盛开的雨露，是并不夸张的。协同学创立者哈肯在《协同学——自然成功的奥秘》的序言中说："协同学含有中国基本思维的一些特点。事实上，对自然的整体理解是中国哲学的一个核心部分。"[1] 突变理论的创始人托姆认为，他的突变理论起源于中国老子的哲学。他在《转折点》一文中说："在老子的理论中，有很大一部分是关于突变理论的启蒙论述。我相信今天中国许多喜欢这个学说的科学天才，会了解突变理论是如何证实这些发源于中国的古老学说的。"[2] 耗散结构论的创始人普里戈金充分发现了道家哲学中自组织、自化机制的思想，他说："一个非常有希望的迹象是，科学现在能够把与其他传统文化相联系的观察能力结合起来，因此能够促使这世界的经历了不同进化路径的各部分互相尊重和理解。"[3] 普里戈金还引用李约瑟的话指出："中国传统的学术思想史着重于研究整体性和自发性，研究协调和协和。现代科学的发展，近10年物理和数学的研究，如托姆的突变理论、重正化群、分支点理论等，都更符合中国的哲学思想。"[4] 显然，着重于整体性，尤其是自发性、协调与协和的传统的学术思想，主要在道家哲学中。

自由主义

东西方的自由观存在巨大差异，总体上可以概括为：中国老庄秉持天道自由，西方基本上在人道框架内追求自由。但，两者并非没有相容、相通之处。力倡自然法思想的洛克所说的"在万物的整个组织中，没有任何事物如此不确定、不坚固以至不存在某些与其本性相适宜的、有效的和确定的活动法则"[5] 就颇有"道家风范"。胡适在比较东西方自由观时认为："自由"在中国古文里的意思是"由于自己"，就是不由于外力，是"自己做主"。在欧洲文字里，

---

[1] 哈肯：《协同学——自然成功的奥秘》序，戴鸣钟译，上海科普出版社，1988。
[2] 转引自赵松年《突变理论：形成、发展、应用》，《世界科学》1989年第4期。
[3] 普里戈金：《从混沌到有序》(中文版序)，上海译文出版社，1987，第4页。
[4] 普里戈金：《从存在到演化》，《自然杂志》1980年第1期，转引自《"道"与现代物理学》，安徽大学出版社，2006，第196页。
[5] John Locke, *Essays on the Law of Nature*, Oxford University Press, 2002, p.113.

"自由"含有"解放"之意,是从外力裁制之下解放出来,才能"自己做主"。在中国古代思想里,"自由"就等于"自然","自然"是"自己如此","自由"是"由于自己",都有不囿于外力拘束的意思。①

海德格尔将世界看作"存在者总体的关系",所有人与事物的关系、人与人的关系、所有事物在这些关系总体中所显示出来的意义,复杂而抽象地构成了世界。这种完全不同于萨特等的存在论的哲学,是对将主体与客体分离开来的传统哲学的极为给力的挑战。所有将世界分划成主体与客体、主体又被规定为意识的哲学,实际上是将人排除在世界之外的哲学。而人无论怎样聪明绝伦、怎样"特殊",其实一开始就融汇于、存在于世界之中。当人极为聪明理智地发挥自己认知能力和创造性的时候,其实是一种非本真存在,这是有必要的、具有一定合理性的。但是,这毕竟不是本真存在。而"先行存在"的"此在",才是本真的存在,而此在,本质上一定不仅仅是人的展开状态,而必然是世界的展开状态。时间,是此在的整体性,也被分为本真的时间与非本真的时间,而本真的时间性在于历史性,作为时间确定的形式,历史性就是"作为在世的存在生存着的存在者"。② 在接受海德格尔思想的基础上,伽达默尔进一步提出"效果历史"的概念:"真正的历史对象根本不是对象,而是自己和他者的统一体,或一种关系,在这种关系中同时存在着历史的实在和历史领会的实在。一种名副其实的释义学必须在领会本身中显示历史的实在性。因此我把所需要的这样一种东西称之为'效果历史'。领会按其本性乃是一种效果历史事件。"③ "效果历史",就是历史意义与价值整合并昭示的历史,而这种整合的过程也包括了任何历史理解者在开放视域和交流中的整合——将历史的理解者融汇于、整合于效果历史之中。因而,自然在于系统的自主,自主性与自由性有着极大的重合与相通。一切制度都必须保障自由的原因,在于系统运行的自主性中所蕴含的自由。庄子、魏晋玄学,主张个性自由。而按照道家基本理念,人的精神也是一个系统,也是一个自然、自主、自行运作的系统,所以

---

① 胡适:《自由主义》,《容忍与自由——胡适演讲录》,京华出版社,2006,第155页。
② 海德格尔:《存在与时间》,陈嘉映译,三联书店,2000,第439页。
③ 伽达默尔:《真理与方法》上册,洪汉译,上海译文出版社,1992,第384~385页,转引自张汝伦《现代西方哲学十五讲》,北京大学出版社,2003,第364页。

精神自由与自然即自由是相通的。精神自由的真谛，在于人的主观意识（显意识）与潜意识是互相顺应、互相协助、互相激发，而不是互相操控、干扰、阻碍。——这是人的心灵世界的"无为无不为"。

生态伦理

西方哲学中早期的本体论，主要是五大派：一是神创论；二是物质论；三是理型论；四是人本论，如普罗泰格拉"人是万物的尺度"；五是心本论，主要产生于17世纪，笛卡尔（彻底的二元论）提出"我思故我在"，然后是贝克莱的"存在就是被感知"，马赫的"物是感觉的复合"，再到叔本华、尼采的心本论。所有这些，与生态伦理基本对立。自天道而求本体的道家哲学，深藏生态智慧，与西方斯宾诺莎等提出上帝与自然高度一致的哲学家有一定的呼应。老子的道，作为世界的本原，是系统自身的功能，在形态上与系统浑然一体，在过程上与系统运行并行不悖。"挫其锐，解其纷，和其光，同其尘。湛兮似或存"，① 意思是掩藏锋芒，化解冲突纷乱，中和光辉，与万物浑然一体，道的精髓却深刻地发挥作用。尤其是道的自我运行内在地发挥作用，从不以自身的显形而成为主宰，"生之、畜之，生而不有，为而不恃，长而不宰，是谓玄德②"。也不会宣称已然定型，"无状之状"③ "不自见故明"④。这种非人类中心主义、非追求先验理念而导致系统隔离的世界观和方法论，在工业文明、科技文明向生态文明转型的人类历史中，愈益显示了超前性和新启蒙价值。诚如董光璧先生指出："东方传统文化中长期被忽视的道家思想的生态智慧被重新发现，马克思和恩格斯的有机思想中长期被忽视的生态观被重新发掘，这意味着'人与自然的分离'向'人与自然和谐'的复归。这种复归是东方传统文化的一种世界性的复兴，又是一种新启蒙运动。因为这种复归要求，对已经成为传统的'人与自然分离'的现代社

---

① 《老子》第四章。
② 《老子》第一〇章。
③ 《老子》第一四章。
④ 《老子》第二二章。

会,进行自我批判。但是,这种自我批判的任务不是埋没理性和科学,而是发展、完善理性和科学。"①

对西方文明和人类命运的反思

针对西方某些学者"到处寻找什么中国对理论科学和应用科学毫无贡献的原因",从而说明"东方的出世和厌弃世俗活动"的种种做法,李约瑟提出了尖锐的批评:"《关尹子》决不能列入蒙昧主义者的著作,它毫不否认自然法则的存在(这是原作者完全没有听到过的一种概念),也决不混淆空想与现实;它是一首诗,对存在于宇宙万物之中的'道'——亦即空间和时间由之而起的自然秩序及物质藉之以各种常新的形式分散和复聚的永恒模式——加以赞美;它充满了道家的相对主义思想,它是神秘的,但绝不是反科学的或反技术的;恰恰相反,它预示了对大自然所加的一种近乎神秘又近乎理性的支配,而这种对大自然支配,只有确实知道和了解'道'的人才能做到。因此,仔细考察一下就会发现这条旨在表明'东方思想'在哲学上无力的论据,不过是西方人想象中的虚构而已。"② 李约瑟甚至认为:"尽管希腊人和印度人很早就密切关注形式逻辑,中国人(正如我们在第二卷中多次看到的)在形成辩证逻辑上显示了持续的趋势。相应的中国有机哲学与希腊和印度的机械原子论并驾齐驱。在这些领域里,西方是'初级的',而中国是'高级的'。"③

黑格尔哲学体系中一个重要特点,就是创立并强化了欧洲中心主义。随着中西交流的强化,在东西方文明关系上,道家思想的跨越性和融合性,越来越显现巨大的魅力。李约瑟的"据道而论道",出于理解和接受而反思西方文明的做法并非孤立。奥地利著名心理学家荣格痛切地指出:"应该转换西方人已经偏执化了的心灵,学习整体性领悟世界的东方智慧。"④ 英国哲学家克拉克

---

① 董光璧:《当代新道家》,第135~136页。
② 李约瑟:《中国科学技术史》第四卷第二分册,科学出版社、上海古籍出版社,1999,第xxiv页。
③ 李约瑟:《中国的科学与文明》第三册,转引自童世骏《批判理论视野中的中国现代性》,《多元视野下的中国——首届世界中国学论坛》,学林出版社,2006,第219页。
④ 荣格:《东洋冥想的心理学》,杨儒宾译,社会科学文献出版社,2000,第40页。

推出"思想史三部曲"(《东方启蒙——东西方思想遭遇》《西方之道——道家思想的西化》《荣格与东方思想》),反复强调中国道家对于反思西方文化、诊治人类顽症的意义。《探索复杂性》一书的作者赞扬说:"只要对于中国文化稍有了解,就足以使访问者感受到它具有一种远非消极的整体和谐。这种整体和谐是由各种对抗过程中以非平衡条件下物理定律的当然结果而到处呈现出来。"[①] 1991年,荷兰汉学家、欧洲汉学学会长许理和在《老子在东方和西方》的论文中说:"这种倾向导致西方人从对于儒家的重视转往道家,而由于惊讶于老子哲学的深度,因而他们对中国的图像有二元分裂之势——一方面中国是个落后的帝国,以儒家思想为象征;另一方面中国也是一个深刻智能的源泉,以老子为象征。但西方人对老子的理解,随着他们对于中国观点的变化而变化,而往往只是把老子作为他们的观点的一种外在见证罢了,每一个时代都能利用《老子》作为灵感的源泉。"荷兰莱顿大学教授施舟人,在1996年8月召开的"北京道家文化国际研讨会"上说:"道家文化不同于西方文化,这对西方文化来说,是一个不可多得的,能使西方文化得以更新的动力和活力的源泉。"

反思整个人类命运的思想方兴未艾,对此,道家哲学已经显示了巨大优势。汤川秀树认为:"老子则似乎用惊人的洞察力看透个体的人和整个人类的最终命运。"[②]"早在二千多年前,老子就已经预见到了今天人类文明的状况,甚至已经预见到了未来人类文明所将达到的状况。或者这样说更为正确:老子当时就已发现了一种趋势,这种形势虽然表面上完全不同于今天人类所面临的形势,但事实上二者都是很相似的。可能正是这个原因,他才写了《老子》这部奇特的书。不管怎么说,使人感到惊讶的是,生活在科学文明发展以前某一时代,老子怎么会向近代开始的科学文化提出那样严厉的指控。"[③]

[①] 尼克里斯、普里戈金:《探索复杂性》,罗九里、陈奎宁译,四川教育出版社,2013,第2页。
[②] 汤川秀树:《创造力和直觉:一个物理学家对于东西方的考察》,周林东译,第59页。
[③] 汤川秀树:《创造力和直觉:一个物理学家对于东西方的考察》,周林东译,第73页。

第二十章
新道家：历史重任与发展前景

尊重敬畏，充分发掘道家思想资源

历史总体上是进步的，但这并不等于说古代的就一定是落后的。尤其是经过时间检验而经久不衰的文化经典、思想精华，值得我们充分地尊重和敬畏。雅斯贝尔斯很深刻地指出："我们时代的危机所具有的压倒一切的剧变在这永恒的实体面前相形见绌。"所以他强调，人们的记忆应当参与到这个实体的存在中去，也就是参与到一切时代所共有的不朽的要素之中。"如果回忆仅仅是关于过去的知识，那么它就无非是无限数量的考古残料的堆集而已。如果回忆仅仅是富于理智的沉思，那么它只不过是作为一种无动于衷的观照而描画了过去的图景而已。只有当回忆采取了汲取的形式时，……这个回忆才会成为当代人对他自身的永恒存在的参与。"[1] 我们对于历史、对于传统，有过"厚古薄今"还是"厚今薄古"的讨论，但是，这两者都并不适当，因为这样的讨论基于对古与今关系错误划分——对于时间之矢、时间弯度的肤浅理解，对于宇宙时间与社会时间关系的错误把握——的基点之上。因此，无论古今，都应当厚深薄浅，厚精薄粗，去伪存真。

道家最突出的代表人物老子，其思想言简意赅，虽容易引起歧见，也经得起多视角解读理解，有外国哲学家将其思想比作不枯竭的井泉。今天我们讲复

---

[1] 雅斯贝尔斯:《时代的精神状况》，王德峰译，上海译文出版社，2005，第86页。

兴传统文化，首先要扩展我们的心胸，要力戒贴标签、居高临下、随意定位、想当然地或轻易地断定其"历史局限"。对待道家，需要排除不少先入为主的观念，比如认为老子代表没落阶级、老子主张出世、老子一贯偏执、道家是神秘主义等。李约瑟在《中国科学技术史》介绍道家思想的篇章里，就屡次排除西方未经认真重审和发掘而做出的评价和定位。历史上一系列道家经典，都需要充分发掘和整理，需要考证与辨伪，需要比较和筛选。比如《道德经》《庄子》《列子》《淮南子》《吕氏春秋》《关尹子》《抱朴子》以及卷帙之浩繁、内容之博大不亚于《大藏经》《四库全书》的《道藏》，需要长期、艰苦的发掘整理。道家在历史上既被边缘化，又在其他思想流派中渗透，加之古汉语与现代语境之间跨度较大，而除老庄之外被视为道家经典的文本也杂糅许多需要辨伪和剥离的内容。今天研究道家，既需要实实在在的真功夫，又需要治学方法和思维方式的多元组合，更需要诚心敬意地对待需要付出艰辛的环节和步骤。

任何国家的传统文化都是其现代时代精神的文化母体，对于中国这样历史悠久的国家来说，优秀传统文化更是我们的精神命脉。而道家思想体系在中国传统文化中的重要地位愈益被国内外学界注重。诚如李约瑟所说："中国人性格中有许多最吸引人的因素都来源于道家思想。中国如果没有道家思想，就会像是一棵某些深根已经烂掉了的大树。这些树根，今天仍然生机勃勃。"[1]

思维变革，以道家基本精神悟道、弘道

境外学界对于道家的研究与评价，给我们许多启示。新道家作为一项复兴与创建相结合的思想文化工程，就需要本着基本的道家精神，谦和处下，守雌不争，绝不能追求定于一尊，而要胸怀博大、眼界开阔。"道法自然"是其本质特征，柔弱、谦下、无为是其态度。试图将道家改造为一种"强者哲学"的做法，很可能并不利于新道家的发展。近代以来围绕道家的研究，视角多元，方法多样，各种思维方式纷呈，涉及诸多的领域，这本身就是道家思想盎然生

---

[1] 李约瑟：《中国科学技术史》第二卷，何兆武等译，科学出版社、上海古籍出版社，1990，第178页。

机的体现。先秦的百家争鸣、魏晋的思潮迭起，都促进了道家的发展，今天新道家的振兴一定离不开思想解放和思维变革。传统道家体现了深刻的辩证思维，并追求归一与中和，研究新道家应当力戒二元对立思维和极端思维。生硬地进行古代现代、东方西方、唯心唯物、进步倒退、文明反文明，以及意识形态的划线，不利于深化研究和交流。

当代社会经历了科技革命与信息革命，网络与各种传媒手段的风起云涌，在各种思想体系受到冲击挑战的同时，也进一步带来思想传播和交流的超时空性、超速或高效性、可存储性、抽象与形象的融合性等。而其中无可避免地存在比较性、筛选性和自我调节性。"在网络世界中，日常生活世界中的结构要素；文化的再生产活动、社会的一体化过程以及个体的社会化行为，将更多地摆脱现实社会关系的束缚，而更加自由地发挥作用，出现'合理文化的革命化'和'生活世界的开拓化'的新局面"。[①] 新道家的研究和创建，应当依托并置身于社会与时代背景之中，在思想碰撞与交流中，遵循"大道氾兮"、"道法自然"、无为而无不为的精神文化之道，才能更好地悟道与弘道。

正本清源，深化对核心义理的理解

道家屡受诟病、误读、误解，有许多原因。以老子为例，其思想与古今中外哲学或貌合神离，或神似貌异，或神貌皆殊，总体上看可以说卓尔不群，独树一帜。其许多论述其实是在终极探求的基点上的多向或递次展开，偏离这一点而解读老子，很容易得出大相径庭的理解。老子所处时代，许多"约定俗成"的成见尚未形成，故而老子在表述上有一种无所顾忌的"单纯"，即无须考虑后人会如何误解自己，反而在一种"知我者希"的感叹中直言不讳，后人解读特别需要一种"深意探究"或"本意抵达"。况且，老子一旦成言，便隐形晦迹，再无任何阐释或辩解，一任解读者"言人人殊"。

在对老子的误解、误读中，比较突出的有：一是认为老子追求"虚无"，逃避现实；二是认为老子的主张基本倾向是封闭、倒退，比如"小国寡

[①] 张之沧、林丹:《当代西方哲学》，人民出版社，2007，第506页。

民""治人事天莫若啬""反者道之动"等；三是认为老子与孔子的"入世"相反而主张逃避现实，是消极人生观的创建者；四是将"无为"解为"训化"，有人甚至将"无为"与"文武不为""五谷不为"相联系，认为老子是站在统治者立场上拒绝发展生产和物质文明；五是认为老子反智，主张愚民；六是认为老子完全着眼于人事利害得失，是尔虞我诈的权谋法术的缔造者等。

用现代语境和新思维来表述和解读老子思想，的确有很大难度。但也正因为如此，现代解读需要避免直接地用"现代标准"去衡量，而是需要放在当时的历史条件下具体分析，需要从总体上和本质上把握道家思想真谛与核心，需要深刻理解其基本的思维方式和表述特征，需要拨开后人出于历史的、政治的、方法的、心态的种种原因而蒙加在经典之上的迷雾，需要纵横比较而做出理性选择，无论是否定性的批判、肯定性的发掘、创造性的转化、延伸性的发展，都要在这样的基础上去展开。

经世致用，面对挑战解读道家思想的现代性启迪

中国道家虽诞生于中国传统社会，却能够跨越时代而为当代提供丰富的思想资源，这种现象并非难以理解。物质财富的增加可以用种种指标来衡量，精神财富的创造却极难设置标度。精神财富中最有价值的、核心的构成就是思想成果。历史发展的轨迹可能出现螺旋式"循环"，思想精华作为精神财富的核心，往往时间越久越显得珍贵。就此而言，最可贵、最有意义的对于传统的传承，应当是直面当代挑战而对传统思想资源的发掘、理解、运用和弘扬。

在中国思想史上，"经世致用"本身就是一项值得弘扬的传统，其内涵包括：强调关注社会现实，怀抱"生于忧患""君子忧道""以天下为己任""知治乱之体""先天下之忧而忧""治国平天下"的情怀而面对社会矛盾与挑战，将所学、所思、所得为天下苍生服务，为国家和社会治理服务。经世致用不独为儒家所倡，用"出世"来概括道家本质特征严重地有失偏颇。不仅汉初黄老学将道家的"无为而治"由理论推向实践，而且在董仲舒"罢黜百家，独尊儒术"之后，许多朝代依然"儒道互补"。《淮南子》还对"无为"做出解释：

"所谓无为者，不先物为也；所谓无不为者，因物之所为。"李约瑟先生颇为中的地将"无为"解为"不违反自然而为"，为了强化这种解释，他还引用了希波利图斯给魔鬼下的定义"抗拒宇宙过程的人"，进而又引用了《管子》的话"其功顺天者，天助之；其功逆天者，天违之"。权雅之指出："而'无为'状态，正是一种基于自身准确定位的谦虚与清醒的状态，是真正坦荡而开阔的状态，是与道相协调的状态，因而是未被修饰、未被污染、未被扭曲的初始状态、本真状态，是'无不为'真正的始发点和坚实的基地。""老子的所谓'无不为'，是一种超越状态，是一种价值引领并实现价值的追求、创造、进取状态，是在依托和尊重总规律并与总规律保持和谐基础上，人类改造和利用自然系统、改造和完善社会系统、改造和发展精神系统的状态。"① 因此，严复认为："夫黄老之道，民主之国之所用也。……君主之利器其惟儒术乎！"②

当今中国处于重要的社会转型中，经济、社会、文化、政治、思想、精神、生态等各个领域出现的新问题无疑需要厚重的思想资源。就整个世界而言，人与自然、人与社会、人与心灵全方位出现危机。"共命结构"的倾斜与瓦解强烈呼唤"古今共理"的哲学思想，而东方智慧中精华之一的道家体系的现代性和世界意义，是一种"应运而兴"。因此，只有面对最严峻挑战和最深刻问题，才能使新道家的振兴与发展获得强大生机。同时，发展哲学需要面对和回答哲学本身的问题，尤其是人类需要回答的共同的哲学问题。"无论是在何种意义上，中国的哲学研究都应当以其特有的理论视角和思想资源参加对共同的哲学问题的讨论，而且正是由于对共同的哲学问题的关注，才会使得中国哲学研究真正成为世界哲学研究的重要组成部分。……以中国哲学的思想资源去解释和回答重要的哲学问题，或者是从中国哲学研究中形成具有普遍意义的哲学问题。"③

---

① 权雅之：《老子"无为"哲学中珍贵的反异化思想》，载《珠江论丛》第5辑，社会科学文献出版社，2014，第28页。
② 严复：《老子评点》第一〇章。
③ 江怡：《中国的哲学研究在国际哲学中的影响和困境》，《中国社会科学文摘》2014年第8期，第43页。

纵横比较，在"视域融合"中追求独特发展

相比而言，现代新儒家在思想影响、体系创建、创新转化、儒道互补、经世致用等方面比新道家的成就大得多，但是其发展距离人们的预期尚有较大差距。原因之一在于传统的儒家和道家相比具有"先天优势"上的不足，其对于时代课题的回应力和内涵动力受到制约。因而，新儒家不仅为新道家提供了可资借鉴的宝贵经验，也为新道家预留，甚至激发出更大的发展空间。新道家需要对传统儒与道进行更深入的比较，也需要向新儒家学习借鉴，更需要与现代新儒家保持互为补充、互相促进的张力。

正因为道家触及最高哲学思辨，因而具有跨越时空的穿透力，有向各种思想体系吸取精华的凝聚力，有在异质文化之间搭建桥梁的容纳力。比较研究，对于新道家的建构来说，具有极为重要的意义。道家在本体论、宇宙论、方法论、认识论、系统论、价值论、辩证法以及政治哲学、科学哲学、军事哲学等领域，结构完善，内涵丰富，奠定了与西方古典哲学、中世纪哲学、近现代哲学、后现代哲学对话的丰厚的基础。同时，与世界上自然科学、心理学、认知科学、政治学、经济学、军事学、法学以及各种思想流派的比较，都可能绽放出极具价值的思想之光。比较的眼光、全球的视野，是由道家经典高屋建瓴、面向宇宙、整体观照的"起点境界"决定的，更是当今全球化的时代背景要求的。

全球化加剧了文化冲突，但同时为多元文化的张扬与交流创造了机遇。亨廷顿说："在一个日益全球化的世界里（其特征是历史上从未有过的文明的、社会的和其他模式的相互依赖以及由此而产生的对这些模式的广泛意识），文明的、社会的和种族的自我意识加强了"，"随着本土的植根于历史的习俗、语言、信仰及体制的自我伸张，正导致非西方文化在世界的复兴。"[①] 时代的文化语境是一种全球性话语场，哲学思维过程与成果从来都是文化的核心，是文化提升与超越的能动部位。道家在世界上的"缺场"不仅由于全球化无可阻

[①] 亨廷顿:《文明的冲突与世界秩序的重建》，新华出版社，1998，第77页。

挡的趋势而必将改变,而且必须靠自身的"入场"而水到渠成地"在场"。我们既无须那种"融入"西方文化的自卑,也无须争做所谓文化存在独立"他者"的自恋,无论是文化定位、合法性,还是身份认同、话语权,都应本着自然而然、无为无不为的道家精神和理性姿态。道家以思想内涵为支撑的精神气质一定是新道家发展的持久的引导与动力。

反本开新,以创造性转化发展新道家

习近平说:"努力实现传统文化的创造性转化、创新性发展,使之与现实文化相容相通。"[1] 对于新道家来说,需要深入发掘和理解传统道家思想内涵,以其为生长点和创造性转化的基础,避免转化成果成为无源之水、无本之木;方能把握"本来"与"未来"、"继承"与"发展"之间的辩证逻辑关系,进行合理延伸与理性创新。所谓"创",既包括语境转换与表达方式、思维方式、概念范畴的现代化、多元化、新颖化、通俗化,也包括面对现实和未来而进行思想回应;既包括思想深化和吸取异质文化精华的包容化,也包括价值理性和价值理念上体现先进性、根本性。

在"革故"上,要在历史地、辩证地深入分析和纵横比较基础上,辨清黄钟与瓦釜,力戒披金拣沙。以往对传统道家局限性的认定与批评中的某些偏颇,一是想当然和随意性;二是用今天的眼光硬性地套向古人,有一定的概念化倾向;三是脱离或违背典籍的核心要旨,从字面上浅尝辄止;四是与西方一些理念简单对应,而没有深刻地理解道家精神与思维方式独到的根本特征;五是将道家思想涵盖狭隘化,比如将道家甚至整个中国哲学仅仅概括为人生哲学,人为地造成了创新、扩展、延伸的藩篱。所谓"革故"既包括割除,也包括变革。对于"腐朽"即当革除,无须"化腐朽为神奇",但也必须防止"化神奇为腐朽"。例如,对老子的"智慧出,有大伪""绝圣弃智""非以明民,将以愚之。民之难治,以其多智。故以智治国,国之贼;不

---

[1] 《习近平在纪念孔子诞辰2565周年国际学术研讨会讲话》,中央政府门户网站,Http://www.gov.cn/xinwen/2014-09/24/content_2755666.htm。

以智治国，国之福"等观点，简单地一言以蔽之曰"反智主义"，绝非"革故鼎新"。老子多处讲"圣人"，"绝圣"的意思究竟是什么？老子多处讲"智""知""明""达""真""大巧若拙""弃智"的意思究竟是什么？我们很可能会将老子思想中蕴藏的极为珍贵的"孩子"当成"脏水"泼掉了。当然，我们的确需要看到其中的历史局限性，中国历史上反智主义的确存在，而与老子的表述或各种对老子的误读的确相关，所以确定局限性的眼光需要相当客观的理性。诚如汤一介先生所呼吁："'反本'与'开新'是不能分割的，只有深入发掘传统哲学的真精神，我们才能适时地开拓出哲学发展的新局面；只有敢于面对当前人类社会存在的新问题，并给以新的哲学解释，才可以使传统哲学的真精神得以发扬和更新，使中国哲学在 21 世纪的'反本开新'中'重新燃起火焰'。"①

道是一种机能或功能，是一种"造化力"，体现了自组织、自创造、自调控、自发展的自然而然、自而然之的"元生成与缘构成域境机能"。道是根本存在与最高价值相统一——道与德相容存的源泉，是一切共享、物我共存、天人合一的整合系统与能动系统。道是有生于无、有无相生，超越物象、现世、假我而在虚无中抵达本真的本元论、生长论、机能论的统一。道是"道冲以为和""反者道之动"的无限与有限、无机与有机、精神与物质、形式与功能、自由与必然、循环与绵延的辩证运行的统一。道是"玄妙之门"与"其中有真，其中有信，其中有精"的常道与非常道的交织，因而是人类各种领略途径与思维方式发挥作用的舞台，是需要敬畏的信仰之本源、需要遵循的价值之昭示、需要认知的科学之对象的统一。道家哲学为我们的创造性思维纵横驰骋、上下求索、转化构建等，早已做出了铺垫。深入领会道家精神与现代性、开放性的转化发展之间的融动关系，方能驰骋于古代先贤和历史长河为我们造就的精神世界的高天阔地。

---

① 汤一介：《走出"中西之争"，会通"中西古今"之学》，载王荣华主编《多元视野下的中国——首届世界中国学论坛》，学林出版社，2006，第 277 页。

后　记

浩如烟海的中国史册，记载了无数的事件。而老子与孔子相见，则是最优雅、最美好的故事之一。

山东孝堂山有一处文化奇观，就是"孔老相见"汉画像石。石长285厘米，宽56厘米，塑造了包括孔子、老子及众多门徒在内的人物群像。这一珍贵的文物，再现了史书所记载的孔老相见的十分壮观的一幕。老子彬彬有礼，孔子恭敬诚意。而孔子双手捧雁，因为《仪礼·士相见礼》中说"士大夫相见以雁"，也就是孔子给老子带来了大雁作为礼物。这样的情境，真是让人浮想联翩，感慨万千。这里摘引一段《史记·老子韩非列传第三》中的文字：

> 孔子适周，将问礼于老子。老子曰："子所言者，其人与骨皆已朽矣，独其言在耳。且君子得其时则驾，不得其时则蓬累而行。吾闻之，良贾深藏若虚，君子盛德容貌若愚。去子之骄气与多欲，态色与淫志，是皆无益于子之身。吾所以告子，若是而已。"孔子去，谓弟子曰："鸟，吾知其能飞；鱼，吾知其能游；兽，吾知其能走。走者可以为罔，游者可以为纶，飞者可以为矰。至于龙，吾不能知，其乘风云而上天。吾今日见老子，其犹龙邪！"

根据史书记载，孔子至少四次拜会老子，向老子请教问题。他们会面，所谈的问题一次比一次高深。《庄子·天运》中记载的孔、老会见时所交谈的内容相当丰富。

老子见到孔子，便说："你来啦！我听说你，是北方的贤者，你领悟天道了吗？"

孔子回答："还没有。"

老子问："你是怎样寻求天道的呢？"

孔子说："我从法度、名数中寻求，五年而没有得到。"

老子问："你又怎样去寻求呢？"

孔子说："我从阴阳的变化中寻求，十二年了还没有得到。"

老子说："是啊。如果道可以用来进献，那就没有谁不把它奉献给君王；如果道可以用来奉送，那就没有谁不把它奉送给父母双亲；如果道可以告诉别人，那就没有谁不将其告诉兄弟；如果道可以遗传，那就没有谁不传给子孙。然而这些都是不可能的，原因就在于，心中不领悟和确信，就不能留住道。没有相应的、正常的外部环境，道也不能运行。内心领悟了但别人接受不了，圣人便不会传授。或者从外界获得道的传入，但并没有真正领悟和确信，圣人也不会深藏于心。名义，是天下公用的工具，不可以多取。仁义，是先王使用过的旅舍，只供一次性暂居而不可久住，留恋它会导致欠下很多债。"

这次会见，老子还谈到：古代那些达到至高境界的人，讲究仁义，不过是借路或托宿。他们游于逍遥自由的境地，生活于简单朴素的田间，立足于不借贷、不欠债的园圃。自由自在，就是无为；简单朴素，就易于生存；不借贷欠债，就没有损失。古代将这样的境界称之为选择了精神本原的遨游。

有人认为孔、老会见只是传说，难以确信。但是更多的学者不仅确信史书记载可信，而且对这一事件给予很高的评价。本书在后记中引述了这个美好的故事，完全出于一种在情感上难以割舍、带有文学性的"宁可信其有"的心态。或许这样的事件在当时并不具有多大的轰动效应，在中国思想史上却成为千古美谈。因为，他们一位是道家的开山鼻祖，一位是儒家的头号宗师。他们的会见和交流，本身就起着样板作用，充分体现了古代先贤谦虚、严谨、豁达、真诚并且锤意求真的精神，为后来诸子百家之间的探讨、交流、切磋、争辩做了最好地示范。这在今天看来，也是难能可贵的。

这次会见，既展示了道家与儒家思想上的分歧，也表现了两者的渊源关系。现代学者冯友兰先生就说过："中国思想的两个主要趋势道家和儒家的根源，它们是彼此不同的两极，但又是统一轴杆的两极。"① 有人认为，儒家是中国文化的主干，道家只不过是被边缘化了的枝干。如今，越来越多的学者认同道与儒同为主干，并有着互为补充的关系。中国历代知识分子就是在儒与道两种不同的价值取向和处世态度中选择自己的人生道路的。所谓"出老则入孔，出孔则入老""入则追孔孟，出则随老庄"。但是，随着研究的深入，我们有理由认为，道家哲学是中国传统思想文化的根柢。从春秋战国时期百家争鸣到西汉淮南王的"子学时代"，从董仲舒到康有为的"经学时代"，各个流派都不同程度地从道家哲学汲取思想养料。当然，这其中有的是延伸或发展、有的是降档或歪曲。这个话题，本书中已有涉及，这里兹不复赘。

老子生卒年大约为公元前571—前471年。字伯阳，谥号聃，又称李耳。据说老子生来耳朵很特别，所以取名"聃"（《说文解字》："聃，耳曼也。"就是耳朵又长又大）。楚国苦县厉乡曲仁里（今河南鹿邑）人②。老子，曾经做过周朝"守藏室之官"，也就是管理藏书的官员，但当时的这一工作职务与当今还是有所不同的，应当是古代的史官，也是史学家。

据《史记》记载：老子所供职的周朝已经严重衰落，更由于周王室内乱，周室的典册史籍被争权夺利失败的王子朝卷跑了。老子只好辞官隐居，用今天的话说，就是走出体制。但知情的人都明白，老子的隐居可不是形式上的，而是真正的隐姓埋名，就是用今天的网络也很难"人肉"出来的。由于老子一贯认为：道是不可言说的，也是很难为人们所理解、接受的，所以从来没有著书立说。但他独到的见解和深刻的思想为他赢得了良好的声誉，孔子也对他非常敬重、仰慕。他也没有像古希腊的苏格拉底，或中国的孔子那样，由弟子记录整理出他的言论。就在老子西游路过函谷关的时候，久闻老子大名、对道家哲学颇有心得、后来也做出很大贡献的关令尹，出来劝留老子。老子经不住劝，终于写下五千言的千古名著——《老子》。

可以想见，在性情孤傲的老子面前，这个关令尹肯定是费了一番苦心，把老子的青牛扣下说不定也是其中一招。不过，他也是功德无量的。

---

① 冯友兰：《中国哲学简史》，北京大学出版社，1985，第22页。
② 关于老子故里，另说安徽涡阳。

西出函谷的老子去了哪里？活了多大年纪？都做了些什么？众说纷纭。还有就是老子与道教的太上老君是什么关系？与玉皇大帝是什么关系？甚至有人将老子和释迦牟尼扯上了关系。所有关于老子其人的猜测、追问、考据等，都说明老子留下了种种神秘的疑团，都与他的学说一样，具有悠远的魅力。

当然，比起他的身世和去向，更值得人们品味研究、探讨领会的，还是他留下的伟大著作《老子》。这是一部非常神奇的著作，大量格言、警句，甚至是诗化哲理语言，在并不怎么展开论述的情况下，却具有打开人们思路、启发人们智慧的神奇力量。

在评论哲学家、思想家的大量言论中，有一种说法十分通行：任何思想家都一定受到他所处的时代、社会历史条件的制约，即使他的思想是时代精神的杰出代表，也应当从社会背景中去研究和理解他。对于这样的说法我不敢完全苟同。老子就是一位极大地超越了时代的思想家，由于他的高屋建瓴、深刻独到，无论是历史上还是近现代，无论是东方还是西方，无论是不同阶层还是不同行业领域的人们，都可以从他那里获得智慧和启迪。胡适说："老子是中国哲学的鼻祖，是中国哲学史上第一位真正的哲学家。"鲁迅说："不读《道德经》一书，不知中国文化，不知人生真谛。"西方宣布"上帝死了"的尼采说："老子思想的集大成——《道德经》，像一个永不枯竭的井泉，满载宝藏，放下汲桶，唾手可得。"学贯中西的林语堂先生以自己切身体会评论道："我觉得任何一个翻阅《道德经》的人最初一定会大笑；然后笑他自己竟然会这样笑；最后会觉得现在很需要这种学说。至少，这会是大多数人初读老子的反应，我自己就是如此。"有人粗略地估算：从古至今注释《道德经》者有3000余家，出版发行量在全世界位居前列。美国麦克·哈特在其所著的《影响人类历史进程的100名人排行榜》中说："假定老子确实是《道德经》的作者，则他的影响是巨大的。这本书篇幅很短，中文不到6000字，但其思想内涵却是极其丰富的。在西方，《道德经》比孔子和其他儒家哲学家的著作都更流行。事实上，该书至少有40种英文译本，除了《圣经》以外，任何书籍在数量上都无法与其相比。"英国著名历史学家汤因比在《人类与大地母亲》中指出："在人类生存的任何地方，道家都是最早的一种哲学，它推断人类在获得文明的同时，已经打乱了自己与'终极实在'精神的和谐相处，从而损害了自己在宇宙中的地位。人类应该按照'终极实在'的精神生活、行为和存在。"

本人深受中外学者对于道家哲学的关注、研究和所取得的丰硕成果的激励，尝试从比较的视野出发，从当代的、世界的视域助推新道家的发展和影响。但同时也深知，这个过程时时处处面临挑战。这里，欢迎并恳请学界同仁和广大读者不吝赐教，给予评论、批评和指正。吉林大学珠海学院图书馆的服务工作是周到热情的。我与河南大学文学院华峰教授、北京知名学者杨百奎先生、国家行政学院廖昆明教授、美国蒙莫斯大学刘卫政教授的交流使我颇有收益。社会科学文献出版社首席编辑徐思彦女士、责任编辑郑庆寰博士对于本书出版给予了支持和帮助，这里一并深表感谢！

图书在版编目(CIP)数据

道可道：大视域中的新道家/刘在平著. -- 北京：社会科学文献出版社，2016.7
 ISBN 978-7-5097-9037-3

Ⅰ.①道… Ⅱ.①刘… Ⅲ.①道家-哲学思想-研究 Ⅳ.①B223.05

中国版本图书馆CIP数据核字（2016）第086606号

道可道
——大视域中的新道家

著　　　者 / 刘在平
出 版 人 / 谢寿光
项目统筹 / 郑庆寰
责任编辑 / 郑庆寰
出　　　版 / 社会科学文献出版社·皮书出版分社（010）59367127 　　　　　　地址：北京市北三环中路甲29号院华龙大厦　邮编：100029 　　　　　　网址：www.ssap.com.cn
发　　　行 / 市场营销中心（010）59367081　59367018
印　　　装 / 三河市尚艺印装有限公司
规　　　格 / 开　本：787mm×1092mm　1/16 　　　　　　印　张：26.25　字　数：421千字
版　　　次 / 2016年7月第1版　2016年7月第1次印刷
书　　　号 / ISBN 978-7-5097-9037-3
定　　　价 / 98.00元

本书如有印装质量问题，请与读者服务中心（010-59367028）联系

▲ 版权所有　翻印必究